KB242297

Work Flowy

글 홍순성 │ 그림 박승훈

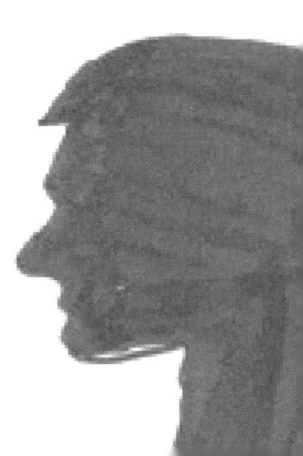

Contents

SECTION 01 워크플로위 개요 및 가입 방법

1 | 워크플로위란 무엇인가? ···································· 04
2 | 회원가입 및 설치하기 ······································ 06
3 | 오프라인(Offline) 모드 정책 ······························ 09
4 | 무료 vs 유료 ·· 11
5 | 추천제도로 용량 2배 늘리는 방법 ························· 14
6 | 스마트폰과 PC 환경에서 기능적 차이점 ·················· 15

SECTION 02 워크플로위 사용법-I

1 | 웹 환경 메뉴 설명과 사용법 ····························· 17
2 | 즐겨찾기– PC만 제공 ···································· 19
3 | 단축키 설명 – PC만 제공 ································ 20
4 | 폰트 변경 방법 – 굵게, 기울기, 밑줄 ···················· 21
5 | 전체 목록 열기/닫기 – PC만 제공 ······················· 22
6 | 목록을 상하 이동시키는 방법 ··························· 23

SECTION 03 워크플로위 사용법-II

1 | 공유하기/공유받기 ·· 24
2 | 태그와 검색 ·· 27
3 | 전체 사용 목록 개수 알아보기 ························· 29
4 | 검색 창에 숨겨진 검색 기능 ···························· 30
5 | 백업 방법 – 무료/유료 ·································· 33
6 | 절대링크 활용하기 – PC만 제공 ···················· 36
7 | 워크플로위 vs 에버노트 ································· 37

SECTION 04 생각 정리 도구 사용 방법

1 | 워크플로위 사용하기 ····································· 39
2 | 아이디어 작성하는 법 ··································· 41
3 | 생각 정리를 잘하는 방법 ······························ 43

부록 – 워크플로위 FAQ ··· 44

Section 01 워크플로위 개요 및 가입 방법

1 | 워크플로위란 무엇인가?

　디지털 시대가 되면서 정보의 과잉 현상 문제로 직장인들에게 필요한 것 중에 하나가 바로 생각 정리이다. 워크플로위WorkFlowy는 "Organize your brain(당신의 뇌를 정리해 준다)"라는 모토로 제작된 것으로, 특히 메모장처럼 가볍고 깊이 있는 사고를 손쉽게 풀어내는데 있어서 최적의 생각 정리 노트라고 할 수 있다.

　워크플로위는 2010년 Mike Turitzin과 Jesse Patel이 만든 간단한 웹 기반 아웃 라이너Outliner로, 2013년 PC World에 소개되어 알려졌다. 워크플로위는 프리미엄 비즈니스 모델로 운영되며 직설적인 인터페이스로 유명하다.

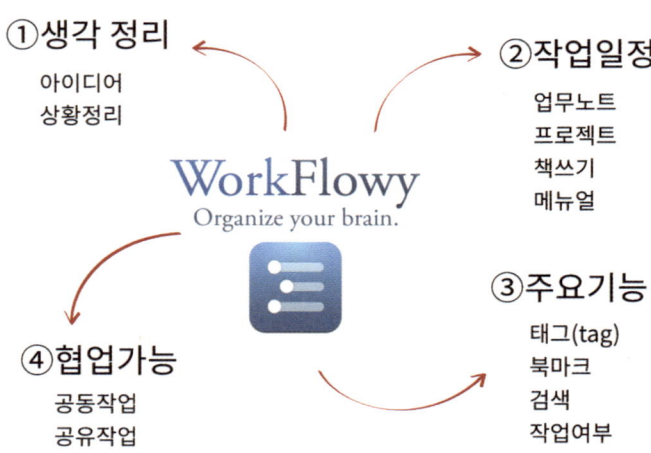

　협업 커뮤니케이션 서비스로 유명한 슬랙Slack에서 기획과 개발을 할 때 협업 도구로 사용되었다는 소식이 전해지면서 대중적으로 알려지기 시작했다. 38억 달러의 규모로 성장한 슬랙의 가치만큼 워크플로위는 프로젝트 기획하고 완성하기까지 최적의 협업을 도와주는

도구이기도 하다.

슬랙 CEO인 스튜어트 버터필드는 "자신의 머릿속에 그린 아이디어를 구체화하고자 워크플로위를 이용하기 시작했다"라고 말하기도 했다. 에반 윌리엄스(미디엄, 트위터 설립자)는 "워크플로위는 지금까지 사용해 본 그 어떤 목록 작성/노트 앱보다 내 머리 구조에 잘 들어맞는다"라고 했다.

워크플로위는 아이디어를 정리할 때 편리한 아웃 라이너 기반으로 되어 있으며, 웹앱Web Apps 형태로 되어 컴퓨터와 모바일에서 동일한 환경이다. 워크플로위는 전체 두뇌를 감당할 수 있는 단일 종이와 같다. 모든 것을 작은 조각으로 나누고, 나눈 조각들을 큰 카테고리 안에 넣어 쉽게 구성하고 정리할 수 있게 해 주는 최초의 조직 도구이다. 필자는 브레인 스토밍에서부터 메모, 프로젝트를 만들고 글을 보관할 때 워크플로위를 사용한다.

워크플로위는 기본 메모장을 뛰어넘는 편리함과 가벼움을 가지고 있다. 카테고리, 메모, 작업을 풀어내는 것에 차이가 없이 모두 목록이기 때문에 메모(생각 정리)를 목록으로 작성하고, 메모를 카테고리로 만들 수 있다. 목록-하위 목록으로 구분되며, 작업을 딱 정해 놓지 않아도 실시간으로 작업을 하면서 정리할 수 있는 유연함을 가지고 있다.

워크플로위는 사용도 단순하나, 더 제대로 이해하고 사용한다면 무한한 가능성을 갖고 있다. 에버노트에서 작성한 아이디어를 워크플로위와 쉽게 연결하여 함께 묶어서 사용할 수도 있다.

✅ 워크플로위 주요 특징

- 트리 구조의 메모장이며, 아웃라이너 기반의 서비스이다.
- 머릿속 생각을 간단하게 옮길 수 있도록 도와준다.
- 에버노트와 함께 또 다른 두 번째 뇌로 사용할 수 있다.
- 작가라면 책 목차 작업을 편하게 할 수 있다.
- 팀원과 기획부터 작업에 이르기까지 협업 작업이 편리하다.
- 바쁘고 반복적인 작업이 많은 직장인들의 생각 정리를 도와준다.
- 백업이 쉬우며, 태그와 협업 작업이 가능하다.

워크플로위는 이미지와 파일 첨부 작업을 할 수 없다. 오로지 텍스트로만 가능하다.

✅ 워크플로위로 작성하면 좋은 것

아이디어 관리, 일기, 업무 계획 노트, 프로젝트 기획 및 할 일 관리, 회의록, 버킷 리스트, 여행기, 블로그, 책 쓰기, 쇼핑 목록 등 다양한 곳에서 사용할 수 있다.

2 | 회원가입 및 설치하기

워크플로위 회원가입은 웹사이트나 스마트폰에서 앱을 설치한 후 가능하다. 이메일과 패스워드만으로 손쉽게 가입할 수 있다. 회원가입 시 사용하는 이메일(백업 이메일)은 자주 사용하는 이메일 주소를 사용하도록 한다. 워크플로위는 컴퓨터에서는 웹브라우저로, 모바일 환경에서는 앱으로 사용 가능하다. 웹앱 형태의 서비스이기 때문에 기본적으로 온라인으로 접근하여 사용해야 한다. 웹상에서의 작업과 모바일에서의 작업을 동일하게 할 수 있는 클라우드 서비스를 제공한다(최근 데스크톱 버전 출시). 따라서 온라인에 접속이 되지 않는 상황에서는 정상적인 이용이 어려울 수 있다. 이를 보완하기 위해 오프라인 모드 정책을 지원해 주고 있다.

회원가입 절차 방법

1 워크플로위 웹사이트(https://workflowy.com)에 접속한 후 [Sign up]을 클릭한다.

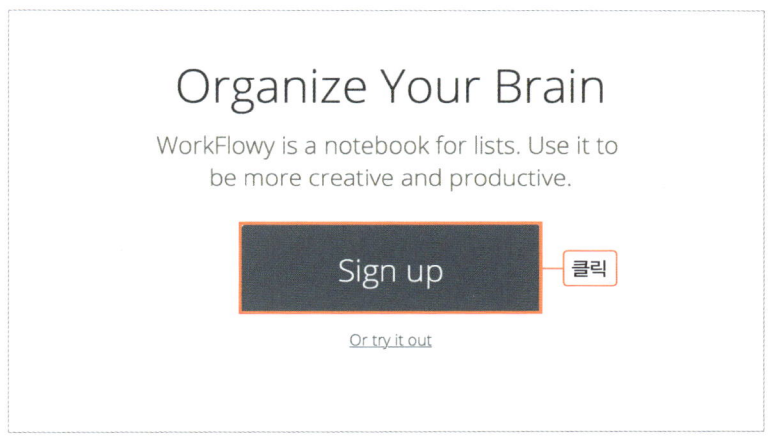

🔅 **TIP** 스마트폰에서 에버노트 설치하기

스마트폰에서는 아이폰(앱스토어)이나 안드로이드(Play 스토어)에서 WorkFlowy를 검색한 후 다운로드 해서 사용하면 된다.

2 가입하려는 이메일과 비밀번호를 입력한 후 [Sign Up]을 클릭한다.

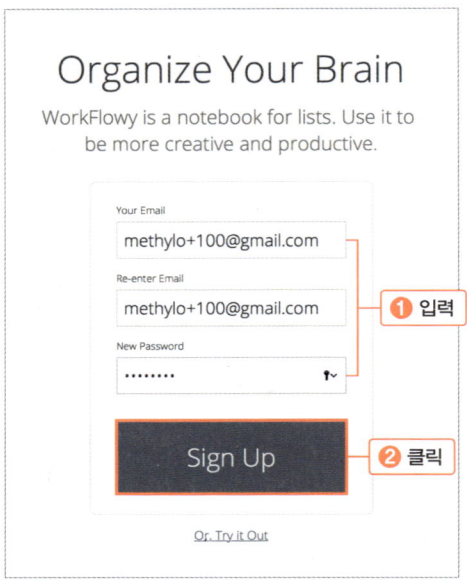

3 가입이 완료되면 아래와 같은 화면이 나타난다.

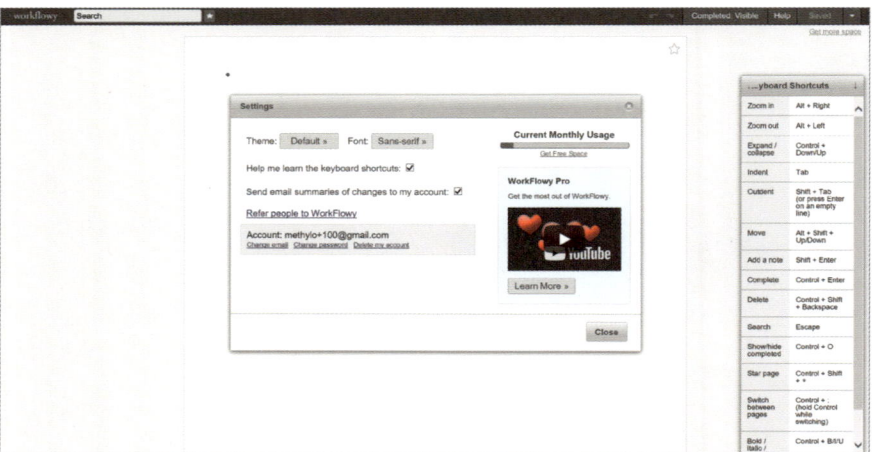

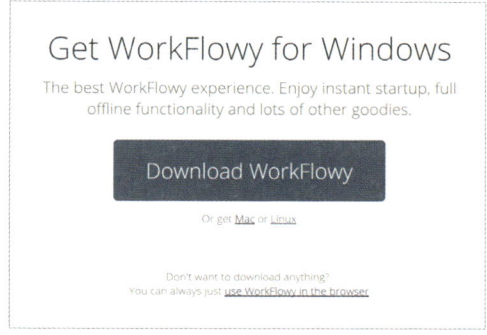
3 | 오프라인(Offline) 모드 정책

인터넷이 안 되는 환경을 위한 오프라인 정책 모드로, 스마트폰과 PC 환경에서 각각 지원한다. 모든 내용이 오프라인으로 저장되는 것이 특징이다. 오프라인 모드에서 작업을 하고 나서 인터넷이 되면 다시 동기화 작업을 한다. 오프라인 모드가 발생하면 스마트폰과 PC 환경에서 상태를 알려 주며 동기화될 경우 자동으로 업데이트 된다. 무료와 유료 상관없이 모두 가능하다.

• PC 환경(브라우저 접근)

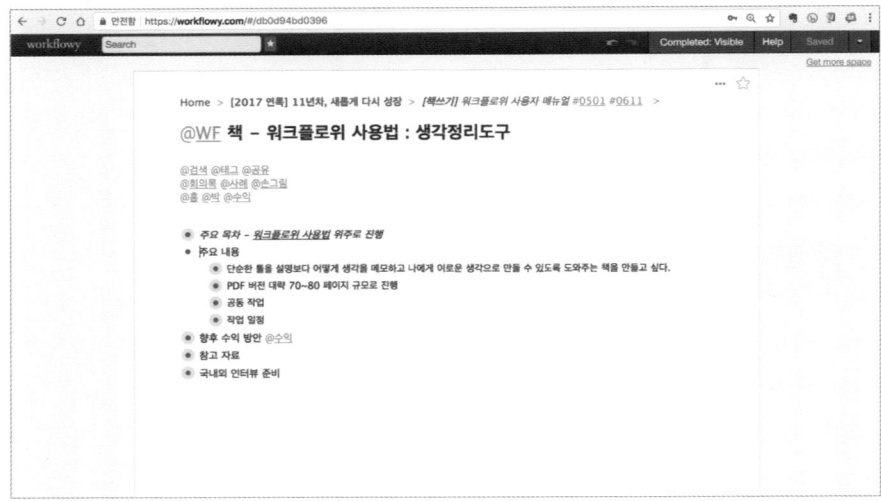

• 스마트폰 환경

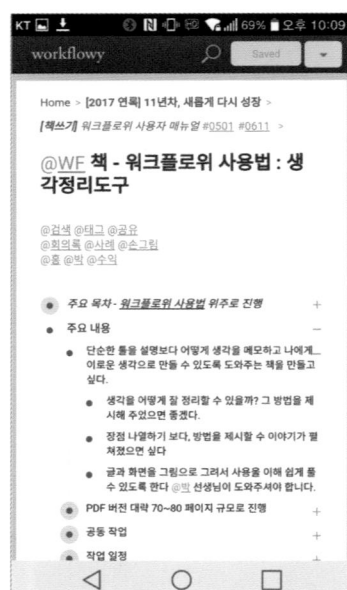

4 | 무료 vs 유료

워크플로위는 무료와 유료 서비스로 구분해 운영 중이다. 유료 서비스는 "워크플로위 프로WorkFlowy Pro"라고 하며 기본적으로 제공되는 100개 목록 이외의 무제한으로 사용 가능하다. 최근(2018.1.16) 정책이 변경되어 250개에서 100개로 무료 목록이 변경되었다. 이전 사용자의 경우는 250개를 유지하면서 사용할 수 있다.

구분	무료	유료
특징	• 월 100개 목록 제공 • 기본적 테마와 폰트(제한적) • 공유 링크 가능	• 무제한 목록 제공 • 테마 및 폰트 선택 가능 • 공유 링크 가능 • 이메일 인증으로 공유 지원 • 드롭박스 백업 • 프리미엄 서비스 지원
비용	무료	월 – $4.99 연간 – $49

✅ 워크플로위 프로(유료) 서비스 주요 특징

• 무제한 목록 – 유료 사용자에게는 무제한으로 목록을 제공하며, 무료 사용자는 월 250개로 목록을 제한한다.
• Dropbox에 백업 – 매일 전체 내용을 자동으로 드롭박스 계정으로 백업한다. 데이터 손실에 대해 걱정하지 않아도 된다. 단 실시간 백업 지원은 하지 않는다.
• 이메일 인증으로 협업 – 공유나 협업을 진행 시 보안을 고려할 경우 이메일 주소로 특정 사용자와만 작업할 수 있다.
• 테마 및 폰트 – 테마 및 폰트를 사용하여 개인 환경을 마련할 수 있다. 간단한 기능이지만 배경을 원하는 색으로 변경할 수 있고, 폰트를 변경해서 가독성을 높일 수 있다.
• 프리미엄 지원 – 고객지원 서비스를 우선 제공한다.

· 유료에서 제공되는 테마　　　· 유료에서 제공되는 폰트

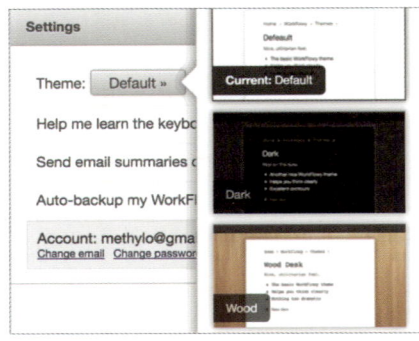 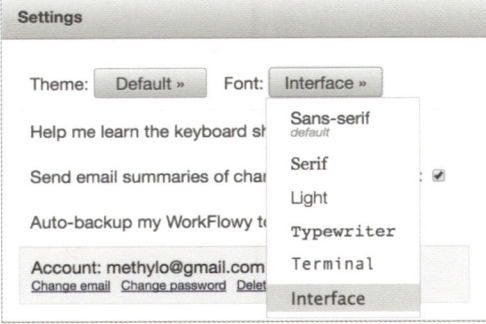

워크플로위 유료 결제 방법

1 워크플로위에 접속한 후 우측 상단의 [Settings]을 선택한다.

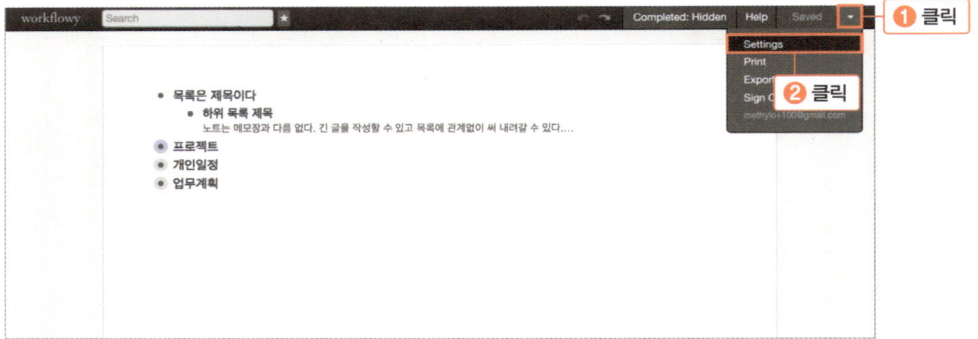

2 유료 결제를 하기 위해 [WorkFlowy Pro]를 클릭한다.

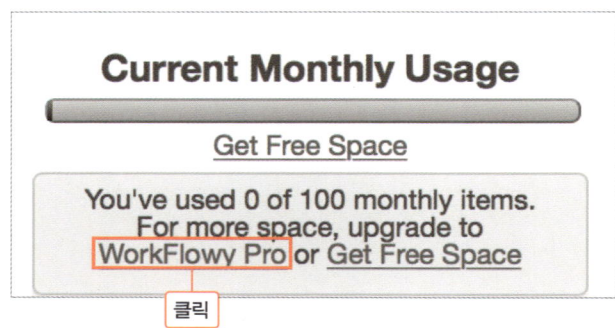

'Settings' 창에서 목록을 얼마나 사용했는지 확인할 수 있다.

3 결제 메뉴가 나타난다. 비용은 월 $4.99, 연간 $49이다. 원하는 것을 클릭한다. 국내용 카드는 사용 불가하며, 해외용 카드로 결제 가능하다. 카드 정보를 입력한 후 [Upgrade Account]를 클릭해서 결제를 완료한다.

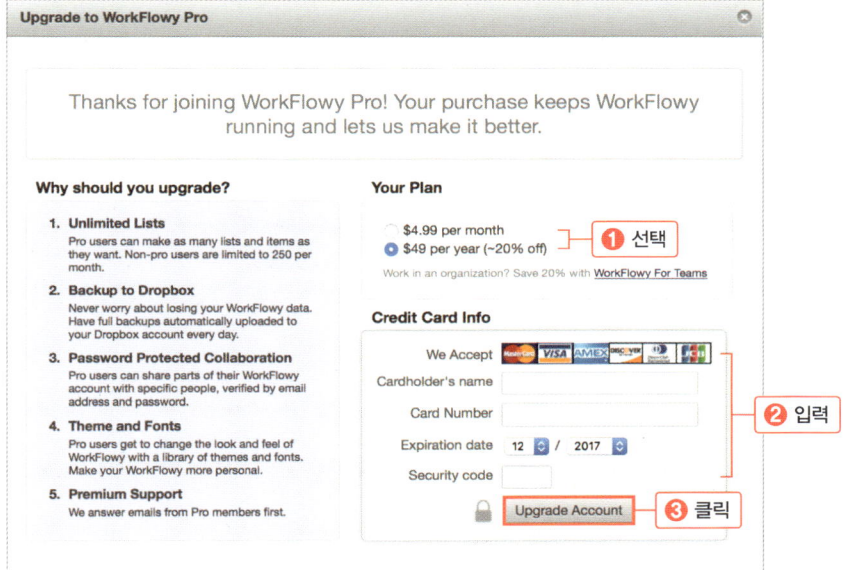

5 | 추천제도로 용량을 2배 늘리는 방법

친구 추천제도 방식으로 기본적으로 제공되는 100개 목록을 2배로 늘릴 수 있다. 회원 가입 후에는 친구 추천제도를 이용하고, 가입 전이라면 다른 회원의 친구 추천 주소로 가입한다. 100개 목록의 2배를 제공받는다. 가입할 때마다 100개의 월별 목록도 추가로 제공한다. 참고로 친구 추천제도는 기존 사용자와 달리 새롭게 가입하는 사용자에게 해당된다. 기존 사용자는 250개의 목록을 사용할 수 있다.

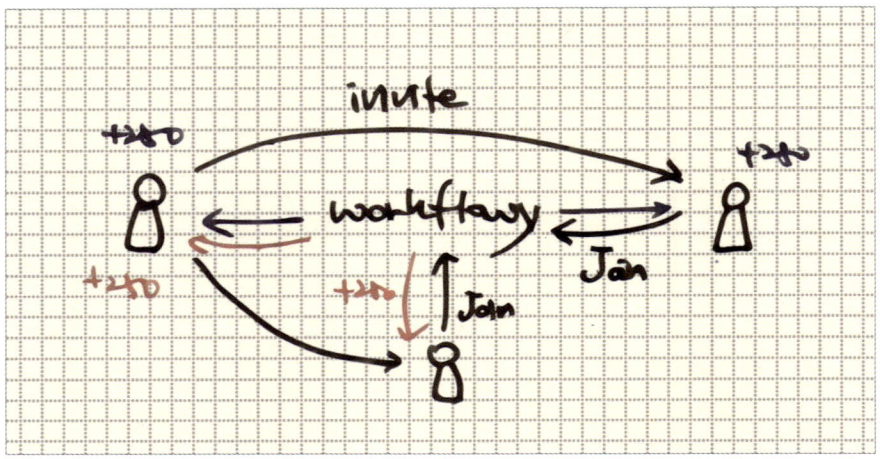

1 'Settings' 메뉴에서 [Get Free Space]를 클릭한다.

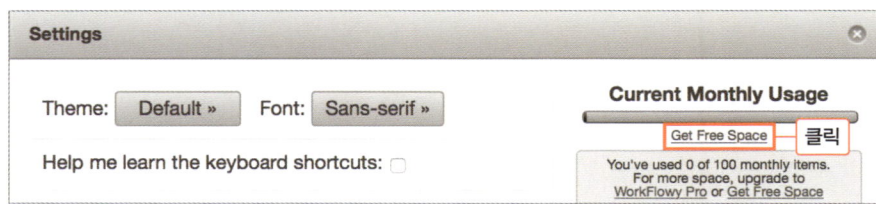

2 초대할 친구의 이메일이나 문자, 카톡 주소를 입력하고 [Send Invite]를 클릭한다.

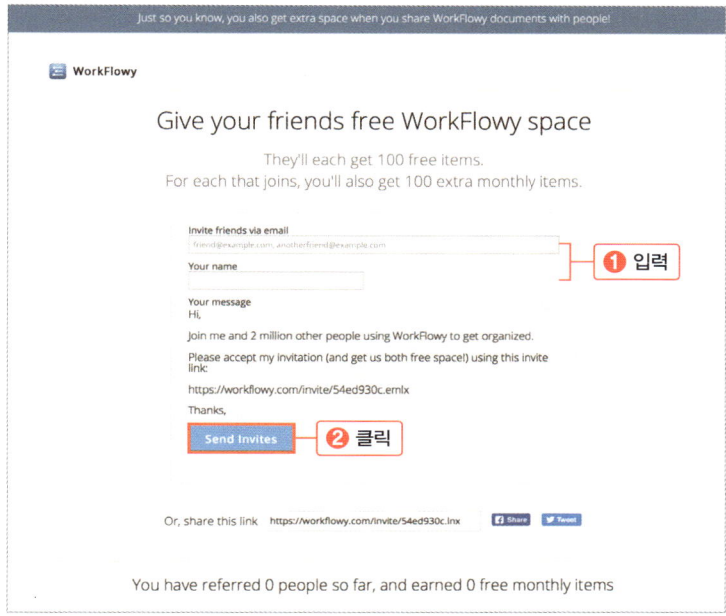

6 | 스마트폰과 PC 환경에서 기능적 차이점

워크플로위는 스마트폰(모바일)과 PC에서 동일한 환경을 제공하지만 모든 기능이 동일하게 제공되는 것은 아니다. 아래의 표를 통해 기능의 차이를 확인해 보도록 하자. 웹앱 서비스 유형이라 실시간 동기화 작업이 가능하기 때문에 어디서나 최신 데이터로 작업할 수 있다.

구분	스마트폰	PC 환경
특징	• 목록 선택 및 수정 작업 • 펼치기/닫기 등 • 작업 진행 여부(완료) • 노트 작성, 목록 이동 • 태그 및 기본 검색	• 목록 선택 및 수정 작업 • 펼치기/닫기 등 • 작업 진행 여부(완료) • 노트 작성, 목록 이동 • 태그 및 기본 검색 • 목록 작은 메뉴 창 지원 • 공유 기능 • 즐겨찾기 • 단축키 • 한 개 이상의 목록 이동/삭제

● PC 환경에 제공되는 목록 상세 메뉴(작은 메뉴 창)

컴퓨터에서만 제공되는 작은 메뉴 창 화면으로써, 6가지 기능이 제공된다. 자주 사용하는 것은 완료와 공유 기능이다. 공유/내보내기/복제 기능은 컴퓨터에서만 제공되고 있다.

- Complete(완료) – 목록을 완료
- Add Note(노트 추가) – 해당 목록에 노트 추가
- Share(공유) – 해당 목록을 공유 작업
- Export(내보내기) – 해당 목록을 내보내기
- Duplicate(복제) – 해당 목록 복사
- Delete(삭제) – 해당 목록을 지우고자 할 때

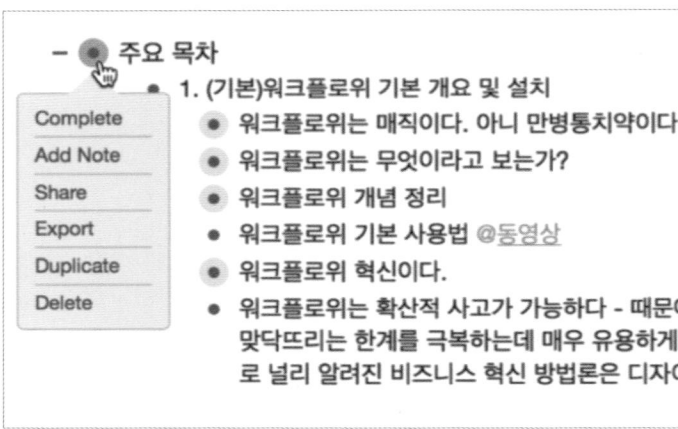

Section 02

워크플로위 사용법-I

1 | 웹 환경 메뉴 설명과 사용법

워크플로위 작업은 PC 환경에서의 작업이 가장 편리하고 기능 또한 많다. PC의 작업 환경은 아래와 같다.

웹 환경 상세 설명

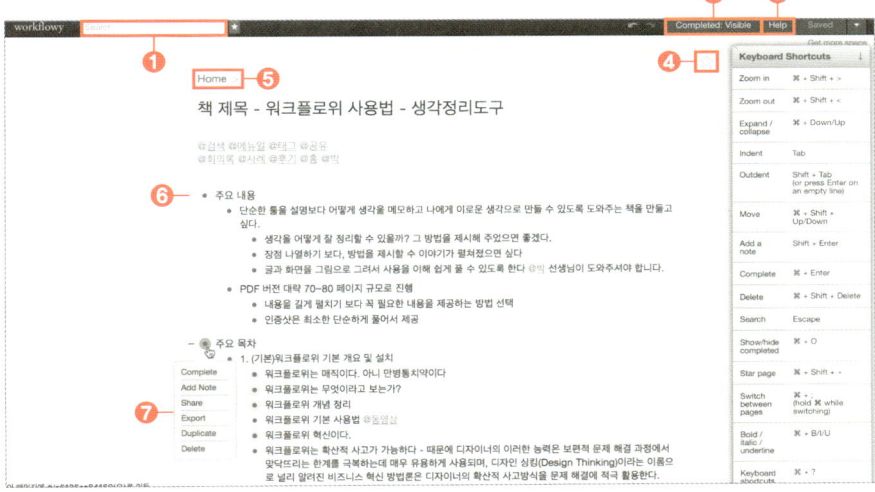

❶ **검색 창 :** 키워드와 태그를 검색할 수 있는 곳이다. 마우스로 선택 또는 단축키 **Esc** 를 누른 다음 해당 키워드를 입력한다.

❷ **작업 상황 :** 목록 완료 여부를 체크한다.

    – Comlpeted:Visible(완료된 목록 보여 주기)

    – Comlpeted:Hidden(완료된 목록 감추기)

❸ **Help(도움말) :** 단축키에 대한 내용을 제공한다.

    – 윈도우(**Ctrl** + **?**), 맥(**⌘** + **?**) 단축키 이용

❹ **즐겨찾기 :** 해당 목록을 즐겨찾기에 넣는다.

❺ **Home :** 최상위로 가려고 할 때 선택한다.

❻ **목록 :** 글머리로, 여기서는 목록으로 정의한다.

❼ **목록 상세 메뉴 설정 :** 작은 메뉴 창이 나타난다.

웹 환경 관리자 메뉴

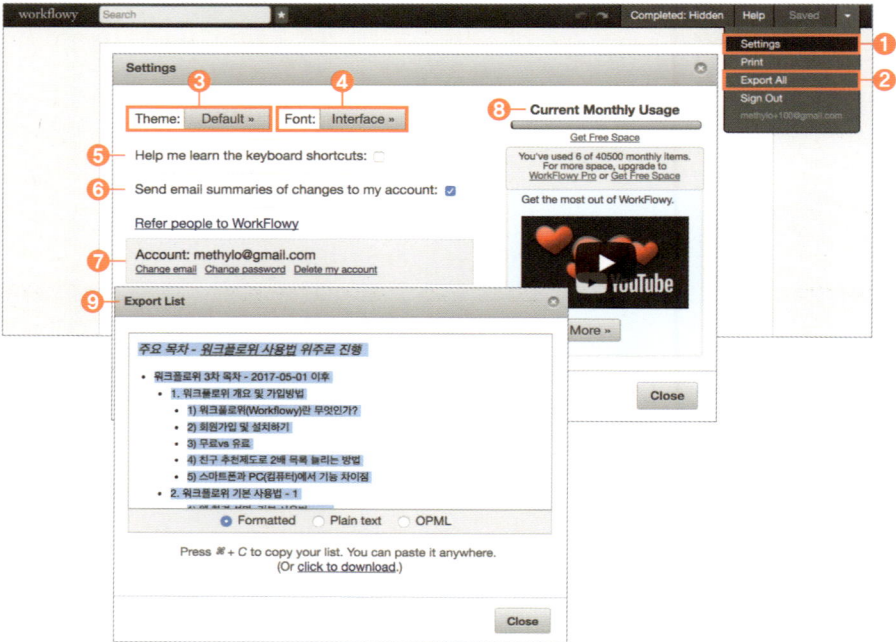

❶ **Settings(설정) :** 테마 및 폰트, 단축키, 이메일, 사용자 정보를 변경할 수 있다.

❷ **Export All :** 내보내기 메뉴, 전체 목록을 내보낼 수 있다.

❸ **테마 :** 무료로 제공되는 테마는 1개, 나머지는 유료 사용자만 제공된다.

❹ **폰트 :** 무료로 제공되는 폰트는 2개, 나머지는 유료 사용자만 제공된다.

❺ **키보드 단축키 :** 체크하면 항상 나타난다.

❻ **이메일 받기 :** 체크하면 변경된 내용을 매일 이메일로 전달한다. 백업 효과로 활용 가능하다.

❼ **사용자 정보 :** 계정 정보, 이메일, 패스워드를 변경할 수 있다.

❽ **Current Monthly Usage(목록 사용량 체크) :** 무료 사용자의 경우만 나타난다. 유료 사용자
는 무제한 제공한다.

❾ **내보내기 리스트**

　　− Formatted : html로 내보내기

- Plain text : 텍스트로 내보내기
- OPML : Outline Processor Markup Language로서, 구조화된 정보의 교환을 허용하는 XML 기반의 포맷으로 내보내기

2 | 즐겨찾기 – PC만 제공

워크플로위의 즐겨찾기(별표 페이지)는 PC에서 자주 사용하는 것 중에 하나다. 브라우저상에서 즐겨찾기 작업을 하듯이 해당 목록을 간단하게 즐겨찾기에 포함시키면 된다. 해당 목록을 선택해 놓으면 즐겨찾기로 빠르게 이동/전환할 수 있다. 검색 창 우측에 있는 별표를 선택하면 하단으로 여러 개의 즐겨찾기 페이지가 나타난다. 나열된 페이지를 선택하면 해당 목록으로 이동된다.

✅ 즐겨찾기 작업은 어떤 것을 할까?

- 매일같이 작성하는 계획 노트
- 책 작업을 하는 집필 공간
- 프로젝트/아이디어 공간

즐겨찾기 작업 방법

1 즐겨찾기 할 목록을 선택한 후 우측 상단의 [별표]를 클릭한다.

2 즐겨찾기에 포함되었는지 체크하기 위해 다시 상단 검색 창 우측에 있는 [별표]를 클릭한다.

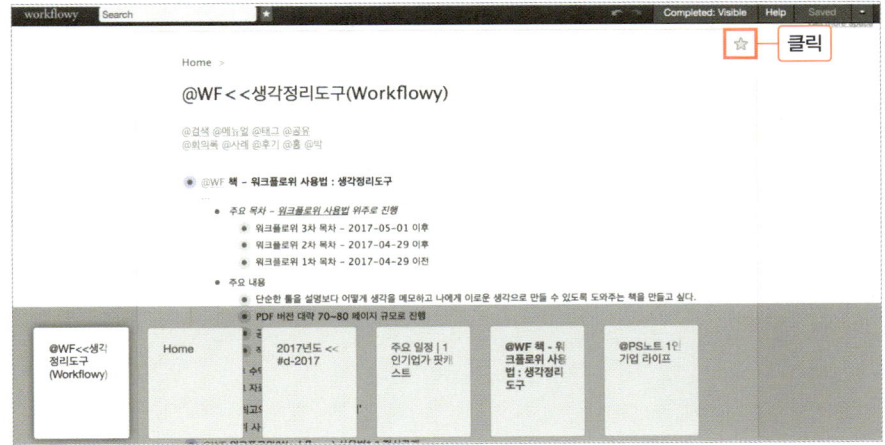

3 | 단축키 설명 – PC만 제공

워크플로위 단축키는 작업을 편리하게 도와주기 때문에 도움말 창을 띄워 놓고 사용하면 좋다. 도움말 단축키(윈도우– Ctrl + ? , 맥– ⌘ + ?)를 누르면 바로 모든 내용을 볼 수 있다. 기본 단축키 이외의 작업(편집)을 할 때 사용하는 단축키도 제공되며 기존 워드에서의 편집과 동일하다.

윈도우용 워크플로위 단축키

단축키	기능
Tab	계층을 낮춤
Shift + Tab	계층을 올림
Alt + →	확대
Alt + ←	축소
Ctrl + Space Bar	확장·축소
Ctrl + ↓	열기
Ctrl + ↑	축소
Alt + Shift + 커서	이동
Shift + Enter	노트를 추가
Ctrl + Enter	작업 완료
Ctrl + Shift + Back Space	삭제
Ctrl + Z	취소
Ctrl + O	완료 작업을 숨기기·다시 보기
Ctrl + B	굵게
Ctrl + I	기울임꼴
Ctrl + U	밑줄
Esc	검색
Ctrl + ?	단축키 표시

맥용 워크플로위 단축키

단축키	기능
Tab	계층을 낮춤
Shift + Tab	계층을 올림
Ctrl + → ⌘	확대
Ctrl + ← ⌘	축소
Ctrl + Space Bar ⌘	확장·축소
Ctrl + ↓ ⌘	열기
Ctrl + ↑ ⌘	축소
Ctrl + Shift + 커서	이동
Shift + Enter	노트를 추가
Ctrl or ⌘ + Enter	작업 완료
Ctrl or ⌘ + Shift + Back Space	삭제
Ctrl or ⌘ + Z	취소
Ctrl or ⌘ + O	완료 작업 표시 전환
Ctrl or ⌘ + B	굵게
Ctrl or ⌘ + I	기울임꼴
Ctrl or ⌘ + U	밑줄
Esc	검색
Ctrl or ⌘ + ?	단축키 표시

4 | 폰트 변경 방법 – 굵게, 기울기, 밑줄

워크플로위는 그 자체가 매우 단조롭기 때문에 굵게 한다거나 기울기, 밑줄 작업을 통해 중요하거나 강조할 부분을 표시할 수 있다. 기존 편집 툴에서 사용하듯 동일하게 단축키로 사용할 수 있다.

Home > @WF<<매뉴얼 (Workflowy) >

@WF 책 – 워크플로위 사용법 : 생각정리도구

@검색 @태그 @공유
@회의록 @사례 @손그림
@홈 @박 @수익

- 주요 목차 – *워크플로위 사용법* 위주로 진행
  - 워크플로위 1차 목차 – 2017-4-29 이후
    - 1. (기본)워크플로위 기본 개요 및 설치
    - 2. (기본)워크플로위 기본 사용법
    - 3. (기본)생각정리를 잘하는 방법
    - 4. (사례)회의록, 계획노트 작성법
    - 5. (사례)프로젝트, 슬라이드 작성법
    - 6. (사례)메모가 한권의 책이 되기까지
    - 7. (응용)다른 클라우드와 연계작업

또한 워크플로위 단축키 목록에는 표시되지 않지만 컴퓨터 일반 단축키도 사용할 수 있다.

단축키	설명
Ctrl + Y	취소한 것을 취소
Ctrl + W	닫기
Ctrl + X	잘라내기
Ctrl + C	복사
Ctrl + V	붙여넣기
Ctrl + P	↑ (WorkFlowy)※커서로 이동 가능
Ctrl + N	↓ (WorkFlowy)※커서로 이동 가능
Ctrl + F	페이지 내 검색

5 | 전체 목록 열기/닫기 – PC만 제공

전체 목록 펼치기와 닫기 작업은 앞부분의 (+)를 선택해서 작업한다. 목록을 선택한 후 마우스로 클릭하거나 단축키를 사용하면 된다.

- 전체 목록 열기/닫기 단축키 메뉴 – 열기(Ctrl + ↓), 닫기(Ctrl + ↑)
- 마우스로 작업 시 목록(+)을 한 번 클릭하면 '열기', 목록(−)을 한 번 클릭하면 '닫기'

● 전체 내용을 편리하게 보는 방법

목록을 작성하다 보면 하위 목록으로 여러 단계로 내려갈 수 있다. 이때 모든 내용을 한 번에 보거나, 2단계 이상은 모두 닫고 싶을 때 사용한다.

①번 항목에서 2단계 이상 모두 닫은 상태로 보고 싶을 때 – 마우스로 목록(−)을 두 번 클릭한 후, 이어서 목록(+)을 한 번 클릭한다.

②번 항목에서 2단계 이상 모두 펼쳐 보고 싶을 때 – 마우스로 목록(−)을 한 번 클릭한 후, 이어서 목록(+)을 두 번 클릭한다.

```
+  ● 주요 목차 – 워크플로위 사용법 위주로 진행
   ● 주요 내용
```

```
−  ● 주요 목차 – 워크플로위 사용법 위주로 진행
      ┌─────────────────────┐ 2차 목차 – 2017-05-01 이후
      │ Expand/collapse children │
   ● 워크플로위 2차 목차 – 2017-04-29 이후
   ● 워크플로위 1차 목차 – 2017-04-29 이전
```

필자는 전체적인 큰 틀을 빠르게 이해하고자 할 때 ①번 항목을 자주 사용한다. 예를 들어 책의 목차 작업을 하면서 2단계 정도만 보거나 다시 전체를 보고자 할 때 사용한다. 모든 계층이 나열되면 목록이 많아 복잡해지는데 이를 줄여서 간편하게 볼 수 있어 목록을 쉽게 정리할 수 있다.

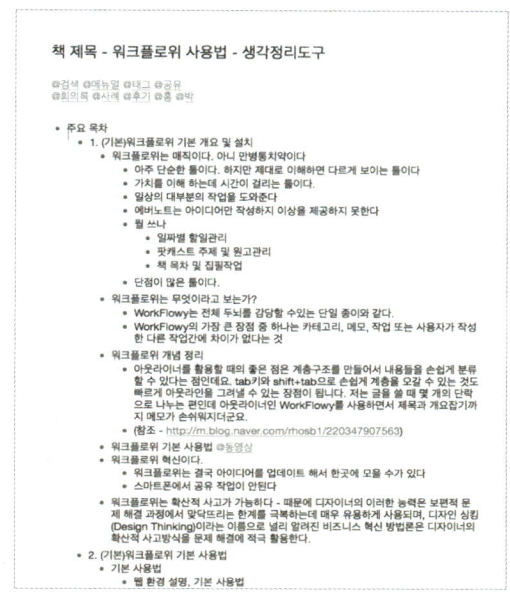

① 전체 목록 환경

② 간편한 목록 환경

6 | 목록을 상하 이동시키는 방법

워크플로위 장점 중에 하나는 목록을 계층에 관계없이 원하는 위치로 이동시킬 수 있다는 것이다. 처음부터 자리를 잡고 작업을 하지 않아도 된다. 상하 계층적 상황에서 정해진 위치 없이 어느 곳에서나 작업한 후 원하는 위치로 이동이 가능하다.

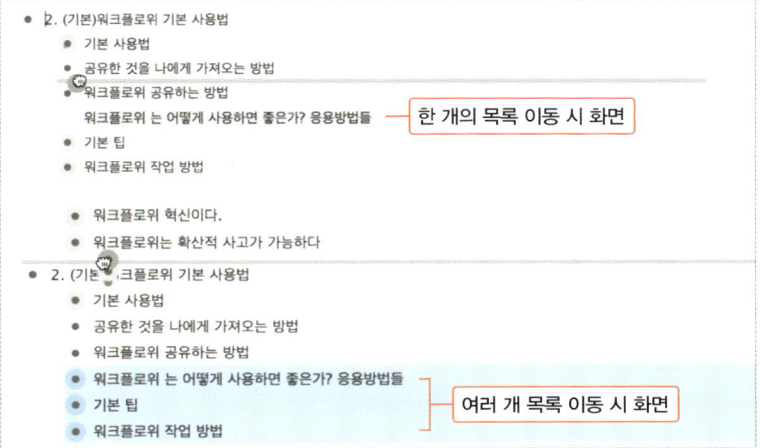

Section
03

워크플로위 사용법-II

1 | 공유하기/공유받기

목록을 선택해서 공유할 수 있다. 컴퓨터에서 목록을 선택하면 리스트가 나타나며, [목록] 〉 [share] 〉 [view/edit]에서 선택하면 된다. 공유받은 사람이 워크플로위를 작성하면 본인 워크플로위에 저장할 수 있다.

1 목록에서 [Share]를 클릭한다.

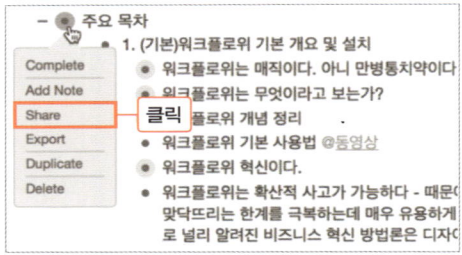

2 [view] 혹은 [edit] 중 원하는 것을 선택한 후 [Share]를 클릭한다.

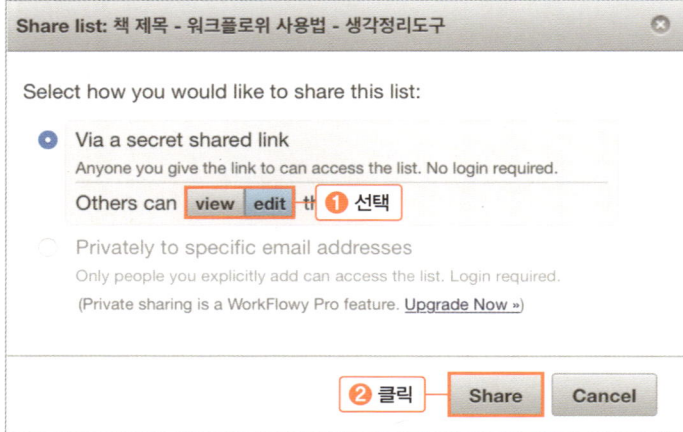

TIP

워크플로위 프로 사용 시 "Privately to specific email addresses" 사용이 가능하다. 이것을 사용하면 이메일을 통한 인증 서비스를 통해 목록을 공유할 수 있다.

> Privately to specific email addresses
> Only people you explicitly add can access the list. Login required
> (Private sharing is a WorkFlowy Pro feature. Upgrade Now »)

3 [Share]를 선택하면 공유 URL이 생성된다. 공유 작업 시 view/edit 중에 선택할 수 있으며, 추후에 수정할 수 있다. 공유하고자 하는 사용자에게 공유 URL을 이메일 또는 메시지 통해 전달해서 사용할 수 있다.

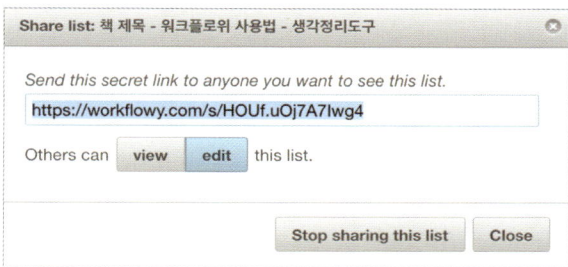

워크플로위를 공유받는 방법

공유받은 사용자가 워크플로위에 작성하면 자동으로 동기화 작업이 되어 전달된다.

1 공유받은 워크플로위 링크로 접근하면, 우측 하단에 'This is a collaborative WorkFlowy'라는 창이 나타난다. 여기서 [Add it to my account] 버튼을 클릭한다.

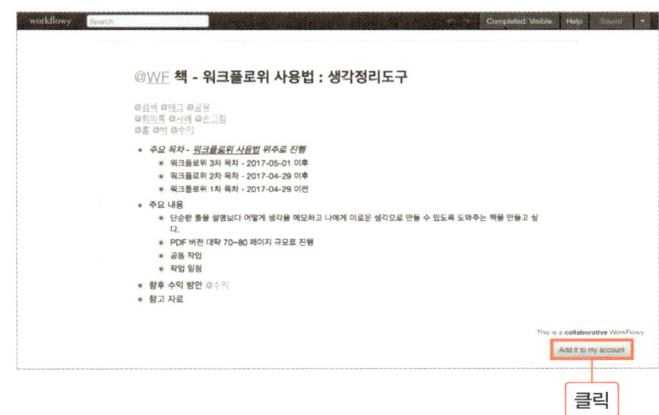

2 'Add shared list' 창이 나타나면 [View my account]를 클릭한다.

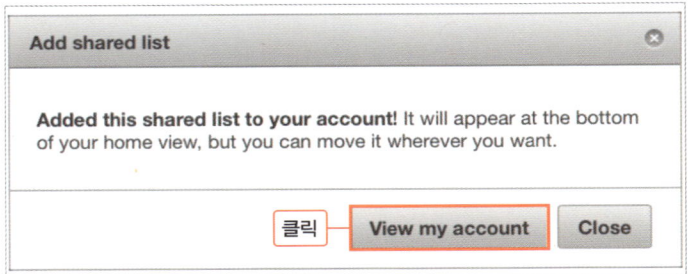

3 공유받은 리스트를 사용하고 있는 목록과 동일하게 이동 및 작업할 수 있다. 만약에 편집을 허용했다면 편집 작업도 가능하다.

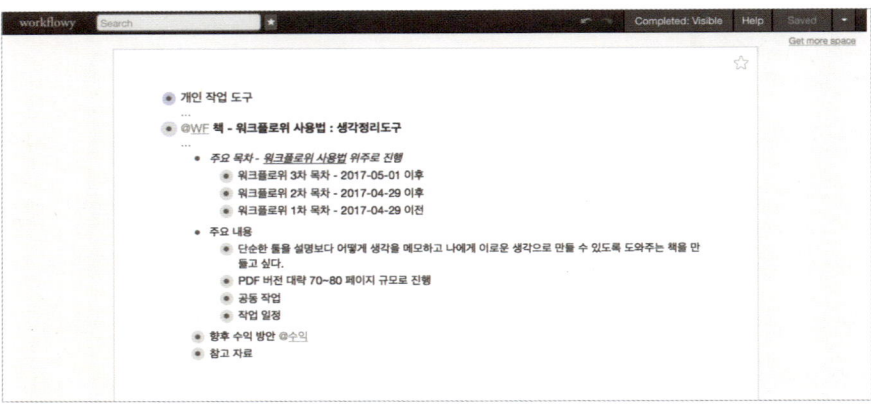

💡 **TIP**

공유 받은 것을 따로 검색할 때는 검색 창에 'is:embedded'를 입력한다. 공유한 것을 찾고자 할 때는 'is:shared'라고 검색한다.

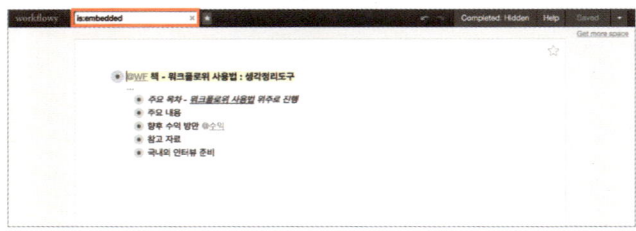

2 | 태그와 검색

워크플로위에서 목록과 노트에 있는 내용을 찾으려면 태그와 검색을 이용한다. 검색 창(단축키 Esc 선택)에 키워드나 태그를 입력한다. 검색을 하는 기준은 목록 단위(노트)로 진행한다. 검색 창에는 키워드+키워드, 키워드+태그, 태그+태그 등 복수의 키워드를 함께 넣어서 세부적으로 찾을 수 있다.

워크플로위에서 태그는 한눈에 볼 수 있는 지도의 핀과 같다. 특정 태그로 필터링해 보면 원하는 컨텍스트를 한 번에 볼 수 있다. 물론 키워드 검색으로도 해당 목록을 찾을 수 있다.

검색할 때는 전체 검색과 부분 검색이 있다. Home 위치에서 검색하면 전체 검색, 해당 목록(하위 목록)에서 검색하면 부분 검색이 가능하다. 정확한 위치를 알고 있다면 부분 검색을 통해 더 빨리 찾을 수 있다.

태그 작성에는 #과 @, 두 가지 유형이 있다. 유형의 기능은 따로 존재하지 않으며 필요에 따라 적합한 것을 사용하면 된다. 아래 작업은 필자의 사용 방법이다. 반드시 따를 필요는 없다. 사용자 자신이 편리하게 사용할 수 있는 패턴을 찾아 쓰면 된다. 사용도가 많으면 그만큼 관리해야 할 유형이 많기 때문에 초반에는 단순한 것 위주로, 각각 유형별로 5개씩 작성해 놓으면 좋다.

기호	#사용	@사용
활용	• 프로젝트 주제 • 업무 유형별 • 상위 유형	• 사람 • 지역 • 서브 유형

✅ 태그 작성 시 유용한 팁 3가지

① **간소화 한다.** – 태그는 최소한 간소화 한다. 아이디어라고 하면 @id, 워크플로위 @wf 등 무엇을 의미하는지 이해가 빠르고 쉽게 작성한다.

② **할 일(to-do) 작업을 함께한다면 날짜를 함께 사용한다.** – 날짜를 기반으로 할 일 목록을 작성한다. 할 일 목록은 작성하는 날짜를 기준으로, 만약 작성하는 날짜가 6월 5일이라면 #0605 형태로 작성한다. 시작하고 끝나는 날짜를 파악하고 싶다면 #0606 #0620 등 앞은 시작 날짜를, 뒤는 마치는 날짜를 함께 입력해 준다. 해당 날짜의 작업 흐름을 파악할 수 있다.

③ **주제별로 태그를 작성한다.** – 자주 진행하는 프로젝트는 구분해 놓는다. 해당 주제에 핵심 키워드로 아이디어를 작성할 수 있다. 필자의 경우에는 #강의, #책작업 등으로 태그를 구분해서 사용한다.

태그는 사고의 전환이다. 메모를 빠르게 입력할 수 있게 도와준다. 결국 태그는 직관적 사고, 긴 글을 짧게 축약해 주고 빠르게 해당 정보를 입력할 때 적합하다. 태그는 복잡하게 작성하기 보다 짧고 간결하게 작성하는 것이 좋으며, 처음부터 태그 개수를 크게 늘리지 않는 것이 좋다.

상위 목록에 미리 해당 인덱스 태그Index Tag를 넣어 두면 따로 검색 창을 사용하지 않아도 리모콘처럼 사용할 수 있다. 한 개 이상의 태그를 선택할 수도 있다. 작업 방법은 목록을 선택한 후 노트 추가(Add Note)로 진행한다. 목록 하단에 있는 태그를 모두 넣어 두고 작업을 할 경우 검색 창에서 작업 없이 이용할 수 있고, 스마트폰에서도 작업할 수 있다.

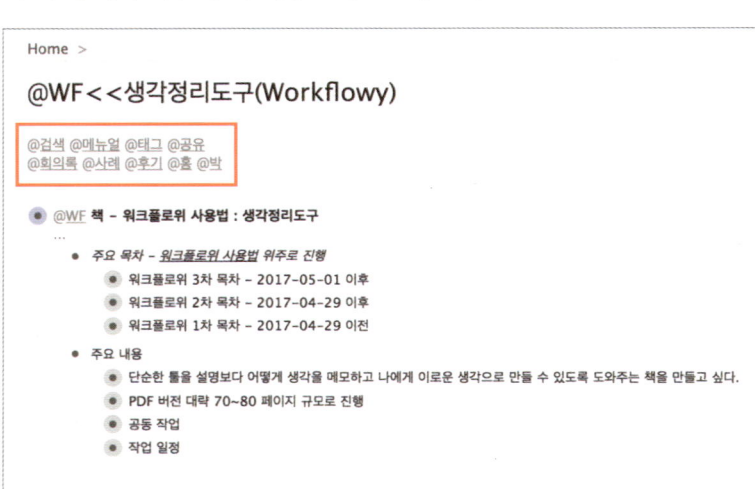

3 | 전체 사용 목록 개수 알아보기

워크플로위는 목록의 양을 알려 주지 않기 때문에, 전체 목록을 알기 위해서는 아래와 같은 방법을 사용하도록 한다.

1 완성된 항목을 포함하기 위해 [Completed: Visible]을 선택한다.

2 홈페이지 왼쪽 상단의 [workflowy]를 두 번 클릭한다. 작업 양이 많다면 다소 시간이 걸릴 수 있다. 이후 단축키 **Ctrl** + **A** (Mac일 경우 ⌘)를 누른다.

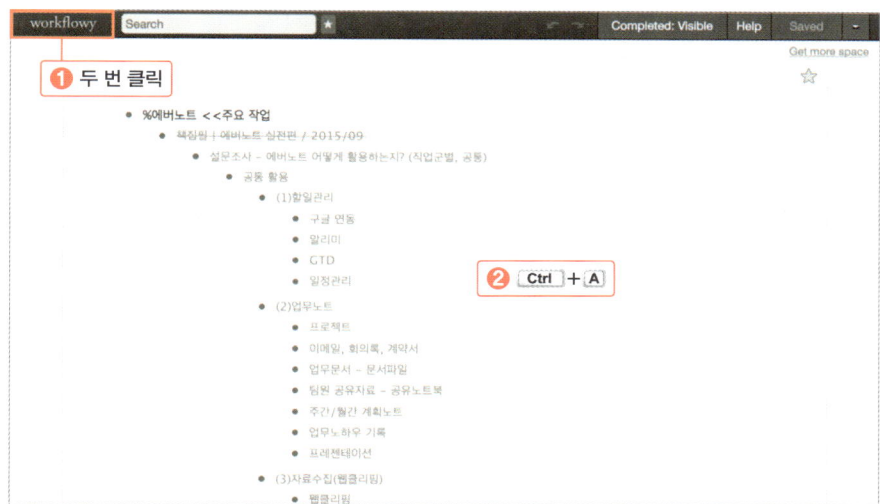

3 전체 목록이 선택되면 오른쪽 팝업 메뉴에 목록이 몇 개인지 확인할 수 있다.

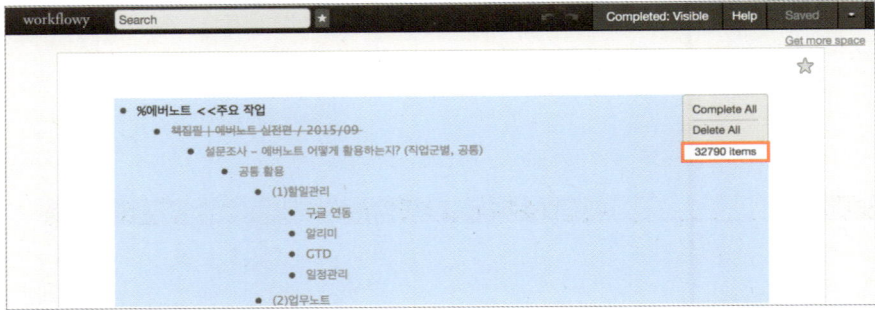

4 | 검색 창에 숨겨진 검색 기능

워크플로위 검색 창에는 공개되지 않은 숨겨진 기능이 있다. 이 기능은 단순한 키워드와 태그 검색 이외 사용할 수 있으며 함께 사용도 가능하다. 아래의 내용을 스크랩해서 '@서치'라고 태그로 넣어 두고 필요할 때 찾아 사용하면 좋다.

1. −(not)

해당 키워드를 제외한다는 의미다. 해당 용어가 포함된 목록을 제외하려면 검색어 앞에 '−'를 추가한다. 예를 들어 검색 창에 '@아이디어 −#프로젝트'라고 입력하면 @아이디어와 #프로젝트 태그 중에 #프로젝트가 함께 들어간 것을 제외할 수 있다.

2. OR(caps)

검색 용어 사이에 대문자 'OR'를 추가하여 해당 용어 중에 하나를 포함하는 목록을 검색한다. 예를 들어 검색 창에 '@아이디어 OR #프로젝트'라고 입력하면 @아이디어 또는 #프로젝트에 할당된 모든 목록을 표시할 수 있다.

3. "Quotedstring"

큰 따옴표를 사용하면 따옴표 사이의 정확한 문자열을 포함하는 목록을 찾을 수 있다. 예를 들어 "나는 1인 기업가다"로 검색할 수 있다. 또한 단어 또는 숫자의 일부를 검색한다. 예를 들어 "스튜디오"라는 단어를 검색하면 '홈스튜디오'와 '스튜디오' 모두를 검색한다. 숫자 또한 "203"을 검색했을 경우 "123203456"이 포함된 목록을 찾는다.

4. is:embedded

외부에서 가져온 워크플로위 목록을 찾아 준다(공유 받은 것).

5. is:shared

외부로 공유한 목록을 찾아 준다.

6. is:complete

완료된 목록을 찾아 준다.

7. completed: 완료된 것 중에 시간을 정해서 찾을 수 있다.

- Completed:5 – 5분 전
- Completed:5h – 5시간 전
- Completed:5d – 5일 전

8. last-changed:

특정 기간 내에 마지막으로 변경된 목록을 검색할 수 있다. 목록이 최근 언제 수정되었는지 알고 싶다면, 목록에 커서를 1~2초 올려놓는다.

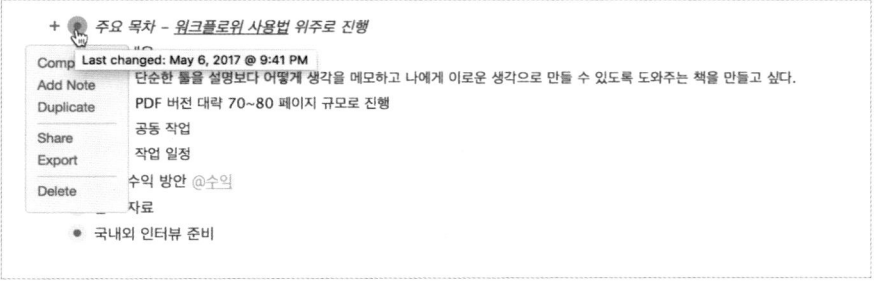

검색 창에 'last-changed:1d'를 검색하면 마지막 날에 변경된 항목을 검색한다.

- last-changed:25 – 25m
- last-changed:5h – 5시간 전
- last-changed:25h – 25시간

검색 창에 여러 연산자를 조합하여 사용할 수도 있다. 예를 들어 지난 주에 할 일(#todo)이 완성된 것만 찾는다면 'is:complete #todo last-changed:10d'로 검색하면 된다.

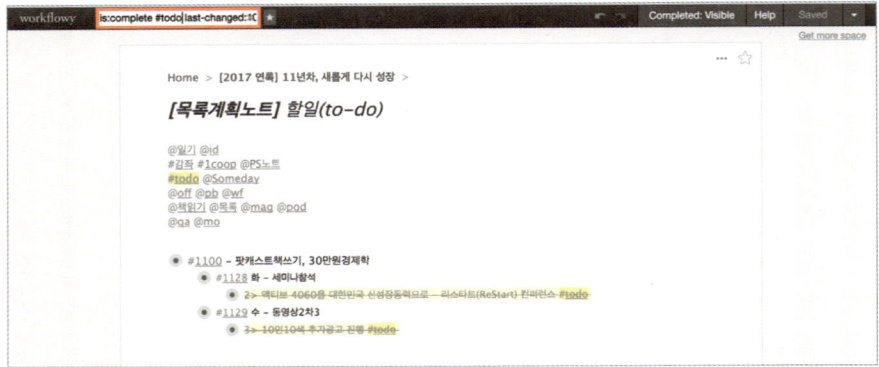

9. has:note

노트가 있는 모든 목록을 찾는다. 기존 것은 모두 목록이라면 이것은 노트 안에 있는 키워드만 찾을 수 있다. 예를 들어 검색 창에 'has:note 키워드'를 검색하면 해당되는 것을 찾는다.

· 숨은 서치 참조 – https://blog.workflowy.com/2012/09/25/hidden—search—operators/

5 | 백업 방법 – 무료/유료

워크플로위는 유료 버전에서만 드롭박스 앱과 연동해서 백업이 가능하다. 무료 버전에서 백업을 사용하고 싶다면, 매일 업데이트된 내용을 이메일로 받는 옵션을 선택해서 대체할 수 있다. 전날 버전과 차이가 생기면 변경된 내용(굵은 폰트와 업데이트 상황)을 이메일로 전달하기 때문에 백업 용도로 활용 가능하다.

1 'Settings' 메뉴에서 [Send email summaries of changes to my account:]를 클릭해 체크한다.

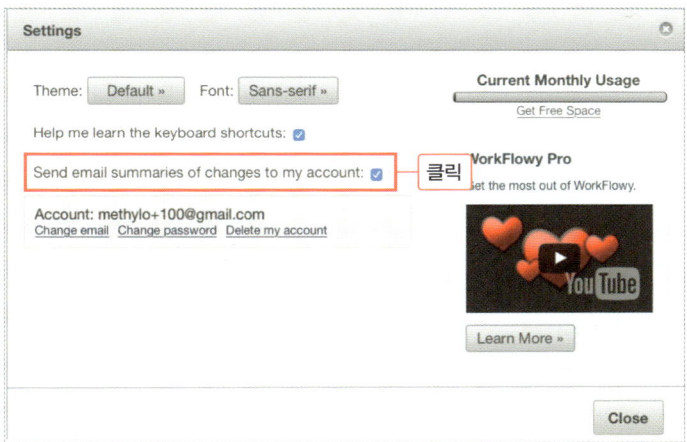

2 변경된 내용을 매일 아침 이메일을 통해서 확인할 수 있다.

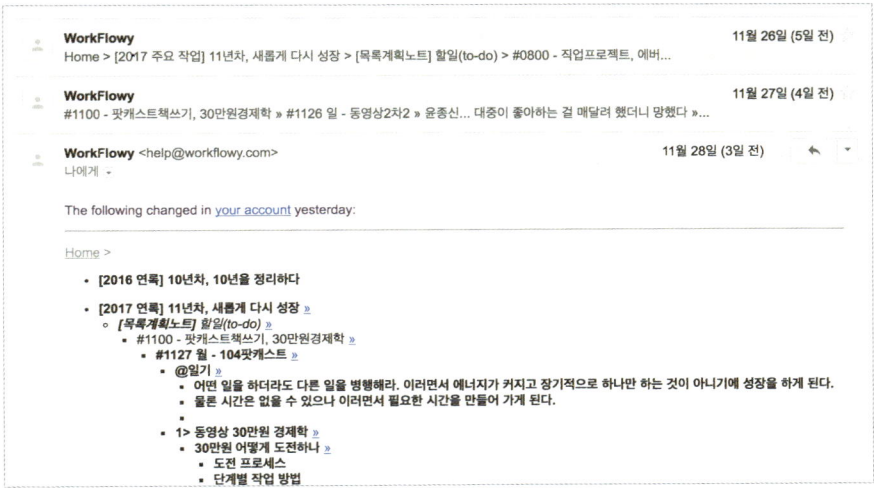

● 이메일로 변경된 내용 전달 화면

전날 업데이트된 내용이 몇 개인지, 새롭게 생성된 것이 몇 개인지 구분해서 보내 준다. 작업한 내용은 굵은 글씨로 제공된다.

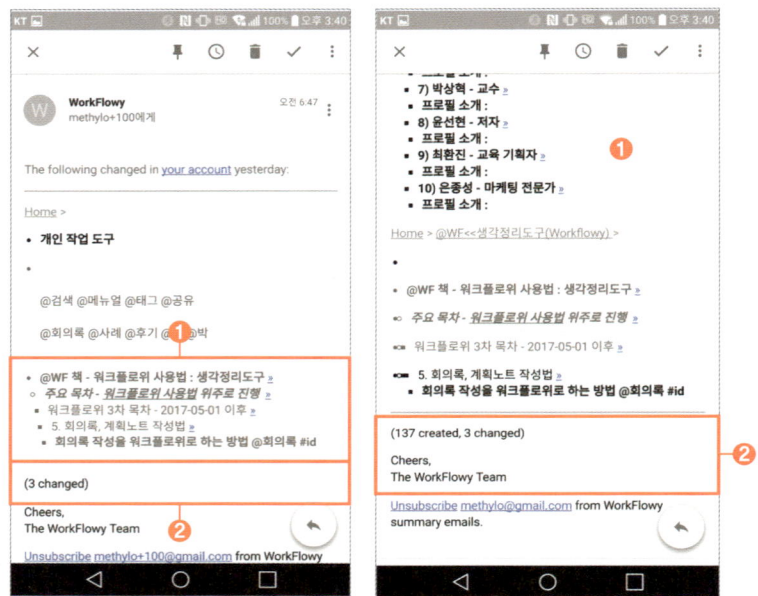

워크플로위 유료 버전 사용 시 드롭박스 백업 방법

유료 버전이라면 드롭박스로 연동해서 받을 수 있다. 작업 변경이 많은 사용자라면 유료로 사용해서 안전하게 보관하는 것이 좋다. 먼저 드롭박스 계정에 가입한 후 사용하도록 한다. 작업 데이터는 하나당 대략 3MB 정도이기 때문에 무료 계정으로도 오랜 기간 동안 충분히 저장할 수 있다.

1 'Settings' 메뉴에서 [Auto-backup my WorkFlowy to Dropbox]를 클릭하여 체크한다.

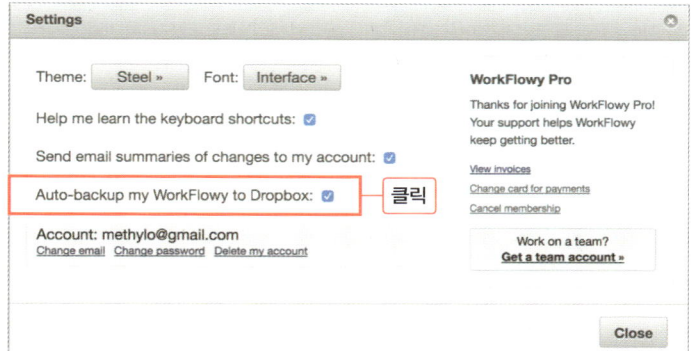

2 변경된 내용이 자동으로 드롭박스에 백업되는 것을 확인할 수 있다.

6 | 절대 링크 활용하기 – PC만 제공

워크플로위는 목록마다 해당 링크가 제공된다. 이 링크는 절대 링크이기 때문에 목록을 이동시키더라도 링크 주소는 변경되지 않는다. 이런 점 때문에 외부 클라우드로 이동해서 사용할 수 있다. 절대 링크 값은 공유(share) 작업을 하지 않았기 때문에 다른 사용자는 접근할 수 없다.

절대 링크 값은 'https://workflowy.com/#/08000xxxxx' 같은 형태로 제공되며, 변하지 않기 때문에 내부적으로 다른 클라우드(에버노트, 원노트)로 자료 관리를 할 때 사용할 수 있다. 예를 들어 에버노트로 자료 정리를 할 때 워크플로위 링크를 가지고 와 사용하면 따로 찾아가야 하는 번거로움 줄일 수 있다.

1 워크플로위 링크를 복사한다.

2 에버노트 노트를 실행시킨 후 필요한 부분에 워크플로위 링크를 붙여넣기 한다.

7 | 워크플로위 vs 에버노트

에버노트는 아이디어를 작성할 때마다 새 노트를 만든다. 아이디어의 수만큼 매번 노트가 생성되고 쌓이면 관리가 필요하다. 특히 노트의 수가 몇 백 개에서 몇 천 개로 늘어나면 관리는 절대적이다. 에버노트는 컴퓨터와 스마트폰에서 쉽게 자료를 수집하고 검색하는 용도의 탁월한 기능을 가지고 있지만 생각 정리와 업무 기획 등을 관리할 때에는 고도의 기술이 필요하다. 이럴 때 에버노트와 워크플로위를 함께 사용하면 쉽게 분리 작업을 할 수 있고, 관리적 어려움을 줄이고 사용도를 높이는 효과를 가져올 수 있다.

워크플로위를 사용하면서 가장 많이 하는 것 중에 하나가 바로 '목록 계획 노트' 작성이다. 가볍고, 목록 관리가 편리하며 얼마든지 기존 작업 상황을 함께 살펴볼 수 있기 때문이다. 또한 태그를 통해 상황을 쉽게 이해할 수 있다. 진행 여부를 간편하게 확인할 수 있어 장기간의 작업 상황을 살펴볼 수도 있다. 에버노트는 이런 부분들이 노트 기준이기 때문에 큰 범위이지만, 워크플로위는 목록 단위라 가볍고 상황을 명확하게 이해할 수 있다. 전체적으로 관리가 줄고, 언제나 전체 목록을 볼 수 있기 때문에 상황에 대한 이해도가 높다.

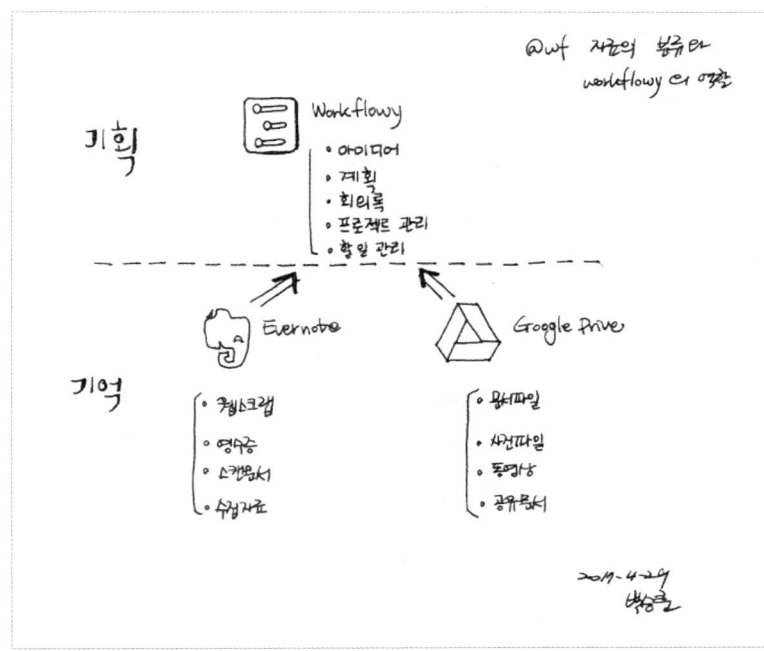

✅ 워크플로위를 작성하면서 얻을 수 있는 3가지 장점

① 관리가 필요 없다.

에버노트는 여러 개의 노트가 생성되면 관리가 필요하다. 하나의 노트라도 많은 내용이 쌓이면 구분을 하고, 내용을 상세하게 정리해야 한다. 이에 반해 워크플로위는 별도의 작업 양이 많지 않다.

② 검색하면 원하는 것을 찾기 편리하다.

에버노트는 검색의 이로움이 크지만 쓰임에 따라 많은 내용의 노트에서 중복으로 제공되기 때문에 노트가 많아지면 찾기가 쉽지 않다. 이런 점과 비교했을 때 워크플로위는 검색 시 상세한 내용을 보여 주기 때문에 원하는 것을 쉽게 찾을 수 있다.

③ 개별적 공유가 가능하다.

에버노트에서 부분적으로 공유 작업을 하기 위해서는 따로 노트를 생성해야 한다. 기본적으로 하나의 노트만 가능하다. 워크플로위는 목록별로 공유가 가능하다.

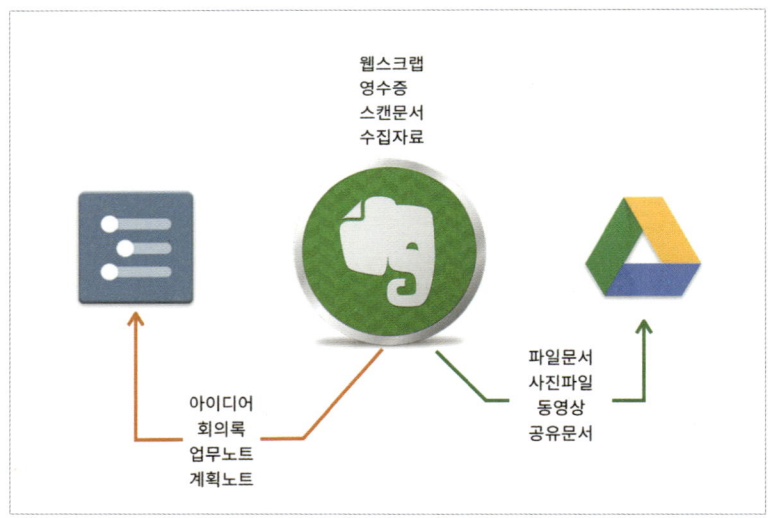

생각 정리 도구 사용 방법

1 | 워크플로위 사용하기

워크플로위는 친절한 프로그램이 아니기 때문에 처음 시작할 때 어디서부터 시작해야 할지 고민이 될 수 있다. 워크플로위를 잘 사용하려면 일상에서 꾸준한 메모 습관을 기르는 것이 좋다.

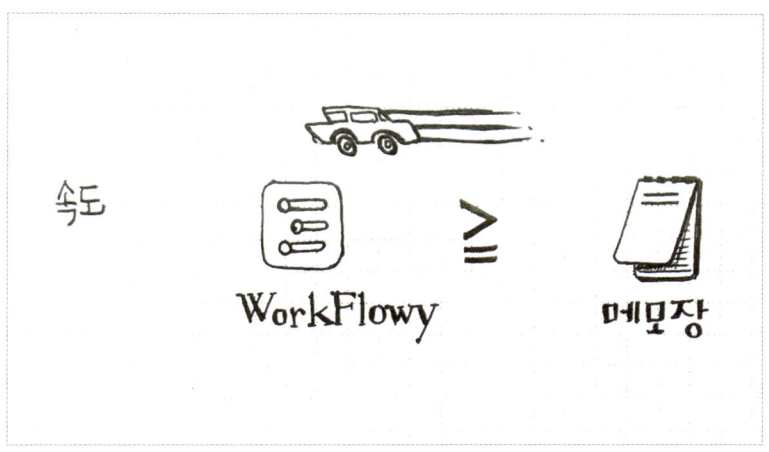

가장 먼저 추천하는 것은 첫 번째, 데일리 노트 작성이다. 수첩에 현재 날짜를 입력한 후 목록 작성과 동일하게 할 일을 적는다. 두 번째는 시시콜콜한 생각과 아이디어 작성이다. 이렇게 사용하다 보면 목록은 쌓이게 되고 습관이 될 때쯤에는 엄청난 자료가 쌓여지는 것을 경험할 수 있다.

워크플로위는 생각 정리 부분에 있어 특히 매력적인 도구이다. 목록을 적다 보면 하위 목록을 자연스럽게 입력하게 되어 생각 확장에 도움을 준다. 워크플로위는 계층 구조로 되어 있기 때문에 목록은 제목이라 할 수 있고, 하위는 하위 제목, 그리고 노트는 본문 내용이라 할 수 있다. 노트는 목록에 종속된다.

워크플로위는 계층적 구조로 되어 있다. 상위에서 하위로 목록을 만들 수 있다. 워드나 한글에서 글머리와 같은 개념이다. 목록을 동일한 위치로 만들 수도 있고, 하위로 만들 수도 있다. 또한 목록의 위치는 자유롭게 변경 가능하다.

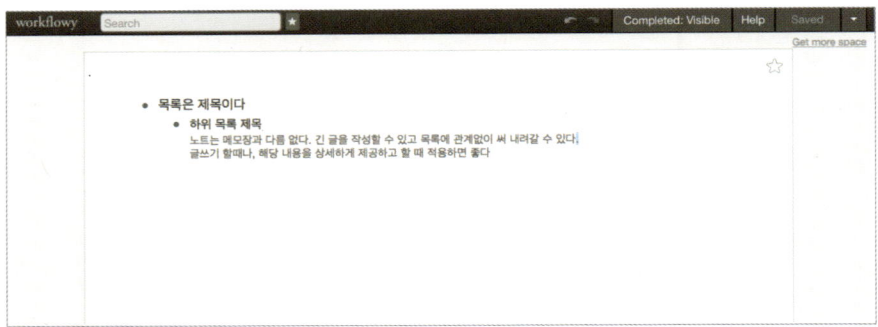

처음 시작은 아래 이미지의 ①번, ②번처럼 큰 주제로 상위 목록을 만든다. 하위에 해당 내용을 큰 것부터 작성해 나가면서 정리를 확대할 수 있다.

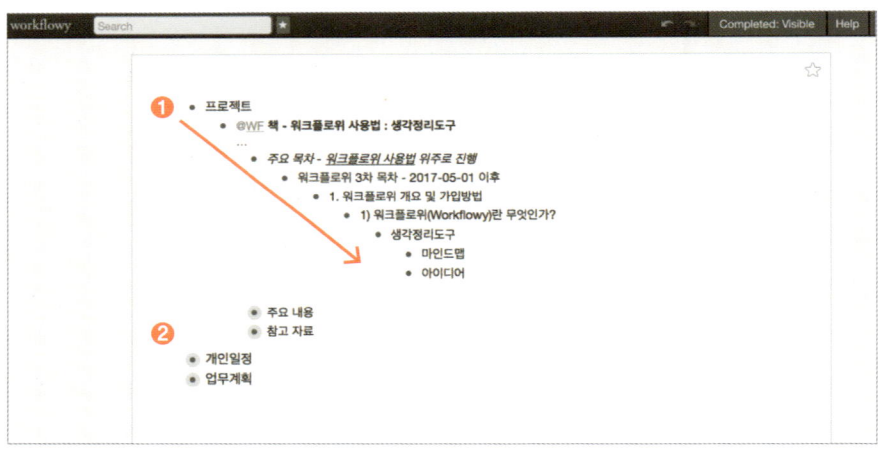

2 | 아이디어 작성하는 법

아이디어는 기록보다 활용이다. 활용이 커지면 기록도 많아지는데, 이럴 때 자기만의 기록 방법을 통해 효과적으로 아이디어를 작성해야 한다.

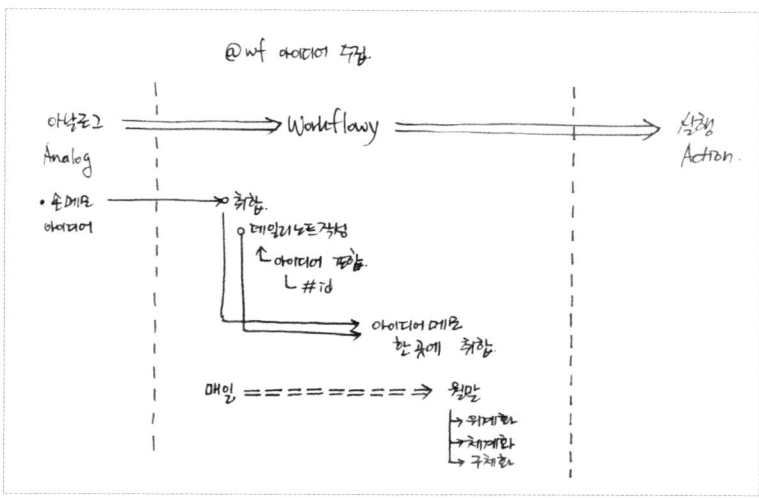

아이디어가 떠오르면 바로 워크플로위에 기록하도록 한다. 문장 전체를 기록하기 보다 핵심 키워드 위주로, 시간이 있다면 하위 목록도 작성한다. 목록에는 하나의 사고만 작성하도록 한다. 아이디어는 바로 실행하기 보다, 충분한 조사와 함께 도움을 얻고 이어 목록을 확장한다. 보다 구체화된 내용으로 발전하게 돼야 아이디어는 꽃을 피울 수 있다.

아이디어는 실행할 때 가치가 커진다. 필자는 몇 개월 전에 '2017년 10가지 강좌 진행 프로젝트'라는 목록을 처음 작성했다. 이후 차근차근 하위 목록을 작성하였고 현재까지 6개의 강좌를 진행하게 되었다. 워크플로위는 기록이라는 것에서 더 나아가 실제로 이루어지는 실행력을 가지고 있다.

[강좌] 2017 10+5가지 프로젝트

- 1) 생산성+일하는방법
  - 01) 업무개선을 위한 스마트워킹
  - 02) 최고 업무관리 도구 워크플로위 – 생각정리스킬
  - 03) 클라우드 시대, 심플 워크해라
- 2) 직업+1인기업
  - 04) 1인기업 프로젝트(나는1인기업가다)
  - 05) 직업, 나도 바꿀 수 있다 / 1인기업의 시작, 30만원 경제학
- 3) 방송+책쓰기+모임
  - 06) 팟캐스트, 나도 할 수 있다
  - 07) 책쓰기, 나도 할 수 있다 – 목록형 책쓰기
  - 08) 모임, 나도 만들 수 있다
- 4) 인터뷰+마케팅+디지털사회
  - 09) 인터뷰와 섭외노하우 특강
  - 10) 디지털 사회에 온라인으로 일하는법
  - 11) 1인기업가 위한 셀프마케팅 하는 방법
- 5) 기타 진행할 수 있는 강좌
  - 12) 생산성 도구를 통한 책쓰기 노하우
  - 13) 소셜마케팅 – 페이스북 마케팅 전략
  - 14) 손쉬운 자료수집 위한 에버노트
  - 15) 스마트폰을 통한 동영상 제작

아이디어 도구로 종이 수첩과 워크플로위를 함께 사용한다. 이동 중에 머릿속에 떠오르는 것은 워크플로위에 메모한다. 복잡한 생각 정리는 종이 수첩으로 그림(플로우)을 그려서 푼다. 한두 가지 키워드가 아닌 상황을 봐야 하는 것이기 때문에 많은 정보가 들어간다. 우선적인 작업 순서는 없으나 모든 자료는 워크플로위에 상세하게 기록하도록 한다. 워크플로위에 작성한 후에는 키워드 검색을 자주 하도록 한다. 쌓인 아이디어들이 서로서로 이어지면서 가치가 커지기 때문이다.

3 | 생각 정리를 잘하는 방법

생각 정리를 잘하는 방법은 매일 같이 작성하는 것이다. 작성을 할 때에는 여러 곳으로 분리해서 작성하지 않고 한곳을 이용한다. 또한 시시콜콜한 내용까지 기록하도록 한다. 매일같이 반복적으로 작성하다 보면 아래와 같은 생각 정리 규칙을 갖게 된다.

⊘ 생각 정리의 규칙

1. 목록에는 하나의 사고를 적어라.

가능하면 하나의 사고만 적어라. 여러 개의 목록을 함께 기록하면 복잡하기 때문에 각각의 목록을 하나씩 작성하도록 한다. 이렇게 하면 하위 목록에 어떤 것을 기입해야 할지 쉽게 작성할 수 있어 생각 정리 확장이 가능하다.

2. 명확한 용어를 작성해라.

아이디어를 적다 보면 키워드를 정확히 명시하지 않아 나중에 다시 사용하기 힘들 때가 있다. 반복적으로 사용하는 것부터 명확하게 잡아가도록 한다. 동일한 내용을 한국어와 영어로 함께 사용한다거나 비슷한 키워드를 다르게 쓰는 등의 작성은 생각 정리를 하는 데 불편을 가중시킬 수 있다.

3. 요구사항 및 마감일을 체크해라.

단순 아이디어가 아니라면 정확한 요구사항을 명시해야 한다. 예를 들어 미팅에서 벌어지는 일들은 기록으로 끝낼 것이 아니라 정확한 요구사항을 만들어 놓고, 마감일을 한 번 더 제시하도록 한다. 이런 작업이 명시되어야 전체 상황을 이해할 수 있다.

부록 - 워크플로위 FAQ

Q 스마트폰과 컴퓨터의 기능적 차이는 무엇인가?

A 컴퓨터 보다는 스마트폰 기능이 제한되어 있다. 목록을 선택 시 별도의 메뉴 창이 없기 때문에 공유나 내보내기 기능과 여러 개의 목록 선택이 지원되지 않는다. 별도 메뉴 창에서 나타나는 것 이외의 대부분은 지원된다.

Q 데스크톱 애플리케이션 버전을 지원하는가?

A 최근 프리뷰 버전이 출시되었다. 윈도우-맥-리눅스 버전이 제공되며, 윈도우 버전에 따라 지원 여부가 다를 수 있다.

• 다운로드 - https://blog.workflowy.com/2017/04/18/preview-the-workflowy-desktop-app/

Q 워크플로위는 무료 또는 유료 서비스인가?

A 유료 서비스이다. 기본으로 유료를 사용하지 않아도 100개 목록을 제공한다. 이상을 사용하려면 추천 제도를 통해 늘리거나 유료 서비스를 사용해야 한다. 유료는 무제한으로 목록을 제공하고 더불어 테마, 폰트, 백업 등을 추가 지원한다.

Q 목록을 두 배로 늘려 주는 추천 제도는 어떻게 사용하는 것인가?

A 무료 계정이라면 외부로 가입하지 않은 사용자에게 전달이 가능하다. 추천 링크는 먼저 로그인을 한 후 'https://workflowy.com/referrals/'로 접속하여 작업하도록 한다.

Q 목록 초기화는 언제되는가?

A 매월 1일에 무료 사용자만 목록 초기화가 된다.

Q 오프라인 모드는 지원하는가?

A 인터넷이 끊어지면 사용하던 것이 자동으로 오프라인 모드라고 표시되며 인터넷이 연결되면 자동으로 동기화된다.

Q 단축키 기능은 어떤 것이 있는가?

A 윈도우와 맥에서 약간의 차이가 있다. 윈도우는 `Ctrl`, 맥은 `⌘`만 알면 나머지는 동일하다. 단축키 목록을 펼치려면 윈도우는 `Ctrl` + `?`, 맥은 `⌘` + `?`이다.

Q 자료 백업은 어떻게 하는가?

A 무료 계정은 변경된 내용을 이메일로 받을 수 있고, 유료 계정은 드롭박스 앱과 연동해서 파일로 일일 백업을 받을 수 있다. 텍스트와 데이터 백업으로 제공된다. 텍스트 기반이라 사이즈가 크지 않아 풀 백업이 매일같이 생성된다.

Q 목록을 펼치기/닫기 작업은 어떻게 하는가?

A 목록을 펼치기/닫기 작업은 마우스로 목록 앞 (+)를 클릭하여 펼치기(+), 닫기(−) 작업을 할 수 있다. 또는 `Ctrl` + `↑` / `↓` (커서)를 통해서도 작업이 가능하다.

Q 즐겨찾기는 무엇을 사용하면 되는가?

A 웹브라우저의 즐겨찾기와 유사하며, 사용하고 있는 목록 중에 원하는 목록을 즐겨찾기 할 수 있다. 작업한 후에는 단축키 `Ctrl` + `Shift` + `*`을 통해 바로 이동할 수 있다.

Q 전체 목록의 개수를 알고 싶다면 어떻게 하는가?

A 좌측 상단에 워크플로위 로고를 두 번 클릭하면 전체 목록이 펼쳐진다. 이후 상위 목록에 올려놓고 `Ctrl` + `A`를 누르면 확인할 수 있다.

ⓠ 폰트에 색깔을 넣고 싶은데 어떻게 해야 하나?

ⓐ 워크플로위는 따로 폰트를 변경할 수 없다. 현재로선 굵은 글씨, 기울기 형태, 언더라인 정도가 가능하다. 단축키는 $\boxed{\text{Ctrl}}$ + $\boxed{\text{B}}$ / $\boxed{\text{I}}$ / $\boxed{\text{U}}$ 이다.

ⓠ 태그 #와 @차이는 무엇인가?

ⓐ 둘의 차이는 모양밖에 없다. 필자는 #은 주로 프로젝트 제목, @는 사람과 지역 위주로 사용하고 있는데, 자신이 편리한 방법으로 응용해서 사용하면 된다.

ⓠ 목록을 공유하는 방법은 어떻게 되는가?

ⓐ 목록 위에 마우스 가져다 놓으면 별도 메뉴 창이 나타난다. 이곳에서 공유를 선택하여 뷰/에디터 모드 중에 해당 작업을 따라 진행하면 된다. 이 작업은 스마트폰에서 지원이 안 된다.

ⓠ 공유 받은 사람은 로그인을 하지 않아도 보거나 수정이 가능한가?

ⓐ 계정을 가지고 있지 않아도 수정 모드로 공유했다면 작업이 가능하다. 만약 계정이 있다면 자신의 워크플로위에 저장하여 관리할 수 있다. 만약 공유했던 사용자가 해지하면 자동으로 사라진다.

ⓠ 공유한 목록과 공유 받은 목록을 찾고 싶다면 어떻게 하는가?

ⓐ 검색 창에 숨겨진 검색어가 존재한다. 이것을 통해 할 수 있다. 공유한 것을 찾고자 한다면 'is:shared'를 사용한다. 외부에서 가져온 목록이라면 'is:embedded'를 쓴다.

ⓠ 검색을 잘하는 방법이 있는가?

ⓐ 해당 키워드가 명확하게 작성되었다면 좀 더 빠르게 찾을 수 있다. 예를 들어 명확한 키워드를 작성하지 않거나, 동일 내용을 불규칙적으로 작성하면 검색이 어려워진다. 따라서 자주 사용하는 키워드에 대해 정확한 정의를 내려서 작성하는 습관을 갖는 것이 좋다.

ⓠ 완료된 목록을 찾고 싶은데 어떻게 하는가?

ⓐ 검색 창에 숨겨진 검색어가 존재한다. 이것을 통해 할 수 있다. 완료된 목록을 찾고 싶다면 검색 창에 'is:complete'를 입력한다. 또한 완료된 것 중에서 시간을 정해서 찾을 수 있는데, 예를 들어 1일 동안 완료된 것을 찾으려면 'Completed:1d'를 사용하면 된다. 완료된 목록을 보거나 사라지게 하려면 [Ctrl] + [O] 단축키를 사용한다.

ⓠ 워크플로위에 있는 목록을 워드나 다른 곳으로 옮기는 방법은?

ⓐ 해당 목록을 선택해서 이동할 수 있다. 만약 정상적으로 안 된다면 내보내기 옵션을 'Formatted' 방식으로 작업하도록 한다. Formatted 방식은 HTML로 저장된다.

ⓠ 최근 3일 동안 변경된 데이터만 찾고 싶을 때 어떤 검색어를 사용해야 하는가?

ⓐ 3일 동안 변경된 것을 찾으려면 'last-changed:3d'를 입력한다.

ⓠ 워크플로위에서 절대 링크란 무엇인가? 언제 사용하는가?

ⓐ 컴퓨터에서 작업 가능한 것 중에 하나가 절대 링크 값이다. 워크플로위는 목록마다 링크가 생성될 수 있기 때문에 목록을 따로 관리하고자 할 때 사용하면 좋다.

에버노트 사용설명서
2nd Edition

에버노트 사용설명서 *2nd Edition*

1016, 10F, Worldmerdian Venture Center 2nd, 123, Gasan-digital 2-ro, Geumcheon-gu, Seoul 08505, Korea.
All rights reserved. First published by Youngjin.com. in 2018. Printed in Korea

ISBN 978-89-314-5693-6

독자님의 의견을 받습니다

이 책을 구입한 독자님은 영진닷컴의 가장 중요한 비평가이자 조언가입니다. 저희 책의 장점과 문제점이 무엇인지, 어떤 책이 출판되기를 바라는지, 책을 더욱 알차게 꾸밀 수 있는 아이디어가 있으면 이메일, 또는 우편으로 연락주시기 바랍니다. 의견을 주실 때에는 책 제목 및 독자님의 성함과 연락처(전화번호나 이메일)를 꼭 남겨 주시기 바랍니다. 독자님의 의견에 대해 바로 답변을 드리고, 또 독자님의 의견을 다음 책에 충분히 반영하도록 늘 노력하겠습니다.

이메일 : support@youngjin.com
주 소 : 서울 금천구 가산디지털2로 123 월드메르디앙벤처센터 2차 10층 1016호 (우)08505
등 록 : 2007. 4. 27. 제16-4189호

STAFF

저자 홍순성 | **기획** 기획 1팀 | **총괄** 김태경 | **진행** 김연희 | **디자인 · 편집** 인주영
영업 박준용, 임용수 | **마케팅** 이승희, 김다혜, 김근주, 조민영 | **제작** 황장협 | **인쇄** 예림인쇄

에버노트 사용설명서
2nd Edition

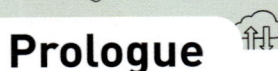

Prologue

2017년 봄쯤, 광화문 서점을 찾았다가 우연히 '에버노트 사용설명서'를 구매하는 독자를 발견했습니다. 독자가 떠난 후 해당 책을 보면서 너무 많은 것이 변경된 것을 발견하고, 그동안 해야 할 일을 다하지 못한 것 같아 너무 미안했습니다. 자초지종을 얘기하고 출판사 측과 협의해서 개정판 작업을 시작하기로 결정했습니다. 출판사 측과 몇 번의 미팅을 통해 작년 여름 이후부터 본격적인 작업을 시작하게 되었고, 겨울에서야 에버노트 4번째 책을 완성하게 되었습니다.

에버노트를 처음 사용한 것이 2008년이니, 어느덧 10년이 지났습니다. 당시 에버노트를 사용하는 것만으로도 수많은 문서를 온라인으로 기록할 수 있었기 때문에 업무적으로 커다란 도움이 되었습니다. 이후 사용이 늘면서 책 집필, 강의, 프로젝트, 업무, 그리고 일상의 라이프까지 관리하면서 여러 세월 동안 커다란 변화가 생겼습니다.

10년 동안 강산도 변했고, 우리들의 환경도 컴퓨터에서 모바일 세계로 이동했습니다. 클라우드 환경을 사용하지 않고서는 업무를 볼 수 없는 상황으로 바뀌었습니다. **외장하드와 USB도 가방속에서 사라졌고**, 에버노트 월 사용 용량도 1GB에서 10GB로 10배나 업그레이드되었습니다.

에버노트는 단순한 메모 도구로 시작해서 최적의 수집 관리와, 일상에서 꼭 필요한 업무 도구가 되었습니다. **나에게서 에버노트는 과거와 현재, 그리고 미래를 이어 주는 공간입니다.** 에버노트를 사용하는 동안 '어떻게 일을 해왔는지' 볼 수 있기 때문에 없어서는 안 되는 공간입니다. 또한 에버노트에 '무엇을 작업해야 미래가 달라질 수 있는지' 알 수 있기 때문에 지금도 가장 중요한 저장소입니다.

아무리 유용한 정보를 갖고 있더라도 제대로 활용하지 못하면 무용지물입니다. 에버노트는 필요한 자료를 수집하고 관리하는 최적의 방법을 스스로 터득할 수 있도록 도와줍니다. 또한 이렇게 기록해 놓은 자료를 필요할 때 언제든지 검색을 통해 찾아 줍니다.

요즘 시대는 굉장히 복잡하고 빠르게 변화하고 있어 필요한 자료 수집을 나중으로 미뤄 버리면 금세 사라지고 맙니다. 눈앞에 있을 때 정보를 수집해야 하고 생각하고 있던 아이디어 또한 재빨리 기록해야 합니다. 그리고 이렇게 기록한 것들을 손쉽게 찾을 수 있는 환경을 구축하고 있어야 합니다. 에버노트는 순식간에 흘러버리는 자료와 생각들을 스마트폰으로 기록하고 관리할 수 있

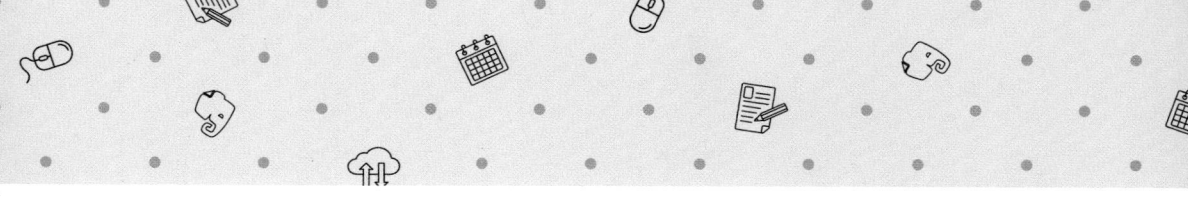

게 합니다. 모바일 환경을 구축해 매일 생성되는 수많은 자료를 보다 체계적으로 관리할 수 있게 해 주고, 개인적인 생활은 물론 업무적으로도 커다란 도움을 줍니다. 스마트폰에서 일상의 메모와 라이프, 아날로그 데이터를 곧바로 저장할 수 있습니다. 가장 많은 정보가 나오는 웹에서는 스크랩 도구를 사용하여 정보를 수집할 수 있게 합니다. 이렇게 모은 정보는 에버노트에서 체계적으로 관리할 수 있습니다.

웹상에서 수많은 자료를 수집했다고 해도 모두 유익한 정보가 되는 것은 아닙니다. 이렇게 모은 자료를 분석하고, 연관된 자료를 정리하여 정보를 재생산해 올바른 의사결정을 하도록 연결해야 합니다. 즉, **모은 자료가 개인과 기업에게 커다란 재산이 될 수 있기 때문에 지식 관리 도구를 구축해야 합니다.**

에버노트는 개인 데이터베이스(DB) 구축이 가능합니다. 웹상에서 스크랩한 자료, 업무 노트, 아날로그 데이터, 스마트폰과 컴퓨터에서 발생하는 모든 자료들을 한곳에 넣어 두고 노트북과 태그를 사용해 관리할 수 있습니다. 이처럼 나에게 필요한 지식을 두 배, 세 배로 확장할 수 있습니다.

'에버노트 사용설명서'는 에버노트에 관심은 있으나 정작 어떻게 사용하고 활용하는지 어려워하는 분들에게 도움이 될 수 있도록 2013년에 집필한 책입니다. 이 책은 에버노트의 개요와 초보자들이 쉽게 따라 할 수 있는 기본적인 노트 사용 방법, 꼭 알아야 할 주요 기능과 어떻게 활용되는지 사례를 상세하게 담았던 책으로, 현재 2018년 개정판으로 전체적인 내용을 업그레이드해서 다시 출간했습니다.

챕터 1장은 에버노트 첫걸음, 설치와 가입으로 에버노트를 사용함에 있어 필수적으로 배워야 할 프로그램 설치와 가입 방법을 담았으며, 챕터 2장은 에버노트의 핵심 기능으로서 노트 만들기를 통해 노트를 작성하는 방법을 담았습니다. 챕터 3장은 에버노트에서 알아야 할 주요 기능으로 12가지를 소개하며, 챕터 4장은 세상의 모든 정보를 담는 도구로서 에버노트를 사용해 어떻게 자료를 수집하는지 상세하게 설명하였습니다. 챕터 5장은 에버노트 자료 관리 및 검색 기능으로 노트북, 스택, 태그를 사용하는 방법과 백업하는 방법을 제공합니다. 이를 통해 에버노트를 자료 수집 도구로서, 업무 분석 도구로서 어떻게 사용해야 하는지 상세하게 배울 수 있도록 구성했습니다.

에버노트와의 인연도 10년이 지났습니다. 10년 동안 많을 것을 기록하고 활용하면서 가장 큰 변화는 개인적으로 9권의 책을 집필했고, 에버노트 책을 4권이나 출간했다는 겁니다. **에버노트 사용은 곧 나 자신의 성장과 발전을 도와주고 있습니다.** 이 책과 함께하는 모든 분들이 에버노트와 멋진 인연으로 엮여 많은 성장을 이루기를 기원합니다.

2018년 1월 14일 부암동 카페에서 홍순성 (혜민아빠)

Preview

에버노트 클라이언트 프로그램 메인 화면

작성한 노트가 여러 기기와
함께 공유될 수 있도록
동기화 작업을 합니다.

모든 노트를 노트 리스트
창으로 볼 수 있습니다.

새 노트를 작성할 수 있는
창이 나타납니다.

노트 보기와 정렬 방식을
설정할 수 있습니다.

모든 노트북의 노트 리스트를
볼 수 있으며 원하는 노트북을
선택할 수 있습니다.

다양한 검색어와 검색
명령어를 사용해 노트를
찾을 수 있습니다.

특정 태그가 입력된 노트를
검색하며 태그를 추가할 수
있습니다.

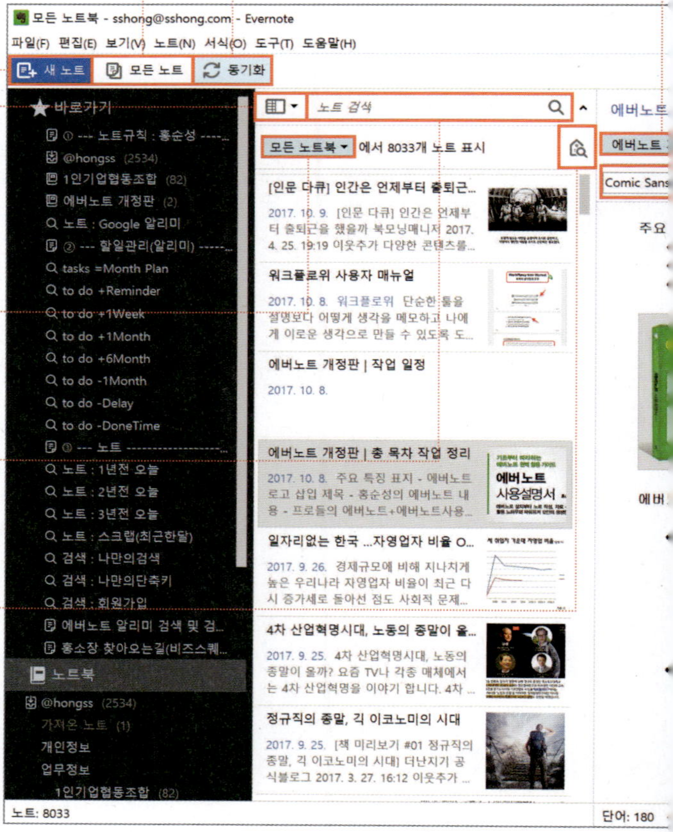

모든 노트북 - sshong@sshong.com - Evernote

파일(F) 편집(E) 보기(V) 노트(N) 서식(O) 도구(T) 도움말(H)

새 노트   모든 노트   동기화

★ 바로가기
- --- 노트규칙 : 홍순성 -----
- @hongss (2534)
- 1인기업협동조합 (82)
- 에버노트 개정판 (2)
- 노트 : Google 알리미
- --- 할일관리(알리미) -----
- tasks =Month Plan
- to do +Reminder
- to do +1Week
- to do +1Month
- to do +6Month
- to do -1Month
- to do -Delay
- to do -DoneTime
- --- 노트 -----
- 노트 : 1년전 오늘
- 노트 : 2년전 오늘
- 노트 : 3년전 오늘
- 노트 : 스크랩(최근한달)
- 검색 : 나만의검색
- 검색 : 나만의단축키
- 검색 : 회원가입
- 에버노트 알리미 검색 및 검...
- 홍소장 찾아오는길(비즈스퀘...

📒 노트북
- @hongss (2534)
- 가져온 노트 (1)
- 개인정보
- 업무정보
- 1인기업협동조합 (82)

노트 검색

모든 노트북 ▾ 에서 8033개 노트 표시

[인문 다큐] 인간은 언제부터 출퇴근...
2017. 10. 9. [인문 다큐] 인간은 언제부
터 출퇴근을 했을까 복모닝메시지 2017.
4. 25. 19:19 이웃추가 다양한 콘텐츠를...

워크플로위 사용자 매뉴얼
2017. 10. 8. 워크플로위 단순한 툴을
설명보다 어떻게 생각을 메모하고 나에
게 이로운 생각으로 만들 수 있도록 도...

에버노트 개정판 | 작업 일정
2017. 10. 8.

에버노트 개정판 | 총 목차 작업 정리
2017. 10. 8. 주요 특징 표지 - 에버노트
로고 삽입 제목 - 홍순성의 에버노트 내
용 - 프로들의 에버노트+에버노트사용...

일자리없는 한국 ...자영업자 비율 O...
2017. 9. 26. 경제규모에 비해 지나치게
높은 우리나라 자영업자 비율이 최근 다
시 증가세로 돌아선 점도 사회적 문제...

4차 산업혁명시대, 노동의 종말이 올...
2017. 9. 25. 4차 산업혁명시대, 노동의
종말이 올까? 요즘 TV나 각종 매체에서
는 4차 산업혁명을 이야기 합니다. 4차...

정규직의 종말, 긱 이코노미의 시대
2017. 9. 25. [책 미리보기 #01 정규직의
종말, 긱 이코노미의 시대] 더난지기 공
식블로그 2017. 3. 27. 16:12 이웃추가...

에버노트

Comic Sans

주요

에버

노트: 8033   단어: 180

해당 노트의 노트북 위치를 알 수 있으며 필요 시 변경 작업도 가능합니다.

작성된 태그를 보거나 원하는 태그를 추가할 수 있습니다.

노트의 제목, 태그, 작성 날짜 등의 정보를 상세하게 볼 수 있습니다.

알리미, 공유, 이메일, 프레젠테이션하기, 삭제 등을 작업할 수 있습니다.

다양한 서식 기능을 사용해서 노트를 작성할 수 있습니다.

도구 모음 창을 선택한 후 마우스 오른쪽을 클릭하면 도구 모음 사용자 지정을 할 수 있습니다. 기본적으로 3개의 기능만 제공되나 추가로 다양한 도구를 선택해서 사용할 수 있습니다.

에버노트 웹 페이지 메인 화면

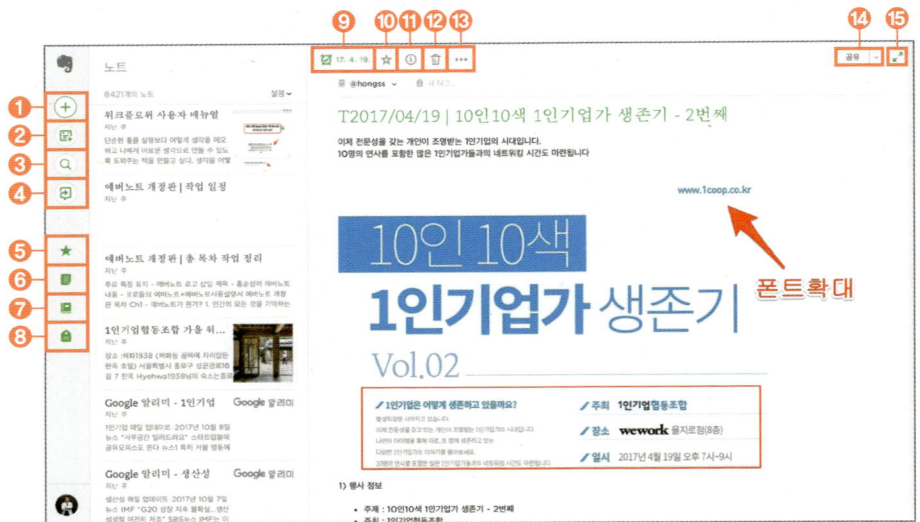

① **새 노트** : 노트를 추가할 수 있습니다.

② **새 회의 노트** : 구글 캘린더와 함께 일정을 가져와서 노트를 작업할 수 있습니다(베타).

③ **검색** : 노트 검색 작업을 할 수 있습니다.

④ **워크챗** : 노트 공유와 같은 작업과 함께 채팅을 할 수 있습니다.

⑤ **바로가기** : 컴퓨터에서 작업한 바로가기 정보가 제공됩니다.

⑥ **노트** : 노트 리스트를 제공합니다.

⑦ **노트북** : 노트북 리스트가 제공되거나 추가할 수 있습니다.

⑧ **태그** : 태그 리스트가 제공되거나 추가할 수 있습니다.

⑨ **알람 설정** : 해당 노트에 알리미를 설정할 수 있습니다.

⑩ **바로가기 추가** : 해당 노트를 바로가기에 추가할 수 있습니다.

⑪ **노트 정보** : 노트 정보가 제공됩니다.

⑫ **노트 삭제** : 노트를 휴지통으로 이동시킵니다.

⑬ **노트 링크 복사** : 노트 링크 복사 기능입니다.

⑭ **메뉴 공유** : 해당 노트를 공유합니다.

⑮ **펼치기** : 노트를 큰 화면으로 펼쳐서 볼 수 있습니다.

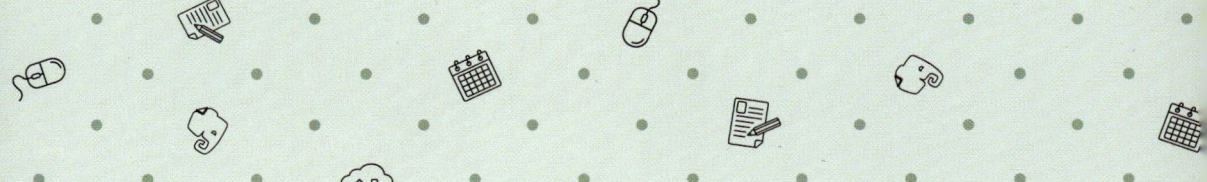

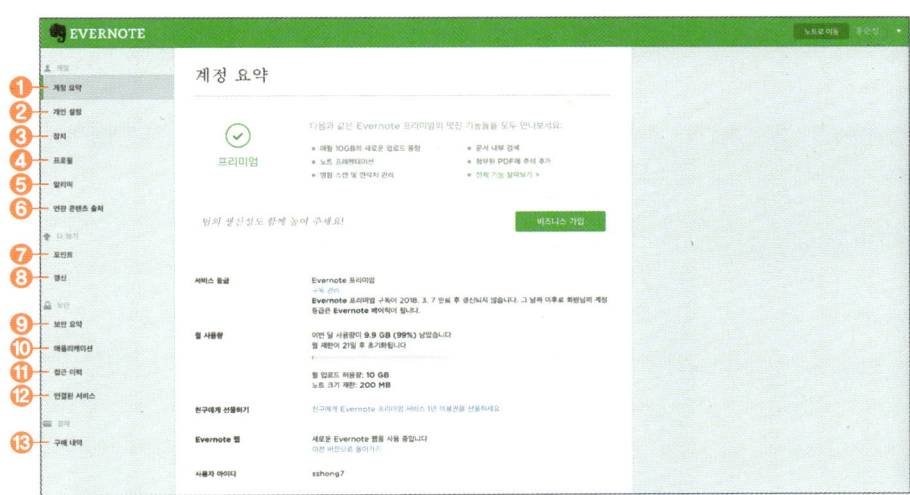

❶ 계정 요약 : '서비스 등급', '월 사용량', '사용자 아이디', '이메일' 등의 자신의 계정 정보를 확인할 수 있습니다.

❷ 개인 설정 : '연락처', '언어 설정', 이메일로 보내지는 노트에 자동으로 태그를 설정하는 '스마트 파일링', 'Evernote 관련 소식 수신 신청' 기능을 설정할 수 있습니다.

❸ 장치 : 사용하는 디바이스의 마지막 액세스 장치가 누구인지 보여 주고 사용하지 않는 경우 취소할 수 있습니다.

❹ 프로필 : 프로필 사진, 이름, 이메일 주소를 변경할 수 있습니다.

❺ 알리미 : 특정 날짜에 설정한 알리미에 대한 이메일 알림을 설정하고 가입한 노트북 수신 설정도 할 수 있습니다.

❻ 연관 콘텐츠 출처 : The Wall Street Journal 등의 기사와 LinkedIn 정보를 연관 콘텐츠로 보여 줄 수 있습니다.

❼ 포인트 : 친구에게 Evernote를 추천하면 포인트가 적립됩니다. 적립된 포인트를 사용하여 Evernote 프리미엄 및 다른 리워드로 교환할 수 있습니다.

❽ 갱신 : 프리미엄 서비스 신청 페이지가 나타나며 플러스나 프리미엄으로 업그레이드할 수 있습니다.

❾ 보안 요약 : '이메일 주소'와 '비밀번호'를 변경할 수 있으며 단계 인증을 통해 보안을 더욱 강화할 수 있습니다.

❿ 애플리케이션 : Evernote 계정에 접근한 기기와 애플리케이션을 확인할 수 있으며 에버노트 응용 프로그램의 엑세스 권한을 취소할 수 있습니다.

⓫ 접근 이력 : 본인의 Evernote 계정에 접근한 앱의 날짜, IP주소(예상 위치)를 확인할 수 있습니다.

⓬ 연결된 서비스 : 본인의 Google 계정 주소록과 연결하여 친구들과 쉽게 공유할 수 있습니다.

⓭ 구매 내역 : 신용카드와 주소 정보를 추가할 수 있습니다.

안드로이드 에버노트 메인 화면

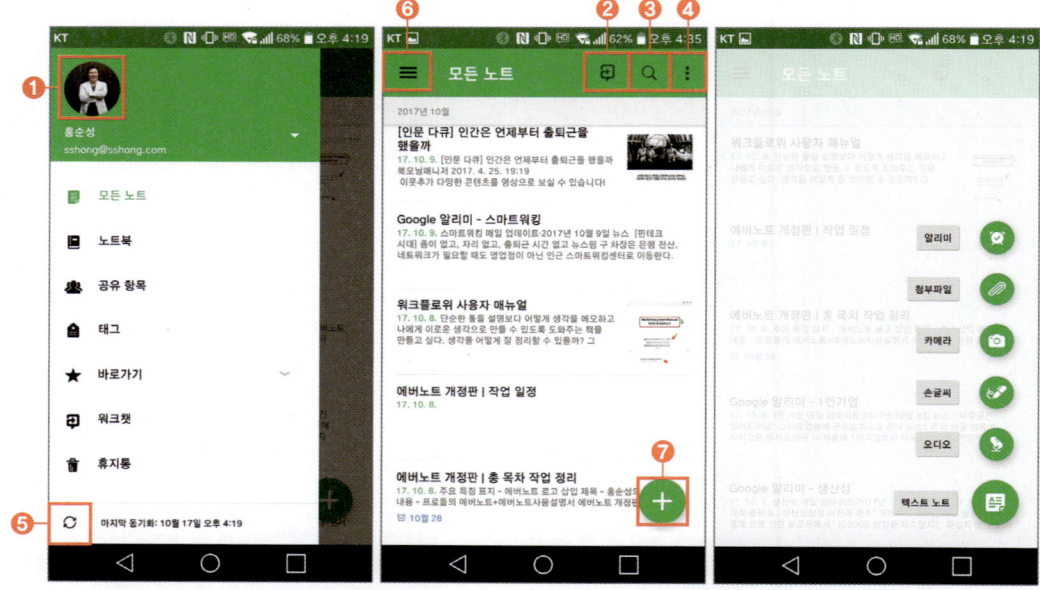

❶ 자신의 현재 업로드 사용량과 계정 정보를 확인할 수 있으며 로그아웃을 할 수 있습니다. 또한 사진을 선택하면 프로필 변경이 가능합니다.

❷ 노트나 노트북을 공유할 수 있고 채팅도 가능합니다.

❸ 검색 기능을 통해서 저장된 노트를 검색할 수 있습니다.

❹ '노트 선택', '홈 화면에 추가', '정렬 기준', '보기 옵션', '동기화', '설정' 메뉴를 통해 해당 작업을 수행할 수 있습니다. '설정' 메뉴를 통해 '계정 정보', '프리미엄 설정', '노트', '일반 설정' 등을 체크할 수 있습니다.

❺ 수동으로 동기화 작업을 할 수 있습니다.

❻ 메뉴 선택으로 모든 노트, 노트북, 태그, 바로가기 등 원하는 것을 선택할 수 있습니다.

❼ [+] 버튼 사용자 지정은 최대 6개의 작업을 선택할 수 있습니다. 해당 작업으로 '텍스트 노트', '카메라', '오디오', '첨부파일', '손글씨', '알리미' 등을 저장할 수 있습니다. 리스트 작업을 변경할 수 있으며, 작업은 [설정] 〉 [노트] 〉 [+버튼 사용자 지정]을 선택해서 변경할 수 있습니다.

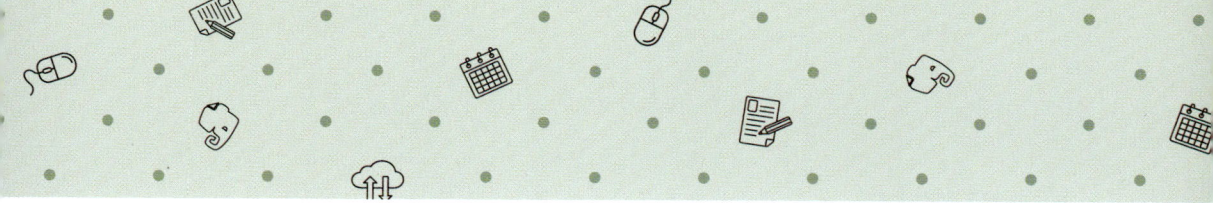

아이폰 에버노트 메인 화면

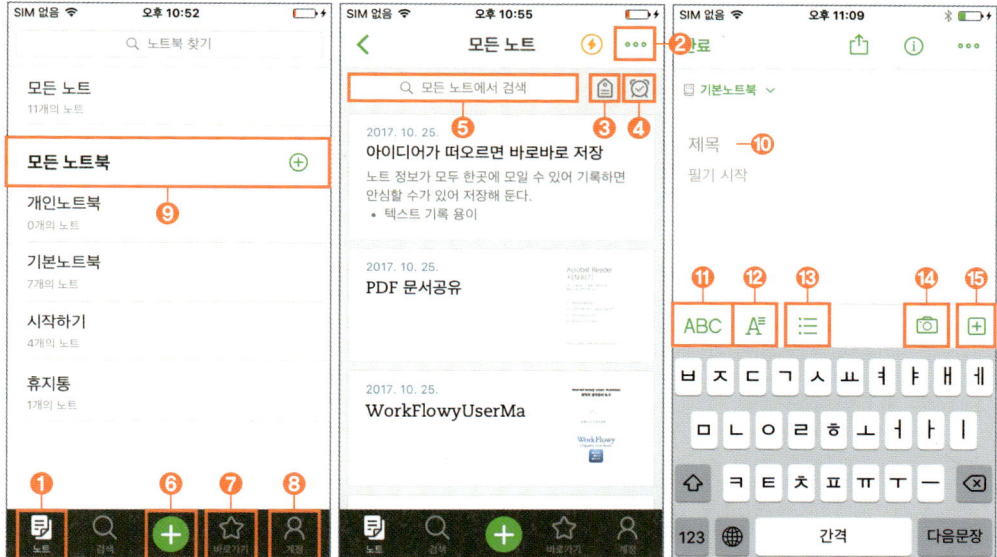

❶ 노트 리스트를 볼 수 있습니다.

❷ 노트 목록 옵션을 변경할 수 있습니다. 작게, 중간, 크게, 미리보기, 정렬 기준을 선택할 수 있습니다.

❸ 태그를 선택해서 검색할 수 있습니다.

❹ 알리미 리스트를 볼 수 있습니다.

❺ 원하는 노트를 검색할 수 있습니다.

❻ 새로운 노트를 생성할 수 있습니다.

❼ 노트 바로가기를 볼 수 있습니다.

❽ 사용자 계정 정보를 볼 수 있으며 업그레이드 및 세부 설정 작업을 할 수 있습니다.

❾ (⊞)를 터치하면 신규 노트북을 추가할 수 있습니다.

❿ 노트 제목을 작성합니다.

⓫ 키보드로 노트를 작성합니다.

⓬ 글자 속성을 변경할 수 있습니다. 글자 폰트 및 굵게, 이태리체, 줄긋기 등을 할 수 있습니다.

⓭ 체크박스 및 글머리기호, 들여쓰기 및 내여쓰기, 문단 모양을 변경할 수 있습니다.

⓮ 카메라 노트를 작성할 수 있습니다.

⓯ 사진 찍기 이외 사진 추가, 오디오 녹음, 스케치, 파일 첨부(클라우드) 기능을 제공합니다.

Contents

Chapter 01 에버노트 첫걸음, 설치와 가입

Section 01 모든 것을 기록하는 에버노트 ··· 22

인간의 모든 것을 기억하는 플랫폼, 에버노트 ··· 22

에버노트 주요 특징 ··· 23

Section 02 에버노트 프로그램 설치하기 ··· 25

컴퓨터 클라이언트 설치하기 ··· 26

스마트폰 설치 작업하기 ··· 29

Section 03 에버노트 계정 생성하기 ··· 33

웹사이트에서 에버노트 계정 만들기 ······································· 33

구글 계정으로 가입하기 ··· 36

안드로이드에서 에버노트 계정 만들기 ····························· 38

에버노트 복수 계정 운영 방법 ··· 41

에버노트 패스워드 분실 시 찾는 방법 ··································· 42

프로필 설정 방법 ··· 45

Section 04 에버노트 서비스 요금제 ··· 47

서비스 요금제 차이점 ··· 47

처음부터 프리미엄 서비스를 사용해야 할까? ···················· 49

에버노트 프리미엄 서비스의 장점 ······································· 49

업로드 제한과 저장 공간의 차이점 ······································· 51

에버노트 계정 제한 정책 ··· 51

프리미엄 서비스 가입하기 ··· 53

Section 05 에버노트 동기화 작업 ·· **59**

컴퓨터 클라이언트에서 동기화 작업 설정하기 ······················· 60

스마트폰에서 동기화 작업하기 ··· 62

변경 사항 충돌이 발생하는 이유와 해결 방법 ························ 65

디바이스별로 노트의 수가 차이 나는 이유 ···························· 67

Section 06 한층 더 업그레이드된 에버노트 보안 서비스 ············ **69**

에버노트 정보 보안을 위한 3가지 법칙 ································· 69

스마트폰 분실에 대비하기 위한 에버노트 데이터 관리 방법 ······ 70

SPECIAL | FAQ ··· 81

Chapter 02 에버노트의 핵심 기능, 노트 만들기

Section 01 노트 생성하기 ··· **90**

컴퓨터 클라이언트에서 새 노트 작성하기 ···························· 90

스마트폰에서 새 노트 작성하기 ·· 93

Section 02 오디오 노트 생성하기 ··· **96**

컴퓨터 클라이언트에서 오디오 노트 작성하기 ······················ 96

스마트폰에서 오디오 노트 작성하기 ···································· 98

구글 음성으로 텍스트 작성하기 ·· 102

Section 03 이미지 노트 생성하기 ·· **104**

컴퓨터 클라이언트에서 이미지 노트 생성하기 ····················· 104

스마트폰에서 사진(카메라) 저장하기 ·································· 106

문서 카메라/POST-IT/손글씨/명함 인식 기능 ······················ 111

이미지 안에 있는 텍스트를 검색하는 방법 ·························· 112

섬네일 이미지를 선택하는 알고리즘 방법 ··························· 113

Section 04 **노트에 표 작성하기** ··· **115**

노트에 표를 작성하는 방법 ··· 115

표를 사용해 월 계획 노트 관리하기 ··· 121

엑셀 수식을 그대로 복사해서 사용하기 ··· 122

Section 05 **워드나 PDF와 같은 문서 파일 저장하기** ························· **123**

컴퓨터에서 첨부파일 작업하기 ··· 123

구글 드라이브에서 첨부파일 작업하기 ··· 125

스마트폰에서 첨부파일 작업하기 ··· 127

Section 06 **노트 정보 보기** ··· **129**

노트 정보 확인하기 ··· 129

노트 변경 내역으로 노트 복원하기(프리미엄 버전) ························· 134

Section 07 **노트북 및 스택, 태그 생성** ·· **136**

노트북 생성하기 ··· 136

노트북 이름 변경 및 삭제하기 ··· 140

기본 노트북 설정 변경하기 ·· 144

로컬 노트북 생성과 관리하기 ··· 148

스택 생성하기 ·· 150

태그 생성 및 수정하기 ··· 154

생성한 태그 이름 변경 및 삭제하기 ··· 158

SPECIAL | FAQ ··· 160

Chapter 03 에버노트에서 알아야 할 주요 기능

Section 01 노트 링크 – 내부 링크 ····················· 168

노트 링크를 생성하는 방법 ····················· 168

노트 링크를 통해 목차 노트 만들기 ····················· 170

클래식 노트 링크 작업하기 ····················· 171

Section 02 노트 공유 – 워크챗 ····················· 174

워크챗으로 노트 공유 작업하기 ····················· 175

워크챗으로 노트북 공유하기 ····················· 178

공유된 노트의 권한을 변경하는 방법 ····················· 180

Section 03 노트 공유 – 공개 링크 ····················· 182

공개 링크 기능을 사용하는 방법 ····················· 182

공개 링크 노트 중지하기 ····················· 184

노트를 이메일로 보내기 방법 ····················· 186

Section 04 알리미 ····················· 188

알리미 노트 사용 방법 ····················· 188

알리미를 사용한 일정 관리 방법 ····················· 190

알리미 활용을 위한 바로가기 환경 구축하기(고급 기능) ····················· 192

공유 노트북에서 알리미 작업하기 ····················· 194

Section 05 스키치 – 컴퓨터, 모바일 ····················· 195

스키치 주요 기능 설명 ····················· 195

스키치로 이미지에 주석을 다는 방법 ····················· 196

안드로이드 앱에서 스키치 작업 방법 ····················· 198

컴퓨터에서 PDF에 주석을 다는 방법 ····················· 199

스마트폰에서 PDF에 주석을 다는 방법 ····················· 201

Section 06 **선택한 텍스트 암호화 방법** ·· **202**

선택한 텍스트 암호화 작업 방법 ·· 202

선택한 텍스트 암호화를 해독하는 방법 ································ 204

Section 07 **검색 폴더/바로가기** ·· **205**

검색 폴더 및 바로가기 작업 방법 ·· 205

유용하게 사용하는 검색 폴더/바로가기 작업 ······················ 209

알리미 검색 폴더/바로가기 작업 방법 ································· 209

Section 08 **기본 검색** ··· **212**

키워드로 검색하기 ·· 212

이미지로 첨부한 자료 검색하기 ··· 214

PDF와 오피스 첨부문서 검색하기(프리미엄만 제공) ············· 216

Section 09 **고급 검색** ··· **218**

고급 검색을 활용하는 방법 ·· 218

고급 검색 중 꼭 알아야 할 5가지 ·· 220

특정 주제를 제외하고 검색하는 방법 ·································· 222

이번 달 노트에서 특정 키워드를 가진 노트 검색하기 ·········· 223

스마트폰에서 고급 검색을 사용하는 방법 ·························· 224

Section 10 **프레젠테이션** ·· **227**

프레젠테이션 기능 설명 ·· 227

프레젠테이션 작업 방법 ·· 228

`Section 11` **연관 콘텐츠** ··· **231**

연관 콘텐츠의 주요 특징 ·· 231

연관 콘텐츠를 통해 노트 여행하기 ·························· 232

연관 콘텐츠 기능을 끄는 방법 ·································· 234

`Section 12` **단축키** ··· **235**

윈도우/맥에서 사용하는 에버노트 단축키 ·············· 237

Chapter 04 세상의 모든 정보를 담아라. 에버노트 자료 수집

`Section 01` **웹 클리퍼로 자료 수집하기** ··· **242**

웹 클리퍼의 사용 방법 ·· 242

크롬 브라우저에 웹 클리퍼 설치 및 사용 방법 ········ 244

IE 브라우저에서 웹 클리퍼 작업 방법 ······················ 247

불펌방지 사이트에서 웹 클리핑하는 방법 ·············· 248

포털 사이트에서 에버노트 검색 방법 ······················ 250

지메일에서 이메일 클리핑 방법 ································ 252

웹 클리핑한 노트 자료 관리 방법 ···························· 252

`Section 02` **이메일을 사용하여 자료 저장하기** ····························· **255**

에버노트 이메일 주소를 주소록에 등록하기 ············ 256

이메일로 자료를 수집하는 방법 ································ 257

이메일로 수집 시 자동으로 노트북과 태그 지정하기 ···· 259

이메일 필터 작업을 통해 에버노트로 보내는 방법 ······ 260

구글 알리미로 원하는 자료를 수집하는 방법 ············ 263

Section 03 iFTTT를 통한 에버노트로 자동 수집 방법 ···················· **267**

iFTTT 서비스 회원 가입하기 ···································· 267

에버노트로 자동 수집을 위한 서비스 활성화하기 ·················· 268

페이스북에 올린 글을 에버노트에 저장하기 ···················· 270

지메일에서 특정 이메일을 에버노트로 자동 저장하기 ·············· 273

드롭박스에 저장된 파일을 에버노트에 저장하기 ················· 276

iFTTT의 애플릿 오류 점검 방법 ································ 277

Section 04 문서 파일 및 종이 문서 수집하기 ························· **279**

컴퓨터의 가져오기 폴더 사용하기 ···························· 279

종이 문서 문서스캔 작업하기 ······························· 282

주제가 정해지지 않은 파일 관리 방법 ·························· 285

노트에 첨부파일 형태로 문서 작업하기 ························ 286

Chapter 05 에버노트 자료 관리 및 백업/복원 방법

Section 01 노트 작성 방법과 관리 ·· **290**

   검색이 용이한 노트 작성하기 ·· 290

   규칙적인 노트 제목 작성 방법 ······································ 294

   불규칙 노트 제목 작성 방법 ·· 297

   노트 보기 방식과 정렬 기준을 관리하는 방법 ················ 299

   노트 정렬 방식으로 자료 빠르게 찾기 ···························· 302

   노트 관리를 위한 중복노트 줄이기 ································ 304

Section 02 노트북과 스택으로 관리하기 ······················· **307**

   노트를 분류하는 3가지 방법 ·· 307

   노트북으로 자료 관리하기 ·· 308

   스택으로 노트북 관리하기 ·· 311

   알리미를 사용해 공지사항 노트 만들기 ························ 313

Section 03 태그로 관리하기 ·· **315**

   노트북과 태그의 개념 이해 ·· 315

   노트북과 태그의 장단점 ·· 316

   고유태그 방식 사용하기 ·· 319

Section 04 내보내기(백업) 및 가져오기(복원) ·············· **321**

   노트 백업 방법 ··· 321

   에버노트 복원 방법 ·· 325

   윈도우 자동 백업 ·· 330

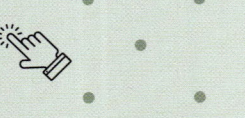

EVERNOTE

Remember Everything

C H A P T E R

01

에버노트 첫걸음, 설치와 가입

'Remember Everything(모든 것을 기억하라)'라는 모토를 가지고 있는 에버노트(Evernote)는 스마트폰과 PC, 웹 등 다양한 컴퓨팅 환경에서 자료를 수집, 활용할 수 있고 온라인 동기화 기능을 통해 어디서나 백업, 공유할 수 있는 최고의 노트 어플리케이션입니다. 이번 장에서는 에버노트의 설치와 가입부터 요금제, 동기화, 보안, 서비스까지 차근차근 따라해 보도록 하겠습니다.

Section ▲▲▲ ▲▲▲▲▲▲▲ ▲▲▲▲ ▲▲▲ ▲▲▲▲ ▲▲▲▲ ▲▲

01 | 모든 것을 기록하는 에버노트

02 | 에버노트 프로그램 설치하기

03 | 에버노트 계정 생성하기

04 | 에버노트 서비스 요금제

05 | 에버노트 동기화 작업

06 | 한층 더 업그레이드된 에버노트 보안 서비스

SPECIAL | FAQ

모든 것을 기록하는 에버노트

에버노트의 모토는 'Remember Everything(모든 것을 기억하라)'입니다. 말 그대로 에버노트Evernote는 언제든지ever 기록하고note 자신만의 콘텐츠들을 영원히ever 저장할 수 있습니다. 스마트폰에서 혹은 컴퓨터에서만 쓸 수 있는 단순한 메모 어플리케이션이 아니라 언제 어디서나 동일한 데이터에 접근할 수 있는 환경을 제공해 주는 최고의 노트입니다.

인간의 모든 것을 기억하는 플랫폼, 에버노트

에버노트는 2007년 첨단 이미지 인식 기술을 연구하고 있던 러시안 사업가 스테판 파치 코브Stepan Pachikov가 같은 비전을 가진 사업가 필 리빈Phil Libin을 만나면서 시작하게 되었습니다. 에버노트 창업자인 필 리빈은 스테판에게 사람들의 삶에 대한 기억을 보존할 수 있는 회사를 설립하자고 제안했고, 이 둘은 세상의 기억을 향상시키겠다는 비전을 갖고 에버노트를 설립했습니다. 현재의 에버노트 CEO는 크리스 오닐Chris O'Neill입니다.

2016년 8주년을 맞이하여 전세계 스마트폰 인구의 약 10%가 에버노트 계정을 보유하고 있고 한국 사용자는 500만이 넘었습니다.

에버노트의 철학은 로고인 코끼리에 제대로 함축되어 있습니다. 'An elephant never forgets(코끼리는 절대 잊지 않는다)'라는 영국 속담에서 착안한 에버노트의 로고처럼, 사용자는 필요할 때 PC든 스마트폰이든 상관없이 언제 어디서나 에버노트를 통해 생각을 저장하고 꺼내 볼 수 있습니다. 개인 클라우드를 이용한 메모라는 새로운 메모 관리 방법을 통해 알아야 할 것을 잊지 않고 기억하도록 사용자를 도와주는 것이 바로 에버노트의 철학이고 그것을 로고로 반영한 것이 바로 코끼리입니다.

∴ 에버노트의 상징, 코끼리 로고

에버노트 주요 특징

스마트폰을 사용하여 메모할 때 쓰이는 앱 중 최고의 앱은 바로 '에버노트'라고 볼 수 있습니다. 에버노트는 우리 일상의 모든 정보를 기록할 수 있고, 동기화 작업을 통해 모바일과 컴퓨터에도 동일한 정보를 저장하며, 저장한 정보를 다양하게 관리하고 활용하는 것이 가능합니다. 단순한 텍스트 메모뿐만 아니라 사진, 음성 메모 기능까지 제공하고 있어 기존 메모 도구의 기능을 모두 수용하고 있다고 해도 과언이 아닙니다. 에버노트는 클라우드 컴퓨팅 기술로 인해 매우 유용하게 활용할 수 있는 서비스입니다. 스마트폰에서만 쓰거나 컴퓨터에서만 쓸 수 있는 앱이 아니라, 동기화 기능으로 언제 어디서나 동일한 데이터를 다양한 기종의 디바이스에서도 접근할 수 있습니다. 또한 에버노트에 업로드된 콘텐츠는 절대 삭제되지 않습니다. 프리미엄 서비스를 사용했다가 중지하더라도 기존 데이터는 그대로 유지되도록 서비스를 제공하고 있습니다.

에버노트는 강력한 검색 기능을 제공합니다. 제목이나 키워드는 물론 이미지 안에 문자, 첨부 파일 텍스트까지 검색할 수 있습니다. 또한 선택한 노트와 관련된 연관 노트를 함께 제공해 동료들이 공유해 놓은 노트를 쉽게 발견할 수 있습니다.

에버노트의 주요 특징은 다음과 같습니다.

- 한 달에 60MB까지는 무료입니다. 많은 데이터를 사용하지 않고 텍스트로 기록한다면 무료로 충분히 사용할 수 있습니다.
- 노트당 저장 용량은 서비스 요금제에 따라 저장 공간이 다르며, 최대 200MB까지 저장할 수 있고 월 10GB까지 업로드할 수 있습니다.
- 저장 방식은 텍스트, 사진, 음성 등 다양한 문서 포맷을 지원합니다. 사진 데이터의 경우 사진 안의 문자를 인식하며, 스마트 기기로 저장 시 위치값(GPS)을 포함합니다.
- 유료 사용자라면 오프라인 노트북 및 PDF 파일의 내용 검색을 지원합니다. 충분한 공간을 갖고 있기 때문에 웹 서핑 중에 웹클리핑 기능으로 손쉽게 데이터를 저장합니다.
- 작업한 문서를 이메일 및 SNS로 쉽게 공유할 수 있으며 수정 작업 시 바로 반영됩니다.
- 다양한 모바일 디바이스를 지원합니다(아이폰, 아이패드, 안드로이드, 윈도우 등).

Section 02 에버노트 프로그램 설치하기

에버노트의 가장 큰 강점 중 하나는 다양한 OS와 플랫폼에서 사용이 가능하여 하나의 계정으로 동기화되기 때문에 어느 기기에서든지 저장을 하더라도 모두 볼 수 있습니다. 즉, 스마트폰에서 찍은 사진이나 새로 작성한 노트를 에버노트에 저장하면 이후 집에 있는 데스크톱 PC의 웹이나 에버노트 프로그램을 통해서 사진이나 노트를 편집할 수 있습니다. 현재 에버노트는 iOS, 안드로이드, 윈도우폰 등의 운영체제를 지원하는 모바일 기기에서 사용 가능하며 컴퓨터 환경에서는 Mac OS, 윈도우 환경에서는 설치 프로그램을 지원하며, 인터넷 익스플로러, 사파리, 구글 크롬, 파이어폭스 등의 다양한 웹 브라우저에서 웹 서비스에 접근하여 사용할 수 있습니다.

제품	설명	지원 운영체제
에버노트	일상생활에서 일어나는 크고 작은 일들을 컴퓨터, 스마트폰, 태블릿 및 웹으로 쉽게 기록할 수 있는 메모 서비스이자 기록 플랫폼	컴퓨터(PC / MAC / Web) / 스마트폰 (iOS / Android / WP7)
스키치(Skitch)	주석, 도형 및 스키치를 사용하여 요점을 간단히 정리하고 아이디어를 더 빠르게 기록할 수 있는 프로그램	Mac, iOS(윈도우와 안드로이드 설치 없이 사용 가능)
Scannable	생활 속에서 발생하는 종이 문서를 빠르게 캡처해 저장 또는 공유가 가능한 양질의 스캔본으로 전환해 주는 프로그램	iOS
Evernote Web Clipper	웹 서핑 중에 텍스트 링크 및 이미지를 포함하여 온라인으로 표시되는 모든 내용을 에버노트 계정에 저장해 주는 서비스	IE / Safari / Chrome / Firefox

■ **에버노트의 활용도를 높여 주는 다양한 제품과 서비스**

• https://evernote.com/intl/ko/products /

TIP_ 에버노트의 다양한 활용법을 소개하는 동영상

• http://www.youtube.com/user/EvernoteVideos

컴퓨터 클라이언트 설치하기

에버노트는 윈도우와 맥 환경에서 클라이언트 프로그램 설치가 가능하기 때문에 개인 컴퓨터에서 에버노트 프로그램을 설치해서 작업하게 될 경우 좀 더 편리하게 사용할 수 있습니다. 또한 약간의 기능적 차이가 있으나, 클라이언트 프로그램을 설치하지 않아도 에버노트 홈페이지에서 로그인을 통해 어디서나 이용할 수 있습니다.

1 컴퓨터 클라이언트 프로그램을 설치하기 위해 에버노트 홈페이지(www.evernote.com)에 접속한 후 상단 메뉴에서 [앱 다운로드]를 선택합니다.

• **에버노트 프로그램 다운로드 –** https://evernote.com/intl/ko/download

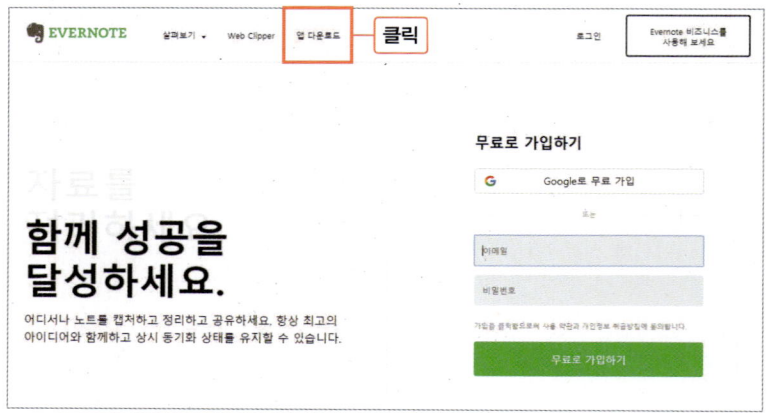

2 자신의 컴퓨터 환경에 맞는 에버노트 프로그램이 다운로드됩니다.

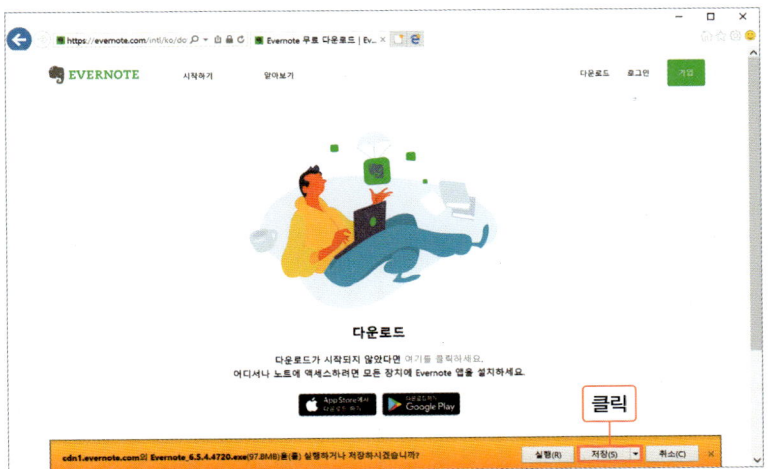

3 에버노트 프로그램 다운로드가 완료되면 프로그램을 클릭하여 설치 작업을 시작합니다.

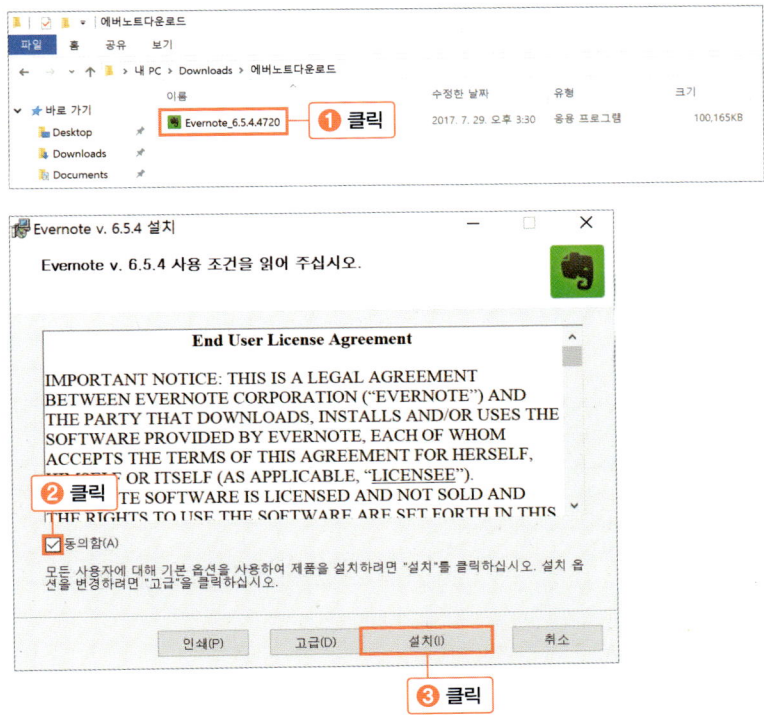

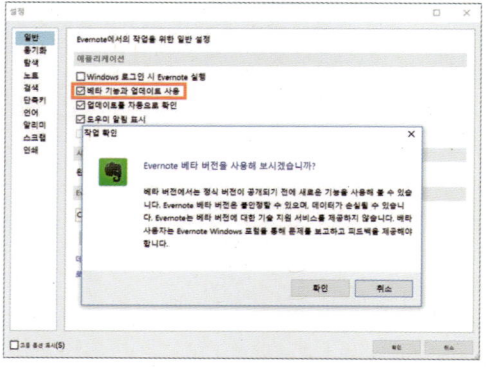
4 설치가 완료되면 [마침] 버튼을 클릭합니다.

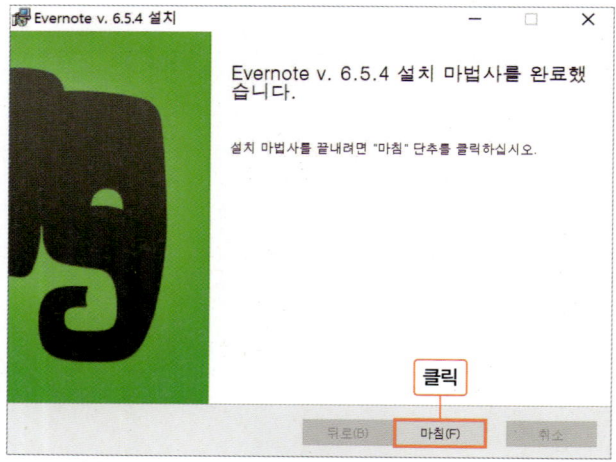

5 에버노트 프로그램을 클릭해 실행합니다.

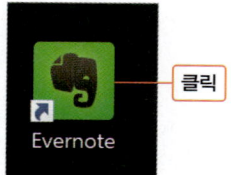

6 에버노트 클라이언트 프로그램이 시작됩니다.

TIP_ [Evernote의 새로운 기능]을 클릭하면 에버노트 클라이언트 프로그램에서 바로 계정 가입을 할 수 있습니다.

스마트폰 설치 작업하기

에버노트 앱은 스마트폰에서 운영하는 마켓에서 무료로 다운로드하여 설치할 수 있습니다. 앱을 설치한 후 에버노트에 가입하거나 기존 계정이 있으면 바로 로그인해서 사용하면 됩니다. 스마트폰에서 에버노트 앱을 사용하면 이동 중에도 언제든지 노트 작업이 가능하기 때문에 컴퓨터에서 사용하는 것보다 좀 더 편리하게 작업할 수 있습니다.

1 안드로이드에서 [Play 스토어]를 터치합니다.

2 검색 창에 영문 또는 한글로 '에버노트'를 입력한 후 검색합니다.

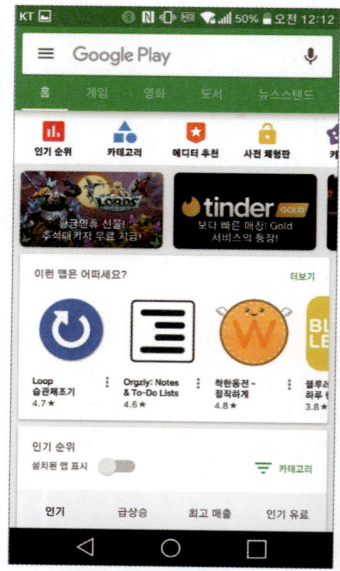
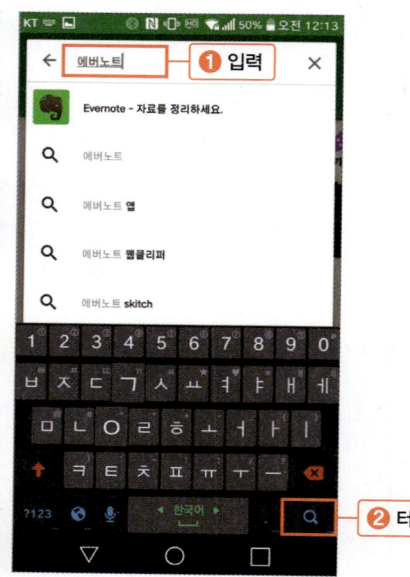

3 [설치]를 터치합니다.

4 설치 작업이 완료되면 [열기]를 클릭하여 에버노트 앱을 실행합니다.

TIP_ 아이폰에서 에버노트 설치하기

앱스토어에서 영문 또는 한글로 'evernote'를 검색한 후 설치하면 됩니다. 이후의 진행 상황은 안드로이드와 거의 동일합니다.

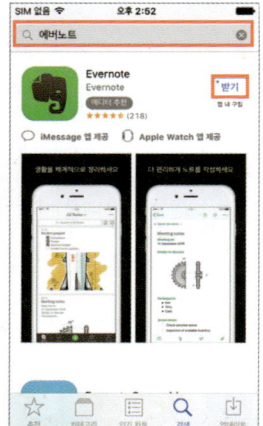
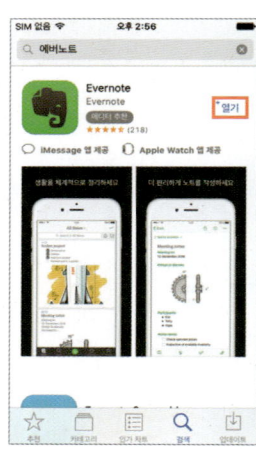

에버노트 계정을 만들려면 홈페이지, 클라이언트 프로그램 또는 스마트폰에서 에버노트 앱을 다운로드 받은 후 이메일과 패스워드를 입력해서 가입합니다. 또는 구글 계정을 가지고 있으면 별도의 가입 절차 없이 로그인을 하여 계정 가입을 할 수 있습니다. 가입 후에는 에버노트에서 확인 이메일을 보내기 때문에 자주 사용하는 이메일로 가입하도록 합니다.

웹사이트에서 에버노트 계정 만들기

에버노트 홈페이지에서 프로그램을 설치하기 전에 간편하게 계정을 만들 수 있습니다.

1 에버노트 홈페이지(www.evernote.com)에 접속합니다. 화면에서 자신이 사용할 이메일과 비밀번호를 입력한 후 [무료로 가입하기]를 클릭합니다.

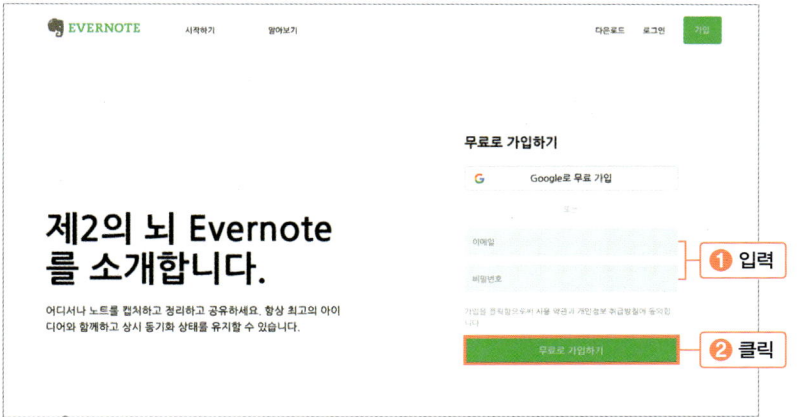

 TIP_ 동일한 이메일로 중복 가입을 할 수 없으며, 아이디를 입력할 때 유효성 검사를 통해 중복 아이디를 체크한 후 가입해야 합니다.

2 계정 가입 이후에는 정상적으로 가입되었다는 메시지가 아래와 같이 나타납니다. 또한 해당 이메일로도 안내 메일이 전달됩니다.

💡 **TIP_ 컴퓨터 클라이언트 프로그램에서 계정을 생성하는 방법**
클라이언트 프로그램을 실행한 후 [Evernote의 새로운 기능]을 클릭해서 가입을 진행하면 됩니다. 이미 계정이 있다면 [계정이 이미 있습니다.]를 선택해서 로그인을 진행합니다.

3 계정이 생성되었다면 아래와 같이 이메일이 도착합니다.

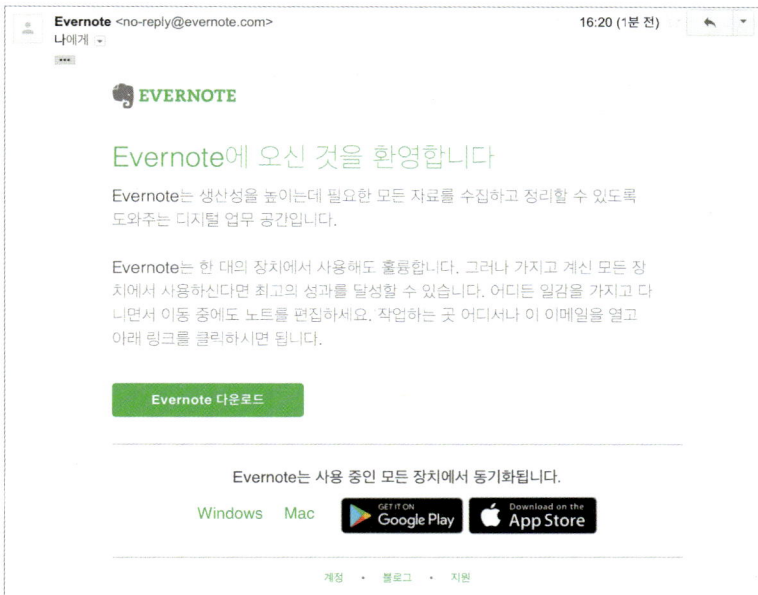

TIP_ • 계정 만들기 창에서 기입한 이메일 주소로 메일을 발송합니다. 만약에 스마트폰으로 가입했을 경우 가입 확인 메일을 체크해야 정상적으로 사용할 수 있습니다.

• **지메일(Gmail)로 복수의 에버노트 계정을 생성하는 방법**
에버노트 계정을 한 개 이상 만들어야 할 경우 여러 개의 이메일 계정이 필요합니다. 이때 사용하던 지메일 계정으로 에버노트 계정을 여러 개 생성할 수 있습니다. 가입 시 'ID+숫자 or 알파벳@gmail.com' 방식으로 이메일 주소에 숫자나 알파벳을 넣고 진행하면 됩니다. 따로 메일 수신함을 가질 필요 없이 기존에 가지고 있는 메일 계정으로 자료가 오기 때문에 관리, 유지가 매우 편리합니다.

> username@gmail.com
> username+l@gmail.com
> username+kr@gmail.com

구글 계정으로 가입하기

구글 계정이 있다면 별도의 계정 생성 없이 싱글온 계정으로 사용할 수 있습니다. 아래와 같이 간단한 가입 절차를 통해 계정을 만들면 됩니다.

1 에버노트 홈페이지(www.evernote.com)에 접속한 후 [Google로 무료 가입]을 클릭합니다.

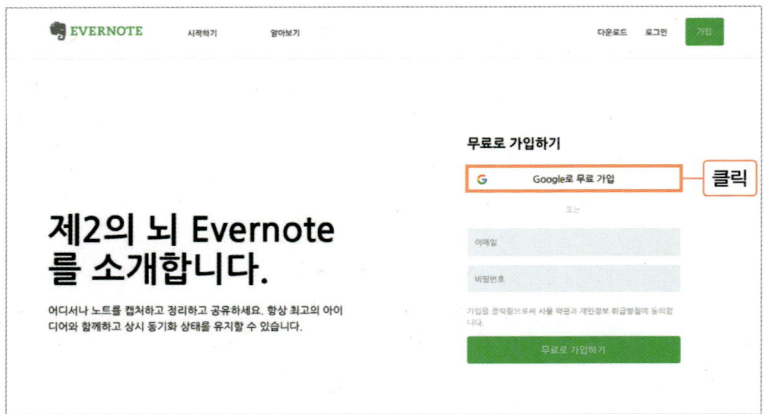

2 아래와 같이 자신의 지메일 계정과 패스워드를 입력한 후 [로그인]을 클릭합니다.

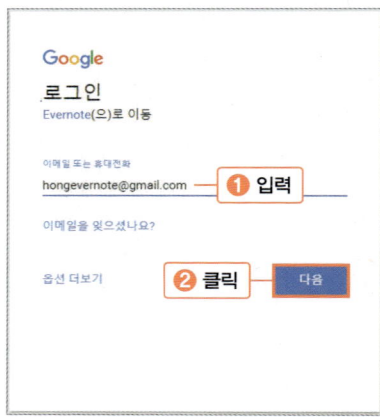

3 [허용]을 클릭하여 가입을 완료합니다.

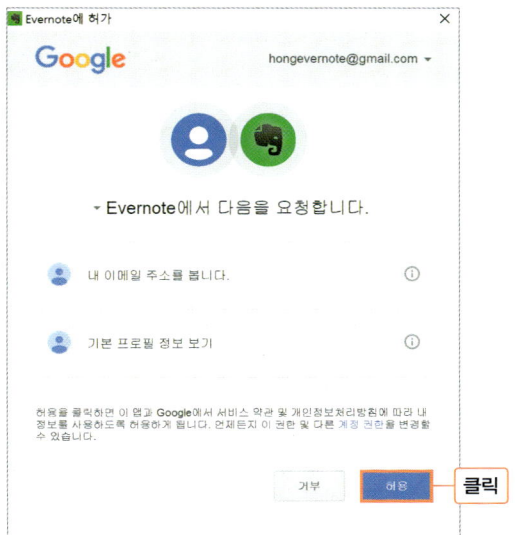

4 자동으로 로그인 상태로 넘어가며 아래와 같이 에버노트 웹 페이지를 확인할 수 있습니다.

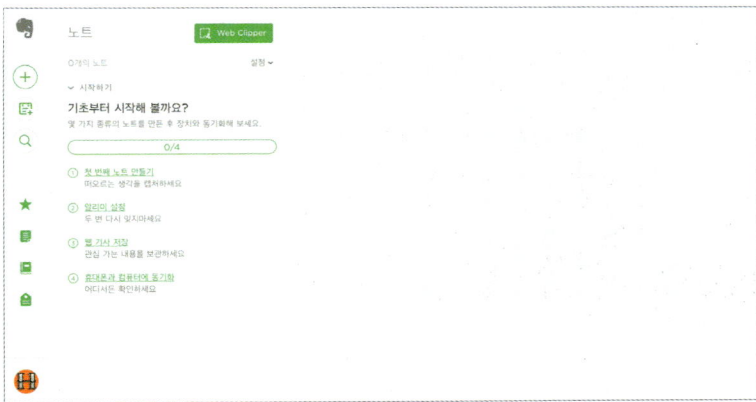

안드로이드에서 에버노트 계정 만들기

계정 생성은 에버노트 홈페이지뿐만 아니라 스마트폰에서도 가능합니다. 'Play 스토어'에서 안드로이드 앱을 다운로드받은 후에 가입을 진행합니다. 안드로이드 에버노트에서는 이메일 주소와 아이디를 입력하여 가입하는 '계정 만들기'와 구글 계정으로 가입할 수 있는 'Google로 계속하기' 방법으로 계정을 생성할 수 있습니다. 'Google로 계속하기' 모드는 구글 계정을 통해 자동으로 계정을 생성하는 방법으로 별도의 가입 절차 없이 단말기에서 사용할 수 있습니다.

1 에버노트 앱을 실행한 후 '이메일 또는 사용자 아이디'란에 이메일 주소를 입력한 다음 [계속]을 터치합니다. 이후 비밀번호를 입력한 다음 [로그인]을 터치합니다.

2 가입이 완료되면 아래와 같은 화면을 볼 수 있습니다.

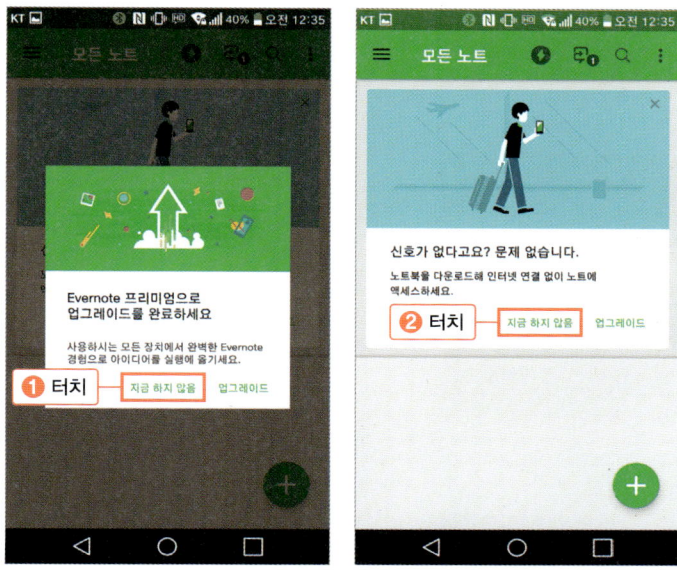

3 (☰)를 터치하면 메뉴 목록을 볼 수 있습니다.

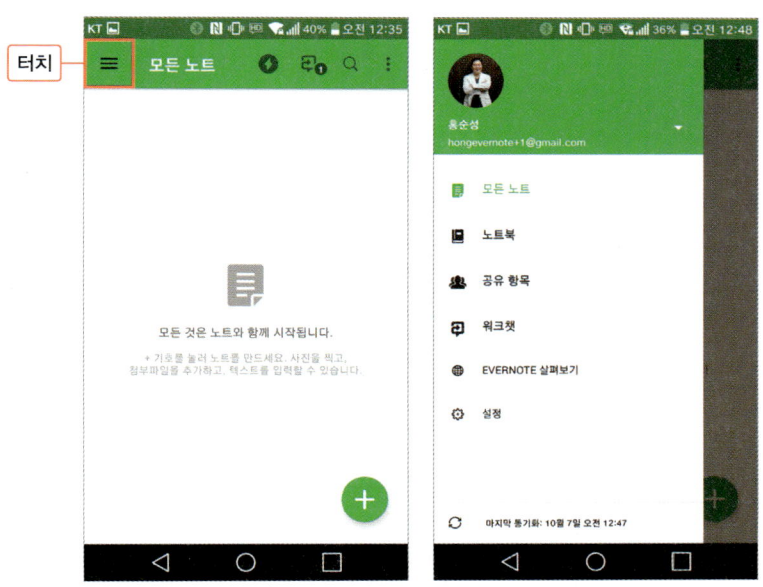

TIP_ 아이폰에서 에버노트 계정 만들기

에버노트 계정을 가지고 있다면 해당 아이디나 이메일을 입력하고 없다면 새로운 이메일 주소를 넣고 [계속]을
터치한 후 [패스워드]를 입력하여 가입을 완료합니다. 구글 계정을 가지고 있다면 별도의 가입 절차 없이 계정
을 만들 수 있습니다.

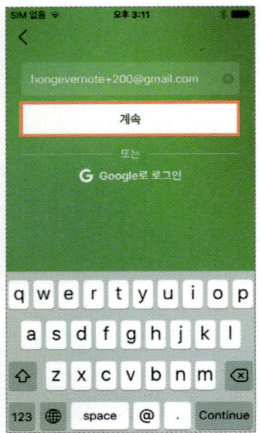

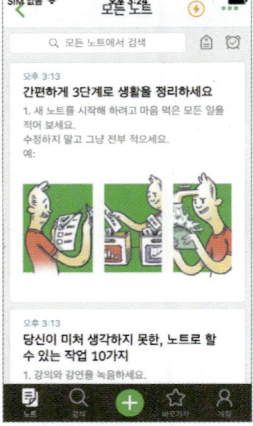

에버노트 복수 계정 운영 방법

에버노트는 복수 계정을 지원하기 때문에 개인 업무와 회사 업무를 복수 계정으로 분리해서 사용할 수 있습니다. 이때는 계정 변환을 통해 여러 개의 계정을 함께 사용할 수 있습니다. 참고로 복수 계정 설정은 데스크톱 클라이언트에서만 사용할 수 있습니다.

1 에버노트 클라이언트를 실행합니다. [파일]을 클릭한 후 [다른 사용자 추가]를 클릭합니다.

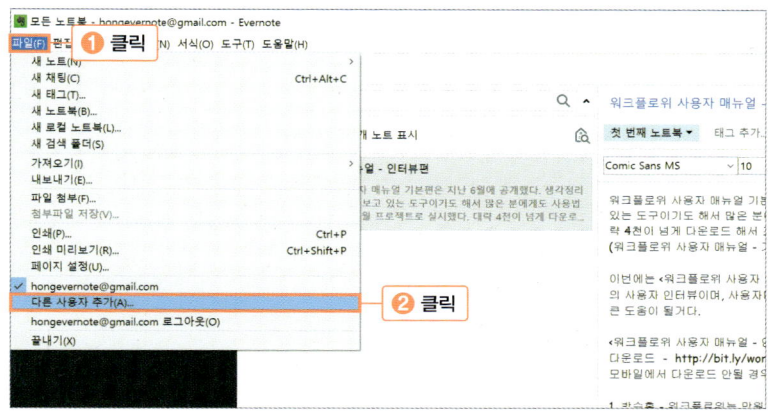

2 사용하려는 계정을 입력한 후 [로그인]을 클릭합니다. 입력한 계정으로 바로 전환됩니다.

3 [파일]을 클릭하면 복수 계정으로 운영 중인 상태를 확인할 수 있습니다.

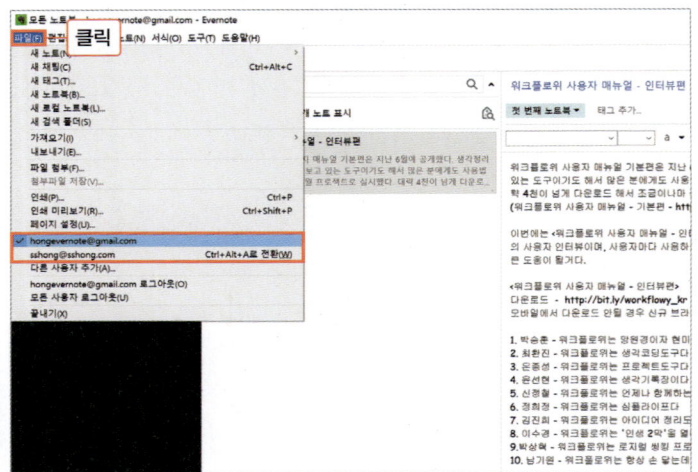

💡 **TIP_** 로그아웃을 하고 싶다면 로그아웃을 하려는 계정으로 접속한 후 로그아웃을 진행하면 됩니다.

💡 **TIP_** 에버노트 복수 계정 사용 시 여러 계정 사이를 빠르게 전환할 수 있습니다. 계정 전환 서비스는 프리미엄에서 지원합니다.

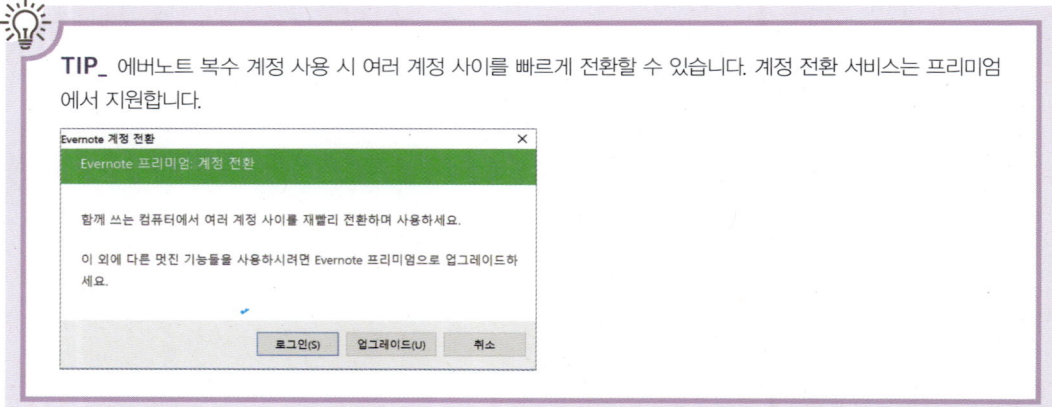

에버노트 패스워드 분실 시 찾는 방법

에버노트를 사용하다 보면 패스워드가 생각나지 않는 경우가 종종 발생합니다. 그럴 경우 에버노트 홈페이지를 방문하면 패스워드를 찾을 수 있습니다.

1 에버노트 홈페이지에 접속한 후 상단의 [로그인]을 클릭합니다. '로그인' 창이 나타나면 이메일 주소 또는 아이디를 입력한 후 [계속]을 클릭합니다. 이후 하단의 [비밀번호를 잊으셨나요?]를 클릭합니다.

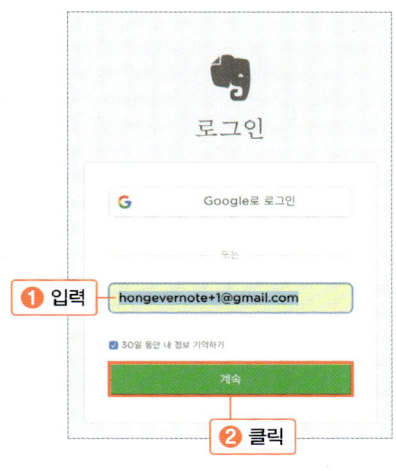
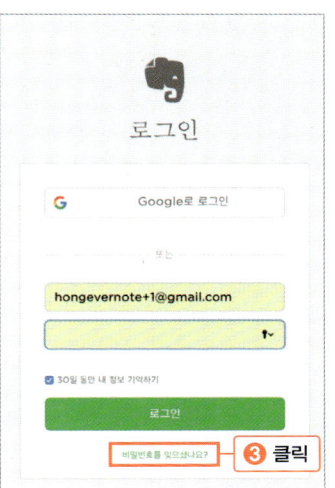

2 패스워드를 찾고 싶은 사용자 아이디 또는 이메일을 기입한 후 [확인 이메일 보내기]를 클릭합니다. 이후 '비밀번호 재설정 방법이 들어 있는 이메일이 시스템 상에 등록되어 있는 회원님의 이메일 주소로 전송되었습니다.'라는 메시지가 나타납니다.

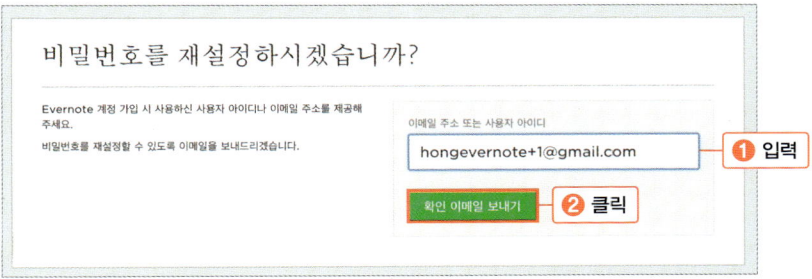

3 가입한 이메일 주소로 전송된 패스워드 변경 요청 메일을 확인한 후 [비밀번호 재설정]을 클릭합니다.

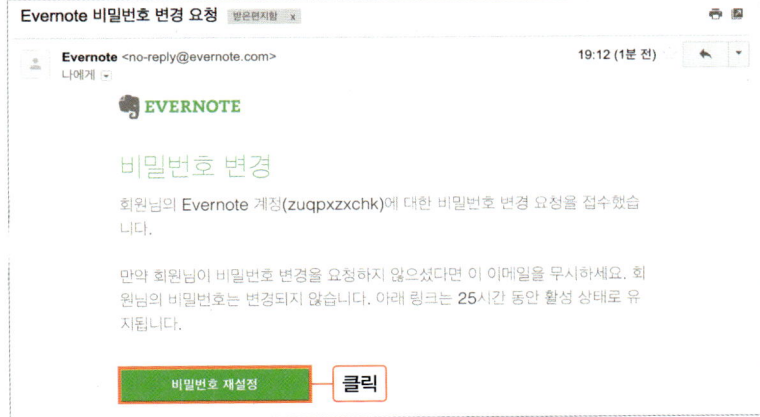

4 새 비밀번호를 두 번 입력한 후 [초기화]를 클릭하여 패스워드를 재설정합니다.

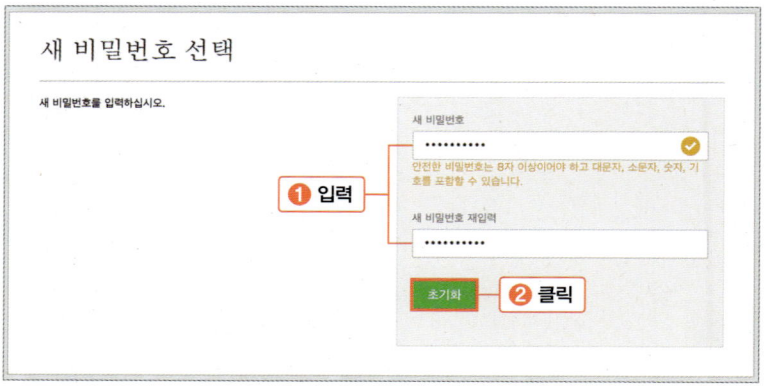

5 초기화 작업 후에는 아래와 같이 비밀번호 변경 작업이 완료됩니다.

프로필 설정 방법

에버노트 설정 목록에서 프로필 설정을 할 수 있습니다. 프로필 작업은 에버노트 웹사이트는 물론 클라이언트 프로그램과 스마트폰에서도 가능하지만 클라이언트와 스마트폰의 경우 일부의 기능만을 제공하기 때문에 프로필 사진과 성명, 이메일 주소 전체를 변경하거나 설정하기 위해서는 에버노트 웹사이트에 로그인하여 작업하도록 합니다.

1 에버노트 웹사이트에 로그인한 후 하단의 [계정] 아이콘 > [설정]을 클릭합니다.

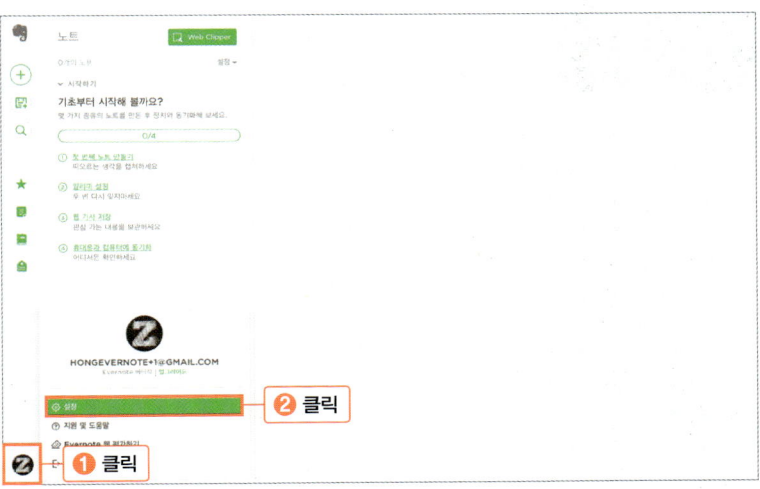

2 설정 메뉴에서 [프로필]을 클릭합니다. 프로필을 변경하기 위해 [사진 변경] > [새 사진 업로드]를 클릭한 후 '열기' 창에서 프로필 사진을 선택합니다.

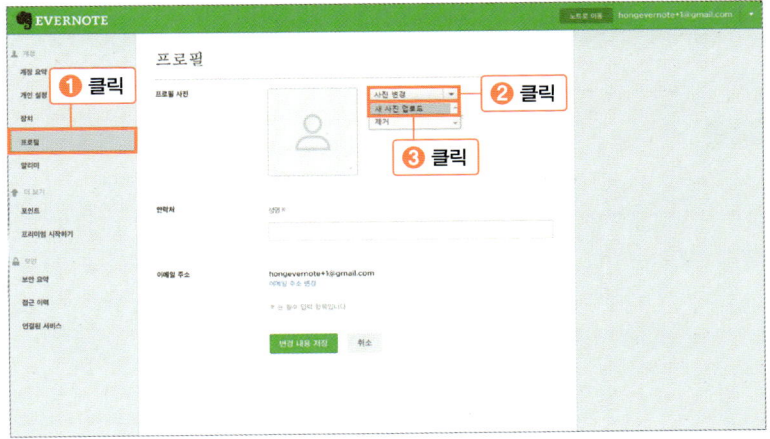

3 프로필 변경 창이 나타나면 사진 크기를 조정한 후 [자르고 저장]을 클릭합니다.

4 프로필이 변경된 것을 확인할 수 있습니다. 프로필은 협업이나 워크챗 작업을 할 때 상대방이 나를 확인할 수 있는 정보이기 때문에 자신과 관련된 적절한 이미지와 이름을 넣는 것이 좋습니다.

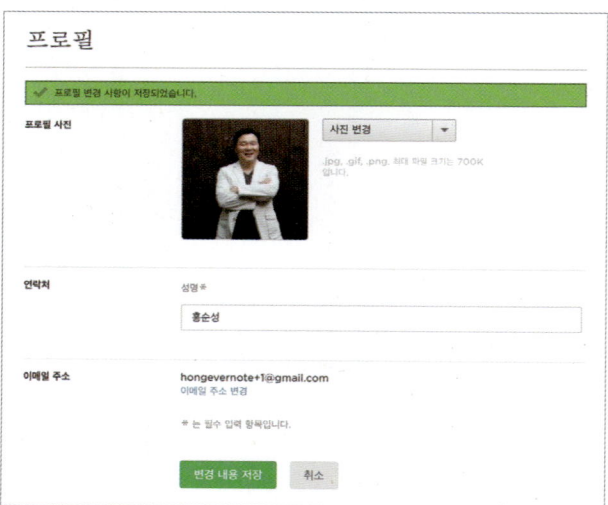

TIP_ **스마트폰에서 프로필을 설정하는 방법**
에버노트 앱을 실행한 후 [설정] 〉 [계정 정보]를 터치한 후 자신의 계정을 터치해 프로필을 수정하면 됩니다.

에버노트는 등급에 따른 3가지 요금제가 제공됩니다. 무료인 베이직과 유료인 플러스, 프리미엄의 3단계로 나누어집니다. 이 세가지 등급의 가장 큰 차이점은 업로드 용량입니다. 에버노트는 다른 클라우드 서비스와 다르게 업로드 용량을 저장 공간이 아닌 업로드 하는 용량으로 제한합니다. 무료 버전 베이직을 이용할 경우 매월 최대 60MB씩 업로드 할 수 있고 다음 달 또다시 60MB를 업로드 할 수 있습니다.

서비스 요금제 차이점

에버노트 서비스는 사용한 만큼 비용을 지불하는 방식으로써 가격 정책에 차이가 발생합니다. 에버노트는 기능적 차이와 저장 용량에 따라 '베이직', '플러스', '프리미엄'으로 나뉜 3가지 서비스 요금제를 제공합니다. 아래 간략하게 정리된 표를 보면서 각각의 특징을 살펴보도록 하겠습니다. 베이직 사용자의 경우 최대 두 대의 장치에서 동기화가 제공됩니다. 단, 컴퓨터에서 웹 에버노트를 사용하는 경우 장치 제한이 적용되지 않습니다.

- 에버노트 서비스별 요금제 – https://evernote.com/intl/ko/get-started

주요 기능	베이직	플러스	프리미엄
월간 노트 업로드	60MB	1GB	10GB
최대 노트 크기	25MB	50MB	200MB
장치 수 동기화 개수	최대 2대	무제한	무제한
웹 페이지와 이미지 스크랩	✔	✔	✔
이미지 안에서 텍스트 검색	✔	✔	✔
다른 사람들과 노트 공유	✔	✔	✔
이메일을 Evernote에 저장	✔	✔	✔
모바일에 암호 잠금 설정	✔	✔	✔
오프라인으로 노트북 액세스		✔	✔
Evernote로 이메일 전달		✔	✔
이메일을 통한 고객 지원		✔	✔
Penultimate 앱에서 무제한 종이 옵션		✔	✔
PDF, Office 문서 및 첨부파일 검색			✔
PDF에 주석 달기			✔
명함 스캔 및 연락처 관리			✔
노트를 프레젠테이션으로 전환			✔
이전 버전의 노트 보기			✔
작업 중인 노트와 관련된 콘텐츠 표시			✔

처음부터 프리미엄 서비스를 사용해야 할까?

에버노트 베이직에서도 아래와 같은 기능이 기본적으로 제공되기 때문에 처음부터 프리미엄 사용자가 될 필요는 없습니다. 곧바로 프리미엄 서비스에 가입하기 보다는 플러스 서비스를 통해 자료를 저장하고 관리하는 것이 좋으며, 자료가 많아지고 기능을 확장할 필요가 있을 때 프리미엄 서비스를 사용하는 것이 좋습니다.

에버노트 프리미엄 서비스의 장점

에버노트의 프리미엄 서비스를 이용하면 대용량을 업로드할 수 있고, 다른 사람들과 데이터를 공유할 수 있으며 노트 내역을 복원할 수 있습니다 또한 PDF 파일을 검색할 수 있으며 보기 싫은 광고를 제외할 수도 있습니다.

▶ **프리미엄을 사용하는 5가지 이유**

① **장치 동기화 개수** : 디바이스 2대로 제한된 것을 그 이상으로 하고 싶을 때 사용합니다.

② **월간 업로드 노트 용량** : 매월 사용량이 많아지면서 노트 업로드가 늘어날 경우 사용합니다. 노트 당 크기가 200MB이기 때문에 대용량 파일과 고해상도 이미지를 담을 수 있습니다. 그 뿐만 아니라 월 최대 10GB까지 업로드할 수 있습니다.

③ **오프라인으로 노트북 액세스** : 스마트폰 등에서 오프라인으로 저장하고 사용할 때 활용합니다. 휴대폰이나 태블릿에 에버노트를 다운로드하면 이동 중에 인터넷 연결 없이도 작업을 계속할 수 있습니다.

④ **이전 버전의 노트 보기** : 노트 변경 내역을 통해 이전 노트 복원 작업을 할 수 있습니다. 노트 백업과 협업으로 작업을 할 경우 이전 노트로 변경하고자 할 때 최상의 방법입니다.

⑤ **문서 검색** : 오피스 문서, PDF 및 다른 첨부파일의 텍스트를 검색할 수 있어 필요할 때 쉽게 찾을 수 있습니다. 더불어 콘텐츠 연관 노트로 노트를 검색 없이 살펴볼 수 있습니다.

▶ 프리미엄 사용이 필요하지 않는 경우

- 단순한 아이디어 메모로만 사용할 때
- 에버노트에 업로드하는 자료가 매월 60MB를 넘지 않을 때
- 에버노트 활용이 익숙하지 않을 때

에버노트 활용이 일상화되고 사용량이 늘어나게 될 때 프리미엄 서비스를 사용하기 바랍니다. 프리미엄을 사용하게 되면 노트 저장 크기가 200MB 정도로 커지게 되고 월 최대 10GB 업로드 공간이 확보됩니다. 프리미엄 서비스를 사용하면서 늘어나는 자료들과 특징 등은 다음과 같습니다. 첫째, 강력한 수집 기능 덕택에 텍스트와 사진, 명함, 영수증, 문서 파일까지 저장할 수 있습니다. 둘째, 책 집필을 위한 문서 작업과 협업 프로젝트를 할 수 있습니다. 셋째, 딸아이의 초등학교 자료나 가족 여행 정보 등을 에버노트를 통해 관리할 수 있습니다.

위와 같은 정보를 저장하려면 무료 서비스의 용량으로는 부족합니다. 처음에는 간단한 텍스트 자료 업로드로 사용되지만 입력하는 텍스트 양이 급격히 늘어나고 사진이나 이미지 자료도 함께 첨부해서 사용하게 되면 무료로 제공되는 용량이 부족할 수 있습니다. 무료 서비스 용량이 적은 것은 아니지만 일상생활에서 발생하는 다양한 데이터를 수집하기에는 부족함이 있고 이에 따라 제한된 정보만을 수집할 수밖에 없기 때문에 개인의 자료 수집 용도의 활용은 떨어질 수 있습니다. 필자는 현재 30GB가 넘는 공간을 사용하며 웹상의 자료, 종이 문서 스캔, 문서 파일 등을 넣어 두고 언제, 어디서나 자료를 입력하고 바로 불러와 활용하고 있습니다.

▶ 에버노트 프리미엄 서비스의 장점

- 한 달에 최대 10GB 업로드 공간 확보
- 노트 용량 추가(25MB → 200MB)
- 공동 작업(공유 노트북)
- 노트 변경 내역 확인
- PDF, 오피스 문서 검색 기능
- 관련 노트 기능
- 프레젠테이션 기능
- 오프라인 노트북

업로드 제한과 저장 공간의 차이점

업로드 제한이란 계정이 매달 동기화할 수 있는 새로운 데이터의 양을 의미합니다. 저장 공간은 데이터가 성공적으로 동기화된 후 계정이 사용하고 있는 데이터의 총량으로써 '베이직, 플러스, 프리미엄'으로 나뉘며, 사용자마다 저장 공간에 차이가 있습니다. 월 업로드 제한이 있는 계정의 경우, 저장 공간을 얼마나 사용했는지(전월에 사용한 데이터)에 대해서는 전혀 걱정할 필요가 없습니다. 단지 업로드하는 콘텐츠의 양만 관리하면 됩니다.

	베이직	플러스	프리미엄
월 노트 업로드	60MB	1GB	10GB
최대 노트 크기	25MB	50MB	200MB

일반적으로 노트를 편집한 후 계정을 동기화할 때마다 '노트 안의 텍스트 편집, 첨부파일 편집, 사진 회전 또는 삭제한 데이터'가 에버노트 서버로 전송됩니다.

에버노트 계정 제한 정책

에버노트는 베이직과 플러스, 프리미엄 서비스로 구분합니다. 자세한 서비스 요금제의 차이는 앞서 나온 표를 통해 확인하면 됩니다. 프리미엄 서비스라도 모든 것을 무제한으로 사용할 수 있는 것은 아닙니다. 몇 가지 계정 제한 정책을 가지고 있습니다. 이 정책은 서비스 안정성과 스팸 등의 남용을 방지하기 위한 것입니다. 제한 정책에 걸리는 일은 예외적인 것이지만 알아 두는 것이 좋습니다. 에버노트 계정 제한 정책을 이해하고 나면 어떻게 에버노트를 운영해야 하는지 생각할 수 있습니다.

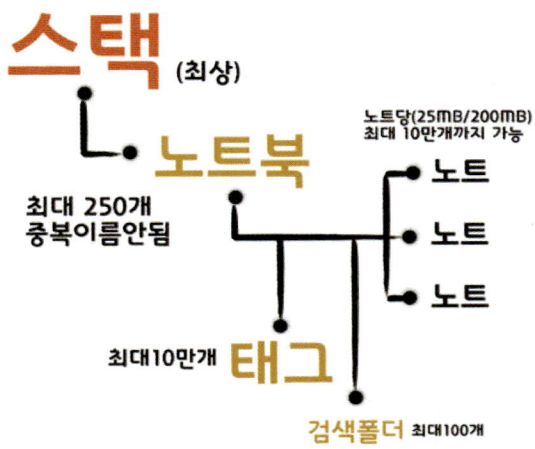

에버노트의 노트Note는 에버노트를 구성하는 최소 단위입니다. 노트에는 텍스트뿐만 아니라 이미지, 음성과 같은 다양한 유형의 콘텐츠와 첨부파일 등을 저장할 수 있습니다.

개인 노트 개수	100,000개
개인 노트북 개수	250개
회사 에버노트 계정의 노트북 개수	10,000개 (모든 비즈니스 노트북은 회사 에버노트 비즈니스 계정의 소유임)
공유받을 수 있는 노트북 개수	550명/200개(에버노트 베이직)
개인 노트북을 공유할 수 있는 최대 인원	500명
비즈니스 노트북을 공유할 수 있는 최대 인원	5,000명
노트당 태그 개수	100개
계정당 태그 개수	100,000개
워크챗 최대 참가 인원	50명
검색 폴더 개수	100개
바로가기 개수	250개

노트북Notebook은 수많은 노트를 넣을 수 있는 노트 컨테이너로서 여러 노트를 묶어서 관리할 수 있습니다. 노트북이 노트를 저장하는 컨테이너라면 스택Stack은 노트북을 저장하는 컨테이너 입니다. 노트북을 묶어서 관리할 수 있는 폴더(카테고리)와 같은 개념으로 노트북을 그룹화하여 사용할 수 있습니다.

- 노트 개수는 100,000개, 각 노트의 최대 크기는 무료 사용자의 경우 25MB, 프리미엄 사용자의 경우 200MB입니다.
- 동기화되는 노트북(노트북, 스택 포함)은 250개, 로컬에서 저장되는(동기화되지 않는) 노트북 개수에는 제한이 없습니다.
- 태그 100,000, 검색 폴더 100개입니다.
- 최대 이메일 개수가 제한되어 있습니다. 베이직과 플러스 계정 소유자는 이메일을 50개까지 보낼 수 있으며 프리미엄 계정 소유자는 하루에 최대 200개를 보낼 수 있습니다. 개수는 매일 12:00AM(태평양 시간)에 재설정됩니다.
- 이미지 인식을 위한 PDF 파일을 색인화하는 데 필요한 컴퓨팅 리소스로 인해, PDF의 처음 100페이지만 처리됩니다.

참고로, 개인 노트 수는 10만 개로 계정 제한 정책에 묶여 있으나, 실제 사용 노트 수가 10만 개에 근접했을 경우 에버노트 쪽에 요청을 하면 10만 개 이상 저장할 수 있습니다. 이렇게 제한을 둔 이유는 노트와 노트북 수가 많아지면 디바이스 동기화 작업 시 불안정해질 수 있고 여러 오류가 발생할 수 있기 때문입니다. 또한 봇bot 프로그램을 통해 무작위로 노트를 만들려는 사람을 막기 위해서입니다.

1) 250개 이상의 노트북은 생성되지 않는다.

에버노트는 계정 제한 정책에 따라 250개 이상의 노트북을 만들 수 없습니다. 만약 노트북을 생성했다고 하더라도 동기화가 되지 않습니다. 이러한 계정 제한 정책을 둔 이유는 노트북이 250개 이상 생성되면 안정성의 문제가 발생할 수 있기 때문입니다. 에버노트는 매번 프로그램을 실행할 때마다 동기화 작업을 하기 때문에 노트북 수가 많으면 각각의 노트북을 체크하는 시간이 길어집니다. 결국 로딩 속도는 늘어질 수밖에 없으며 더욱이 인터넷 속도마저 느리다면 에러가 발생할 수 있는 가능성은 높아집니다. 특히 디바이스에서의 동기화 작업은 작업이 느려지거나 불안정한 상태를 발생시킬 수 있기 때문에 이런 일들을 방지하기 위해서는 노트북 수를 줄이거나 공유한 노트북의 동기화를 멈춰야 합니다.

2) 에버노트에서 이메일로 보내기 제한 정책

에버노트에는 고유 이메일 주소로 노트를 생성하거나 노트를 메일로 보낼 수 있는 "사본 보내기Send a copy" 기능이 있습니다. 이 기능은 횟수 제한이 있습니다. 에버노트를 사용하지 않는 사람에게 워크챗Workchat을 보내면 워크챗 메시지 대신 메일이 가는 경우가 있는데 이때의 메일도 개수로 포함됩니다.

에버노트 계정에 저장할 수 있는 이메일 수	매일 200개(베이직에서는 사용할 수 없음)
에버노트 계정에서 보낸 이메일 수	매일 200개(베이직 서비스 사용자는 50개)

프리미엄 서비스 가입하기

프리미엄 서비스는 해외 이용 카드(비자 및 마스터 등), 페이팔, 구글의 체크아웃을 통해 결제할 수 있으며 또는 고유 번호가 포함된 프리미엄 서비스 쿠폰을 사용해야 합니다.

	웹	아이폰	안드로이드
결제 방식	해외카드만 적용	앱 내 구입 방식 적용	통신사 요금 결제/ 해외카드 선택 가능

• 프리미엄 서비스의 플랫폼별 결제 방식

■ 웹상에서 프리미엄 서비스 가입하기

웹상에서 프리미엄 서비스로 업그레이드할 때 결제 방식과 카드 정보, 간략한 인적사항 정보를 입력한 후 '구매완료'를 클릭하면 바로 결제가 됩니다. 참고로 아직까지는 자동 결제 방식으로 진행되니 체크해 두기 바랍니다.

1 에버노트 웹사이트에 로그인한 후 [계정] 아이콘 〉 [설정]을 클릭합니다. 설정 메뉴에서 [프리미엄 시작하기]를 클릭합니다.

2 원하는 서비스를 클릭합니다.

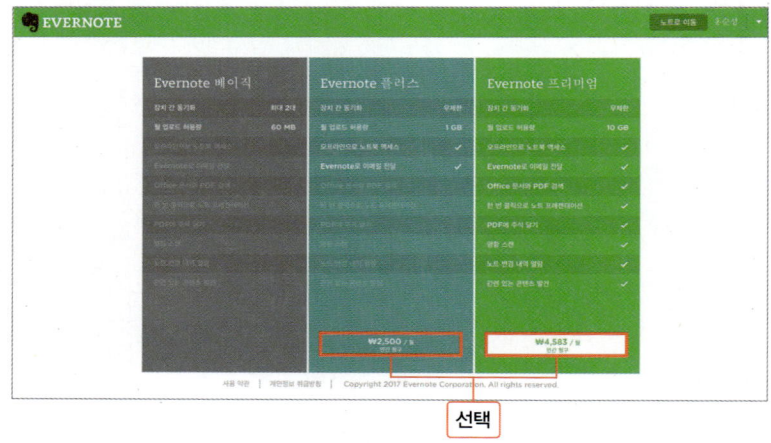

3 결제 창이 나타납니다. 결제가 가능한 카드 번호를 입력한 후 '매월 청구', '연간 청구' 중 원하는 청구 일정을 선택합니다. 이후 [결제] 버튼을 클릭합니다. 참고로 연간 청구를 선택할 경우 24%의 할인을 받을 수 있습니다.

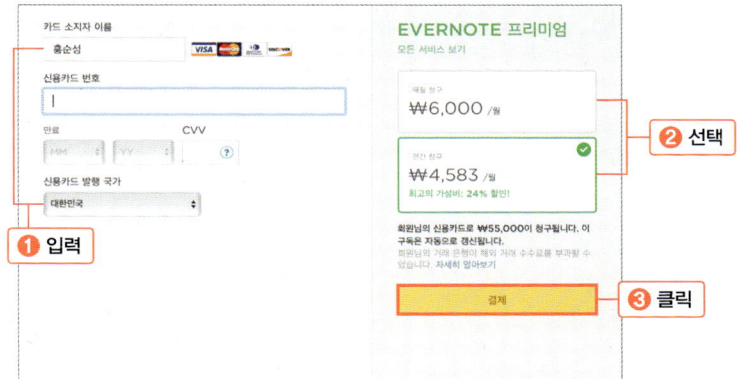

TIP_ 월 단위로 결제한 후 연장을 하고 싶지 않다면

월 단위 청구 시는 할인율을 제공받을 수 없으며, 매달 해당 날짜로 청구되어 자동으로 갱신됩니다. 이때 자동 갱신을 해지하고 싶다면 에버노트 웹사이트에 로그인한 후 메뉴에서 [계정 요약] 〉 [프리미엄 서비스 취소]를 클릭하여 진행하면 됩니다.

■ 스마트폰에서 프리미엄 서비스 가입하기

1 안드로이드에서 에버노트 앱을 실행한 후 (☰)를 터치합니다. 목록에서 [설정] 〉 [프리미엄]을 선택한 다음 프리미엄 결제 창이 나타나면 하단의 금액을 터치합니다.

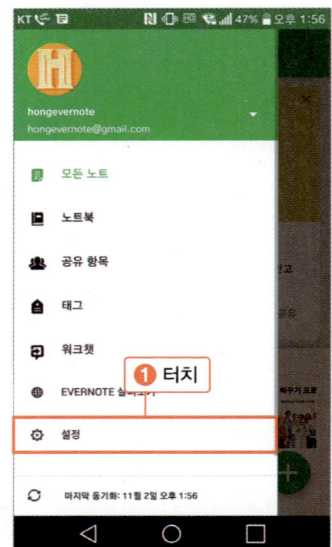 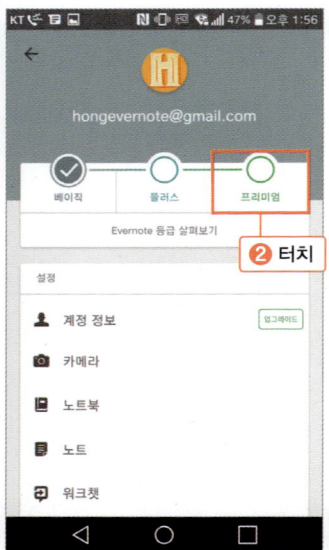 

2 원하는 기간을 선택한 후 [다음]을 터치합니다. 결제 창이 나타나면 [구독하기]를 터치합니다. 구글 앱스에서 진행하던 신용카드(체크카드), 각 통신사 결제 지원 등을 선택할 수 있으며 신용카드 또는 직불카드를 추가해서 결제할 수도 있습니다. 통신사 결제 방식은 각 통신사 요금에 적용됩니다.

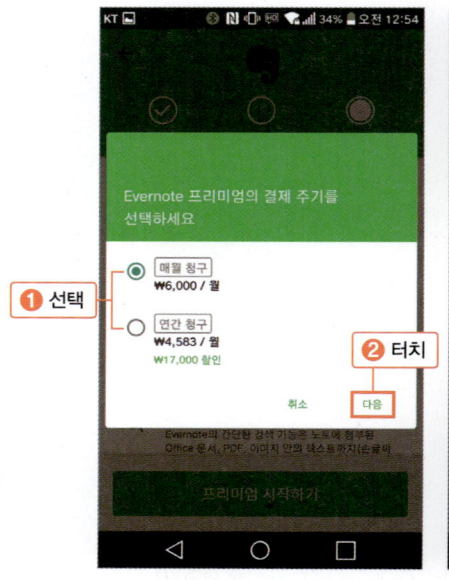 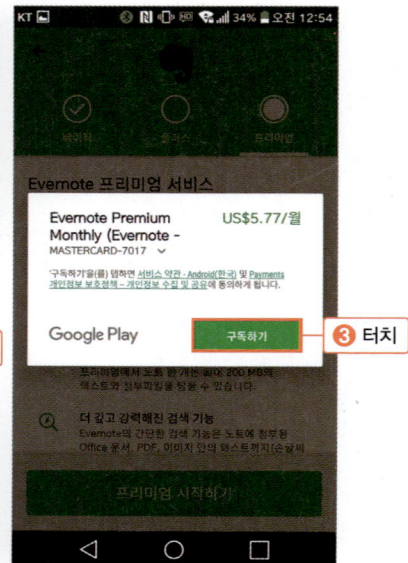

3 구글 플레이의 [구독하기]를 터치하면 기존의 결제 카드로 결제할 수 있으며, 별도의 결제가 가능한 해외 카드 번호를 입력한 후 결제를 진행할 수도 있습니다.

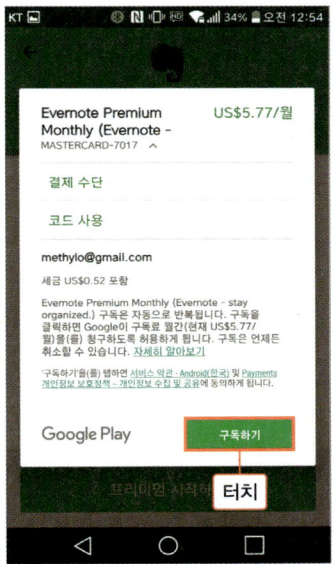
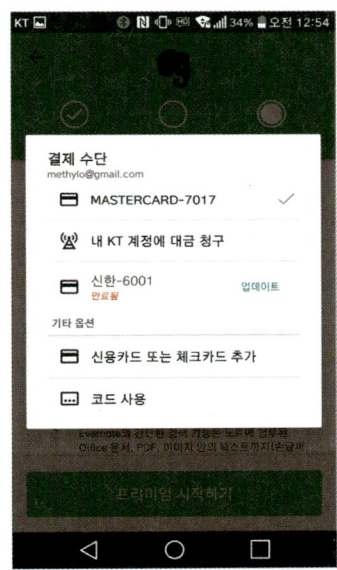

TIP_ 아이폰에서 프리미엄 서비스 가입하기

아이폰 에버노트 메뉴에서 [계정]을 선택한 후 [업그레이드 옵션 보기]를 터치합니다. 사용하려는 요금제를 선택할 수 있으며 '플러스' 또는 '프리미엄'을 선택합니다. 이후 청구 방식을 '매월' 또는 '연간' 등에서 선택하여 결제 작업을 진행하면 됩니다. 기본적으로 아이폰 앱 내의 구입 방식으로 진행됩니다.

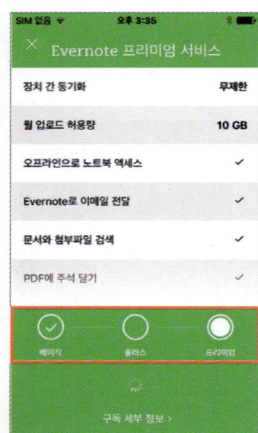
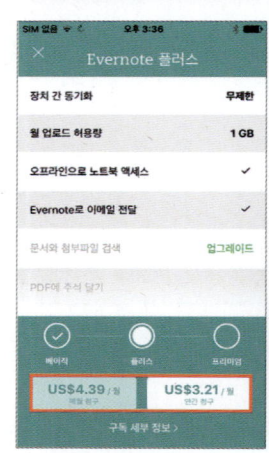
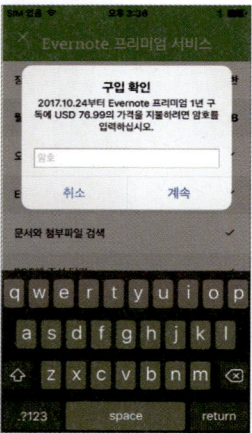

05 에버노트 동기화 작업

에버노트는 컴퓨터와 스마트폰, 웹상에서 동일한 정보를 확인할 수 있도록 동기화 기능을 지원하는 클라우드 서비스입니다. 에버노트에서 '동기화' 작업을 하면 에버노트가 설치되어 있는 어디에서나 저장한 데이터를 볼 수 있습니다. 즉, 동기화 작업을 통해 특별한 절차나 저장 과정을 거치지 않아도, 복잡한 별도의 기기나 USB 메모리를 들고 다니지 않아도 에버노트에 데이터를 저장할 수 있고 접근할 수 있다는 것을 의미합니다. 노트를 업데이트하면 모든 기기에도 같은 내용이 업데이트됩니다.

	컴퓨터	스마트폰
로컬에 저장 방식	모든 노트를 저장	제공 안 함
오프라인 노트북 기능 제공	모든 노트를 저장	플러스와 프리미엄 서비스에서만 제공
동기화 작업	정기적으로 동기화	동기화 방식 선택

에버노트의 데이터 동기화 방식은 디바이스 종류에 따라 달라집니다. 예를 들어 데스크톱(PC, Mac)의 경우 서버의 모든 내용이 하드디스크에도 저장되기 때문에 이에 따라 에버노트 서버가 차지하는 용량을 하드디스크가 동일하게 차지하게 됩니다. 따라서 인터넷이 접속되지 않은 상태에서도 노트를 읽거나 수정할 수 있습니다.

반면, 모바일 디바이스의 경우 일반적으로 기본 메모리 용량이 부족하기 때문에 모든 노트가 디바이스에 저장되지 않습니다. 동기화가 진행되면 용량이 크지 않은 노트의 헤더 정보(섬네일 이미지, 제목 본문 일부, 키워드 등)만 메모리에 저장됩니다. 이후 해당 노트를 선택하면 그때 서버로부터 본문 내용을 다운로드 하게 됩니다. 다운로드가 완료되면 다운로드 된 용량만큼의 메모리를 사용하게 됩니다. 이렇게 사용되는 메모리를 캐시라고 명칭합니다. 한 번 다운로드 된 캐시는 삭제되지 않으며 노트 확인이 많아질수록 캐시 메모리 용량이 커지게 됩니다. 디바이스가 캐시 메모리의 용량으로 인해 메모리 부족 현상을 겪게 되는 경우 에버노트의 '설정' 메뉴에서 '검색 및 저장'을 선택해 해당 캐시를 삭제할 수 있습니다. 이렇게 캐시가 삭제되면 다시 메타 데이터만 에버노트에 저장되게 됩니다.

컴퓨터 클라이언트에서 동기화 작업 설정하기

컴퓨터는 모든 데이터가 로컬에 저장되기 때문에 편리하게 작업을 수행할 수 있습니다. 또한 동기화 옵션을 통해 작업한 데이터를 자동으로 온라인으로 저장할 수 있습니다. 필요에 따라 '자동 동기화'에서 시간을 조절하거나 알림 상태를 확인할 수 있습니다.

1 에버노트 클라이언트를 실행한 후 메뉴 옵션에서 [도구] 〉 [설정]을 클릭한 후 [동기화]를 클릭합니다.

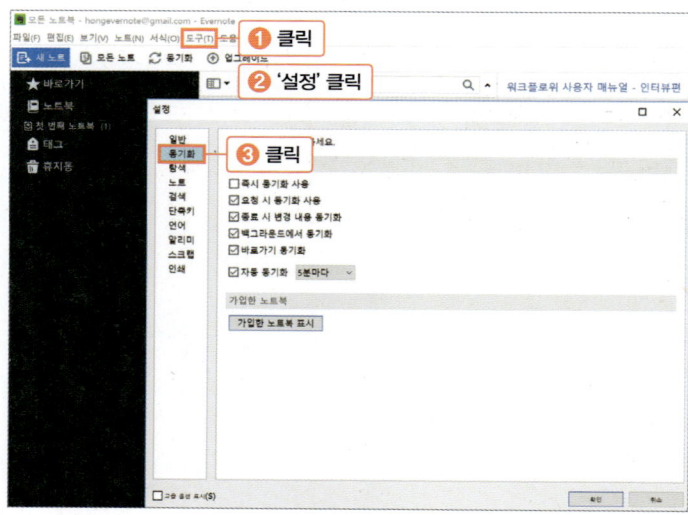

2 [자동 동기화]는 기본 노트북과 공유 노트북으로 연결된 노트북을 함께 동기화합니다. 동기화 시간을 직접 선택할 수 있습니다.

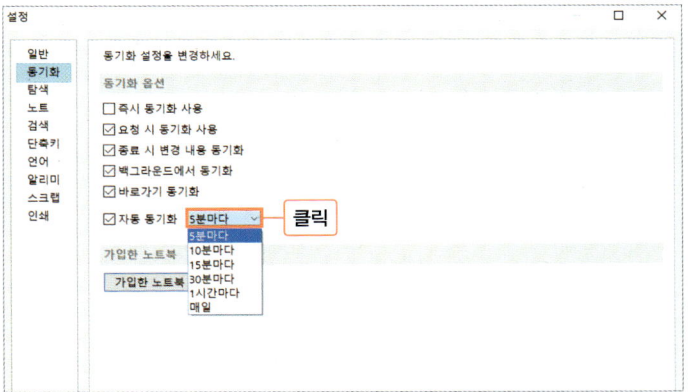

TIP_ 동기화 작업의 단축키는 **F9** 입니다.

3 [가입한 노트북 표시]를 클릭합니다. '가입한 노트북' 창이 나타나면 공유된 노트북을 더블 클릭합니다.

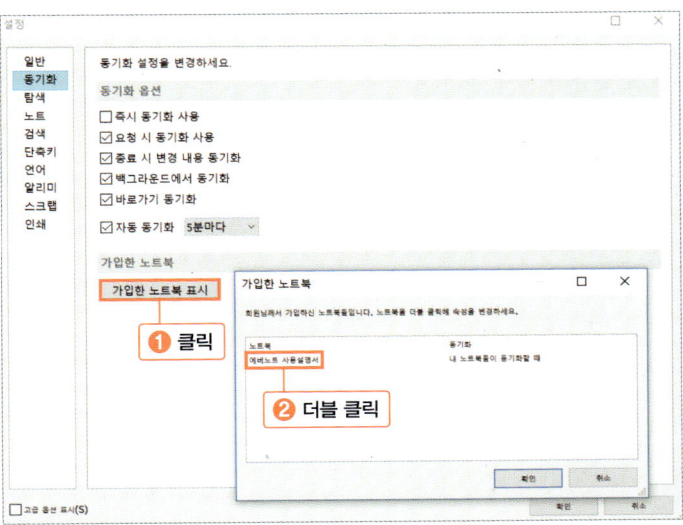

TIP_ 가입한 노트북이란?
다른 사용자로부터 공유받은 노트북을 말합니다. 공유받은 노트북에 대해서 동기화 진행을 어떻게 할 것인지 설정할 수 있습니다.

4 '가입한 노트북 속성' 창이 나타납니다. 여기서 가입한 노트북의 속성을 변경할 수 있으며 자동 동기화 시간을 설정할 수 있습니다.

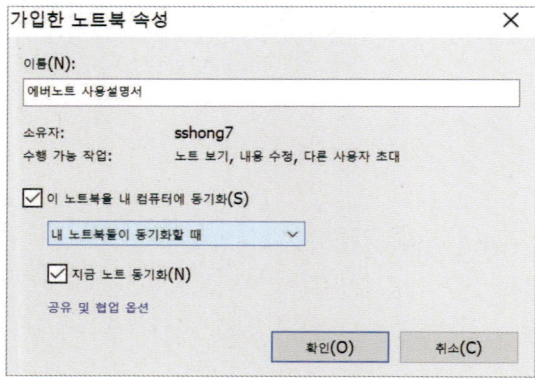

스마트폰에서 동기화 작업하기

에버노트 앱에서 생성하는 노트, 노트북, 스택 및 태그는 자동으로 웹의 에버노트에 동기화됩니다. 또한 다른 장치 또는 컴퓨터에서 동일한 계정으로 로그인하면 모든 콘텐츠를 동기화하여 사용할 수 있습니다.

■ 자동으로 동기화 시간 변경하기

1 안드로이드에서 에버노트 앱을 실행합니다. (☰)를 터치한 후 [설정] 〉 [동기화]를 선택합니다.

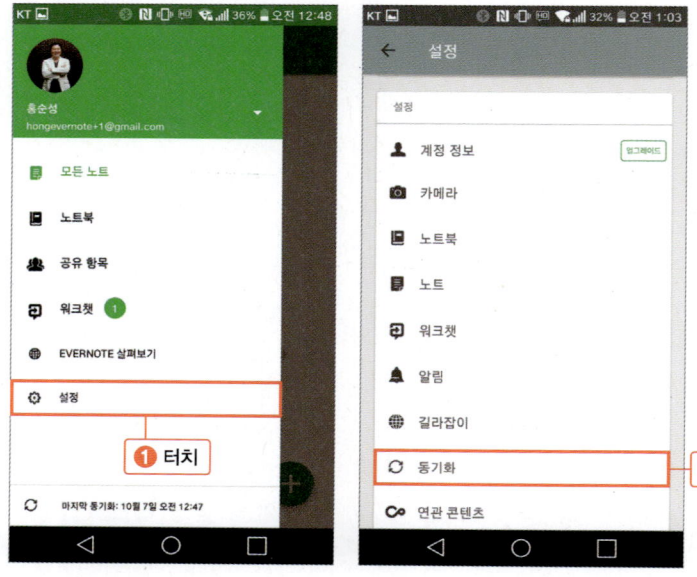

2 '동기화' 옵션 중에 [동기화 간격 선택]을 선택하면 동기화가 시도되는 주기를 변경할 수 있습니다.

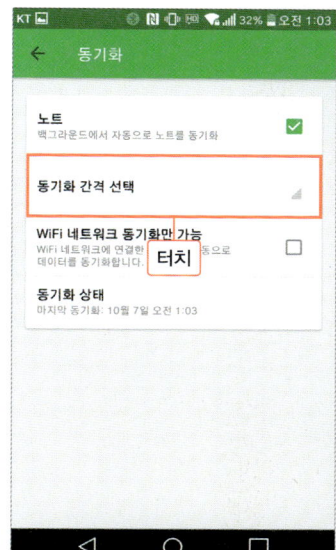 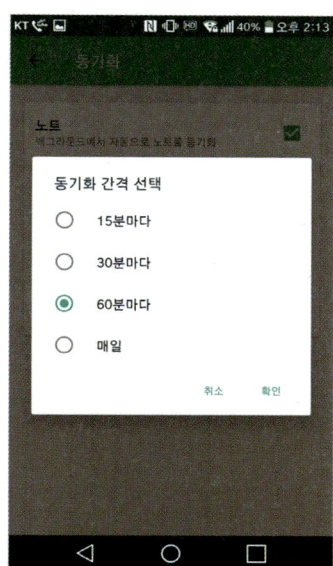

 TIP_ 기본적으로 안드로이드용 에버노트 앱은 60분 마다 동기화를 시도합니다. '동기화' 메뉴는 수동으로 동기화 작업 시 진행합니다.

■ **Wi-Fi 네트워크 동기화만 가능**

　스마트폰에서 에버노트 동기화 작업을 진행하려면 Wi-Fi 또는 4G와 같은 셀룰러 데이터 방식을 사용하여 인터넷에 연결되어 있어야 합니다. 셀룰러 데이터 방식은 스마트폰의 사용량이 늘어나면 데이터 업데이트 사용량이 증가해 비용 부담이 될 수 있습니다. 비용 부담을 줄이고자 한다면 'WiFi 네트워크 동기화만 가능'을 선택하여 Wi-Fi에 접속되었을 때만 동기화가 가능하도록 설정하여 추가로 초과 사용 요금을 지불하지 않도록 합니다.

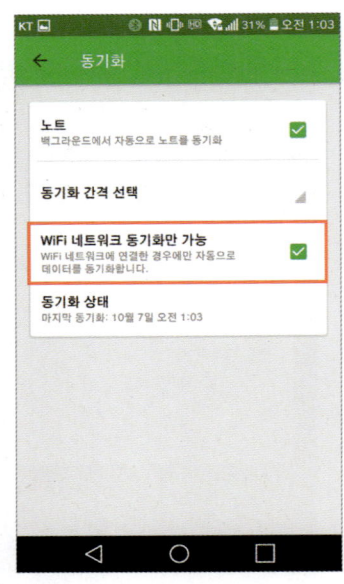

■ 수동으로 동기화 작업하기

에버노트는 대부분의 경우 백그라운드에서 동기화가 실행되므로 장치의 동기화 상태 여부에 대해 걱정할 필요가 없습니다. 다만, 동기화 작업을 수동으로 시작하려는 경우에는 좌측 하단의 동기화 버튼인 ()를 터치하거나 (⋮) 〉[동기화] 버튼을 터치하여 수동으로 동기화 작업을 할 수 있습니다.

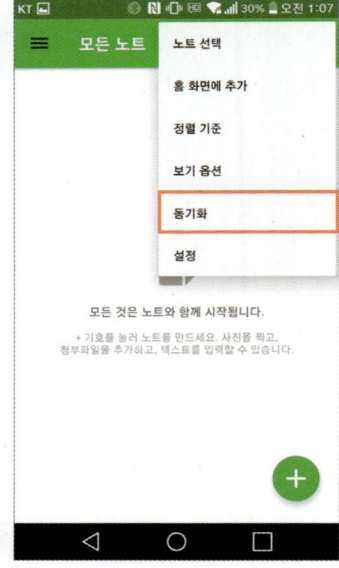

변경 사항 충돌이 발생하는 이유와 해결 방법

　동일 데이터를 여러 디바이스에서 사용하면서 기기간의 동기화 오류로 발생되는 것이 변경 사항 충돌Conflicting Changes 현상입니다.

　이러한 변경 사항 충돌의 다양한 발생 이유와 해결 방법에 대해 알아보도록 하겠습니다.

　① 다수의 기기를 사용하는 경우
　② 노트를 편집한 후 편집 모드를 종료하지 않은 경우
　③ 공유 노트북이나 에버노트 비즈니스를 사용하는 경우

• 컴퓨터 화면에서 노트 충돌이 일어난 경우

• 스마트폰에서 노트 충돌이 일어난 경우

　①과 ②는 개인 사용자가 노트 충돌을 겪는 가장 일반적인 경우입니다. 예를 들면 컴퓨터에서 특정 노트를 수정한 후 변경 내용이 반영되지 않는 상태에서 동일한 노트를 모바일에서 수정하고 동기화를 하면 해당 노트의 충돌이 발생하게 됩니다. 에버노트에서는 컴퓨터 수정본과 모바

일 수정본 중 어떤 것이 최신 버전인지 모르기 때문입니다.

이 문제를 해결하기 위해서는 아래와 같은 방법을 사용합니다.

- 노트 수정을 마쳤다면, 다른 노트 혹은 노트 목록을 활성화하여 해당 노트의 수정이 완료되었다는 것을 에버노트에게 알려 주어야 합니다. 가장 흔히 실수하는 부분이 모바일 기기에서 노트를 편집한 후 완료하지 않고 다른 앱으로 전환하는 것입니다. 사용자는 노트 편집을 마쳤다고 생각하지만 에버노트는 편집 상태로 인식합니다.
- 컴퓨터와 모바일에서 에버노트를 처음 사용할 때 동기화를 수행합니다. 다른 기기에서 동일한 노트를 열기 전에 노트를 수정하고 변경을 완료했다면 동기화하여 항상 최신 버전을 이용할 수 있도록 합니다.
- 컴퓨터와 스마트폰에서는 각각 자동 동기화 주기를 설정할 수 있습니다. 사용자 환경에 부담 가지 않는 수준으로 동기화 주기를 유지하도록 합니다.

③의 경우 공유 노트북의 특정 노트를 동시에 수정할 때 노트 충돌 현상이 발생됩니다. 최근에는 사용자가 편집을 할 경우 자동으로 '노트 잠금 기능'으로 변경되기 때문에 거의 발생하지 않습니다. 하지만 '노트 잠금 기능'은 인터넷이 연결된 상태에서만 이용할 수 있기 때문에 이 문제를 해결하기 위해서는 아래와 같은 방법을 사용합니다.

- 동시에 공동 작업을 해야 하는 경우, 먼저 각자 노트를 생성하여 작성/편집합니다. 이후 대표 1인이 해당 내용을 통합합니다(일반적으로 일일 보고서 작성이 이와 같습니다).
- 항상 인터넷에 연결되어 있는 상태를 유지합니다. 해당 노트를 누가 열람하고 있는지, 또 누가 수정하고 있는지 알 수 있습니다. 또한 노트가 수정되고 있을 경우 다른 사람은 그 노트를 수정할 수 없습니다.

노트북 중간에 '변경 사항 충돌'이 있는지 확인하고 노트의 로컬 버전과 서버에서 충돌하는 버전을 둘 다 살펴본 후에 변경 사항을 체크합니다. 원본 버전에 모든 변경 사항이 적용되는 것을 확인했다면 '변경 사항 충돌 노트북'에서 해당 버전을 삭제합니다.

디바이스별로 노트의 수가 차이 나는 이유

컴퓨터(윈도우/맥)용 에버노트 클라이언트의 노트 카운트와 스마트폰 상의 카운트는 다를 수 있습니다. 컴퓨터용 에버노트는 공유 노트북으로 받은 노트 수를 포함하고 있지만 스마트폰상에서는 포함하지 않기 때문입니다. 이럴 경우 차이를 이해하려면 스마트폰과 컴퓨터 클라이언트, 웹상의 노트 카운트를 비교해 보기 바랍니다.

• 웹상 에버노트

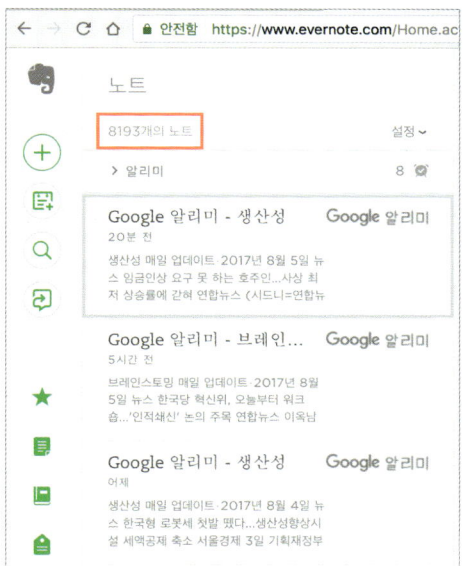

• 스마트폰 에버노트

• 컴퓨터 클라이언트 에버노트

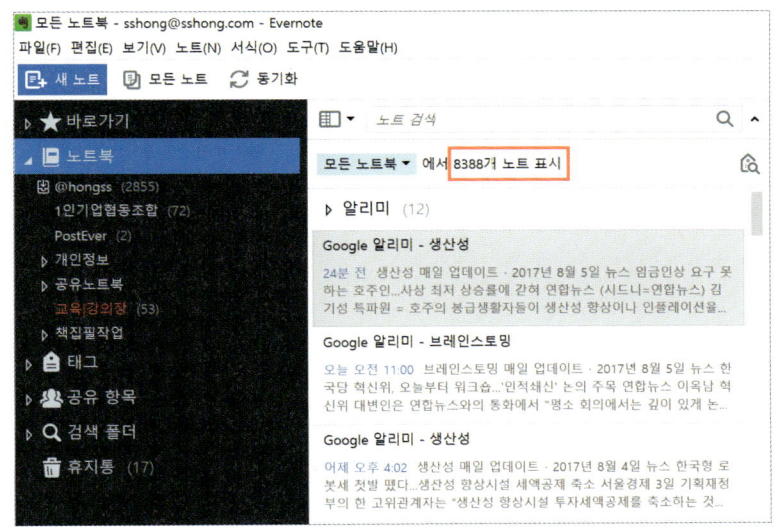

	컴퓨터(윈도우/맥)	웹	스마트폰(태블릿)
차이가 발생하는 이유	공유 노트북 노트 수 포함(로컬 노트북)	공유 노트북 노트 수 비포함	
디바이스별 구분	노트 수의 차이가 발생함	둘의 노트 수는 항상 동일함	

참고로 공유 노트북을 사용하지 않았을 때에도 컴퓨터와 웹, 스마트폰의 노트 수가 다른 경우가 있습니다. 이는 각 디바이스에서 동기화가 이루어지지 않았기 때문입니다. 또한 특정 노트로 인해 정상적으로 동기화가 이루어지지 않았을 수도 있기 때문에 각 기기의 휴지통, 충돌 노트 등의 동기화 오류 발생 노트를 모두 삭제한 후 재시도해 보기 바랍니다.

TIP_ 안드로이드 스마트폰에서 전체 노트 수를 확인하는 방법

1 빈 공백으로 검색한다.

2 상단에 전체 노트 수가 나타난다.

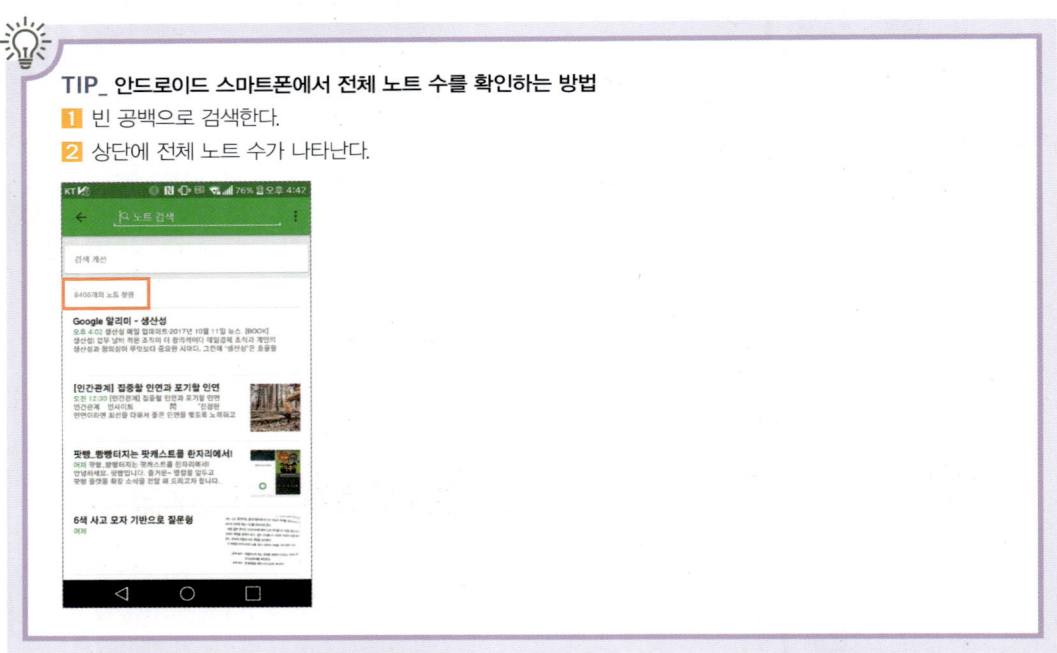

한층 더 업그레이드 된
에버노트 보안 서비스

에버노트는 기본적으로 데이터의 소유자는 개인이며, 안전하게 보호하고 있으며, 언제든지 데이터 이동이 가능합니다. 그 뿐만 아니라 에버노트가 설치된 스마트폰을 분실했을 때 타인이 내 에버노트에 접근할 수 없도록 보안 방법을 제공합니다.

에버노트 정보 보안을 위한 3가지 법칙

에버노트는 개인의 일상생활과 회사 업무를 관리하는 용도로 사용되기 때문에 저장되어 있는 자료가 안전하게 보관되어야 합니다. 또한 여러 디바이스에서 다양한 방법으로 사용되다 보니 분실의 위험성에 대비하기 위한 대책도 필요합니다. 에버노트는 이러한 위험성과 보안에 불안해하는 사용자들을 위해 '에버노트 정보 보안을 위한 3가지 법칙'을 발표했습니다.

1. 여러분의 데이터는 여러분 각자의 것입니다Your Data is Yours. 에버노트는 여러분의 데이터를 소유하지 않습니다. 노트를 작성하고 다양한 콘텐츠를 저장하더라도 소유권이나 저작권 상태가 바뀌지 않습니다. 데이터가 처음부터 여러분의 것이었다면, 에버노트에 저장한다고 하더라도 계속 여러분의 것입니다.

2. 여러분의 데이터는 보호됩니다Your Data is Protected. 에버노트에 보관하는 모든 것은 기본적으로 개인적인 것입니다. 여러분이 특별히 요청하지 않는 한, 저희는 절대로 여러분의 데이터를 들여다보지도, 분석하지도, 공유하지도, 타깃 광고를 위해 사용하지도, 데이터마이닝 하지도 않습니다. 저희의 수익 모델은 어떠한 용도로도 여러분의 데이터를 금전화하는 데 이용하지 않습니다. 오히려 신뢰를 쌓고 더 많은 분들이 자발적으로 저희에게 돈을 지불하는 훌륭한 서비스를 제공하는 데 초점을 맞추고 있습니다.

3. 여러분의 데이터는 언제든지 가져갈 수 있습니다YourData is Portable. 에버노트는 여러분의 데이터를 속박하지 않습니다. 저희는 여러분이 언제든지 모든 데이터를 에버노트에 넣고 빼내기 쉽도록 할 것을 약속합니다. 에버노트 PC 버전 소프트웨어에서 여러분의 모든 노트

와 콘텐츠를 '내보내기' 할 수 있습니다. 내보내는 형식은 사람이 읽을 수 있는 HTML과 완벽하게 문서화된 기계가 읽을 수 있는 XML 형식이 있습니다. 또한 여러분이 본인의 모든 데이터에 접근할 수 있도록 저희 API 전부를 무료로 공개하고 있습니다. 저희의 철학은 여러분이 언제든지 에버노트를 떠날 수 있다고 확신할 수 있어야 비로소 에버노트에 계속 남아 사용하고 싶을 만큼 충분히 신뢰할 수 있다는 것입니다.

• **참조**: http://bit.ly/2DbBOm6

스마트폰 분실에 대비하기 위한 에버노트 데이터 관리 방법

에버노트가 설치된 스마트폰을 분실했을 때 타인이 내 에버노트에 접근할 수 없도록 아래와 같은 3가지 보안 방법을 사용하도록 합니다.

■ 액세스 권한 취소하기

에버노트는 응용 프로그램 인증을 통해 에버노트를 설치한 다양한 디바이스에서 '한 번' 로그인을 하면 다시 로그인을 하지 않고도 내 계정에 접근할 수 있습니다. 이는 빠른 일처리에는 도움이 되지만 스마트폰이나 노트북을 분실하게 될 경우 문제가 될 수 있습니다. 이럴 때에는 웹계정 설정에서 '액세스 권한 취소'를 선택해 분실한 기기나 예전에 사용했던 노트북에 로그인되어 있는 내 계정을 로그아웃하여 데이터를 보호하도록 합니다.

1 에버노트 웹사이트에 로그인한 후 [계정] 아이콘 〉 [설정]을 클릭합니다. 이후 '보안' 목록에서 [애플리케이션]을 클릭합니다. 어떤 디바이스들이 에버노트에 접근했는지 확인할 수 있습니다. 접근을 중지하고 싶은 디바이스의 [액세스 권한 취소]를 클릭합니다.

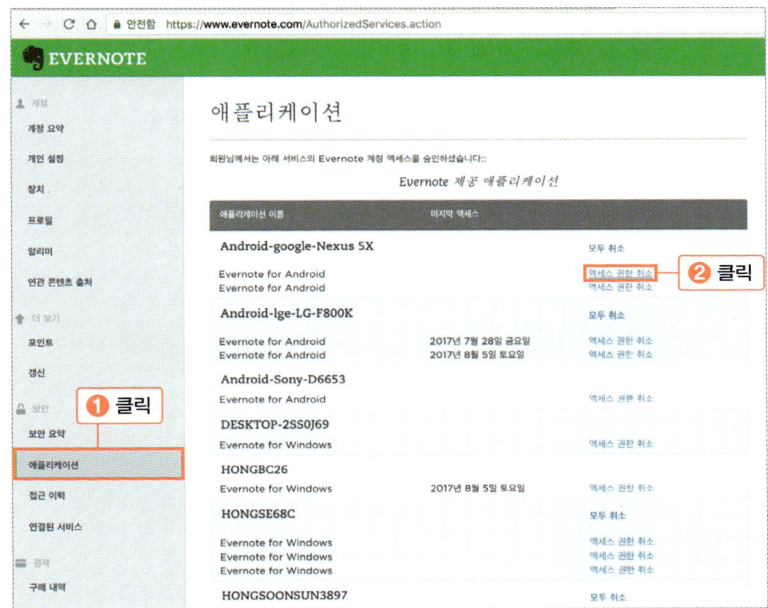

2 '액세스를 취소할까요?' 창이 나타나면 [액세스 권한 취소]를 클릭합니다.

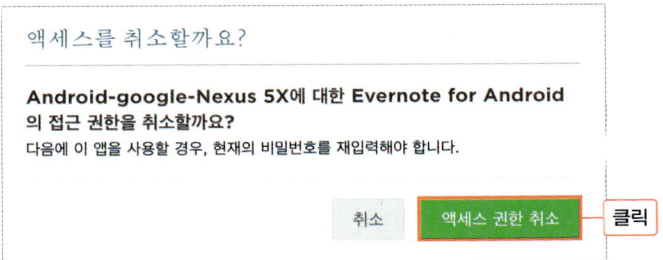

TIP_ 만약 다른 애플리케이션에서 에버노트를 사용하고 있다면 애플리케이션을 중지시킬 수 있습니다. 사용을 원하지 않는 애플리케이션의 [액세스 권한 취소]를 클릭하면 됩니다.

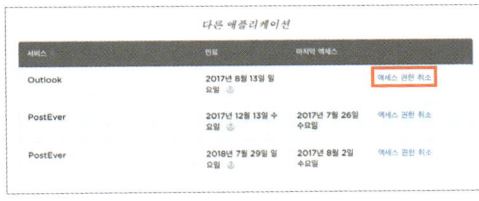

■ **접근 이력을 통해 에버노트에 접근하는 기기 파악하기**

어떠한 기기들이 내 에버노트에 접근하는지 파악하고 싶을 때에는 왼쪽 메뉴 목록에서 [접근 이력]을 클릭합니다. 접근 이력에서는 모든 버전의 에버노트에 대한 이용내역, 위치, IP 주소 등을 확인할 수 있습니다. 만약 다른 사람이 계정에 접근했다고 의심된다면 이 목록을 참고하면 됩니다. 내가 등록한 기기 이외에 다른 기기에서 접속하려고 한다면 애플리케이션 메뉴에서 '액세스 권한 취소'를 선택해 해당 기기를 로그아웃하면 됩니다.

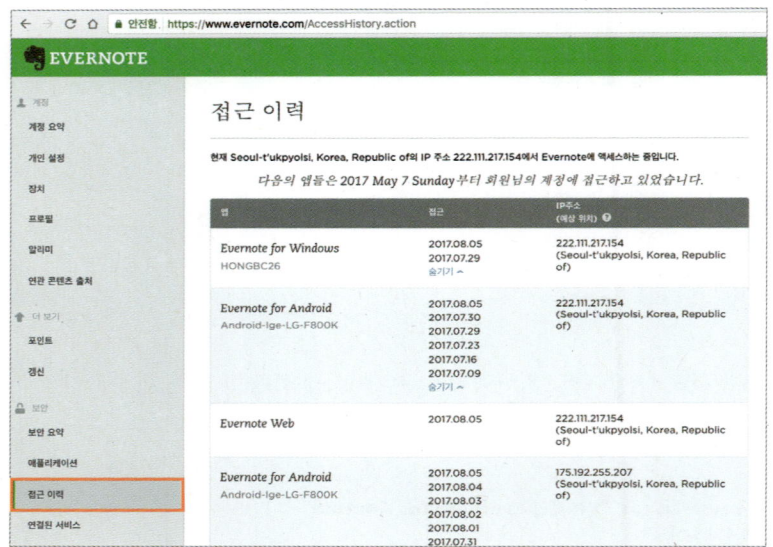

■ **2단계 인증 방법**

위와 같은 작업을 한 후에도 안전하지 않다고 생각되면 2단계 인증을 설정합니다. 2단계 인증은 타인에게 비밀번호가 노출되더라도 계정을 보호할 수 있는 기능으로, 기존 비밀번호와 더불어 핸드폰으로 발송되는 6자리 인증 코드 또는 백업코드(구관인증, OTP)를 사용해 2중으로 인증하는 방식입니다.

1 에버노트 웹사이트에 접속한 후 [계정] 아이콘 〉[설정]을 클릭합니다. 이후 [보안 요약]을 클릭한 다음 '2단계 인증'의 [사용]을 클릭합니다

• **보안 요약 링크 –** https://www.evernote.com/secure/SecuritySettings.action

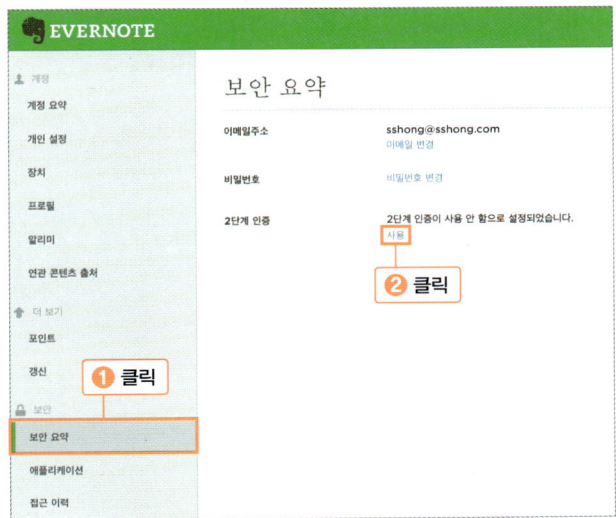

2 '2단계 인증' 창이 나타나면 [계속]을 클릭합니다.

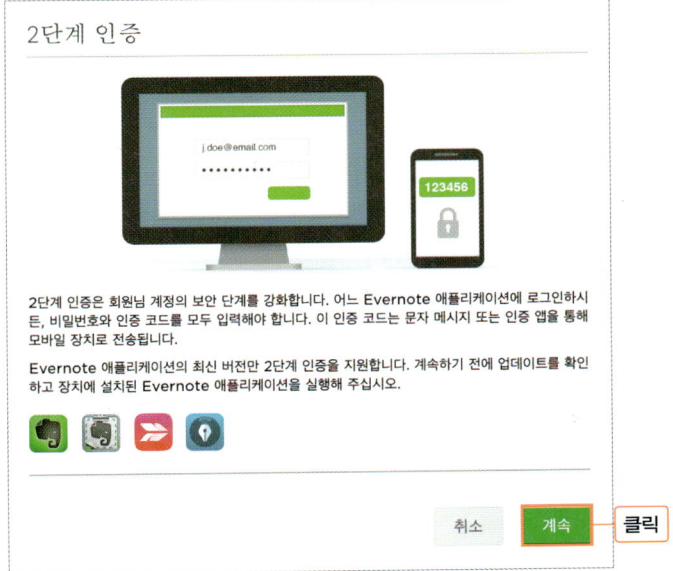

3 기억할 중요 사항 정보가 나오면 내용을 읽어 본 후 [계속]을 클릭합니다

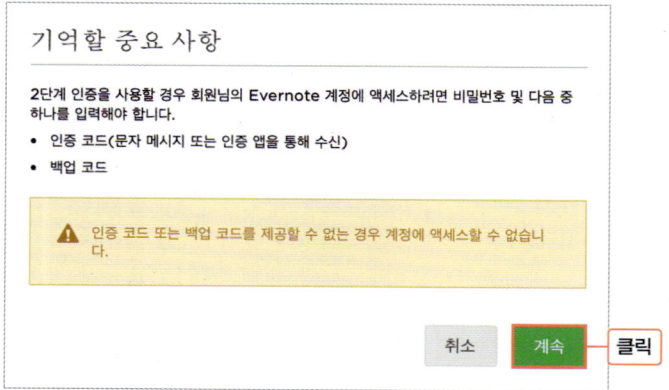

4 이메일 주소 인증을 거치는 작업을 하기 위해 가입 이메일 주소로 메일을 보냅니다.

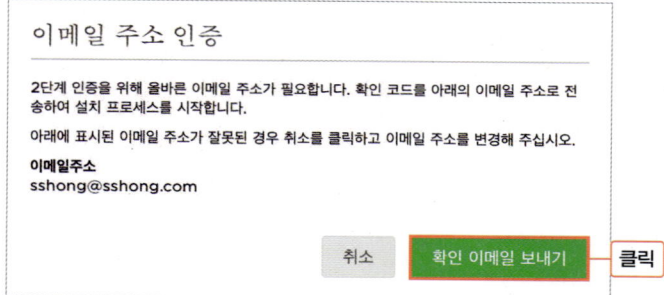

5 이메일로 확인 코드가 보내지는 것을 확인할 수 있습니다. 확인 코드를 복사합니다.

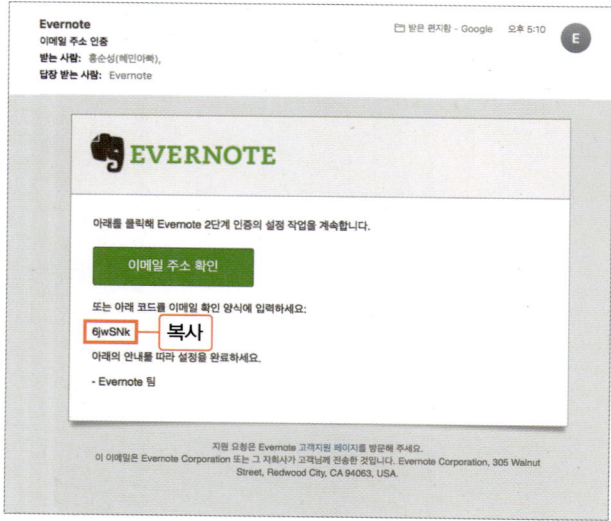

6 복사한 코드를 확인 코드 입력란에 붙여 넣은 후 [계속]을 클릭합니다.

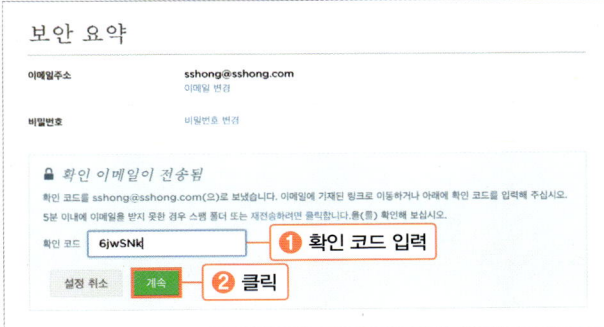

7 인증에 사용할 휴대폰 번호를 입력한 후 [계속]을 클릭합니다.

8 스마트폰 메시지에 도착한 6자리 인증 코드를 입력합니다.

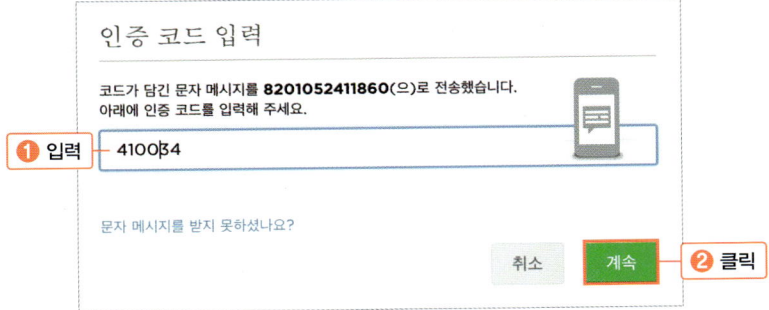

9 백업 전화번호를 입력하거나 좌측 하단에 있는 [건너뛰기]를 클릭합니다.

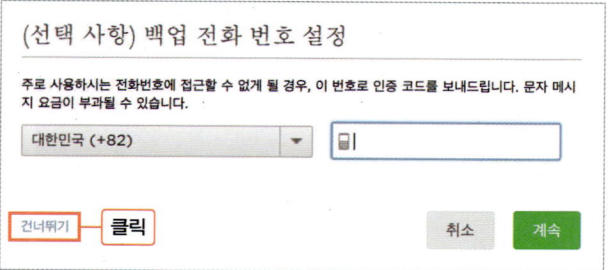

10 'Google Authenticator 설정' 창이 나오면 자신이 사용하는 기종의 버튼을 클릭합니다. 여기서는 [Android 로 계속]을 클릭했습니다.

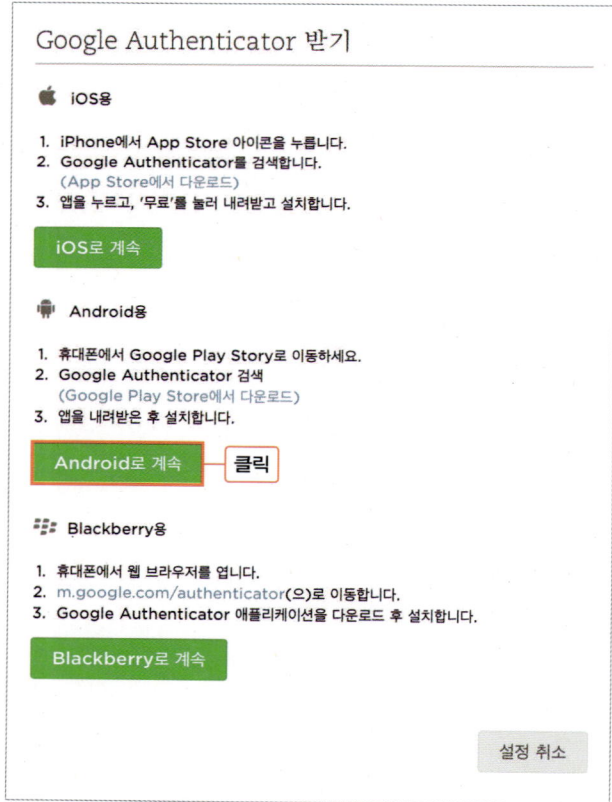

11 'Google Authenticator 설정' 창이 나타납니다. 바코드를 스캔하기 위해 안드로이드 앱 스토어를 실행합니다.

12 안드로이드 앱스토어에서 'Google OTP'를 검색하여 다운로드 받은 후 [열기]를 터치합니다. 앱을 실행한 후 [시작] 〉[건너뛰기]를 터치합니다.

13 [바코드 스캔]을 터치하여 **11**의 컴퓨터 화면에 보이는 바코드를 인식합니다. 6자리 인증 코드가 나타나면 'Google Authenticator 설정' 창 하단에 인증 코드를 입력합니다.

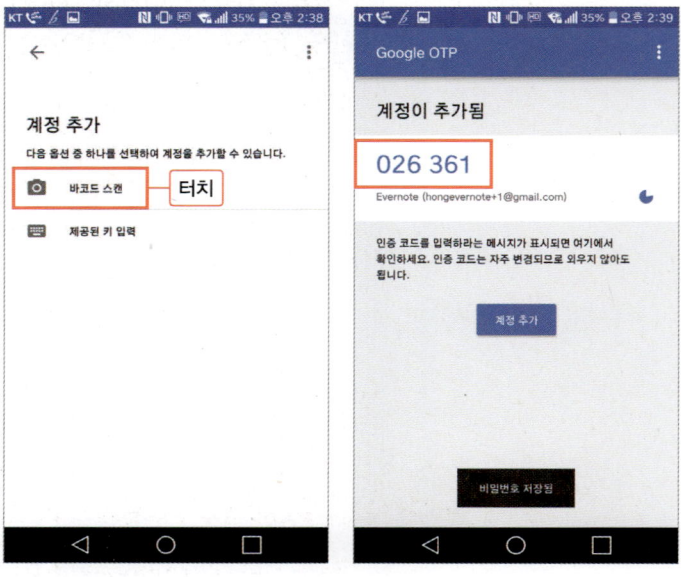

14 휴대폰을 분실 또는 제공할 수 없을 때 사용하기 위한 백업 코드가 생성됩니다. 4개의 백업 코드 중 하나의 백업 코드를 복사한 후 [계속]을 클릭합니다. '백업 코드 입력' 창이 나타나면 복사한 코드를 입력한 다음 [설정 완료]를 클릭합니다.

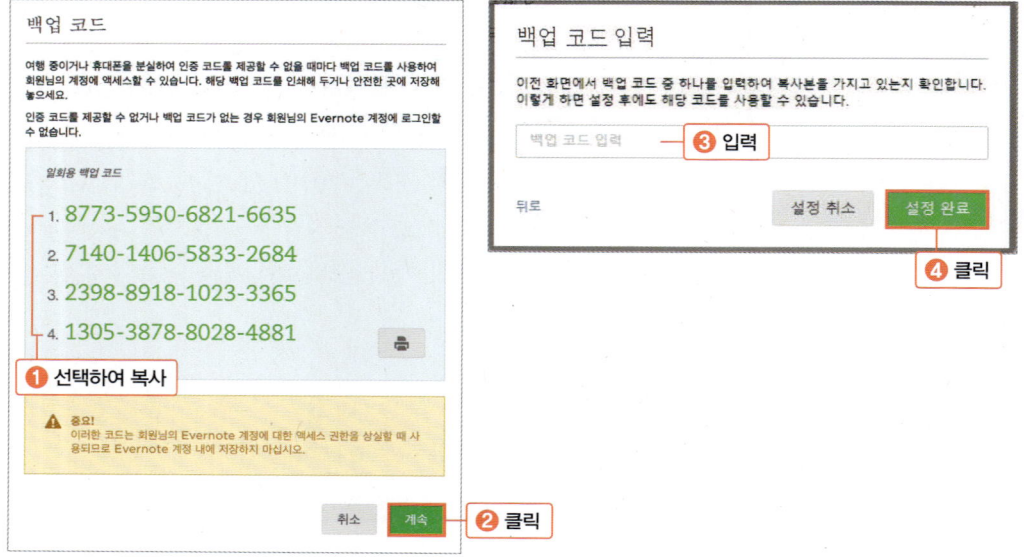

15 2단계 인증 설정 작업이 완료되었다면 아래와 같은 메시지가 나타납니다. [완료]를 클릭합니다.

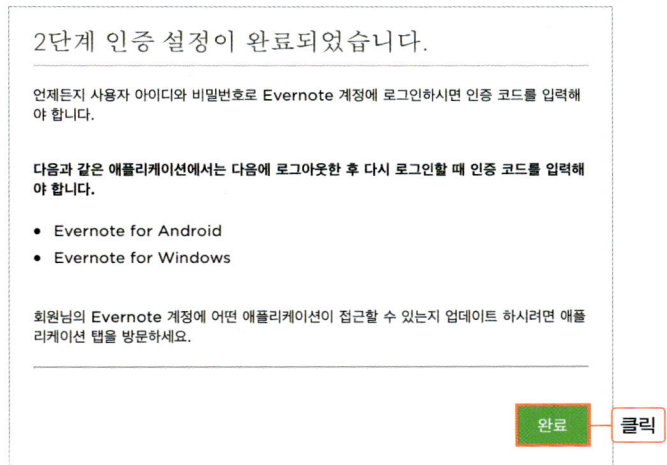

16 2단계 인증을 설정한 이후에는 아이디와 패스워드를 알더라도 문자 및 OTP 번호를 알지 못하면 에버노트에 접근할 수 없기 때문에 데이터를 한층 더 안전하게 보호할 수 있습니다.

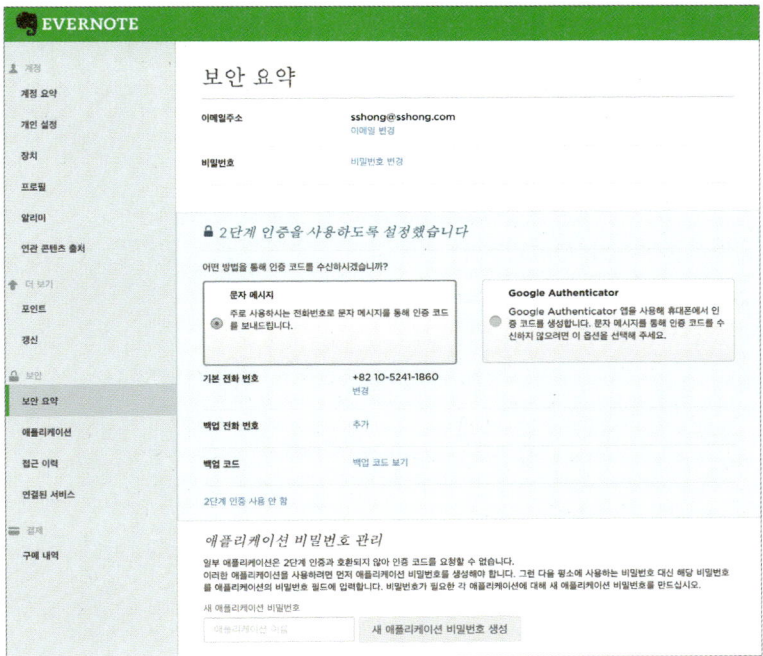

TIP_ 2단계 인증 코드를 문자 메시지로 받고 싶다면?

2단계 인증은 기본적으로 Google OTP 무료 서비스에서도 제공하며, 유료 서비스로 업그레이드 하면 문자 메시지로도 가능합니다. 2단계 인증을 설정하고 주로 사용하는 전화번호로 인증 코드를 받을 수 있습니다.

Q_ 에버노트에 가입한 이후에 아이디를 변경할 수 있나요?

A_ 프리미엄 서비스 가입자는 에버노트 고객 지원에 문의하여 사용자 아이디를 변경할 수 있습니다. 무료 사용자의 경우 아이디를 변경할 수 없지만, 이런 경우 모든 데이터를 내보낸 후 계정을 닫고 원하는 사용자 아이디를 개설한 후 데이터를 다시 가져올 수 있습니다. 에버노트 홈페이지에서 하단 '지원' 목록 중 [지원 및 도움말] 〉 [지원 티켓] 페이지 하단의 지원 문의를 참조하면 됩니다.

• **사이트** – https://help.evernote.com/hc/ko

Q_ 컴퓨터 클라이언트에서 에버노트를 로그아웃 하려면 어떻게 하나요?

A_ 로그아웃할 때는 상위의 [파일] 메뉴에서 [끝내기]를 클릭합니다. 공용 컴퓨터를 사용했다면 작업 이후에 꼭 로그아웃을 해야 데이터를 보호할 수 있습니다.

Q_ 프리미엄 서비스를 사용하다가 다시 무료로 전환하면 기존에 내용들은 어떻게 되나요?

A_ 에버노트 무료 버전은 저장 용량, 월 전송량에 대해서 제약이 있는 것이기 때문에 업로드된 자료는 그대로 유지됩니다.

Q_ 에버노트를 가입한 후 회원가입 정보를 보고 싶은데 어디서 볼 수 있나요?

A_ 에버노트의 웹 서비스에서 상세하게 볼 수 있습니다. 에버노트 홈페이지에서 로그인을 한 후 [계정 요약] 메뉴를 선택합니다. 사용량 및 계정 유형, 회원 가입일까지 모두 참고할 수 있으며 나중에 계정을 비활성화하고 싶을 때에도 이곳에서 설정할 수 있습니다.

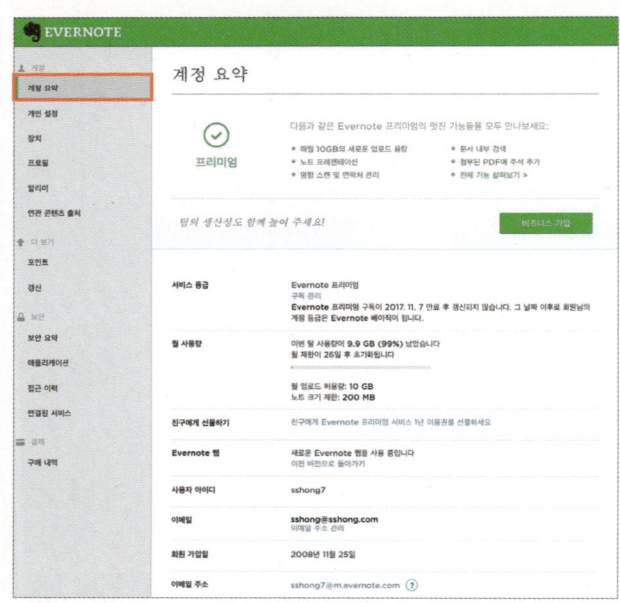

Q_ 무료 용량(기본 60MB)이 너무 적은데 어떻게 해야 하나요?

A_ 에버노트는 무료 사용량이 월 60MB이며 매달 동일한 용량을 제공합니다. 저장 공간으로 구분하지 않고 트래픽 방식으로 제공하기 때문에 지난 달에 60MB를 저장했다고 해서 이번 달에 사용할 수 없는 것이 아니라 매월 다시 60MB를 제공해 줍니다. 스마트폰을 사용할 때 매달 일정한 무선 데이터량을 주는 것처럼 에버노트도 동일한 방식이라고 보면 됩니다.

Q_ 에버노트를 사용하다 장애가 발생하거나 궁금한 사항이 있다면 어떻게 하나요?

A_ 에버노트 고객 지원 센터에 문의하기 바랍니다. 에버노트 홈페이지의 하단에 있는 '지원' 목록에서 [지원 및 도움말]을 선택합니다. 이후 [지원 티켓] 페이지 하단의 지원 문의를 참조하면 됩니다.

- **사이트 –** https://help.evernote.com/hc/ko

Q_ 리눅스에서도 에버노트를 사용할 수 있나요?

A_ 에버노트 프로그램은 윈도우(Windows)와 맥(Mac)에서만 지원을 하고 있으며, 리눅스에서는 웹으로 접근해서 사용할 수밖에 없습니다. 하지만 클론 프로그램으로 NixNote라는 제품이 오픈 소스 형태로 제공되고 있어 리눅스에서 설치할 수 있습니다.

- **다운로드 –** http://nixnote.org/

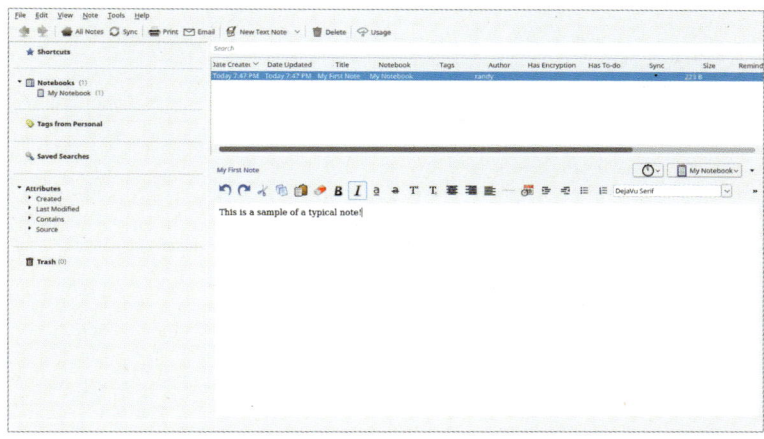

Q_ 업로드 할당량이 매월 1일에 재설정되지 않습니다. 이유가 무엇인가요?

A_ 계정별 업로드 할당량은 계정을 만든 날짜에 매월 재설정됩니다. 즉, 에버노트 계정을 만든 날짜가 6월 15일이라면 업로드 할당량은 매월 1일이 아니라(계정을 만든 날짜가 1일인 경우 제외), 이날로부터 한 달이 되는 매월 15일에 재설정됩니다. 할당량이 재설정되기 전까지 남은 기간(일)은 계정 정보를 통해 자세히 확인할 수 있습니다. 참고로 에버노트는 업로드 할당량이 정해져 있으므로 기존에 저장되어 있는 노트를 지운다고 용량이 증가하지는 않습니다.

Q_ 원인을 알 수 없이 갑자기 데이터가 차버렸는데 이유가 무엇인가요?

A_ 에버노트는 저장 공간이 아닌 업로드 트래픽 위주로 측정하다 보니 동기화 노트를 지우더라도 용량은 감소하지 않습니다. 이런 점 때문에 이메일로 데이터 업로드 시도를 여러 번 했다면 용량이 다 차버릴 수 있습니다. 예를 들어 메일로 파일을 첨부하여 에버노트로 보내기를 하였는데 정상적으로 보내지지 않아 반복적으로 시도를 하거나, 한 개의 노트당 첨부파일 용량 한계로 메일 보내기가 실패하면 메일 서버에서는 계속 재전송을 하여 사용량을 모두 소비할 수도 있습니다. 이런 경우에는 에버노트 고객센터에 문의해서 처리하기 바랍니다.

Q_ 에버노트의 작업 로그는 어떻게 찾아야 하나요?

A_ 작업 로그를 확인하는 방법은 디바이스별로 약간의 차이가 있습니다.

: Windows

1. 에버노트 클라이언트 메뉴 중에서 [도움말] 〉 [작업 로그]를 클릭합니다.

2. '작업 로그' 창이 나타나면 [다른 이름으로 저장]을 클릭하여 로그를 컴퓨터에 저장합니다.

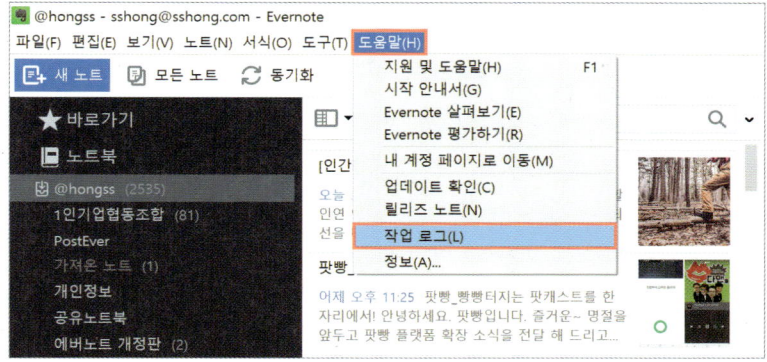

: iOS

1. 에버노트 앱을 실행한 후 [계정]을 터치합니다.

2. [지원] 〉 [작업 로그]를 터치합니다.

⋮ Android

1. 에버노트 앱을 실행한 후 오른쪽 상단에 있는 (⋮)을 터치한 후 [설정]을 터치합니다.

2. [지원] 〉 [작업 로그 보내기]를 터치한 후 이메일 프로그램을 선택합니다.

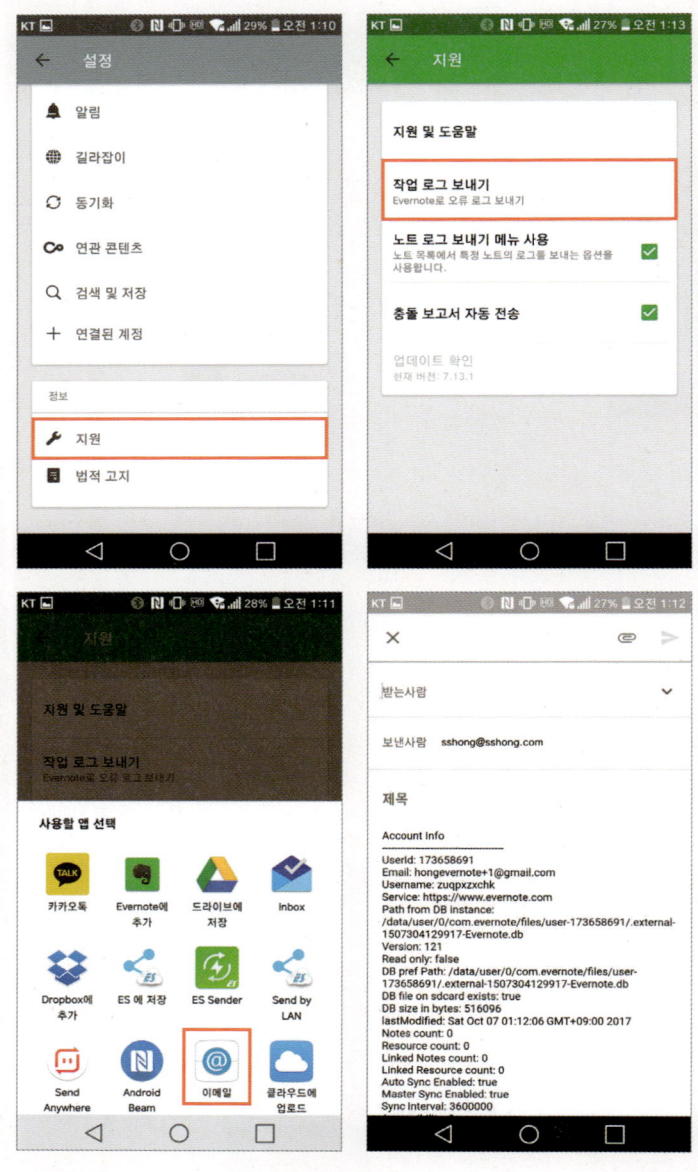

Q_ 프리미엄 서비스 자동 연장 부분을 취소하고 싶은데 어떻게 하나요?

A_ 에버노트 프리미엄 서비스의 자동 연장을 취소하고 싶다면, 에버노트 웹사이트(www.evernote.com)에서 로그인한 후 작업할 수 있습니다.

1. 에버노트 웹사이트에 로그인합니다. 좌측 하단의 [계정] 아이콘을 클릭한 후 [설정]을 클릭합니다.
2. 좌측 메뉴에 있는 [결제] 〉 [구매내역]을 클릭한 후 결제 요약 부분에 [구독 변경]을 선택합니다. 베이직의 [무료]를 클릭하면 프리미엄 자동 결제가 해지됩니다. 이전에 결제한 프리미엄 기간이 종료되면 다시 '무료 사용자 계정'으로 전환됩니다.

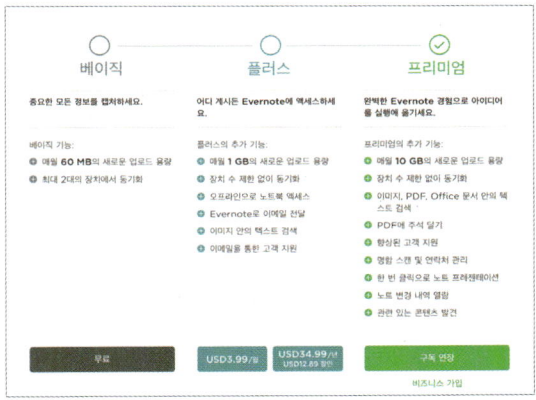

Q_ 비밀번호를 변경해도 연결된 모든 기기의 로그인이 해제되지 않습니다. 무엇 때문인가요?

A_ 에버노트 보안 정책이 변경되면서 해당 기기의 액세스 권한을 취소해야 가능합니다. 웹사이트에 로그인한 후 [계정] 아이콘 〉 [설정]을 클릭한 후 [애플리케이션]을 선택합니다. '애플리케이션' 창에서 해당되는 기기를 선택하여 취소합니다.

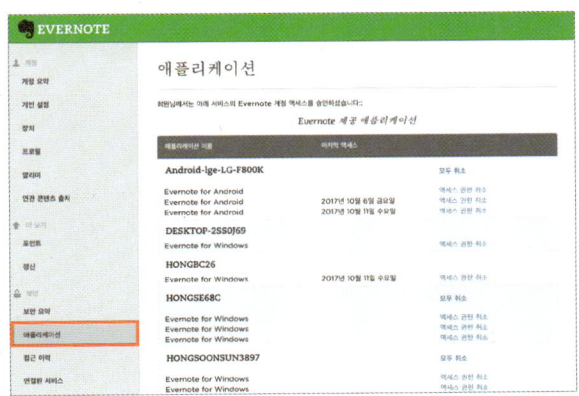

EVERNOTE

Remember Everything

01 001
1 0010

01 001
1 0010

C H A P T E R

02

에버노트 핵심 기능, 노트 만들기

에버노트의 노트는 간단한 텍스트뿐만 아니라 이미지, 음성과 같은 다양한 유형의 콘텐츠를 저장할 수 있으며 일반적인 메모, 웹 페이지, 메일 등의 어떠한 종류의 콘텐츠라도 저장할 수 있습니다. 가장 기본인 노트 작성부터, 오디오 노트, 이미지나 사진 노트, 표 작성, 문서파일 사용법을 소개합니다. 그 밖에 노트북 및 스택, 태그 생성 등을 알아보도록 하겠습니다.

Section ▲▲ ▲▲▲▲▲▲▲▲▲▲▲▲▲ ▲▲▲▲▲▲▲▲▲▲

01 | 노트 생성하기

02 | 오디오 노트 생성하기

03 | 이미지 노트 생성하기

04 | 노트에 표 작성하기

05 | 워드나 PDF와 같은 문서 파일 저장하기

06 | 노트 정보 보기

07 | 노트북 및 스택, 태그 생성

SPECIAL | FAQ

노트 생성하기

에버노트의 최소 단위는 노트입니다. 노트에는 원하는 데이터를 입력하고 저장할 수 있으며, 이렇게 저장된 노트는 컴퓨터, 스마트폰, 웹에서 함께 사용할 수 있고 동기화 기능을 통해 동일한 내용을 함께 볼 수 있습니다. 에버노트의 노트는 간단한 텍스트뿐만 아니라 이미지, 음성과 같은 다양한 유형의 콘텐츠를 저장할 수 있으며 일반적인 메모, 웹 페이지, 메일 등의 어떠한 종류의 콘텐츠라도 효율적으로 관리해 줍니다. 노트 하나에 허용되는 최대 크기는 무료 계정 소유자의 경우 25MB, 프리미엄 계정 소유자의 경우에는 200MB입니다(첨부 파일 포함).

구분	베이직	플러스	프리미엄
최대 노트 크기	25MB	50MB	200MB
월 노트 업로드	60MB	1GB	10GB

모든 노트에는 속성(노트 자체에 대한 정보 모음) 값이 있으며 노트를 검색하거나 필터링하는 경우에 이러한 속성이 이용됩니다.

노트에 포함 가능한 내용	노트에 포함된 속성값
•일반 텍스트 또는 서식이 있는 텍스트 •컴퓨터 또는 웹 브라우저에서 끌어오는 이미지 •오디오, PDF, 첨부 파일(오피스 파일 등) •기타 형식의 파일(프리미엄 사용자만 해당)	•노트를 만든 날짜(또는 수정한 날짜) •GPS 좌표를 기준으로 노트가 만들어진 위치(위치값 설정 시) •URL(노트의 내용을 웹에서 클리핑한 경우) •노트가 포함된 노트북

그 밖에 여러 가지 속성이 존재하지만 위에서 예로 든 것이 많은 사용자들이 주로 사용하는 일반적인 속성입니다.

컴퓨터 클라이언트에서 새 노트 작성하기

컴퓨터 클라이언트 프로그램에 내장된 노트 편집기를 이용하면 글꼴, 텍스트 크기 변경, 굵게, 기울임꼴 등의 간단한 텍스트 스타일을 지정할 수 있을 뿐만 아니라 표도 작성할 수 있습니다. 또한 데이터를 노트 본문으로 끌어오거나 복사, 입력할 수도 있습니다.

1 컴퓨터 클라이언트 프로그램을 실행한 후 좌측 메뉴에서 [새 노트]를 클릭합니다.

TIP_ 노트 환경 설정 작업하기

에버노트 클라이언트 상위 메뉴에서 [도구] 〉 [설정] 〉 [노트]를 선택합니다. 해당 메뉴를 살펴 보면서 노트의 환경을 미리 설정하여 원하는 작업 방법을 구성할 수 있습니다.

예를 들어 '새 창에서 새 노트 만들기'를 선택하면 기본 화면에서 새 노트가 생성되는 것이 아니라 새 창에서 노트 작업을 하게 됩니다. 또는 '이미지를 첨부파일로 표시 허용'을 선택하면 이미지 크기에 관계없이 첨부파일로 보여질 수 있도록 설정할 수 있습니다.

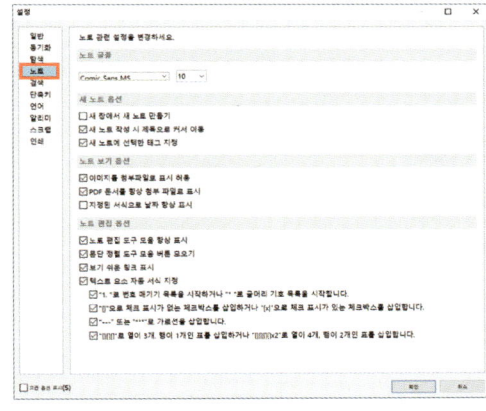

TIP_ 새 노트 작업의 단축키는 **Ctrl** + **N** 입니다.

2 새 노트를 선택하면 빈 페이지가 나타납니다. 새 노트 창에 원하는 내용의 '제목'과 '본문'을 순차적으로 작성합니다.

　예 제목: 에버노트는 아이디어가 떠오르면 바로 저장이 가능하다

3 단순한 텍스트 작업 이외에도 서식을 선택하면 텍스트 스타일을 적용할 수 있습니다. 노트를 작성한 후 저장 버튼을 따로 누르지 않아도 자동으로 저장됩니다.

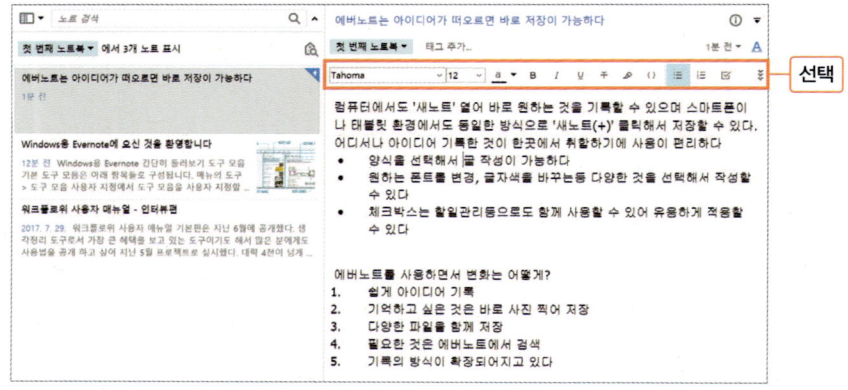

TIP_ 동기화 작업은 '자동 동기화' 기준에 따릅니다.

스마트폰에서 새 노트 작성하기

항상 가지고 다니는 스마트폰에 에버노트를 설치해서 사용하면 언제 어디서든지 쉽고 빠르게 노트를 작성할 수 있습니다. 초기 화면에서는 최대 6개 기능을 지정해서 사용할 수 있습니다. 또한 컴퓨터와 달리 위치 서비스와 카메라 기능이 내장되어 있어서 사진과 스캔 작업을 할 수 있습니다.

1 안드로이드에서 에버노트 앱을 실행합니다. 에버노트를 실행하면 다음과 같은 화면이 나옵니다. 하단의 ( )을 터치한 후 [텍스트 노트]를 선택합니다.

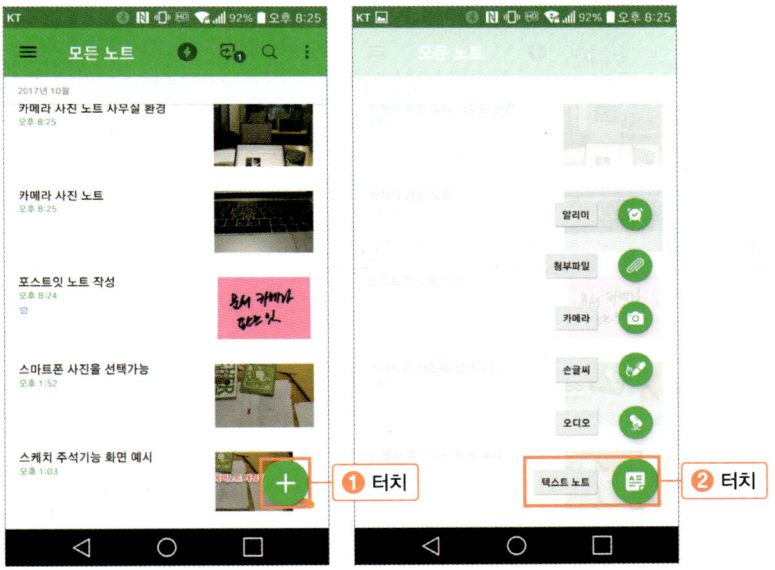

TIP_ 에버노트 기능 중에 '노트 자동 제목' 기능이 설정되어 있으면 노트 제목에 자동으로 제목이 생성됩니다. 노트 제목이 자동으로 설정되는 것을 원치 않는다면 해지할 수도 있습니다. 또한 스마트폰에서 노트 생성 시, GPS가 활성화되어 있다면 노트 위치 값이 함께 저장됩니다. 해지하고 싶다면 [설정] 〉 [노트] 〉 [위치]를 사용해 자동 제목 지정을 해제합니다.

2 상위에는 제목을 넣고 하단에는 상세 내용을 입력합니다. 서식을 넣으려면 하단의 텍스트 서식을 이용합니다. 내용을 작성한 후 (✓)을 터치해서 저장합니다.

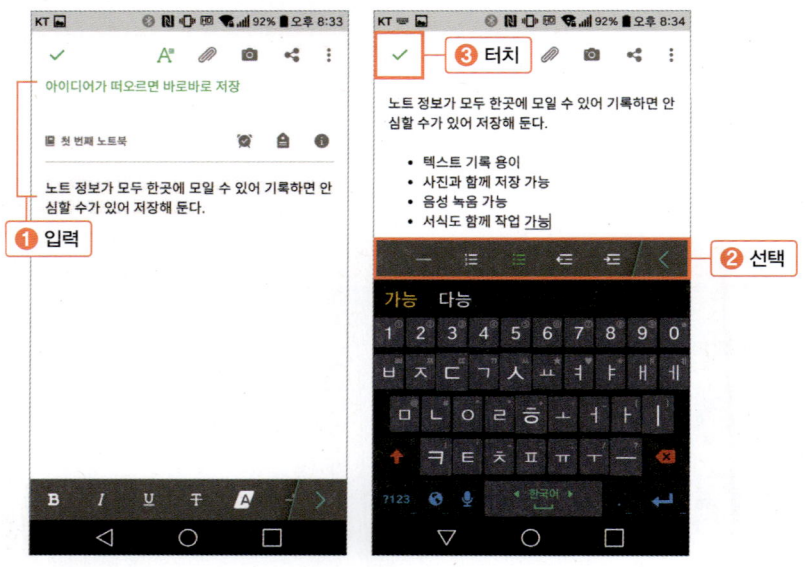

TIP_ 서식 목록이 나오지 않는다면 상단 메뉴에서 (A)를 터치합니다.

3 저장이 되면 자동으로 동기화 작업이 됩니다. 작성한 노트를 수정하고 싶다면 해당 노트를 터치한 후 [노트 편집]을 터치합니다.

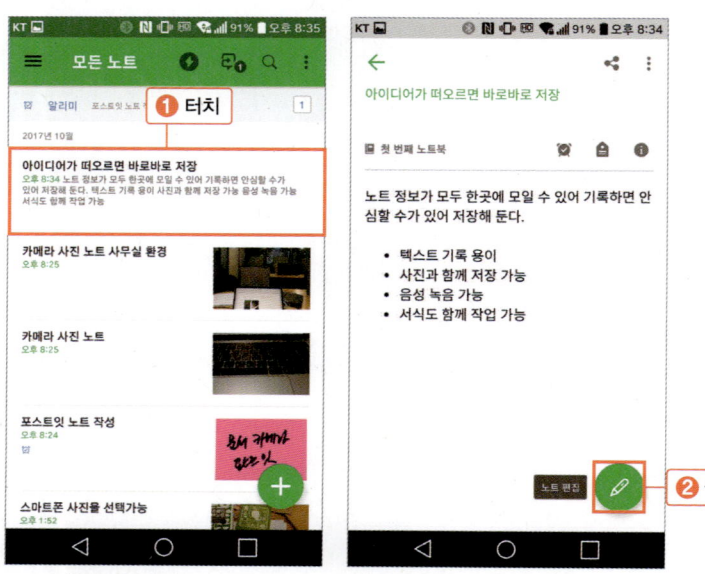

4 노트를 삭제하거나 이동 작업을 할 경우 길게 터치합니다. 상단에 [노트 이동]( ), [삭제]( ) 버튼이 나타납니다.

TIP_ 아이폰에서 새 노트 작성하기

노트 작성은 [빠른 노트 작성하기]를 터치하여 진행하면 됩니다. 나머지 작업 방식은 안드로이드와 동일합니다.

Section 02 오디오 노트 생성하기

오디오 녹음은 주로 회의록, 강의 수업, 행사 정보를 텍스트로 저장할 수 없을 때 사용합니다. 최대 녹음 길이는 노트의 전체 크기에 의해 제한됩니다. 베이직 고객은 노트 당 25MB까지 녹음할 수 있고, 플러스 고객은 노트당 50MB까지 녹음할 수 있으며, 프리미엄 고객은 노트당 200MB까지 녹음이 가능합니다. 오디오 녹음의 용량은 녹음 내용과 사용하는 장치에 따라 달라집니다.

참고로 오디오 녹음이 전체 노트 크기를 초과할 경우, 노트는 동기화되지 않습니다. 베이직의 경우 25MB 이상 녹음 시 문제가 발생하니 참고해서 사용하기 바랍니다.

컴퓨터 클라이언트에서 오디오 노트 작성하기

컴퓨터에서 오디오 녹음은 입력과 녹음을 동시에 할 수 있지만 해당 노트에서 나가면 녹음이 중단되고 저장됩니다. 에버노트 메뉴 모음의 아이콘에 나타나는 빨간 점을 보고 노트가 현재 녹음 중임을 알 수 있습니다.

1 컴퓨터에서 에버노트 클라이언트를 실행합니다. 클라이언트 좌측 메뉴에서 [새 노트]를 클릭한 후 서식 메뉴에서 (❯❯) 〉 [오디오 녹음](🎤)을 클릭합니다.

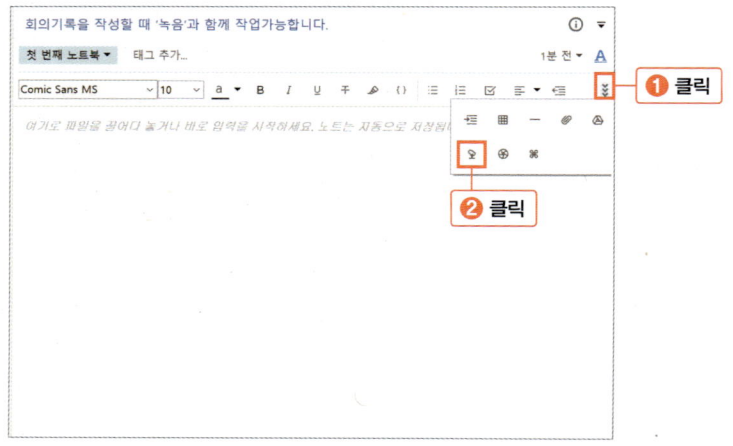

2 [녹음]을 클릭하면 녹음이 진행됩니다.

3 녹음 기록이 완료되면 [저장]을 클릭합니다.

4 오디오 파일이 저장되며, 녹음이 완료된 노트를 확인할 수 있습니다.

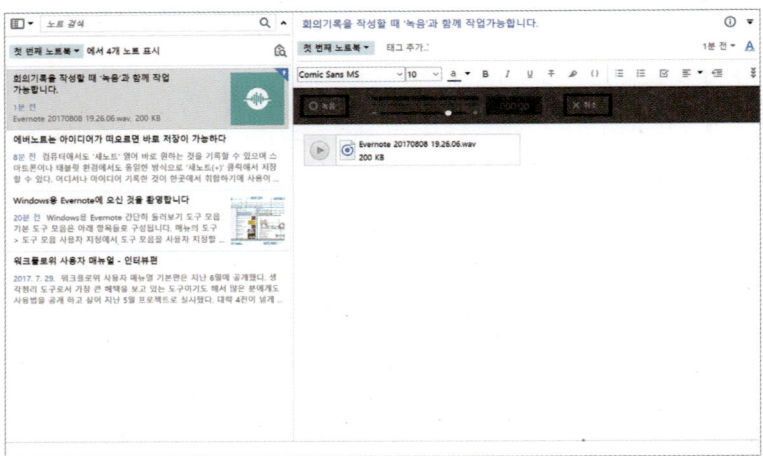

스마트폰에서 오디오 노트 작성하기

이동 중 텍스트로 작업할 수 없을 때 스마트폰을 사용합니다.

1 안드로이드에서 에버노트 앱을 실행합니다. 메인 메뉴에서 (⊕)를 선택한 후 [오디오] 노트를 선택합니다.

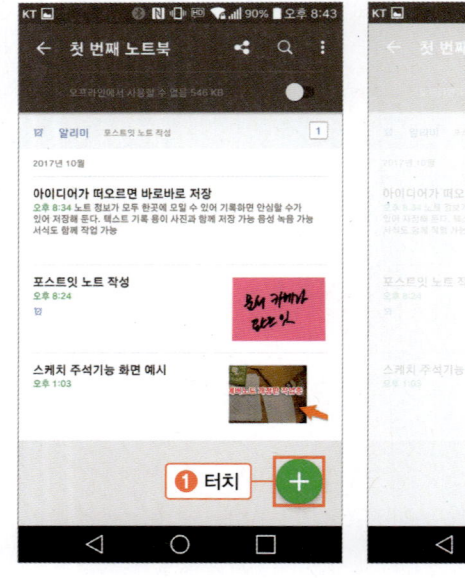

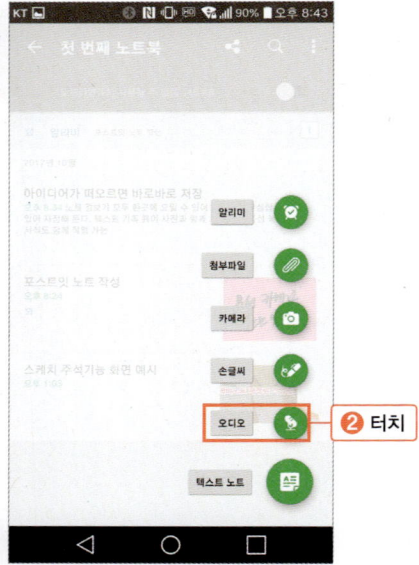

2 오디오 노트를 선택하면 바로 녹음이 됩니다. 녹음 중에 제목이나 본문에 글 작업을 함께할 수 있습니다. 녹음을 중지하려면 상단의 (◉)를 터치합니다. 녹음이 제대로 되었는지 (▶)를 터치하여 확인합니다.

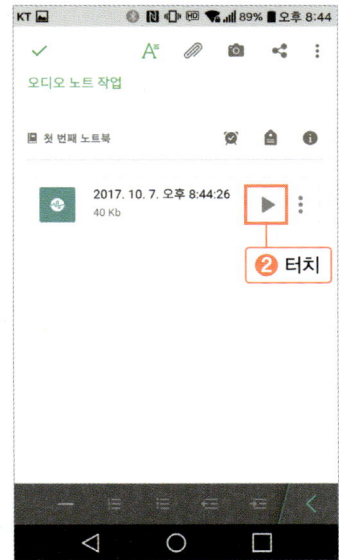

TIP_ 에버노트 창을 닫거나 다른 프로그램 실행 시 자동으로 녹음이 중지되면서 저장됩니다.

3 노트 목록에서 저장된 오디오 노트 우측에는 스피커 표시가 나타납니다.

TIP_ •아이폰에서 오디오 노트 작성하기

아이폰에서 오디오 노트를 작성하기 위해서는 [빠른 노트 작성하기]를 터치한 후 새 노트 작성을 시작합니다. 새 노트 작성 중에 (🎤)을 터치하면 녹음을 할 수 있습니다. 안드로이드와 마찬가지로 녹음을 진행하면서 텍스트 노트를 작성할 수 있으며 노트를 작성한 후 오디오 노트를 끝내려면 [완료]를 선택하면 됩니다.

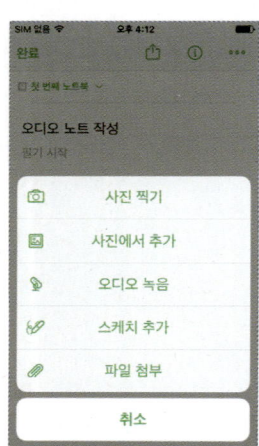

•아이폰에서 오디오 녹음 품질을 변경하는 방법

아이폰 오디오 녹음 품질은 기본적으로 고품질로 되어 있으며, 대용량 저장이 꼭 필요 없다면 '작은 크기'로 변경 가능합니다. [계정] 〉 [설정]을 터치한 후 [오디오]를 선택하여 변경하면 됩니다.

구글 음성으로 텍스트 작성하기

안드로이드 스마트폰에서 'Google 보이스 입력'을 사용하면 손쉽게 텍스트를 작성할 수 있습니다. 만약 해당 기능이 제공되지 않는다면 구글 플레이 스토어에서 'Google 키보드'를 다운로드합니다. 'Google 보이스 입력' 기능이 추가됩니다.

1 스마트폰에서 [설정] 〉 [언어 및 키보드]를 터치합니다. 이후 '언어 및 키보드'에서 [Google Voice 입력]을 선택해서 활성화 합니다.

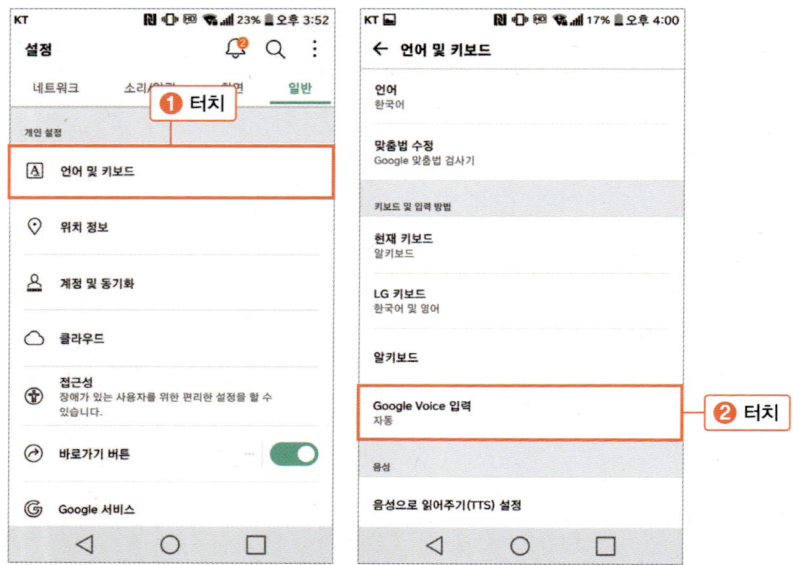

 TIP_ 안드로이드 기종에 따라서 설정 방법이 다를 수 있습니다.

 TIP_ 구글 보이스 기능으로 에버노트에서 음성으로 텍스트 작성하기(동영상)
• https://youtu.be/U44MkcnVQI8

2 세부 설정으로 [불쾌감을 주는 단어 차단]을 터치합니다.

3 에버노트를 실행해서 새 노트 화면을 켜면 키보드에서 (🎙)를 볼 수 있습니다. 이것을 선택한 후 원하는 내용을 음성으로 입력하면 해당 내용이 자동으로 텍스트로 저장됩니다.

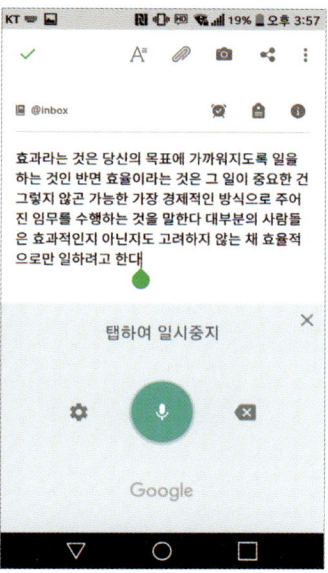

에버노트는 컴퓨터와 스마트폰을 사용하여 이미지 노트 생성 작업을 할 수 있습니다. 컴퓨터에서는 캡처 작업 또는 첨부파일 형태로 보관할 수 있고 스마트폰에서는 카메라 기능을 통해서 이미지를 저장할 수 있습니다. 특히 스마트폰의 카메라 기능을 사용하여 사진을 찍어 저장하는 작업이 늘어나면서 추가된 것이 바로 '카메라' 기능입니다. 서류나 신문, 명함을 그대로 사진을 찍어 저장하면 스캔 작업의 효과를 얻을 수 있습니다.

컴퓨터 클라이언트에서 이미지 노트 생성하기

파일 첨부 기능을 사용하면 컴퓨터에서 쉽게 이미지 노트를 생성할 수 있습니다.

1 컴퓨터에서 에버노트 클라이언트를 실행한 후 [새노트]를 클릭합니다. 이후 서식 메뉴에서 (⯆)를 클릭한 후 [파일 첨부](🖉)를 선택합니다.

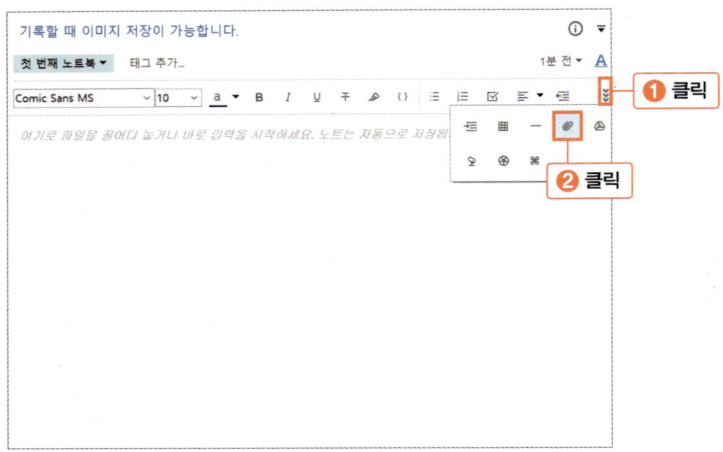

2 '열기' 창이 나타나면 첨부할 이미지를 선택한 후 [열기]를 클릭합니다.

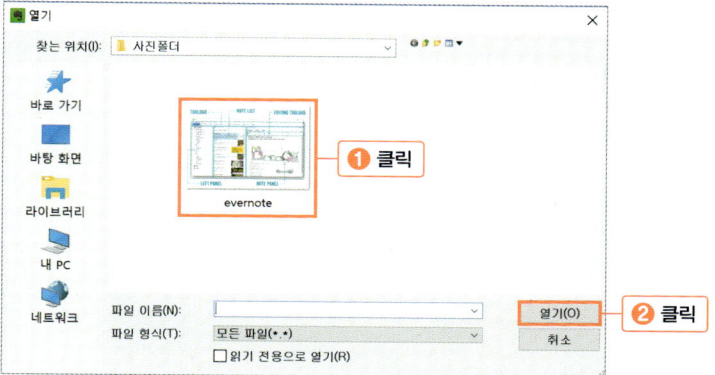

3 선택한 이미지가 노트 본문에 자동으로 첨부되어 저장됩니다.

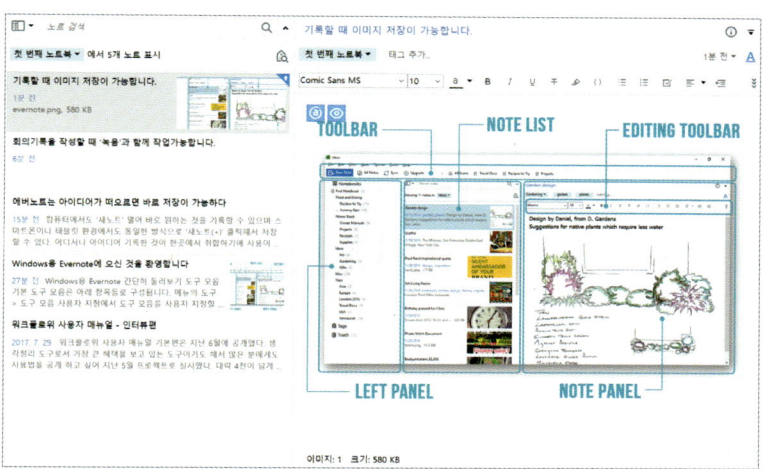

TIP_ 이미지 파일을 선택하여 복사한 후 붙여넣기 작업을 통해서 동일하게 이미지를 저장할 수 있습니다.

스마트폰에서 사진(카메라) 저장하기

　스마트폰에서 카메라 기능을 사용하면 사진뿐만 아니라 문서 스캔, 명함, 포스트잇 작업을 할 수 있습니다. 특히 문서 스캔 기능은 매우 뛰어나서 별도의 스캐너 없이 저장할 수 있습니다.

1 안드로이드에서 에버노트 앱을 실행합니다. 화면에서 (➕)를 터치한 후 [카메라] 노트를 선택합니다.

 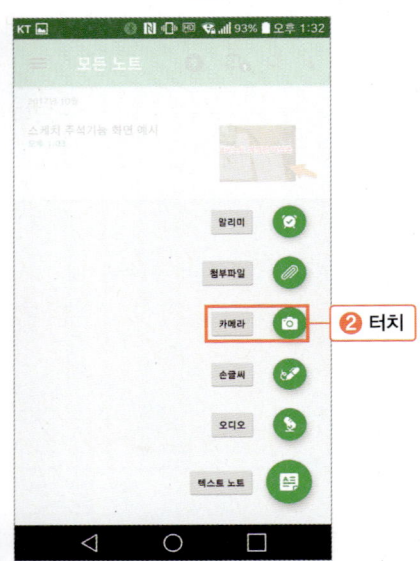

2 카메라 모드는 기본적으로 자동 모드로 되어 있습니다. 우측 상단의 (📄)를 터치해 수동 모드로 변경합니다. (◯)를 터치하여 촬영을 합니다. 사진은 여러 장을 찍어 저장할 수 있습니다.

3 배경 사진이 아닌 종이 문서를 찍을 경우 문서 스캔을 통해 스캔 작업을 할 수도 있습니다. 스캔할 문서를 찍은 후 하단에 있는 사진을 터치합니다. 이후 [사진]을 터치하면 '다른 이름으로 저장 사진' 목록이 나옵니다. '문서' 또는 '컬러 문서' 중에 선택합니다.

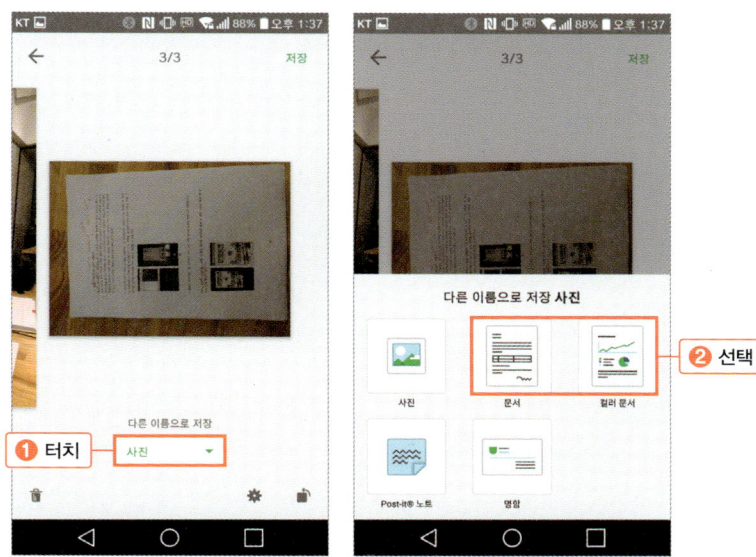

4 문서를 확인한 후 [저장]을 터치합니다.

TIP_ 명함이나 포스트잇의 경우 또한 해당 기능을 선택하면 동일한 작업을 수행할 수 있습니다.

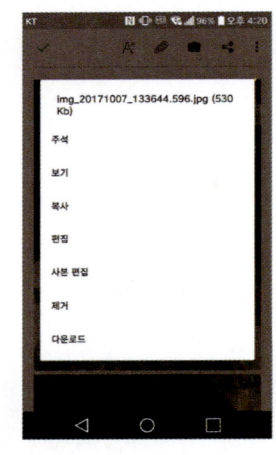

5 이번에는 스마트폰 카메라에 저장된 사진을 가져오기 위해 ()을 터치한 후 사진을 터치합니다.

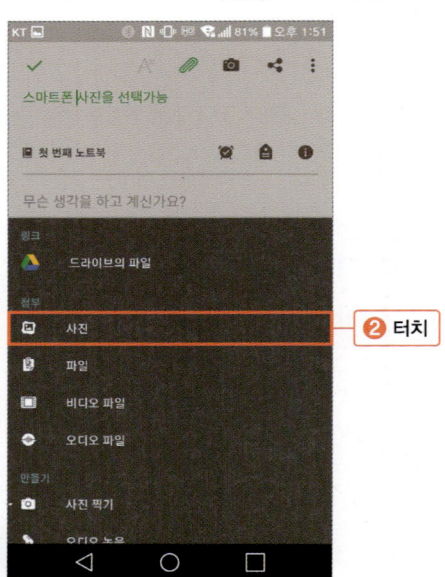

6 사진을 선택한 후 (☑)를 터치하여 저장합니다.

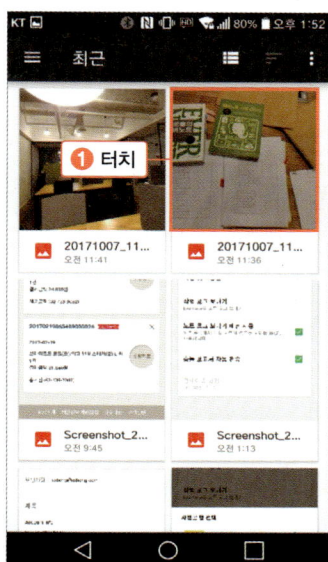 

💡

TIP_ ·아이폰에서 사진 저장하기

에버노트 앱을 실행한 후 [+]를 터치합니다. 노트 제목을 작성한 후 [카메라] 아이콘을 터치하여 사진을 찍습니다.
기본적인 촬영 모드는 자동 모드이며 필요 시 수동 모드로 변경할 수 있습니다. 사진을 찍은 후 하단에서 '문서'
또는 '사진' 등을 선택해서 저장할 수 있습니다.

• 최근 카메라의 기능이 좋아지면서 대용량으로 사진이 저장됩니다. 만약 큰 사이즈로 사진을 저장하고 싶지 않다면 [계정] 〉 [설정]을 터치한 후 [카메라]를 선택해서 설정을 변경하도록 합니다.

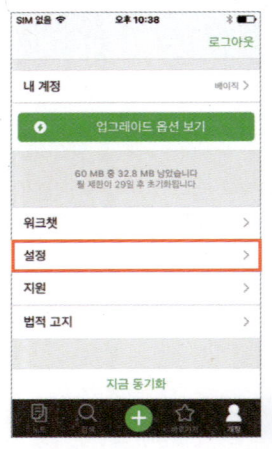

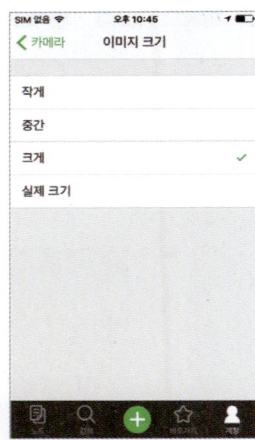

문서 카메라/POST-IT/손글씨/명함 인식 기능

우리가 항상 가지고 다니는 스마트폰을 사용하면 다양한 아날로그 데이터들을 빠르고 간편하게 저장할 수 있습니다. 예를 들어 서류와 종이 명함을 저장할 때 '문서' 카메라 기능을 사용하면 잃어버리기 쉬운 아날로그 데이터를 편리하게 보관할 수 있을 뿐만 아니라 쉽게 검색할 수 있도록 해 줍니다. 또한 카메라 모드에 추가된 'Post-it 노트' 기능을 사용하면 손으로 쓴 내용을 쉽게 캡처하고 정리할 수 있으며 색깔별로 노트북, 태그, 알리미를 지정할 수도 있습니다. 현재 안드로이드에서만 우선적으로 제공하고 있는 '손글씨' 기능을 사용하면 종이와 펜이 없을 때, 화면 위에 직접 손으로 글을 쓸 수 있습니다. '명함' 인식(프리미엄 서비스) 기능을 사용하면 이미지 위에 있는 텍스트를 인식해서 텍스트와 이미지를 함께 저장할 수 있고 LinkedIn과 연동하면 더욱더 편리한 정보를 제공받을 수 있습니다.

카메라는 5가지 기능을 제공합니다. 자동 모드 경우는 해당 문서를 알아서 인식하여 저장하며, 수동 모드 경우는 사진을 찍은 후 나중에 선택해서 변경 작업을 할 수 있습니다.

① **사진** – 카메라의 사진 기능과 동일합니다.
② **문서** – 문서 스캔 기능을 가지고 있어 종이 문서를 찍으면 디지털 노트로 변화시켜 주는 기능입니다. 스마트폰의 카메라를 사용하여 종이 스캔을 한다고 생각하면 됩니다. 저장 시 큰 용량을 차지하지 않고 이미지 검색도 잘되어 유용합니다.
③ **컬러 문서** – 문서 기능에 컬러 기능을 추가했습니다.
④ **Post-it® 노트** – 포스트잇에서 작성한 글씨를 또렷하게 스캔해서 저장해 줍니다.
⑤ **명함** – 명함 카메라는 명함 이미지를 캡처해서 이름과 회사명, 연락처, LinkedIn 프로필 정보를 가져오는 작업을 합니다. 이후 주소록에 등록 옵션도 선택 가능합니다.

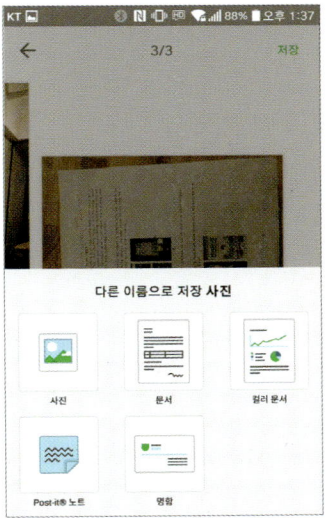
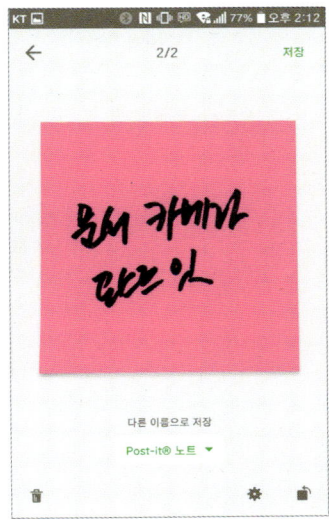

이미지 안에 있는 텍스트를 검색하는 방법

이미지 안에 있는 텍스트를 검색할 수 있는 기능은 에버노트 사용자가 좋아하는 기능 중 하나입니다. 사용 방식은 아주 간단합니다. 사진이나 이미지를 첨부해서 넣거나 직접 촬영하여 에버노트에 저장해 두면 서버에서 자동으로 처리해 줍니다. 이후 다시 동기화를 하면 검색 작업을 할 수 있습니다.

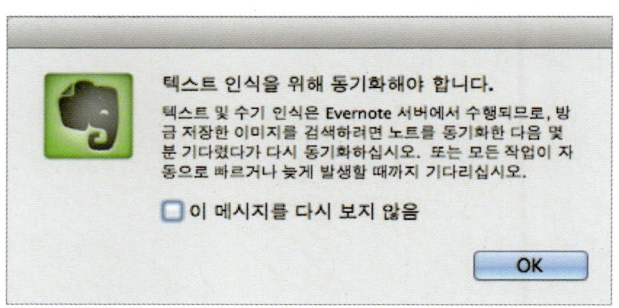

검색 시 기준이 되는 언어를 설정하기 위해서는 에버노트 웹 페이지에 접속해 로그인을 한 후 [계정] 아이콘 〉 [설정] 〉 [개인 설정]을 선택해 언어를 변경하면 됩니다. 인쇄된 종이나 필기 텍스트 검색은 베이직과 플러스에서 가능하며, PDF, Office 문서 및 첨부파일 검색은 프리미엄 서비스에서만 가능합니다.

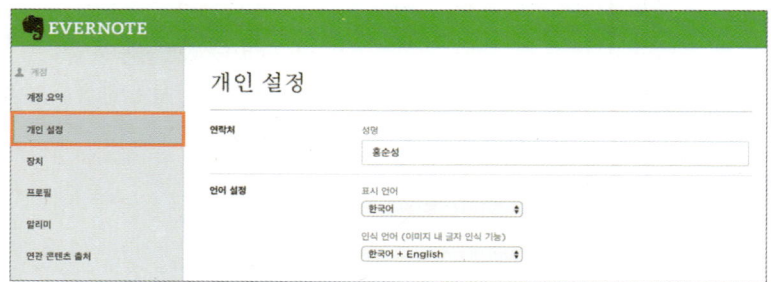

■ **책 내용을 검색하는 방법**

① 스마트폰에서 에버노트 앱을 실행한 후 카메라 노트로 책의 내용을 찍어 저장합니다.

② 저장한 후 동기화 작업을 합니다. 5분 정도 지나서 다시 동기화 작업을 합니다.

③ 사진으로 저장한 내용을 검색하기 위해 해당 키워드를 검색합니다.

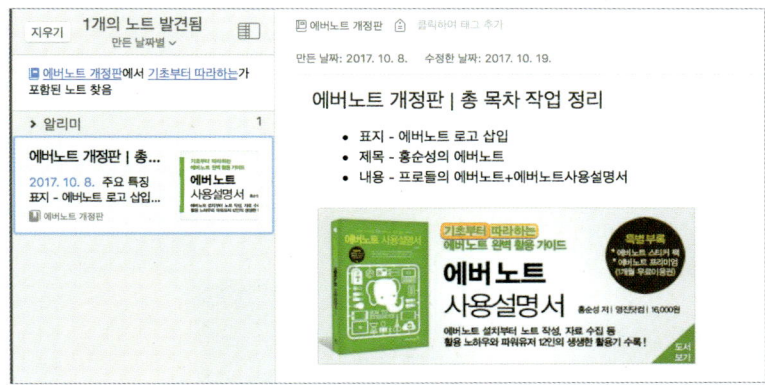

한글로 된 필기체도 검색할 수 있으며 첨부파일로 넣어둔 문서의 문자열도 검색할 수 있습니다.

섬네일 이미지를 선택하는 알고리즘 방법

에버노트에서는 노트 뷰어 방식인 '스니펫'이나 '카드' 보기의 섬네일(대표 이미지)을 통해 관련 내용을 쉽게 파악하고 검색할 수 있습니다. 하지만 아쉽게도 섬네일 이미지는 사용자가 직접 선택할 수 없습니다. 섬네일 조건에 따라 여러 이미지 중에 하나가 랜덤으로 나타나기 때문입니다. 따라서 여기서는 섬네일을 사용자가 원하는 이미지로 나타낼 수 있도록 설정하는 방법을 배워 보도록 하겠습니다. 섬네일 조건은 노트 이미지 중 "가장 작은 것 중에 가장 큰 것"입니다. 무슨 말인지 이해하기 쉽도록 예를 들어 설명해 보겠습니다. 5개의 이미지가 하나의 노트에 삽입될 경우, 한 개의 이미지에서 가로와 세로 사이즈를 비교해 작은 사이즈를 뽑아냅니다. 이 작업은 5개의 이미지 모두 동일하게 이루어집니다. 이후 추출된 다섯 개의 값 중에 가장 큰 값이 바로 섬네일이 됩니다.

No	이미지 크기	작은 것 중에	가장 큰 것
1	200*150	150	
2	250*300	250	
3	250*400	250	
4	400*350	350	
5	400*400	400	400

즉 아래와 같은 이미지가 있을 경우 이중 400*400 사이즈를 가진 이미지가 섬네일로 결정됩니다.

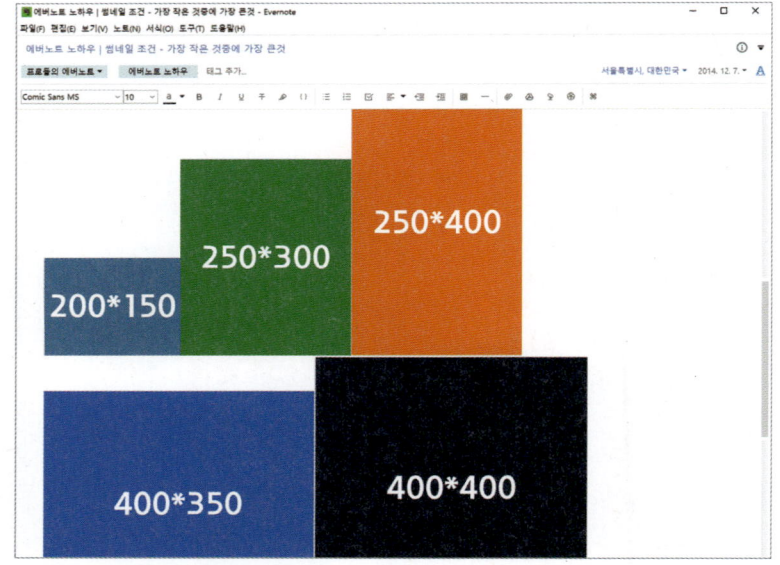

에버노트는 이미지를 편집할 수 있는 작업 툴을 제공하지 않기 때문에 그림판이나 알씨, 스키치 등의 이미지 수정 툴을 이용해 이미지 크기를 변경하여 섬네일을 직접 지정하도록 합니다.

많은 분들이 표를 사용해 정보와 아이디어를 정리하고 있습니다. 에버노트에서 제공하는 표는 간단한 기능으로 이루어져 있으나 노트 내에서 자료를 정리하는 데에 부족함 없이 사용할 수 있습니다. 자료를 리스트로 나열하는 것보다 표를 통해 구분해 놓으면, 전체적인 상황과 자료의 윤곽을 한눈에 볼 수 있기 때문에 노트 관리가 효율적입니다.

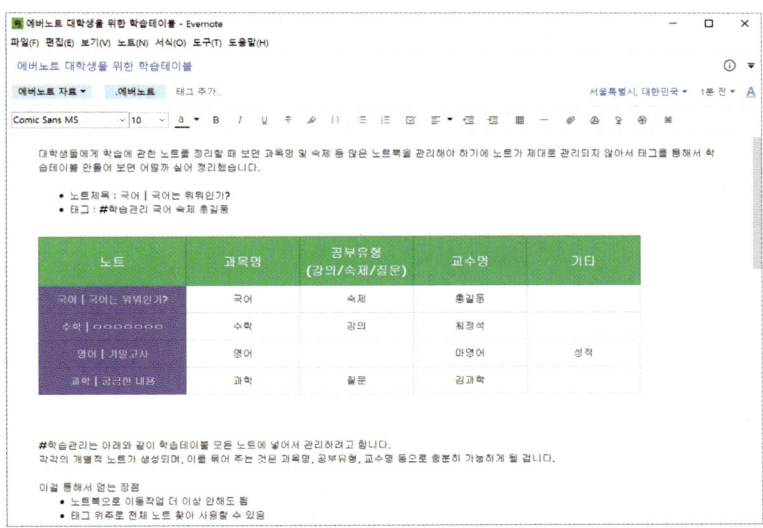

노트에 표를 작성하는 방법

표 작성은 컴퓨터 클라이언트와 웹상에서만 가능하지만, 노트 내용 수정 작업은 스마트폰에서도 제공하고 있습니다. 복잡한 표나 노트 템플릿을 만들 때에는 엑셀에서 작성한 후 에버노트로 복사해서 사용하도록 합니다.

1 에버노트 클라이언트를 실행합니다. [새 노트]를 클릭해 노트를 생성한 다음 [표 삽입](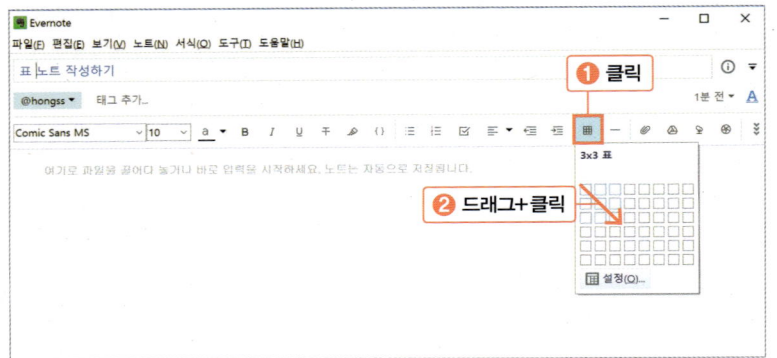)을 클릭하여 원하는 표의 행과 열 수를 드래그한 후 클릭합니다.

TIP_ [설정]을 클릭한 다음 만들고 싶은 표의 행과 열 수를 직접 입력한 후 [확인]을 클릭해도 됩니다.

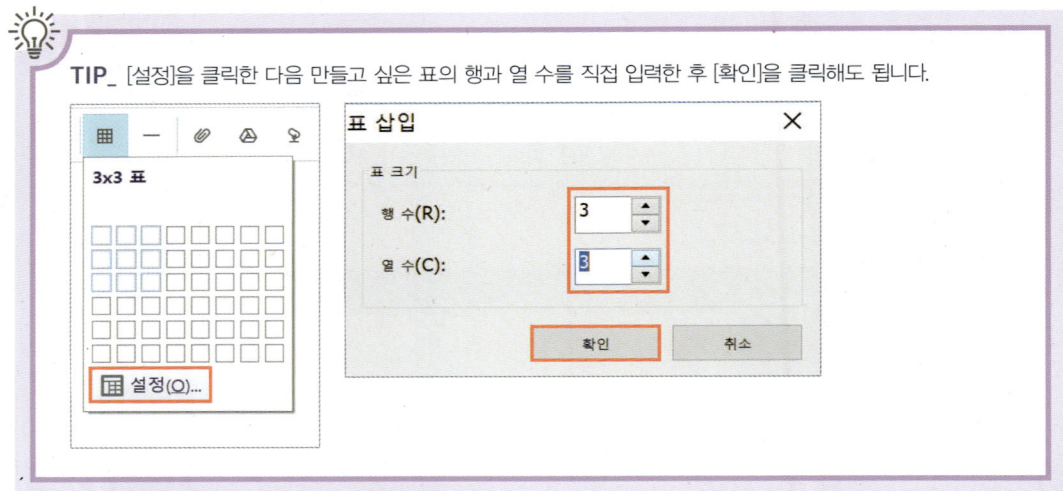

2 표가 노트에 자동으로 삽입됩니다.

TIP_ 셀과 셀 사이에 마우스를 갖다 대면 표의 크기를 마음대로 조절할 수 있습니다.

3 셀 안을 클릭해 원하는 데이터를 입력합니다. 행과 열을 삭제하거나 추가하기 위해 셀 안에 마우스 오른쪽 버튼을 클릭합니다. 아래 이미지와 같이 목록이 나오면 '행 삭제' 혹은 '열 삭제'를 선택해서 행/열을 삭제하면 됩니다. 행/열을 삽입하고 싶을 때에도 마찬가지로 표 안에서 마우스 오른쪽 버튼을 클릭한 후 원하는 위치에 행/열을 삽입하면 됩니다.

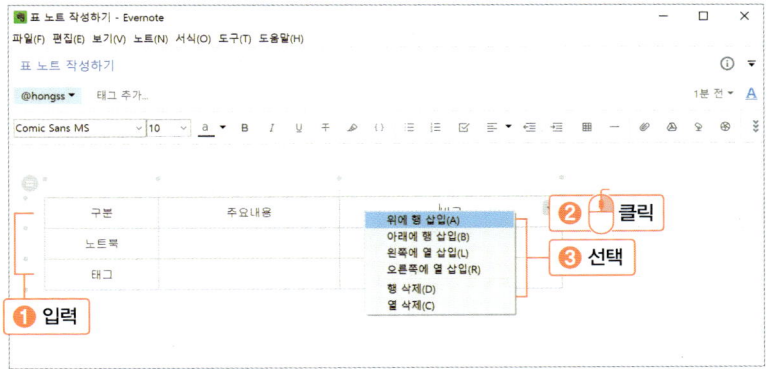

TIP_ 마지막 행의 오른쪽에 커서를 두고 Tab 을 누르면 쉽게 행을 추가할 수 있습니다.

4 표 안에 원하는 색깔을 넣고 싶다면 셀을 클릭한 후 셀 우측에 있는 (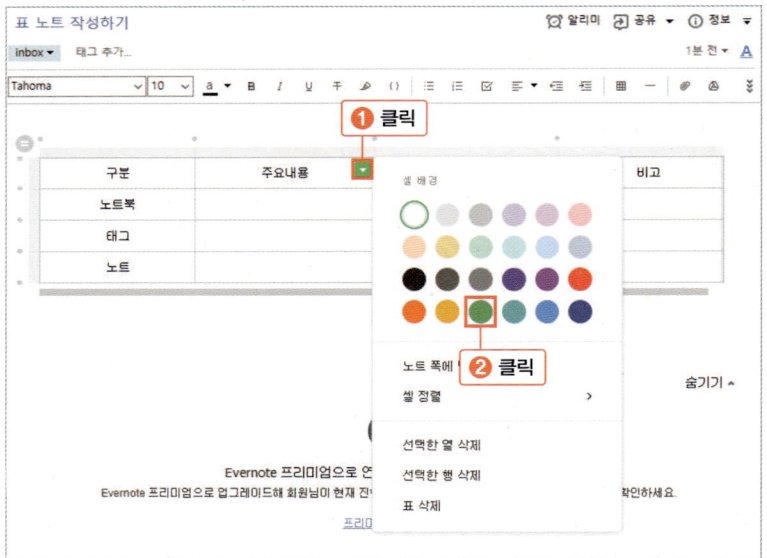)를 클릭하여 색상을 선택합니다.

5 한 개의 셀이 아닌 여러 셀에 동일 색을 넣기 위해서는 먼저 해당 셀을 드래그하여 선택한 후 하단에 (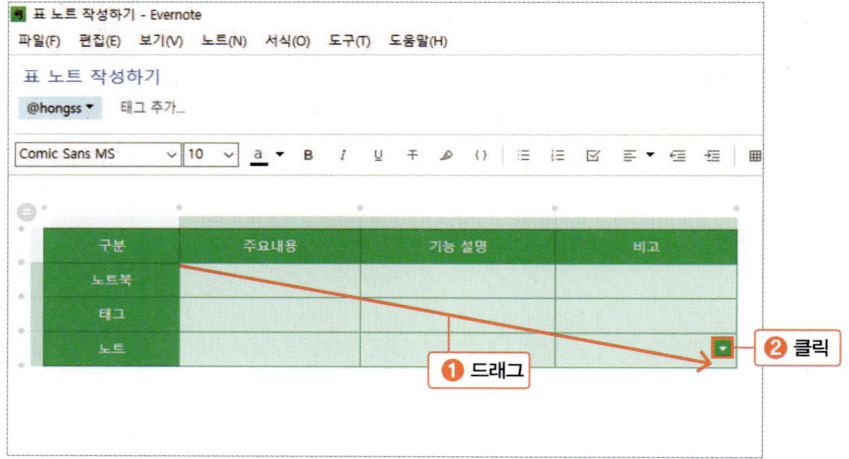)를 클릭합니다.

6 원하는 색상을 선택하면 드래그한 모든 셀에 색상이 삽입됩니다.

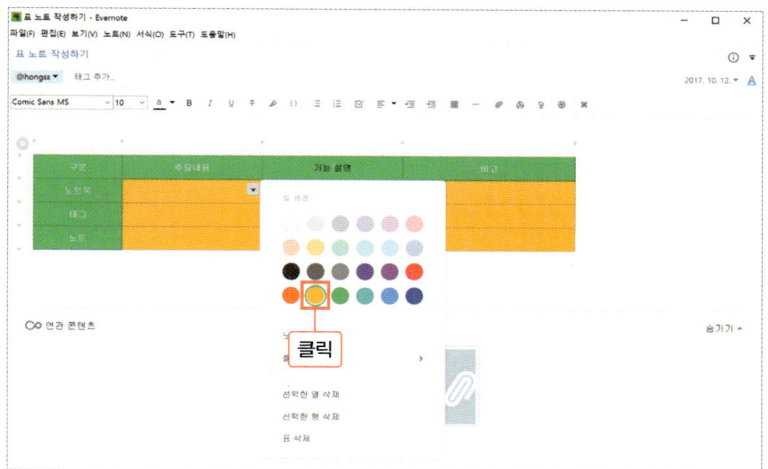

7 셀 위치를 변경하고 싶다면 해당 셀 위 부분을 클릭한 후 원하는 위치로 드래그하여 이동시킵니다. 셀 위치가 변경된 것을 확인할 수 있습니다.

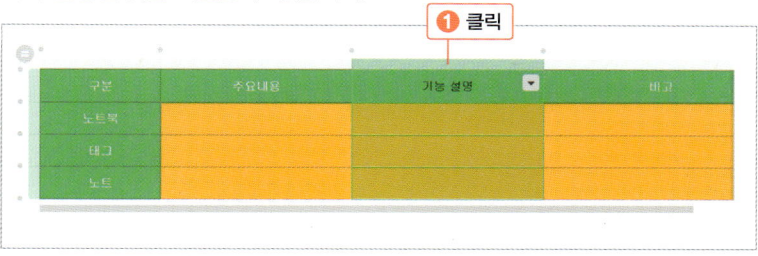

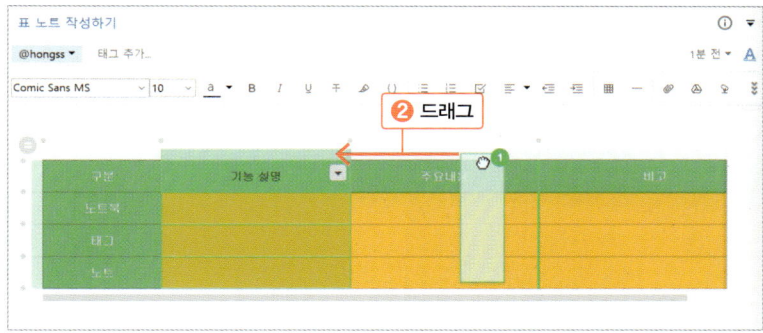

8 이번에는 셀을 통합하기 위해 통합할 셀을 드래그 한 후 (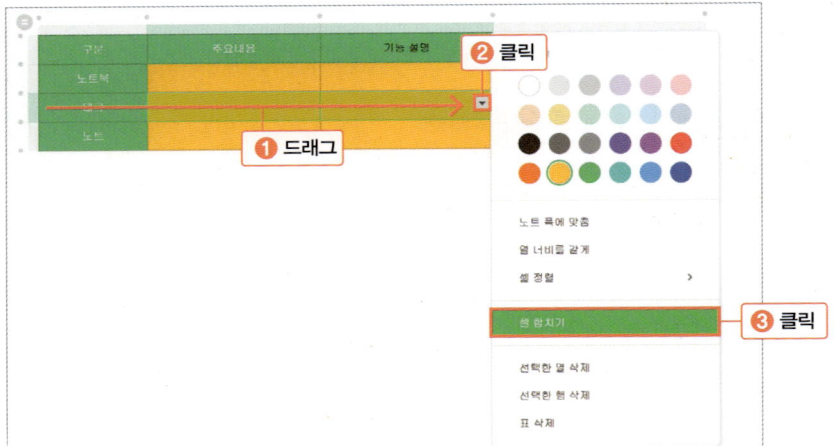)를 클릭합니다. 목록 중 [셀 합치기]를 클릭 합니다.

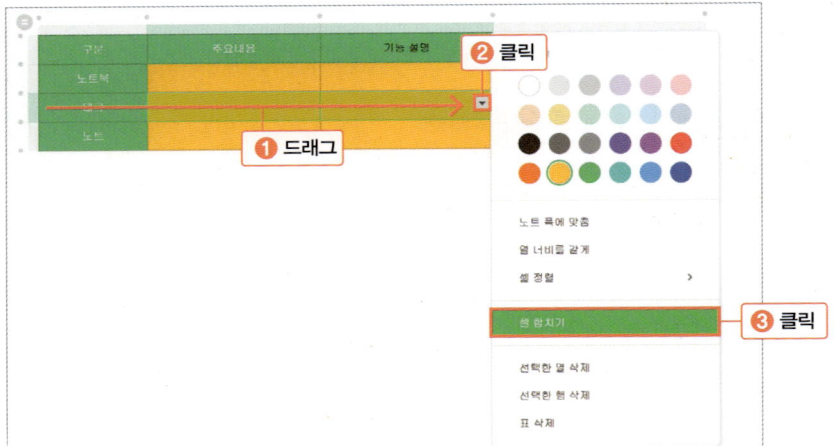

9 셀이 합쳐진 것을 확인할 수 있습니다.

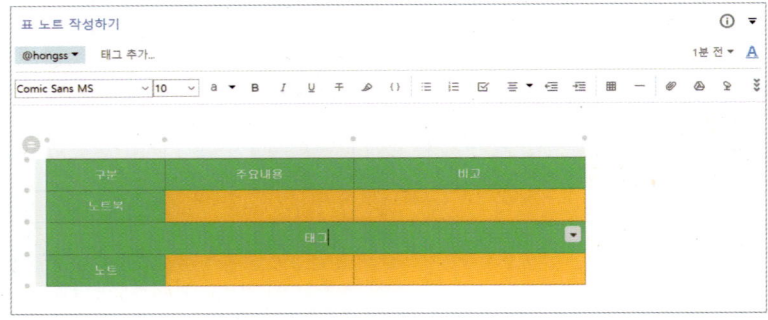

표를 사용해 월 계획 노트 관리하기

표를 사용해 월 계획 노트를 정리하면 날짜별로 무엇을 작업했는지 한눈에 확인할 수 있습니다. 더불어 표 안에 체크박스를 삽입하면 일의 처리 유무를 체크해 놓을 수 있어 해야 할 일과 한 일을 쉽게 구분할 수 있습니다. 월 계획 노트는 매월의 일정을 보기 편하게 정리해 놓을 수 있고 일정을 반복적으로 적을 필요가 없어 지속적으로 체크해야 하는 업무나 개인적인 일정을 빠짐없이 확인할 수 있습니다.

구분	주요 내용
월 진행 계획 구성	• 매월 진행할 일들을 정리합니다. • 체크박스로 진행 여부를 체크합니다.
일자별 주요 내용	• 일자별 주요 할 일을 정리합니다. • 반복 일정은 따로 적지 않고 앞의 내용으로 보완합니다. • 비고 란에는 비용 결제 처리나 한 번 더 체크해야 할 것들을 입력합니다. • 모두 체크박스를 넣어서 진행 여부를 판단합니다.

엑셀 수식을 그대로 복사해서 사용하기

엑셀에서 작업한 데이터를 그대로 에버노트에 가져와서 작업을 해야 하는 경우가 종종 있습니다. 이럴 때 엑셀로 작업한 파일을 첨부파일 형태로 저장하는 것도 좋지만, 엑셀에 정리한 데이터를 그대로 복사하여 사용하면 노트에서 바로 엑셀 데이터를 확인할 수 있고 일부 내용을 수정할 수 있습니다. 참고로 계산 수식 변경은 되지 않습니다. 다음은 필자가 지난 해 진행했던 '직장인 에버노트' 세미나의 엑셀 자료입니다. 세미나가 끝난 후 엑셀을 사용해 정산 작업을 하고 필요한 부분만 복사하여 에버노트에 저장했습니다. 엑셀 데이터와 함께 영수증을 첨부했더니 다음과 같이 깔끔하게 정리할 수 있었습니다. 참고로 구글 드라이브로 연동하여 스프레드시트를 이용할 때 문서 수정을 편리하게 할 수 있습니다.

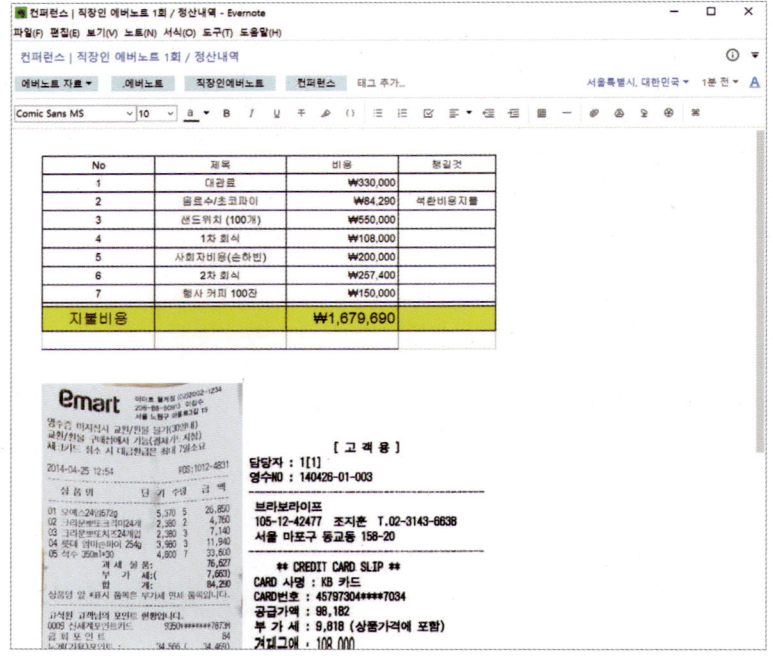

워드나 PDF와 같은 문서 파일 저장하기

에버노트의 노트에는 모든 형식의 파일을 첨부할 수 있습니다. 단, 첨부 파일은 노트별로 제한된 크기(무료 사용자의 경우 25MB, 프리미엄 사용자의 경우 200MB)를 초과할 수 없습니다.

컴퓨터에서 첨부파일 작업하기

에버노트의 노트 안에 문서 파일을 첨부할 수 있습니다. 보다 자세한 정보를 넣어 두고 참조할 때 유용합니다.

1 에버노트 클라이언트를 실행합니다. [새 노트]를 클릭한 후 서식 메뉴에서 [파일 첨부]( )를 클릭합니다.

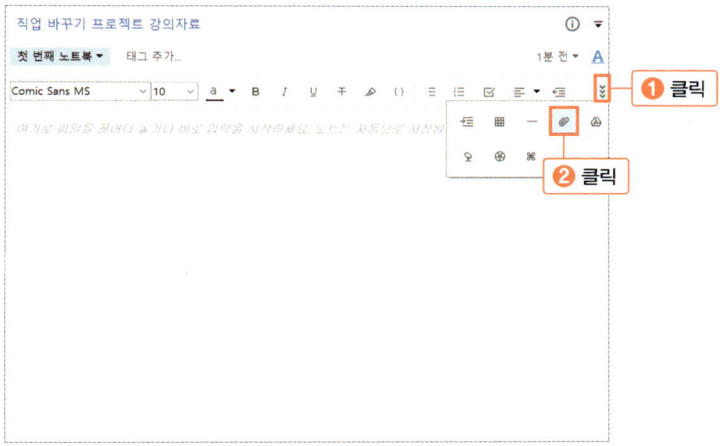

TIP_ PDF 색인 지정 기능은 프리미엄 서비스 가입자들만 사용할 수 있습니다 이미지 인식을 위한 PDF 파일을 색인화하는 데 필요한 컴퓨팅 리소스로 인해, PDF의 처음 100페이지만 글자 인식을 할 수 있습니다.

2 '열기' 창이 나타나면 노트에 넣을 첨부파일을 선택합니다.

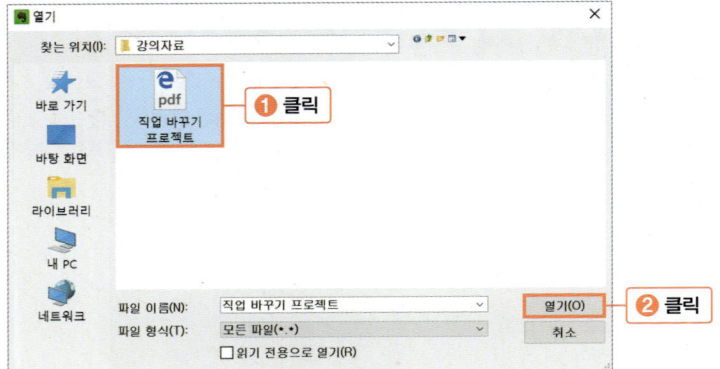

TIP_ PDF, 오피스 문서, 동영상 파일 등 다양한 포맷의 파일을 함께 넣어 저장할 수 있습니다.

3 선택한 파일이 첨부되어 자동으로 저장됩니다.

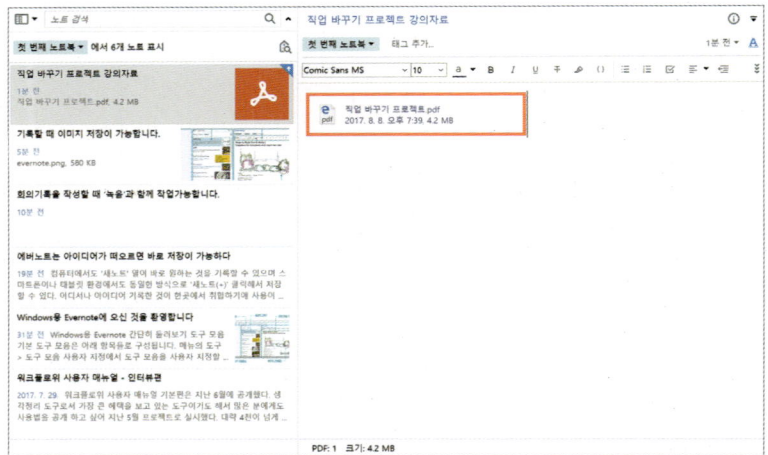

TIP_ 프리미엄 사용자의 경우 오피스 첨부파일(워드, 파워포인트, 엑셀 등에 대한 텍스트) 검색을 지원합니다.

구글 드라이브에서 첨부파일 작업하기

구글 드라이브(Google Drive) 연동 기능을 활용하면 에버노트에서 직접 내 구글 드라이브 파일에 액세스하고 자료를 열람, 업데이트할 수 있고 노트 내에 직접 첨부할 수 있습니다. 에버노트와 구글 드라이브를 함께 사용한다면 에버노트에서 바로 구글 드라이브를 사용할 수 있습니다.

1 에버노트 클라이언트를 실행하여 [새 노트]를 클릭한 후 서식 메뉴에서 [Google Drive에서 파일 첨부] (△)를 클릭합니다.

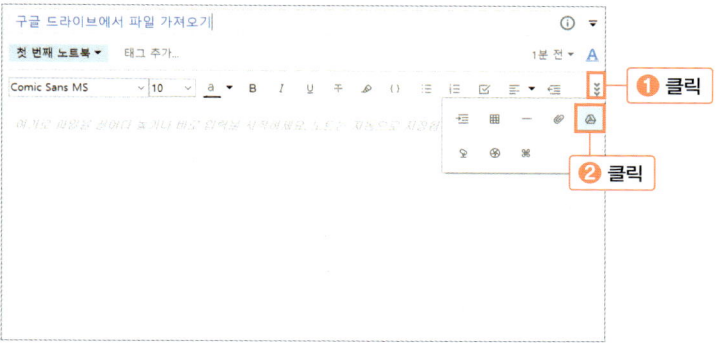

TIP_ 구글 계정에 로그인되어 있지 않다면 구글 계정 로그인 창이 나타납니다. 로그인을 한 후 진행하도록 합니다.

2 사용하고 있는 구글 드라이브에 보관된 문서를 확인할 수 있습니다. 해당 문서 중에 에버노트에 저장할 문서를 바로 선택하거나 검색한 후 선택한 다음 [Select]를 클릭합니다.

3 노트에 스프레드시트 파일이 표시됩니다. 문서를 수정하기 위해 문서를 더블 클릭합니다.

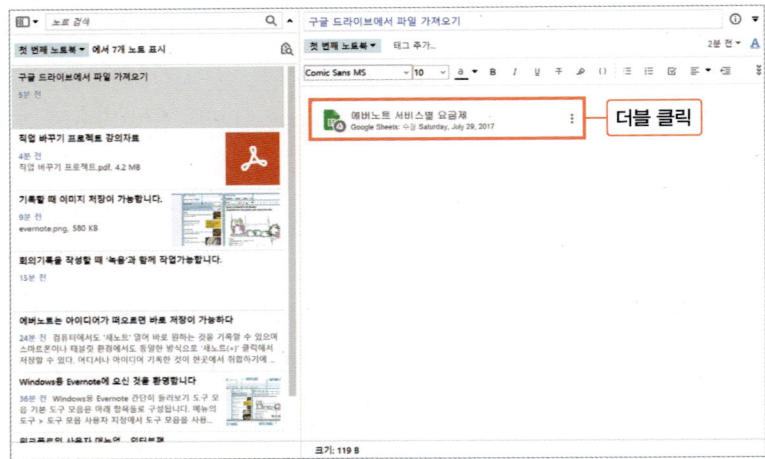

4 구글 드라이브 문서로 이동됩니다. 구글 드라이브 스프레드시트를 사용할 경우 별도로 엑셀 파일을 저장하지 않아도 손쉽게 문서를 수정할 수 있습니다.

스마트폰에서 첨부파일 작업하기

스마트폰에서 첨부파일 기능은 안드로이드에서만 가능합니다. 아이폰의 경우 이메일을 이용하여 에버노트에 전달한 후 저장해야 합니다.

1 안드로이드에서 에버노트 앱을 실행합니다. 메인 화면에서 (＋)을 선택한 후 [첨부파일]을 터치합니다.

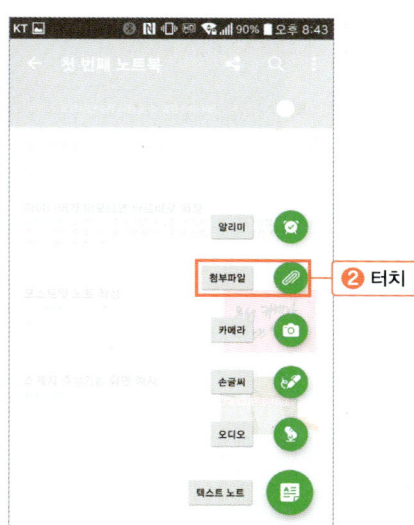

2 가지고 있는 파일을 첨부합니다. 여기서는 .pdf 파일을 첨부하였습니다.

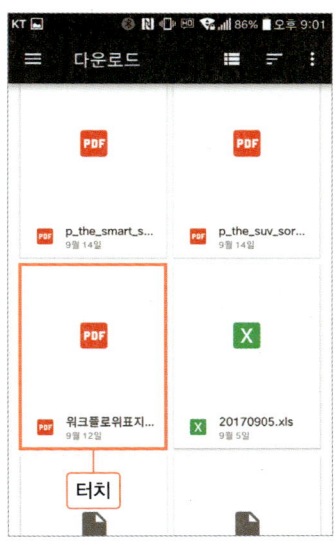

3 파일이 첨부된 상태로 텍스트 삽입/수정이나 추가로 이미지를 삽입할 수 있습니다. 저장된 PDF 문서를 터치하면 뷰어를 통해서 볼 수 있습니다. 만약 첨부된 파일이 워드나 엑셀이라면 해당 프로그램으로 수정한 후 다시 저장할 수 있습니다.

 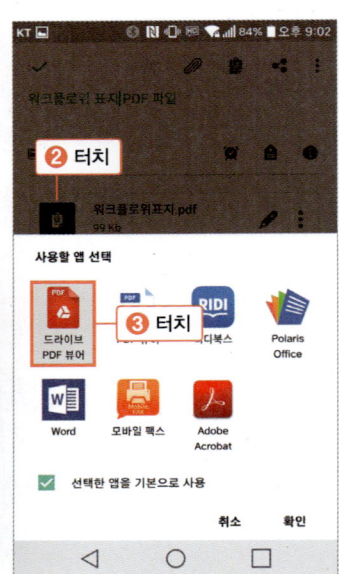

TIP_ 아이폰에서 첨부파일 작성하기

아이폰에서는 첨부파일 기능이 제공되지 않으므로 공유 방식 중에 [Evernote(으)로 가져오기]를 선택해서 저장할 수 있습니다. 여기서는 PDF 리더 앱에서 공유 방식으로 노트에 저장했습니다.

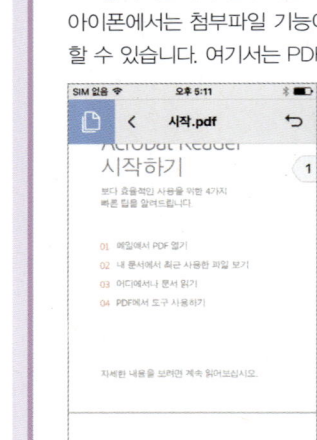  

에버노트는 노트 정보를 통해 노트의 정보를 상세하게 확인할 수 있습니다. 컴퓨터와 스마트폰에서 개별 노트를 선택해서 살펴볼 수 있으며, 프리미엄 서비스의 경우 '노트 변경 내역'을 통해 이전에 기록된 노트를 복원할 수도 있습니다. 해당 기능은 컴퓨터에서만 제공됩니다.

노트 정보 확인하기

모든 노트에는 다음과 같이 여러 유형의 속성(노트 자체에 대한 정보 모음)이 있으며 노트를 검색하거나 필터링하는 경우에 이용됩니다. 노트 속성 정보를 확인하려면 노트를 선택한 후 [노트] 〉 [i 정보]를 클릭하면 됩니다. 노트 속성 정보에서 내용을 수정하려면 해당 위치를 선택합니다. 예를 들어 만든 날짜를 변경하려고 한다면 날짜 부분을 선택해 원하는 날짜를 입력하거나 달력을 클릭하면 됩니다.

구분	주요 내용
노트북, 태그	노트북 저장 위치와 태그 리스트를 제공
노트를 만든 날짜(또는 수정한 날짜)	언제 노트가 만들어지고 업데이트 되었는지 확인 가능
URL	노트의 내용을 웹에서 클리핑한 경우(선택 사항)
GPS 좌표로 표시되는 노트가 만들어진 위치	일반적으로 모바일 어플리케이션으로 노트를 만들 때 추가됨
작성자 및 마지막으로 편집한 사람	기본 계정의 작성자이며, 협업을 할 경우 누가 작성, 편집했는지 확인 가능
동기화 상태	노트의 동기화 상태 확인
첨부파일 상태	이미지나 PDF 파일에 대한 색인화 작업 상태/색인화 작업이 완료되어야만 문자열 검색이 가능
내역	프리미엄 서비스 사용자라면 수정된 노트 내역 제공

■ 컴퓨터에서 노트 정보 보기

1 에버노트 클라이언트를 실행하여 이전에 작업한 노트를 선택합니다. 선택한 노트에서 우측 상단의 [정보] (i)를 클릭합니다.

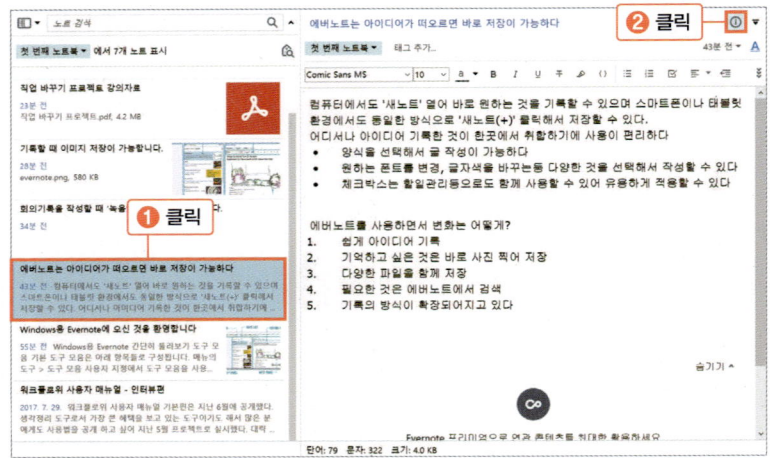

2 노트의 상세 정보를 볼 수 있으며 노트북이나 태그, 날짜 등을 변경할 수 있습니다. 프리미엄 사용자라면 하단에서 내역 보기 정보도 함께 볼 수 있습니다.

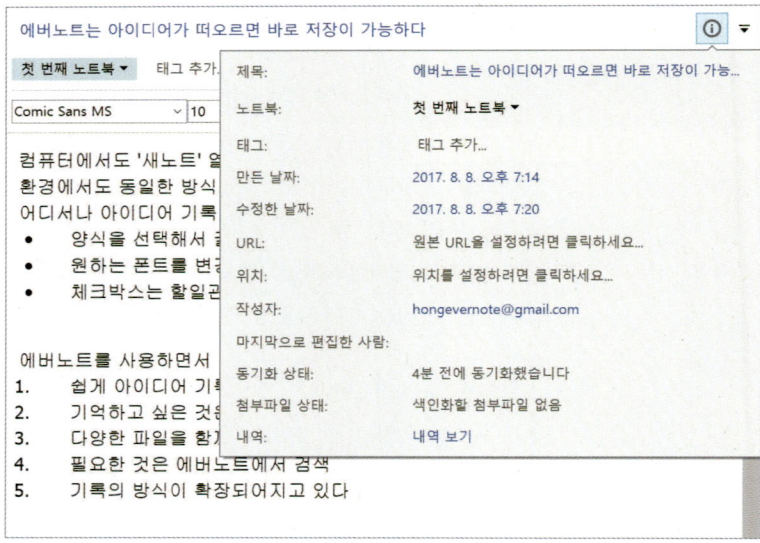

③ 마우스를 노트 본문에 올려놓고 마우스 오른쪽 버튼을 클릭한 후 [단어 및 리소스 수]를 선택합니다.

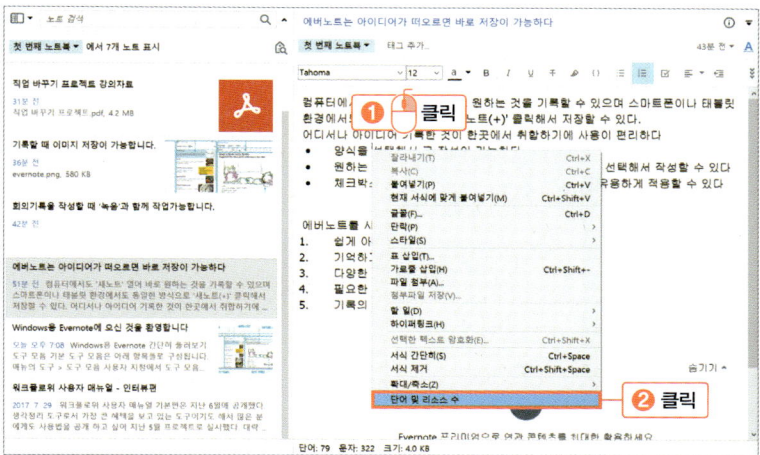

④ 현재 노트의 단어 및 문자 리소스를 확인할 수 있습니다.

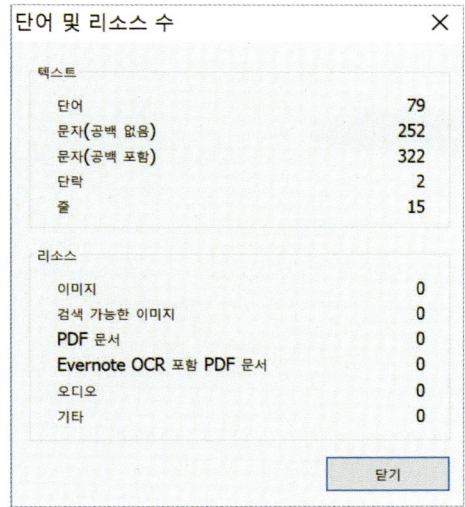

TIP_ 단어 및 리소스 수의 정보를 이용하면 자신이 작성해야 할 문서를 원고지 매수로 환산하여 확인할 수 있습니다.

■ 스마트폰에서 노트 정보 보기

1 안드로이드에서 에버노트 앱을 실행한 후 이전에 작성한 노트를 선택합니다. (ⓘ)를 선택하면 위치, 태그, 생성 날짜, 원본(어디서 작성했는지) 등 작성한 노트의 속성을 확인할 수 있습니다. 노트 정보에서 [장소]를 터치합니다.

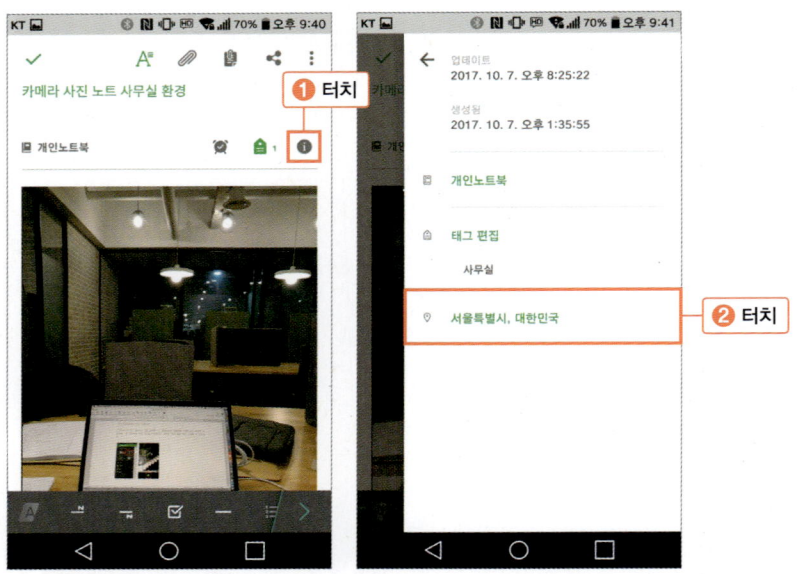

> **TIP_ 노트 위치 정보 확인하기**
>
> 스마트폰에서 작성했다면 기본적으로 GPS(위치정보값)를 함께 저장합니다. 만약 '위치 정보를 찾을 수 없습니다'라고 나타날 경우 아래 사항을 체크해 보기 바랍니다. [설정] 〉[노트]를 선택한 후 [새 노트에 위치 추가]를 선택합니다.

2 노트를 어디서 작성하였는지 지도를 통해 확인할 수 있습니다.

💡 **TIP_ 아이폰에서 노트 정보 확인하기**

아이폰에서 노트 정보를 확인하려면 노트에서 (⋯)를 선택합니다. 노트북과 태그의 변경 작업을 이곳에서 할 수 있습니다.

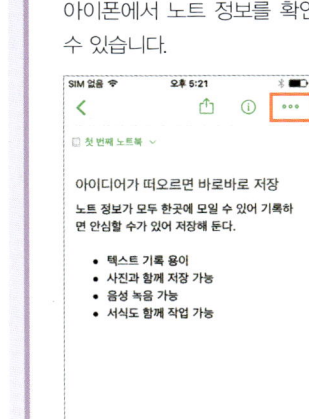

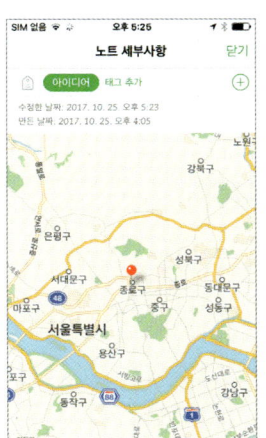

노트 변경 내역으로 노트 복원하기(프리미엄 버전)

에버노트는 노트별로 저장한 이후의 수정된 내용에 대한 변경 내역을 확인할 수 있습니다. 단, 노트 변경 내역은 프리미엄 사용자에게만 해당되며, 컴퓨터에서만 작업이 가능합니다.

■ 노트 변경 내역 확인하기

1 복원할 노트를 선택한 다음 노트 우측 상단의 [정보](i) 〉[내역보기]를 클릭합니다.

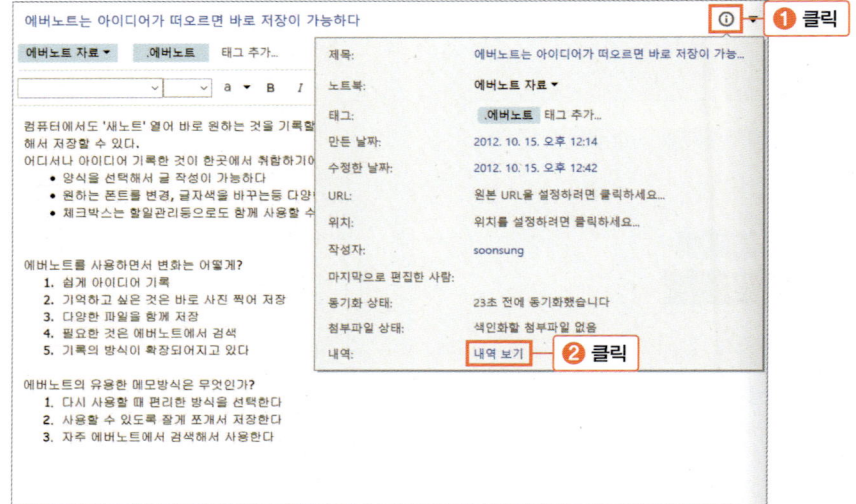

TIP_ 무료 회원인 경우 프리미엄 서비스 가입을 안내하는 창이 나타납니다.

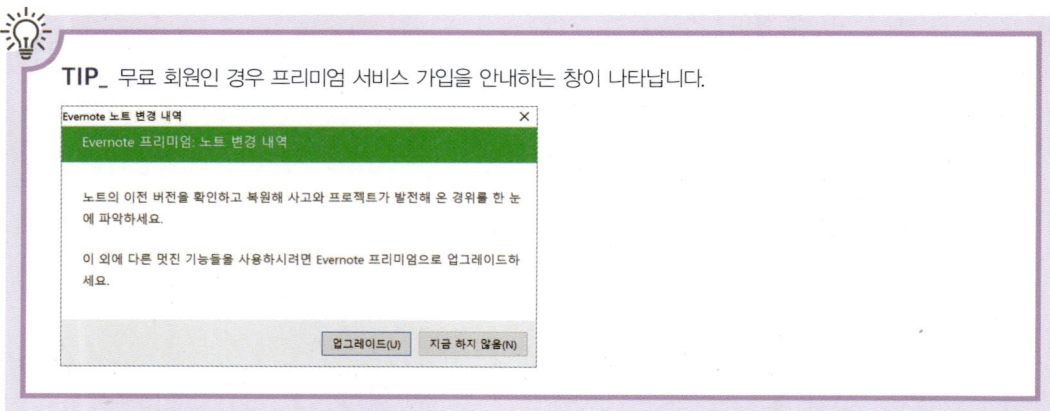

2 아래와 같이 상세한 노트 이력 정보가 제공됩니다.

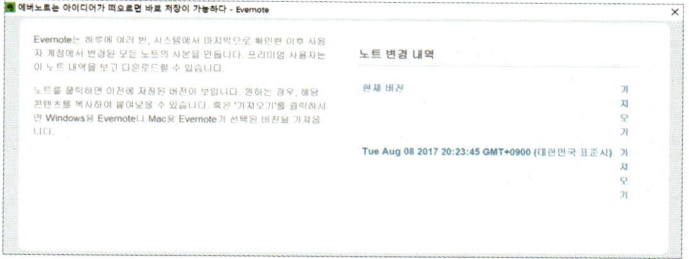

■ **노트 복원하기**

노트 작업을 하다 보면 이전에 보관된 내용을 실수로 지우거나, 동기화의 오류로 사라지는 경우가 있습니다. 이럴 때 노트 변경 내역을 통해 이전의 내용을 살펴보고 다시 복원할 수 있습니다

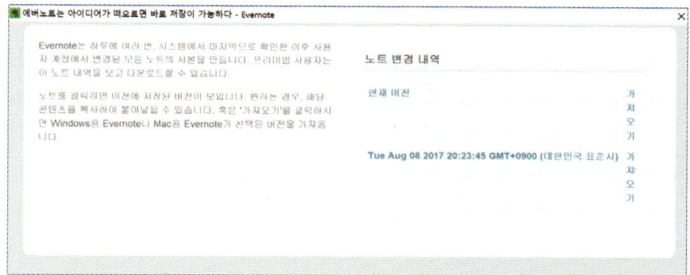

참고로 '노트 변경 내역'은 실시간으로 변경한 노트를 저장하지 않습니다. 노트 내용을 변경한 후 일정 시간 동기화 작업을 한 다음 변경되고 있습니다. 도움말에 의하면 '하루에 여러 번, 시스템에서 마지막으로 확인한 이후 사용자 계정에서 변경된 모든 노트의 사본을 만듭니다.'라고 명시되어 있습니다. 프리미엄 사용자는 이 노트 내역을 보고 다운로드할 수 있습니다.

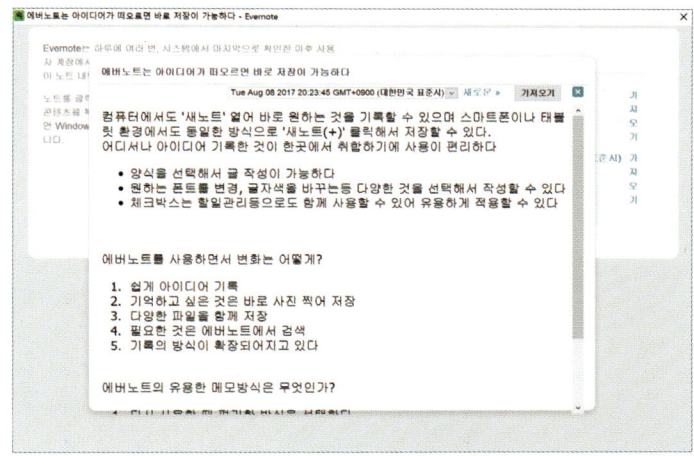

Section 07 노트북 및 스택, 태그 생성

에버노트는 노트를 넣고 분류하는 방법으로 노트북과 스택, 태그를 이용할 수 있습니다. 여기서는 이러한 노트북과 스택, 태그의 개념과 기본적인 사용법을 알아보도록 하겠습니다.

노트북 생성하기

노트북Notebook은 많은 노트를 넣을 수 있는 노트 컨테이너로서 여러 노트를 묶어서 관리할 수 있습니다. 노트를 구분하는 방법은 사용자마다 다른데, 일반적으로 주제에 따라 제목으로 구분하거나 프로젝트명으로 구분합니다. 컴퓨터의 폴더와 비슷한 개념이라고 볼 수 있습니다.

노트북은 동기화 노트북과 로컬 노트북 유형 중 하나를 선택할 수 있으며, 노트북을 만든 후에는 노트북의 유형을 변경할 수 없습니다. 일반적으로 동기화 노트북으로 사용하며, 하나의 계정에 최대 250개의 노트북을 가질 수 있습니다.

■ 컴퓨터에서 노트북 생성하기

1 에버노트 클라이언트를 실행합니다. [노트북] 탭 위에 마우스 오른쪽 버튼을 클릭한 후 [노트북 만들기]를 클릭합니다.

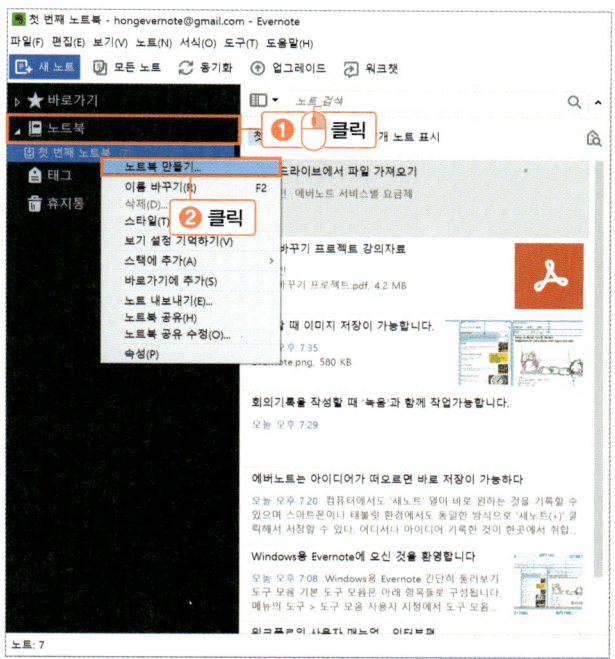

2 '새 노트북' 창이 나타납니다. 노트북 이름을 입력한 후 [확인]을 클릭합니다. 새로운 노트북이 생성됩니다.

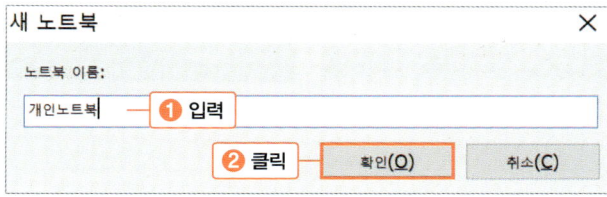

■ 스마트폰에서 노트북 생성하기

1 안드로이드에서 에버노트 앱을 실행한 후 (▤)를 터치합니다. 메뉴 중 [노트북]을 터치한 후 (▣)를 터치합니다.

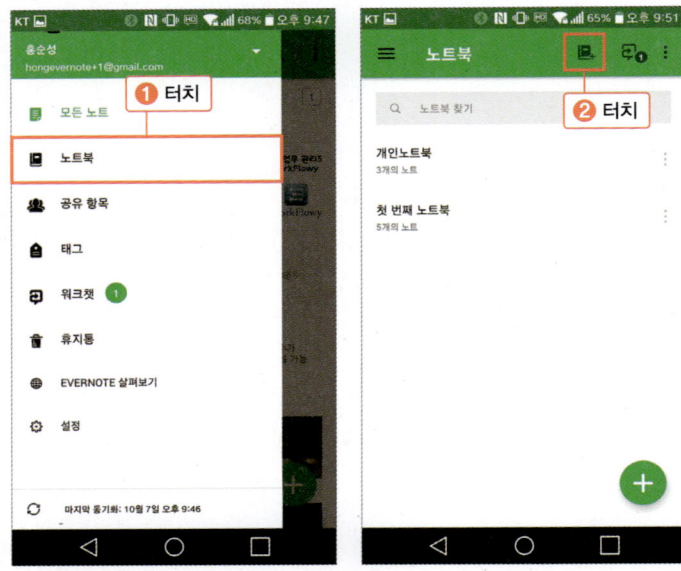

2 노트북 이름을 입력한 후 [확인]을 터치합니다. 새 노트북이 생성된 것을 확인할 수 있습니다.

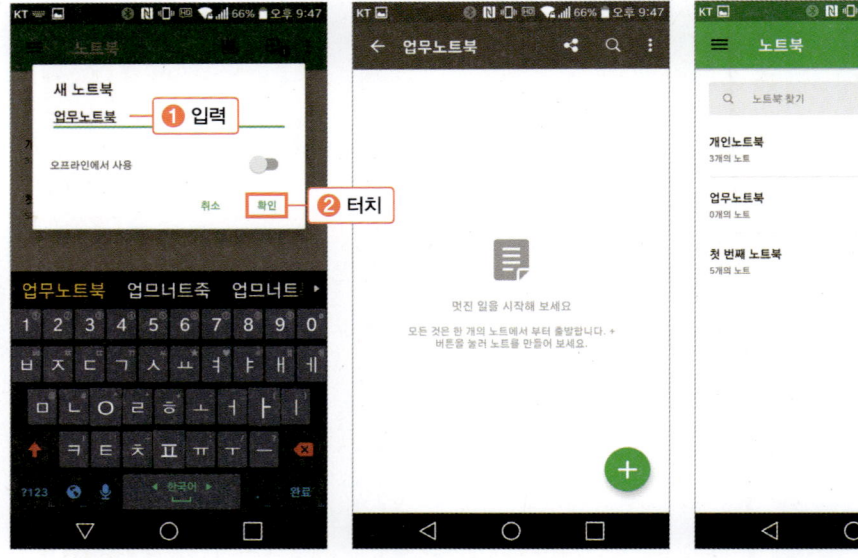

TIP_ 아이폰에서 노트북 생성하기

에버노트 앱 화면 하단에 있는 [노트]를 터치합니다. 메뉴에서 '모든 노트북' 옆에 있는 (⊕)을 터치한 후 노트북을 추가합니다. 이후 원하는 노트북 이름을 입력하면 됩니다.

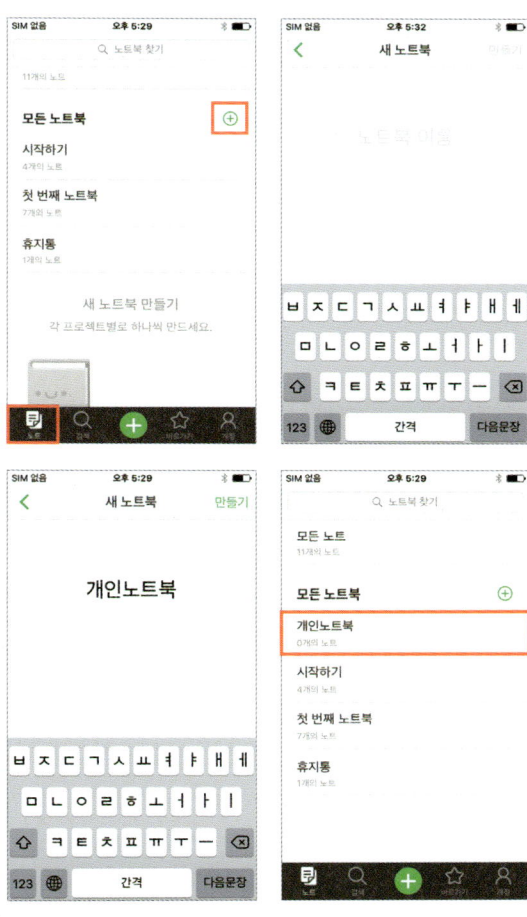

노트북 이름 변경 및 삭제하기

생성된 노트북은 이름 변경 및 이동, 삭제가 얼마든지 가능합니다. 생성된 노트북을 선택하여 다음과 같이 작업하면 됩니다

■ 컴퓨터에서 노트북 수정하기

1 컴퓨터에서 클라이언트를 실행한 후 수정하려는 노트북 위에 마우스 오른쪽 버튼을 클릭하고 [이름 바꾸기]를 선택합니다.

💡 **TIP_** [속성]을 클릭하면 노트북에 관한 속성을 살펴볼 수 있으며 앞서 언급한 노트북 유형을 확인할 수 있습니다.

2 노트북 이름을 변경한 후 Enter 를 누릅니다.

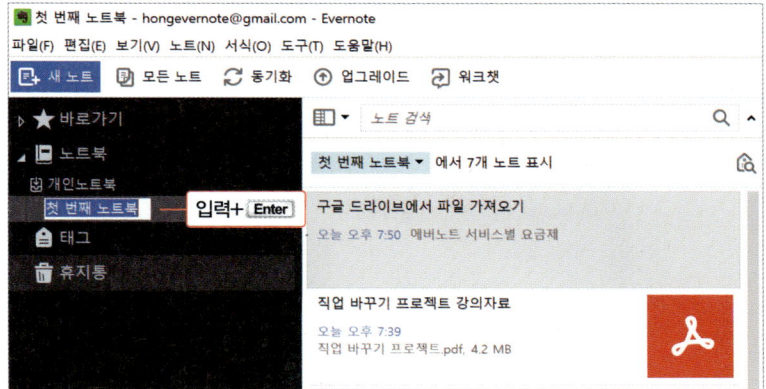

3 노트북 이름이 변경된 것을 확인할 수 있습니다.

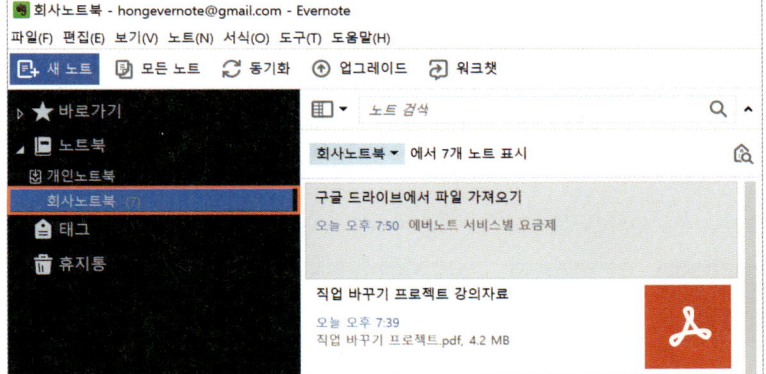

■ 스마트폰으로 노트북 수정하기

1 안드로이드에서 에버노트 앱을 실행합니다. (≡)를 터치한 후 [노트북]을 선택합니다. 수정하려는 노트북을 길게 터치한 후 나오는 '노트북 옵션' 목록 중에서 [노트북 이름 바꾸기]를 터치합니다.

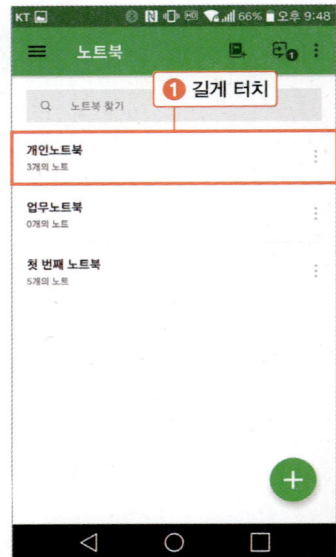
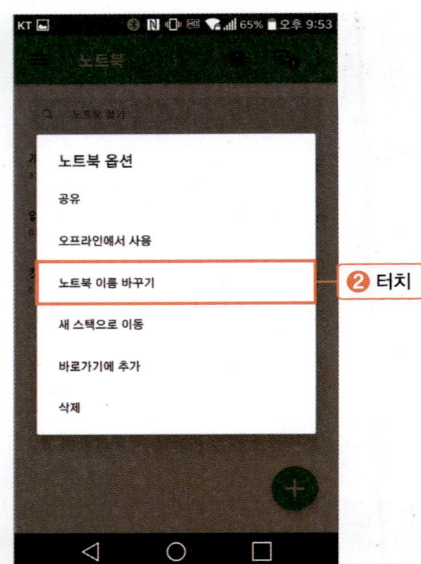

2 노트북 이름을 입력한 후 [확인]을 터치합니다. 노트북 이름이 변경된 것을 확인할 수 있습니다.

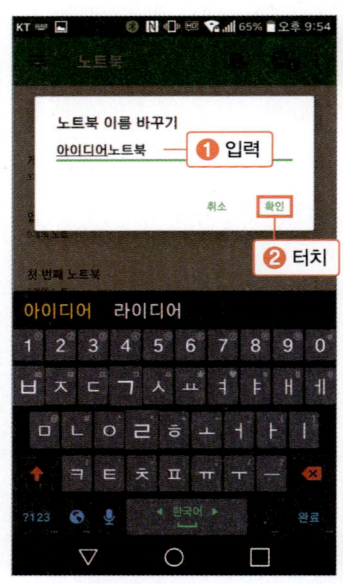

TIP_ 아이폰에서 노트북 수정하기

아이폰에서 에버노트 앱을 실행한 후 수정할 노트북을 선택합니다. 우측 상단의 (···)을 터치한 후 [노트북 설정]을 터치해서 작업할 수 있습니다. 노트북 이름을 변경한 후 [완료]를 터치합니다.

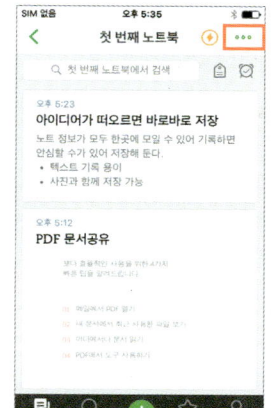

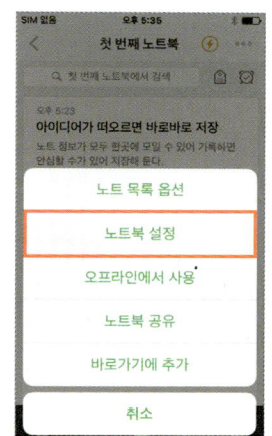

기본 노트북 설정 변경하기

  기본 노트북은 에버노트 계정 가입 후 첫 번째로 생기는 노트북을 의미하며 '〈내 서류함〉(과거 '첫 번째 노트북')' 등으로 생성됩니다. 모든 노트를 생성할 때 기본적으로 저장하는 공간입니다. 즉, 우리가 쓰는 이메일에서 '받은 편지함'과 같다고 보면 됩니다.

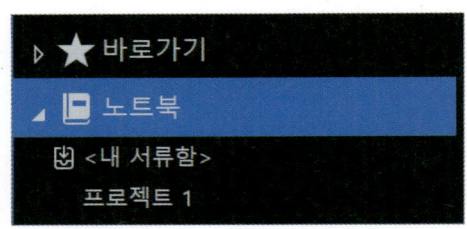

  에버노트 노트북은 3가지 유형의 노트북이 존재합니다. 기본적으로 첫 번째 노트북이 기본 노트북으로 지정이 되며, 이후 추가적으로 노트북을 생성할 수 있으며 이때는 기본 노트북을 변경할 수 있습니다.

- **동기화된 노트북 :** 컴퓨터뿐만 아니라 에버노트 웹상, 그리고 여러 디바이스에 함께 동기화되는 노트북을 의미합니다.
- **로컬 노트북 :** 현 컴퓨터상에만 존재하며 웹상과 디바이스에 동기화되지 않는 노트북을 의미합니다.
- **기본 노트북으로 설정 :** 모든 노트를 생성할 때 기본적으로 저장하는 공간을 의미합니다. 기본 노트북은 차후 변경이 가능합니다.

■ 컴퓨터에서 기본 노트북 변경 작업

1 컴퓨터에서 클라이언트를 실행한 후 [내 서류함] 노트북 위에 마우스 오른쪽 버튼을 클릭한 다음 [스타일]을 선택합니다.

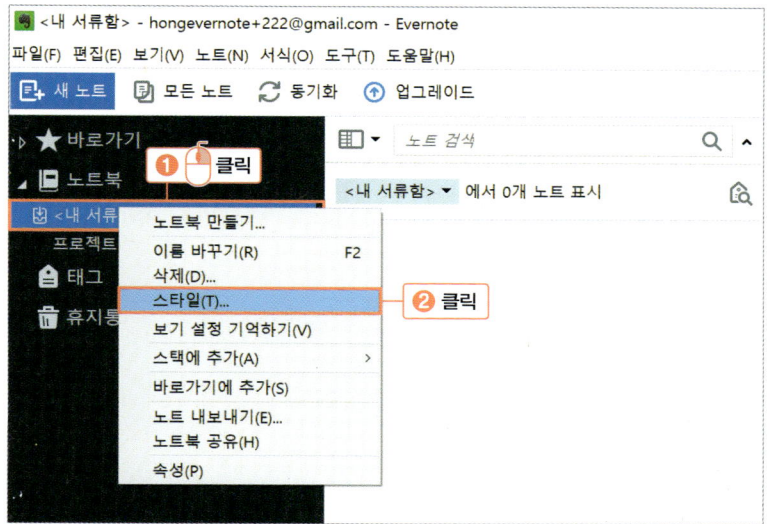

2 스타일에서 [기본 노트북으로 설정]을 클릭한 후 [스타일 설정]을 클릭합니다.

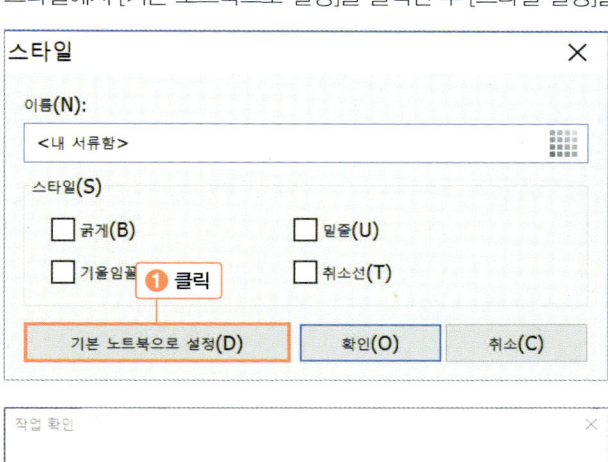

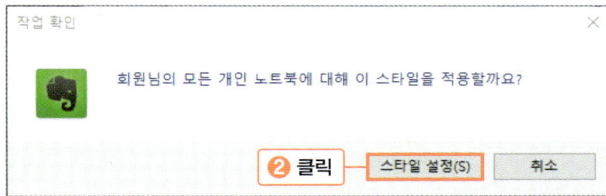

■ 안드로이드에서 기본 노트북 변경 작업

1 에버노트 앱을 실행한 후 (▤)을 터치합니다. 이후 [설정] 〉[노트북]을 터치합니다.

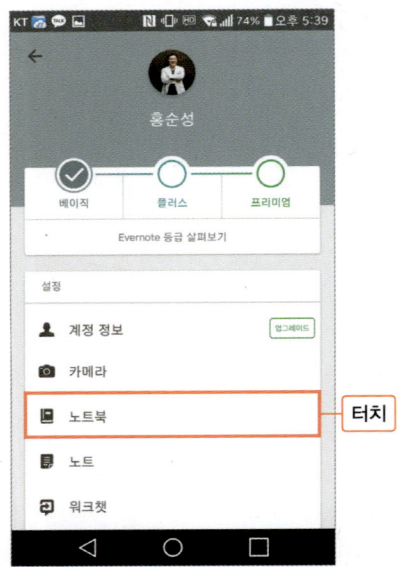

2 '노트북'에서 [기본 개인 노트북]을 터치합니다. 이후 '노트북 선택' 목록에서 기본 노트북으로 변경하고 싶은 노트북을 터치한 다음 하단에 [선택] 버튼이 나타나면 터치합니다.

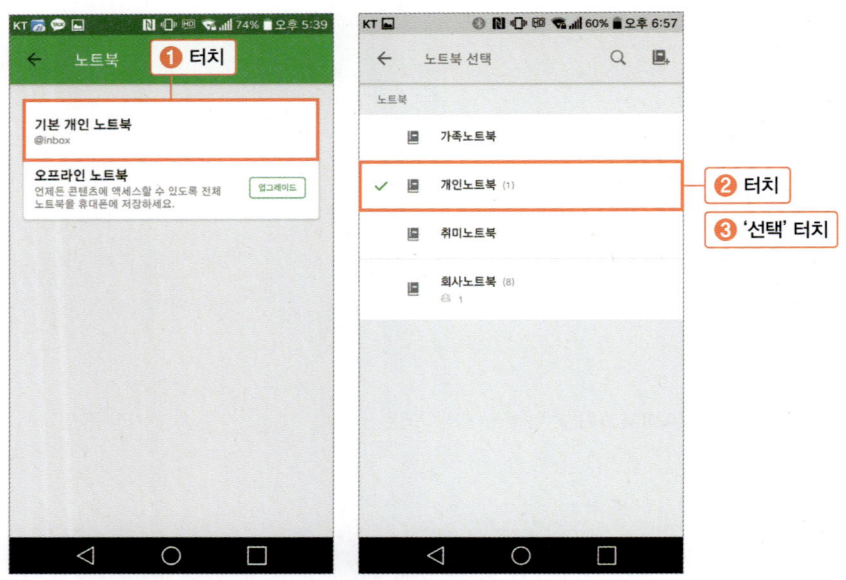

TIP_ 아이폰에서 기본 노트북 변경하기

아이폰에서 에버노트 앱을 실행한 후 [계정] 〉 [설정]을 터치합니다. 이후 [노트북]을 선택해서 원하는 노트북으로 변경 작업을 하면 됩니다.

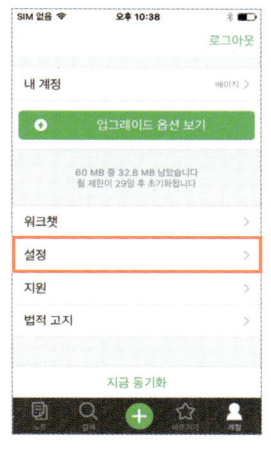

로컬 노트북 생성과 관리하기

　로컬 노트북이란 사용하고 있는 컴퓨터에서만 존재하고 웹이나 디바이스에 동기화되지 않는 노트북을 의미합니다. 로컬 노트북 기능은 에버노트를 사용할 수 없는 환경에서 동기화 작업 없이 사용할 때 필요하며, 동기화되지 않아 스마트폰과 함께 사용할 수 없지만 컴퓨터에서 로컬에 저장해 두고 사용할 때 매우 유용합니다.

　로컬 노트북을 생성한 후 동기화 노트북으로 변경 작업을 할 수 없지만 노트를 동기화 노트북으로 이동해서 작업할 수 있어 임시적으로 이용할 때 유용합니다. 에버노트는 온라인 저장 공간이 아니라 업로드 트래픽 공간을 의미하기 때문에 로컬 노트북을 만들어 놓고 노트를 분류한 후 필요한 노트만 동기화 노트북으로 이동시키면 트래픽을 효율적으로 활용할 수 있습니다.

1 에버노트 클라이언트를 실행합니다. 상위 메뉴에서 [파일] > [새 로컬 노트북]을 클릭합니다.

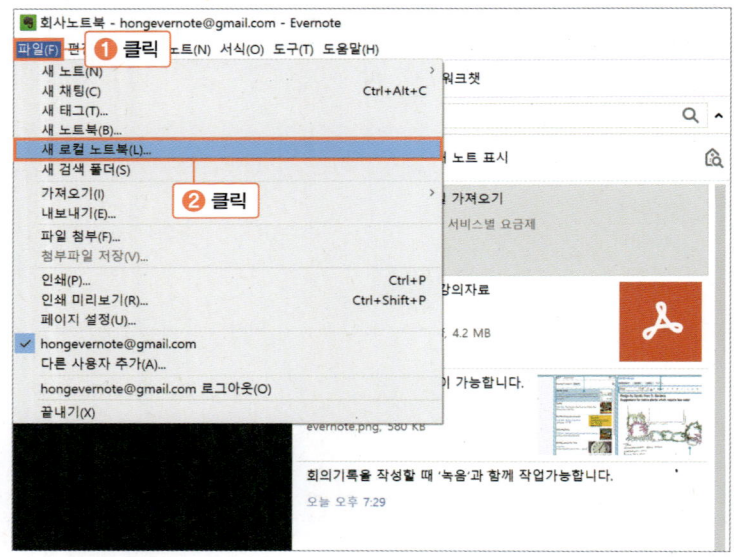

2 노트북 이름을 입력한 후 [확인]을 클릭합니다.

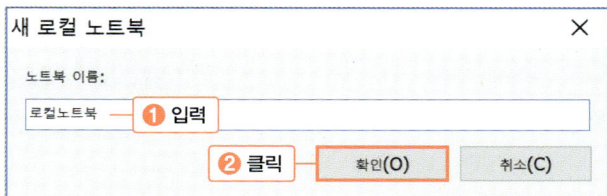

TIP_ 로컬 노트북은 용량에 제약 없이 노트를 생성할 수 있기 때문에 많은 양의 정보를 저장할 수 있습니다. 또한 보안이 필요한 자료를 보관하는 것이 좋습니다.
- 로컬 노트북 활용하는 방법 – http://cafe.naver. com/evernote1/888

3 로컬 노트북 위에 마우스 오른쪽 버튼을 클릭한 후 [속성]을 클릭하여 속성을 확인하면 유형에는 로컬 노트북이, 속성은 변경되지 않은 상태로 노트북 공유나 수정이 비활성화 되어 있는 것을 확인할 수 있습니다.

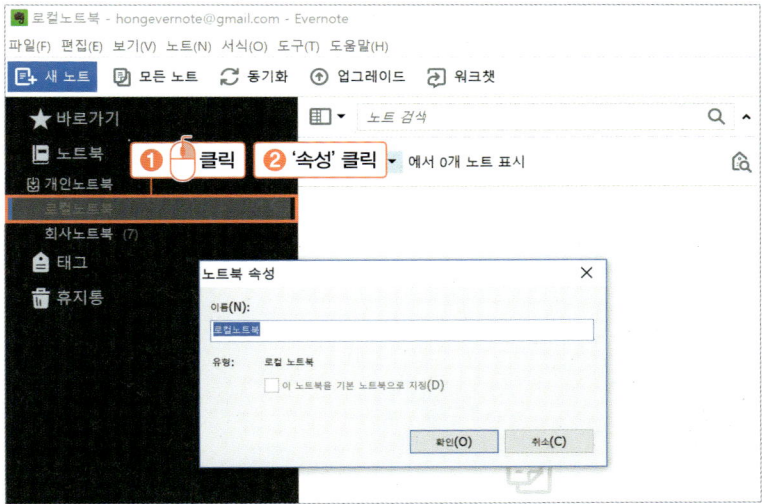

TIP_ 해당 노트북에 있는 노트를 동기화하려고 한다면 동기화가 가능한 노트북으로 노트를 이동해서 사용하도록 합니다.

스택 생성하기

노트북이 노트를 저장하는 컨테이너라면, 스택Stack은 노트북을 저장하는 컨테이너입니다. 노트북을 묶어서 관리할 수 있는 폴더(카테고리)와 같은 개념으로 노트북을 그룹화하여 사용자가 알기 쉬운 이름으로 만들 수 있습니다. 스택은 에버노트의 노트에 여러 가지 수준의 구성을 추가할 수 있는 매우 효과적인 방법이며, 사용자가 만드는 각 스택은 허용되는 250개의 노트북 중 하나로 간주됩니다. 스택은 노트북이 생성되기 전에 생성할 수 없으며 생성된 노트북을 선택한 후 스택을 추가할 수 있습니다.

■ 컴퓨터에서 스택 생성하기

1 노트북을 선택한 후 마우스 오른쪽 버튼을 클릭합니다. 스택을 생성하기 위해 [스택에 추가] 〉 [새 스택]을 클릭합니다.

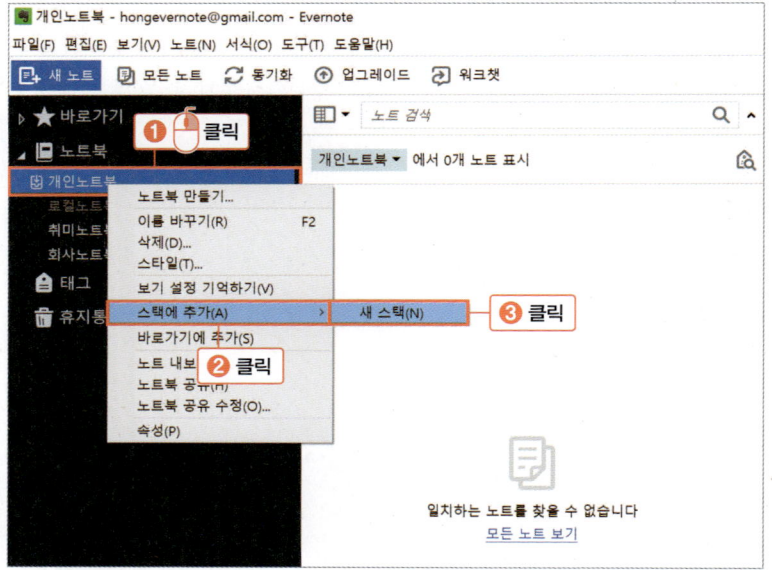

> **TIP_** 기존에 스택이 만들어져 있다면 해당하는 스택에 추가할 수 있습니다. 또한 공유한 노트북에 대해서 사용자 계정 스택에 추가할 수 있습니다. 예를 들어 '취미노트북'라는 노트북이 있다면, 노트북을 기존 스택에 묶어 놓을 수 있습니다.

2 아래와 같이 새 스택으로 '노트북 스택'이 생성됩니다.

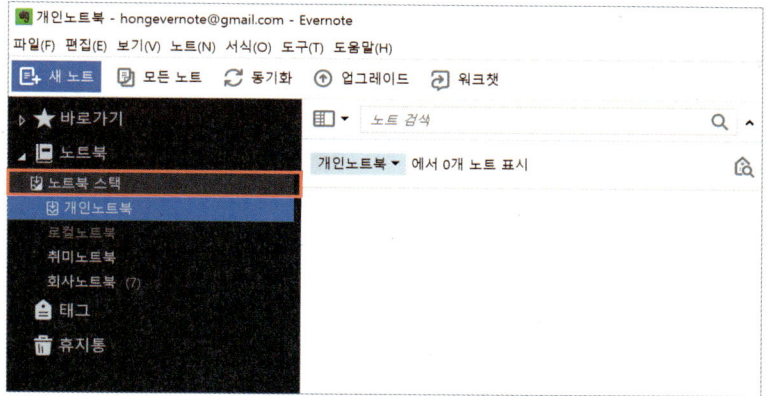

3 '노트북 스택' 위에 마우스 오른쪽 버튼을 클릭한 후 목록에서 [이름 바꾸기]를 클릭합니다.

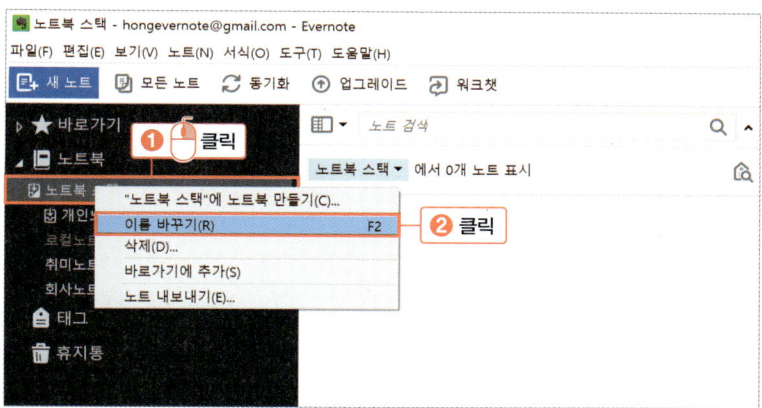

4 스택 이름을 변경합니다.

5 이번에는 앞서 만든 스택에 노트북을 추가해 보도록 하겠습니다. 스택 위에 마우스 오른쪽 버튼을 클릭한 다음 [노트북 만들기]를 클릭합니다.

6 노트북 이름을 입력한 후 [확인]을 클릭합니다.

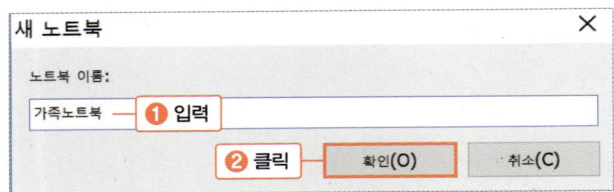

7 스택에 새로운 노트북이 생성된 것을 확인할 수 있습니다.

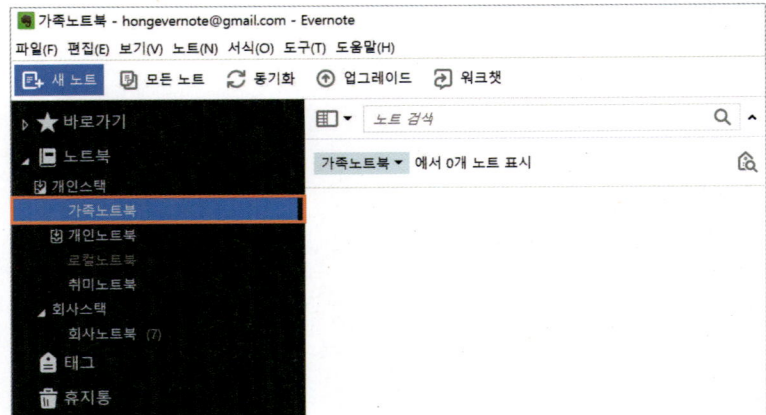

■ 스마트폰에서 스택 작업하기

1 안드로이드에서 에버노트를 실행한 후 (≡) 〉 [노트북]을 터치합니다. 스택으로 만들 노트북을 길게 터치한 후 '노트북 옵션' 목록에서 [새 스택으로 이동]을 터치합니다. 스택의 이름을 입력한 후 [확인]을 터치합니다.

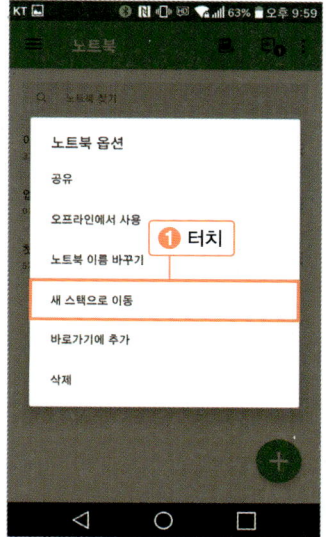 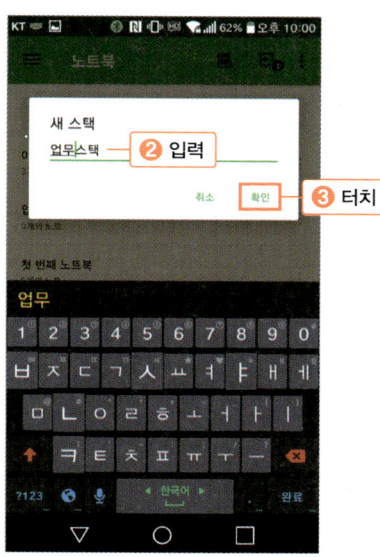

2 새 스택이 생성되며 선택한 노트북이 스택 하단으로 내려간 것을 확인할 수 있습니다.

 TIP_ 아이폰 에버노트 앱에서는 현재 스택 생성 작업 기능이 제공되지 않습니다.

태그 생성 및 수정하기

태그는 노트의 내용을 간략하게 설명하기 위해 노트에 추가하는 텍스트 조각입니다. 즉, 수많은 노트 속에서 보다 쉽고 정확하게 원하는 자료를 찾도록 도와주는 것이 태그 기능입니다. 노트를 작성할 때 태그를 함께 입력해 주면 나중에 태그 검색을 통하여 필요한 자료를 손쉽게 찾을 수 있으며, 태그와 함께 내용 검색도 가능하기 때문에 노트를 빠르게 찾을 수 있습니다.

■ 컴퓨터에서 태그 생성 및 수정하기

1 에버노트 클라이언트를 실행하여 작성 중인 노트를 선택한 후 [태그 추가...]를 클릭합니다.

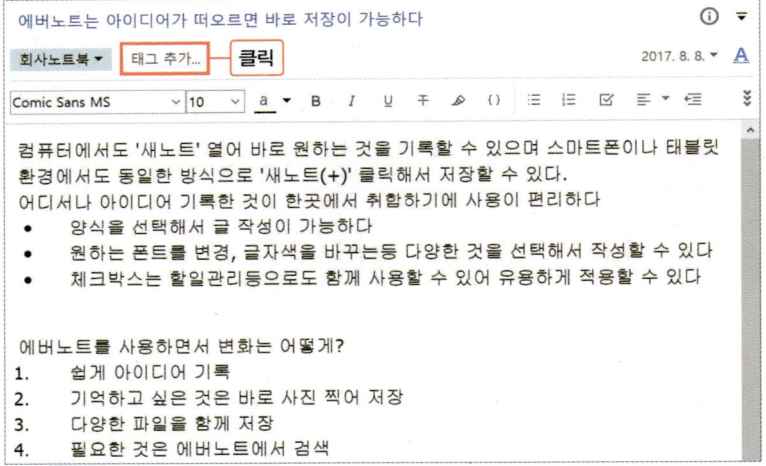

TIP_ 에버노트 클라이언트에서 미리 태그를 만드는 방법

클라이언트 좌측에 있는 메뉴 목록 중 [태그]를 사용하면 자주 사용하는 태그를 미리 생성해 놓고 노트에서 불러와 적용할 수 있습니다.

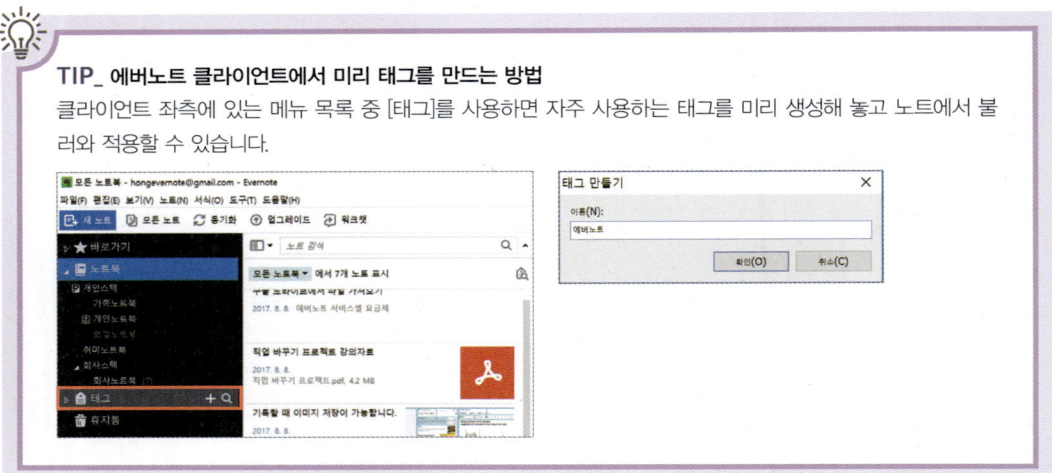

2 노트에 맞는 적당한 주제를 입력한 후 **Enter** 를 눌러 다음 태그를 입력합니다.

에 사용방법 아이디어 에버노트

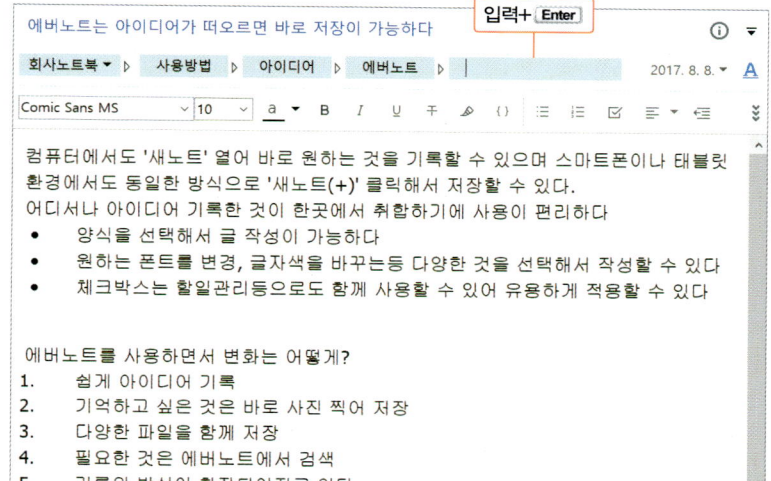

💡

TIP_ 태그는 하나의 노트에 100개까지 넣을 수 있습니다. 하지만 하나의 노트에 여러 태그를 넣게 되면 찾을
때 중복 노트가 발생하기에 가능하면 필요한 태그만 넣기 바랍니다. 자주 사용하는 태그 위주로 넣어 노트를 빠
르게 찾을 때 사용하도록 합니다.

3 제공된 태그를 삭제하려면 커서를 태그 위에 올려놓습니다. 태그 옆에 [x]가 활성화되면 클릭해서 삭제합
니다.

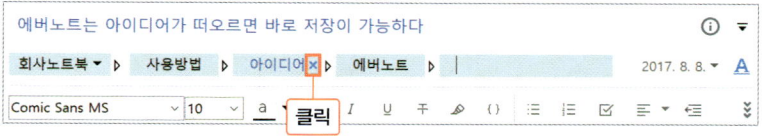

■ **스마트폰으로 태그 생성 및 수정하기**

1 안드로이드에서 에버노트 앱을 실행하여 (☰) 〉 [모든 노트]를 터치합니다. 이후 태그를 삽입할 노트를 선택한 다음 (📖)를 터치합니다.

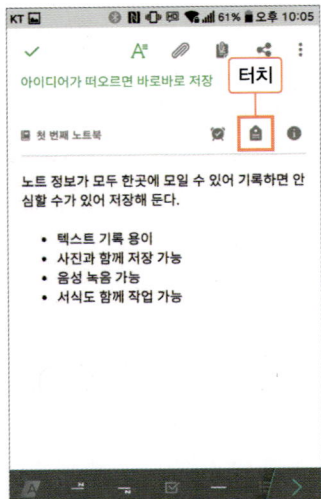

TIP_ 스마트폰에서는 미리 태그를 생성하는 작업이 아니라 개별 노트에 태그를 넣을 수 있는 기능이 제공됩니다.

2 노트와 관련된 태그를 입력한 후 [확인]을 터치합니다. 반복 작업을 통해 원하는 태그를 삽입합니다. 넣은 태그를 삭제하려면 다시 한 번 [태그 편집]을 터치한 후 태그 옆에 있는 [X]를 터치합니다.

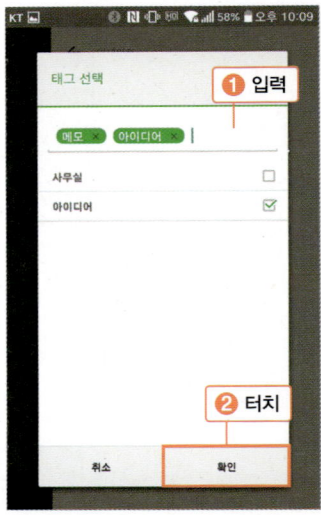

TIP_ 아이폰에서 태그 생성 및 삭제하기

아이폰에서 에버노트 앱을 실행한 후 [노트]를 터치합니다. 노트 상단의 (ⓘ) 〉 [태그 추가]를 터치한 후 태그를 입력합니다. 기존 태그를 삭제하려면 (⊕)를 터치하거나 해당 태그를 터치하여 삭제할 수 있습니다.

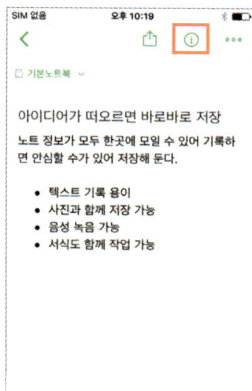

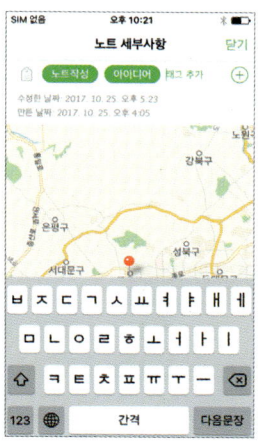
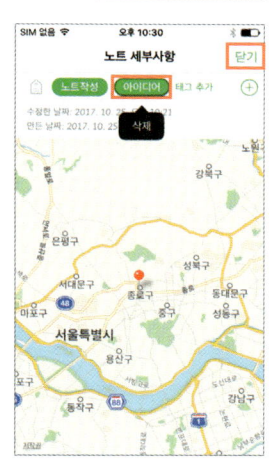
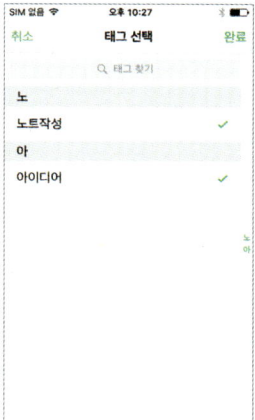
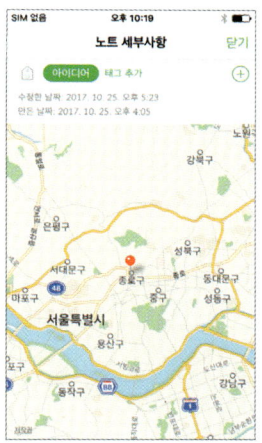

생성한 태그 이름 변경 및 삭제하기

노트에 생성한 태그 이름을 변경하거나 삭제해야 할 때가 있습니다. 이럴 때는 모든 노트를 일일이 수정하는 대신, '태그' 메뉴를 통해 한 번에 처리할 수 있습니다. 예를 들어 'ABC'로 만들어진 태그를 'BCD'로 모두 수정하게 될 경우, '태그' 메뉴에 있는 태그 명을 수정하면 노트에 삽입된 태그명이 수정한 태그 명으로 모두 동일하게 변경됩니다. 태그를 삭제할 때도 동일합니다. '태그' 메뉴에 있는 태그를 삭제하면 모든 노트에 있는 태그 명이 삭제됩니다.

1 에버노트 클라이언트를 실행합니다. 좌측 하단 '태그' 메뉴에서 변경하고자 하는 태그 위에 마우스 오른쪽 버튼을 클릭한 후 [이름 바꾸기]를 클릭합니다.

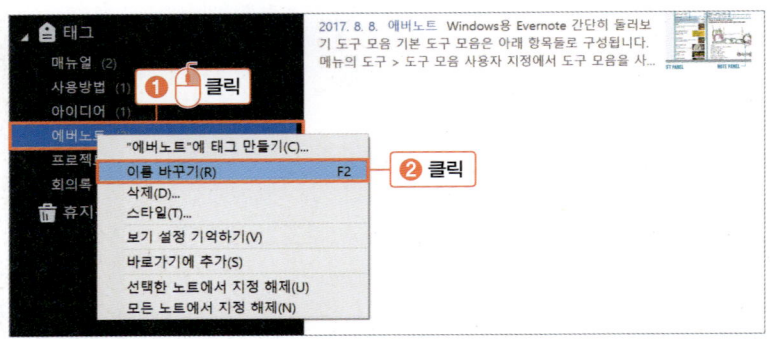

2 태그 명을 수정한 후 **Enter** 를 누릅니다. 태그 명이 변경된 것을 확인할 수 있습니다. 태그를 삭제하려면 삭제하려는 태그 위에 마우스 오른쪽 버튼을 클릭한 다음 목록 중 [삭제]를 클릭합니다.

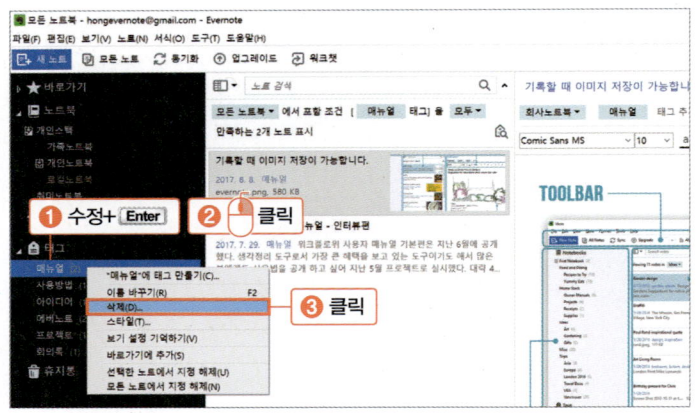

TIP_ 태그를 삭제 시 되돌리기 기능이 없으니 유의해서 사용하기 바랍니다.

3 '태그를 삭제하시겠습니까?' 창이 나타나면 [태그 삭제]를 클릭합니다.

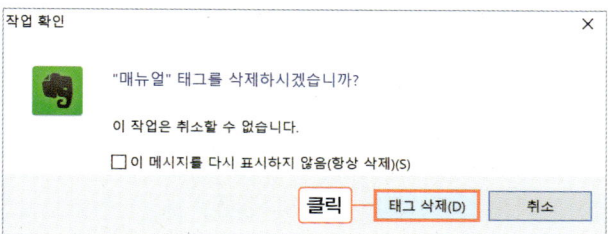

4 삭제한 태그가 태그 목록에서 사라지며, 태그가 삽입된 노트의 태그 목록에서도 사라진 것을 확인할 수 있습니다.

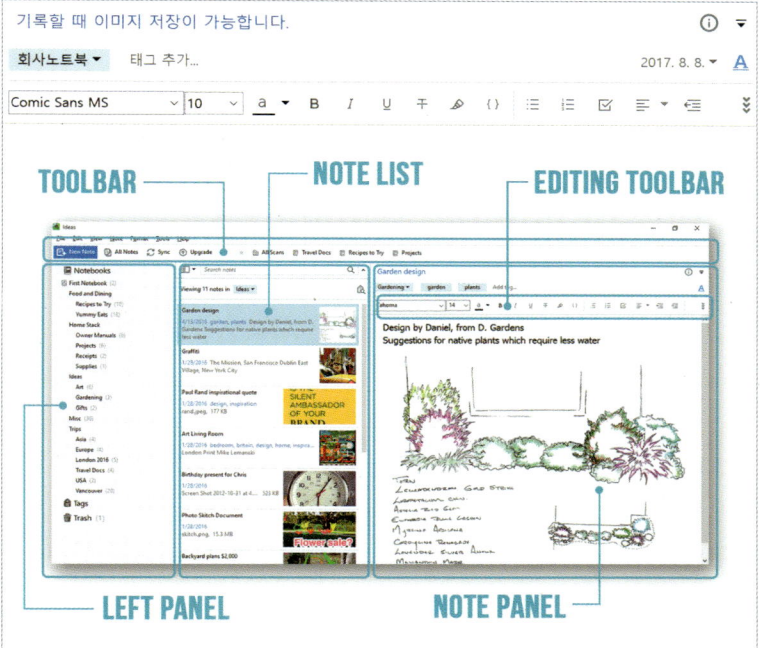

Q_ 에버노트는 업로드 이메일 주소를 사용해 노트를 생성할 수 있는데, 얼마까지 수신이 가능한가요?

A_ 스팸 등의 남용을 방지하기 위해 하루에 에버노트 이메일 주소로 보낼 수 있는 최대 이메일 개수가 제한되어 있습니다. 무료 계정 소유자는 최대 하루 50개의 이메일을 보낼 수 있으며, 프리미엄 계정 소유자는 최대 하루 250개를 보낼 수 있습니다. 개수는 각 사용자별로 매일 12:00AM(태평양 시간)에 재설정됩니다.

Q_ 스마트폰에서 에버노트를 사용하여 노트를 생성할 경우 노트에 관련된 모든 데이터를 저장하나요?

A_ 컴퓨터 이외의 디바이스에서는 로컬에 데이터를 저장하지 않고 노트 메타데이터와 헤더 값만 저장합니다. 스마트폰에서 동기화 작업을 진행하면 '헤더 다운로드 중'이라고 표시됩니다. 헤더에는 노트 제목, 노트를 만든 날짜/업데이트한 날짜 등이 포함되어 있고 노트의 본문이나 첨부된 이미지 또는 파일은 포함되어 있지 않습니다. 스마트폰에 노트 데이터를 저장하려면 오프라인 노트북(프리미엄 사용자 기능)을 사용해야 합니다.

 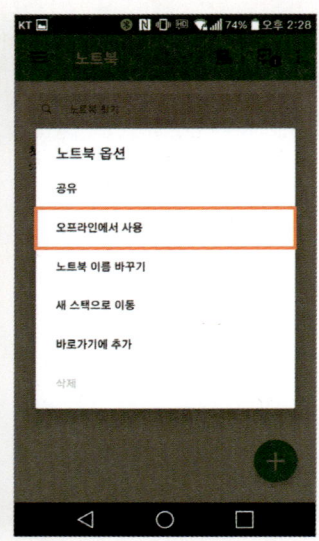

Q_ 오프라인 노트북을 사용해야만 스마트폰에서 검색할 수 있나요?

A_ 그렇지 않습니다. 스마트폰에서는 데이터를 모두 저장하지 않고 노트 메타데이터와 헤더값만 저장합니다. 이와 같은 값은 검색을 최대한 지원하게 되며, 노트 내용을 보려고 할 때만 다운로드하게 됩니다. 참고로 오프라인 노트북은 프리미엄 서비스입니다.

Q_ 에버노트에 저장된 이미지를 회전시키는 방법이 있나요?

A_ 이미지 회전 작업은 주석(이전에는 스키치) 기능으로 가능합니다. 스마트폰에서는 이미지를 길게 터치한 후 주석 기능으로 회전 작업을 진행할 수 있습니다. 컴퓨터에서는 이미지 위에 마우스 오른쪽 버튼을 클릭하면 시계방향으로 회전하거나 반대 방향으로 회전해 사용할 수 있습니다.

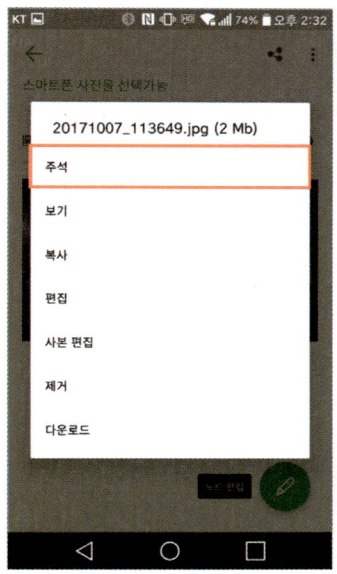 

Q_ 로컬 노트북을 스마트폰에서 생성할 수 있나요?

A_ 로컬 노트북은 동기화하지 않는 노트북을 의미하며 컴퓨터에서만 생성하고 작업할 수 있습니다.

Q_ 이미지 또는 PDF를 처리하여 텍스트를 검색하는 데 어느 정도의 시간이 걸립니까?

A_ 에버노트는 이미지와 PDF 파일을 처리하여 그 안에 포함되어 있는 텍스트를 검색할 수 있습니다. 이러한 처리 작업은 에버노트 서버에서 이루어지며 처리를 위해 대기하는 이미지 수에 따라 시간이 다소 걸릴 수 있습니다.

프리미엄 가입자가 업로드하는 이미지 파일은 무료 가입자의 이미지 파일보다 우선적으로 처리됩니다. 프리미엄 계정 소유자는 몇 분 이내에 이미지가 처리되는데 비해, 무료 계정 소유자는 다소 시간이 걸리며 오래 걸릴 때는 몇 시간이 걸릴 수도 있습니다. 에버노트 서버에서 이미지 또는 PDF 파일이 처리되면 다음번 동기화 과정에서 해당 파일이 사용자의 에버노트 클라이언트 응용프로그램으로 다운로드 됩니다.

Q_ 복잡한 표와 수식, 폰트 구분을 사용하고 싶은데 어떻게 하면 가능한가요?

A_ 에버노트는 노트 앱이므로 복잡한 표와 수식 작업은 지원하지 않습니다. 단순하게 구분할 수 있는 정도의 표는 지원하고 있으나, 오피스 수준의 서식은 이용할 수 없으므로 엑셀과 같은 스프레드시트의 내용은 캡처해서 올려놓거나 첨부해서 저장해야 합니다. 또한 폰트의 경우 컴퓨터에서는 지원하지만 스마트폰에서는 동일한 폰트가 제공되지 않는 경우가 있으니 유념하기 바랍니다. 다음 그림은 컴퓨터와 스마트폰에서 본 동일한 노트 샘플입니다. 폰트를 제외하고 모두 동일하게 동기화 작업이 됩니다.

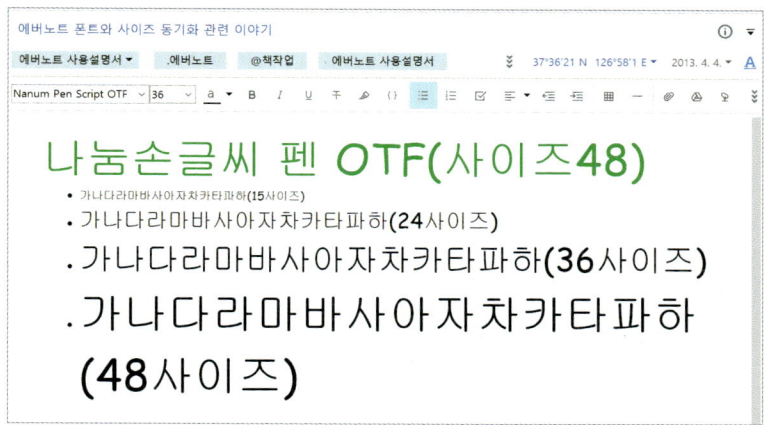

Q_ 스택과 노트북 이름을 동일하게 만들 수 없다고 나옵니다. 해결 방법이 있나요?

A_ 에버노트의 스택은 노트북 중 하나로 간주됩니다. 그렇기 때문에 노트북 이름과 동일하게 만들 수 없습니다. 참고로 노트북과 스택은 총 250개까지 만들 수 있고, 스택은 공유할 수 없지만, 스택에 포함되어 있는 노트북은 개별적으로 공유할 수 있습니다.

Q_ 사용량을 줄이기 위해 노트에 저장된 이미지 사이즈를 줄였더니 오히려 전체 사용량이 늘어났습니다. 무엇 때문인가요?

A_ 에버노트는 업로드 허용량을 기준으로 하기 때문에 저장된 이미지를 축소한다고 해도 사용량이 줄어들지 않습니다. 오히려 축소한 이미지 만큼의 사용량이 증가하게 됩니다. 왜냐하면 기존 이미지의 사이즈를 줄이게 될 경우 사이즈가 변경된 이미지를 새로운 이미지라고 판단해서 저장하기 때문입니다. 즉, '원래 이미지 사이즈+사이즈 축소한 이미지=합'의 용량으로 증가합니다. 이런 경우 프리미엄 사용자에게 제공되는 '노트 변경 내역'을 통해서 이전으로 되돌릴 수 있습니다.

Q_ 실수로 삭제한 노트는 어떻게 복구하나요?

A_ 모든 에버노트 클라이언트에는 삭제된 노트를 위한 별도의 노트 보관함('휴지통'이라고 함)이 있습니다. 노트가 삭제되면 먼저 휴지통으로 이동합니다. 휴지통에서 노트를 쉽게 복원할 수 있습니다. 노트의 삭제를 취소하려는 경우 다음 단계를 수행합니다.

1. 에버노트 클라이언트에서 목록 하단에 있는 [휴지통]을 클릭합니다.
2. 복원할 노트 위에 마우스 오른쪽 버튼을 클릭한 후 [노트 되돌리기]를 클릭하면 삭제하기 전에 노트가 있었던 노트북으로 노트가 복원됩니다.

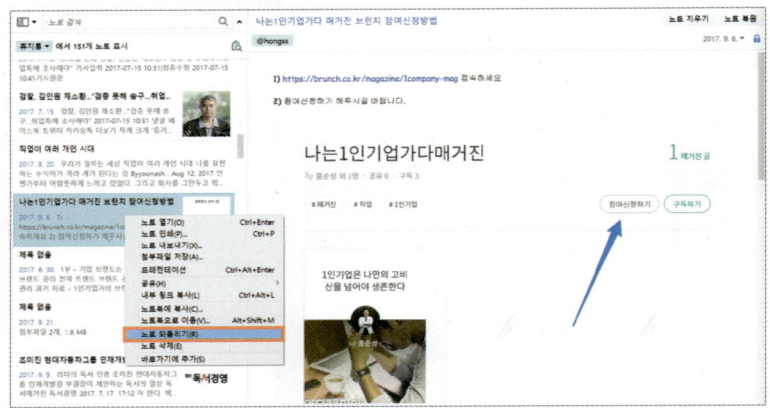

삭제하기 전에 노트를 동기화한 경우 동기화된 모든 장치에서도 노트가 휴지통에 표시됩니다. 동기화하기 전에 노트를 삭제한 경우 노트를 작성한 장치의 휴지통에만 노트가 표시됩니다. 모든 이전 버전의 노트의 경우 노트 삭제를 취소할 수 있는 방법이 없기 때문에 노트를 삭제하면 영구적으로 사라집니다. 따라서 노트를 삭제할 때는 매우 신중해야 합니다.

Q_ 스마트폰에서 노트를 작성할 때 위치나 일정에 있는 제목이 자동으로 나타납니다. 해제 하고 싶을 때에는 어떻게 해야 하나요?

A_ 에버노트는 노트 작성 시 자동으로 제목을 지정하는 기능을 제공하고 있습니다. 해제 하는 방법은 [설정] 〉 [노트]를 터치하여 설정하면 됩니다. '위치를 사용해 자동 제목 지정'은 이동 중에 무언가 기록을 하기 위해 빠른 스냅샷이나 음성 메모를 사용할 때 매우 편리한 기능입니다. 노트의 내용과 노트 생성 시간을 기준으로 제목이 자동 생성 되어 나중에 노트를 찾을 때 훨씬 편리합니다.

CHAPTER

03

에버노트에서
알아야 할 주요 기능

에버노트를 사용하면서 꼭 알아야 할 12가지 기능을 설명합니다. 노트 목차나 참고 링크로 사용하는 노트 링크, 에버노트 사용자와 공유하는 노트 공유(워크챗) 방식, 외부 사용자와 공유하는 노트 공유(공개 링크 공유), 노트를 표시하거나 알리는 알리미, 사진이나 이미지, PDF에 주석을 달 수 있는 스키치, 중요한 텍스트를 암호화 하는 선택한 텍스트 암호화 방법, 자주 검색하는 것을 저장해서 바로가기로 할 수 있는 검색 폴더와 바로가기, 노트 키워드를 검색하도록 도와주는 기본 검색, 고급 쿼리와 함께 사용하는 고급 검색, 노트를 따로 PPT 작업 없이 사용할 수 있게 하는 프레젠테이션, 관련된 노트를 함께 보여 주는 연관 콘텐츠, 컴퓨터에서 사용할 수 있는 단축키 기능을 하나씩 설명합니다.

Section ▲▲▲▲▲▲▲▲▲▲▲▲▲▲▲▲▲▲▲▲▲▲

01 | 노트 링크 – 내부 링크

02 | 노트 공유 – 워크챗

03 | 노트 공유 – 공개 링크

04 | 알리미

05 | 스키치 – 컴퓨터, 모바일

06 | 선택한 텍스트 암호화 방법

07 | 검색 폴더/바로가기

08 | 기본 검색

09 | 고급 검색

10 | 프레젠테이션

11 | 연관 콘텐츠

12 | 단축키

노트 링크 - 내부 링크

노트 링크는 노트와 노트를 연결하는 기능을 말합니다. 예를 들어 보고서를 작성할 때, 보고서와 관련된 여러 종류의 노트들이 생길 수 있습니다. 이때 쌓여 있는 노트를 목차 형태로 정리해 보기 편하고 바로 해당 노트에 접근할 수 있도록 하려면 이 노트 링크 기능을 사용하면 됩니다. 또한 특정한 노트를 참조해야 할 때 많이 사용합니다. 예를 들어 회의록을 작성한 후 회의록과 관련된 자료가 담긴 노트를 참조해야 하거나 글쓰기 작업을 할 때, 웹 스크랩한 내용에 대해서 링크를 걸어 둘 때 활용합니다. 노트 링크 작업은 컴퓨터와 스마트폰에서 작업할 수 있으며, 이렇게 생성된 노트 링크는 에버노트의 모든 버전(모바일 버전 포함)에서 사용할 수 있습니다. 참고로 노트 링크 복사를 통해 생성된 링크는 사용자 계정 내의 노트에서만 적용되며, 다른 사용자와 노트를 공유하려는 경우에는 연결되지 않습니다. 이 노트를 모든 사람이 볼 수 있도록 공유하려면 공개 링크를 사용해야 합니다.

노트 링크를 생성하는 방법

노트 링크 생성 방법은 생각보다 간단합니다. 노트에서 마우스 오른쪽 버튼을 클릭하여 내부 링크 복사Copy Note Link를 선택하거나, 노트 메뉴Note Menu에서 찾아 선택하면 됩니다. 링크는 클립보드에 저장되는데, 이 링크는 어디든지 붙여넣기가 가능합니다.

1 에버노트 클라이언트 프로그램을 실행합니다. 링크를 만들 노트 위에 마우스 오른쪽 버튼을 클릭한 후 [내부 링크 복사(Copy Note Link)]를 클릭합니다.

2 노트 링크가 클립보드에 저장됩니다. 새 노트를 만든 후 Ctrl + V 를 누르거나 마우스 오른쪽 버튼을 누른 후 [붙여넣기]를 선택합니다. 링크를 클릭하면 해당 노트로 이동합니다.

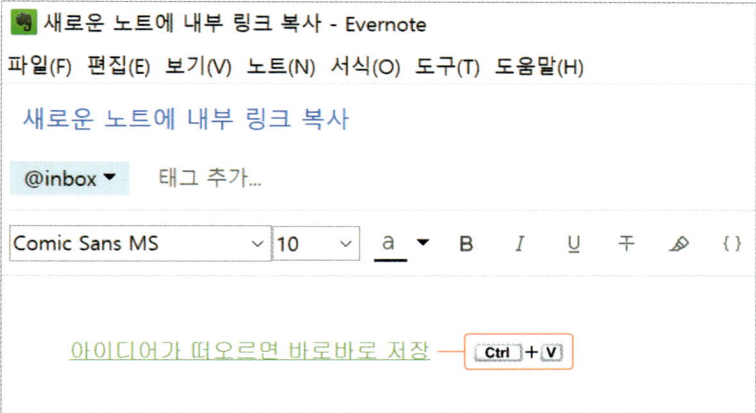

노트 링크를 통해 목차 노트 만들기

여러 개의 노트를 한 번에 선택한 후 목차 노트 만들기 기능을 사용하면 쉽게 노트 리스트를 만들 수 있습니다. **Shift**를 누른 후 차례대로 노트를 선택하거나 **Ctrl**을 누른 후 원하는 노트를 골라서 선택하면 됩니다. 노트 링크는 노트의 제목을 기준으로 작성되기 때문에 단순한 제목보다는 해당 노트가 어떤 정보를 담고 있는지 자세하게 적어 두어야 합니다.

여러 개의 노트를 목차로 정리하는 작업은 프로젝트 작업을 하거나 보고서의 목차를 정리할 때, 집필 작업을 할 때에 관련된 자료를 한 번에 모아 두고 쉽게 찾을 수 있도록 도와줍니다. 이 렇듯 노트 링크는 간단한 작업이지만 다양한 범위에서 응용할 수 있습니다.

1 에버노트 클라이언트를 실행합니다. **Shift**를 누른 상태로 목차를 만들고 싶은 노트를 클릭합니다. 여러 개의 노트가 선택되면 [목차 노트 만들기]를 클릭합니다.

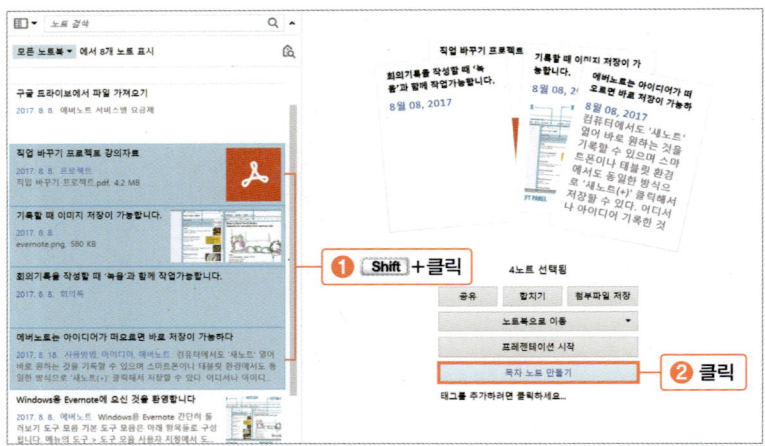

2 아래와 같이 새로운 '목차' 노트가 생성됩니다.

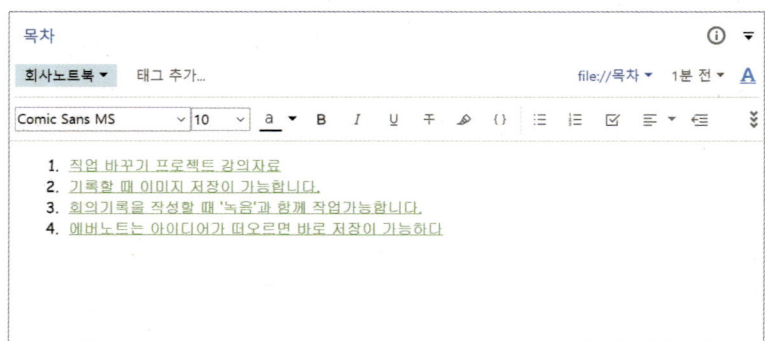

클래식 노트 링크 작업하기

에버노트 내에서 내부 링크(이전 노트 링크)를 클릭하면 해당 노트로 바로 이동되지만 외부 프로그램 또는 워드문서에서 내부 링크를 사용하면 에버노트가 아니라 웹 브라우저로 연결됩니다. 이때 해당 노트로 연결만 되고 수정 작업을 할 수 없습니다. 이럴 경우 클래식 노트 링크 기능을 사용하면 에버노트 프로그램으로 연결되어 수정 작업을 할 수 있습니다. 클래식 노트 링크는 내부 링크가 이전에 사용했던 기능 중에 하나입니다.

필자는 원고 작업을 할 때 자주 사용하는 '워드문서 또는 워크플로위workflowy' 안에 관련 내용을 참고할 수 있도록 클래식 노트 링크를 넣어 둡니다. 자료를 클래식 노트 링크로 만든 후 컴퓨터나 스마트폰에서 에버노트와 워크플로위를 함께 쓸 때, 클래식 노트 링크를 삽입하여 링크를 클릭하면 에버노트에서 관련 노트를 볼 수 있도록 합니다.

1인기업에게 필요한 책정보

- 그대 스스로를 고용하라(구본형, 2005.6) – 삶의 분기점을 찾는 직장인을 위한 구본형의 변화기술론이자 자기 혁명서
  - 구본형의 1인 주식회사 성공조건 3가지
    evernote:///view/134618679/s4/fb08e593-eb3e-43e1-8f31-1e4de9c3e44f/fb08e593-eb3e-43e1-8f31-1e4de9c3e44f/
- 1인회사 – 1인기업은 수입다각화 작업이 필요하다
  - 수입은 초기에는 잘하는 일에 집중하고, 점차 하고 싶은일을 병행하면서 수입을 다각화 해야 한다. 특히 여러 일들을 하다보면 어려움을 가질 수 있으니, 꼭 선택과 집중을 해야한다.
  - 1인기업 정체 기간을 견뎌라.

노트 링크와 클래식 노트 링크의 차이점은 아래와 같습니다.

- **노트 링크 형식 :**

  https://www.evernote.com/sha버d/..생략.../48deb702–6b47–4ed4–b896
- **클래식 노트 링크 형식 :**

  evernote:///view/..생략.../752f21a3–1bc3–44d7–88ec–f03a64/

■ 윈도우에서 클래식 노트 링크 만들기

윈도우에서 클래식 노트 링크를 생성하기 위해서는 링크를 생성하려는 노트를 클릭한 후 `Ctrl` 을 누른 상태로 마우스 오른쪽 버튼을 클릭합니다. 이후 [내부 링크 복사]를 선택합니다.

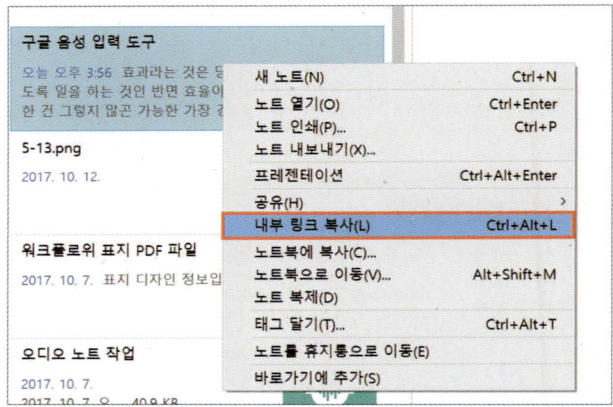

제대로 복사가 되었는지 확인하려면, 노트패드를 실행한 후 붙여넣기해 봅니다. 아래와 같이 주소가 'evernote:///view/' 형태로 작성되면 정상적으로 복사가 된 것입니다.

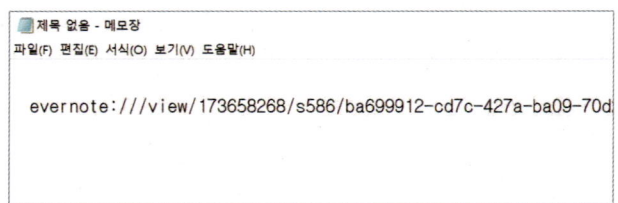

■ 맥에서 클래식 노트 링크 만들기

맥용 컴퓨터에서 클래식 노트 링크를 생성하려면 [option] 과 [+] 를 함께 누른 후 마우스 오른쪽 버튼을 클릭합니다. 이후 [노트 링크 복사]를 선택합니다.

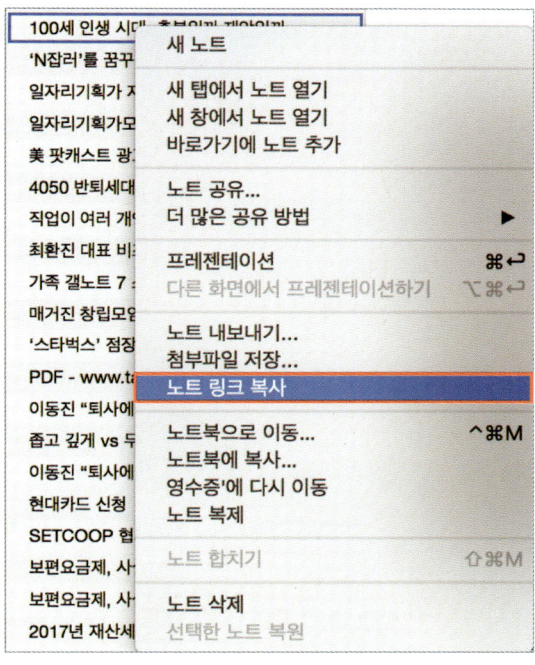

워크챗은 단순한 노트 공유 방식이 아니라 노트 공유와 더불어 협업자와 실시간으로 커뮤니케이션을 할 수 있는 도구입니다. 노트를 공유했다면 특정 시점에 누가 노트를 보거나 편집 중인지 확인하면서 채팅을 할 수 있습니다.

아래는 워크챗의 노트와 노트북 공유 방법입니다.

- 워크챗으로 공유된 노트는 내 계정에서 보이지만 계정 내에 존재하지 않습니다. 따라서 노트를 보관하려면 노트를 복사하여 내 계정의 노트북에 따로 저장해야 합니다. 이와 달리 노트북 자체가 워크챗으로 공유됐을 경우 노트와 다르게 내 계정에서 존재하며 언제든지 접근할 수 있습니다.

- 워크챗으로 받은 노트북과 노트가 동기화되어 전달되면, 수정 및 보기 메뉴를 선택하여 권한 설정을 할 수 있습니다. 권한 설정에 따라 사용자는 공유한 노트를 편집하고 수정할 수 있습니다. 권한 설정을 하면 워크챗 사용자에게만 접근 권한을 부여할 수 있기 때문에 보안성을 높일 수 있습니다.

- 특정 사용자와 워크챗을 하다가 다른 사용자를 추가해야 할 경우, 기존 워크챗에 바로 추가할 수 없습니다. 사용자를 추가하려면 새로운 워크챗을 만들어서 작업해야 합니다.

구분	노트	노트북
계정 내 노트 동기화	비동기화	동기화
파일 접근 방식	워크챗	공유 노트북
사용자 추가	안 됨	안 됨. 단, 공유 노트북 사용자 추가

공유된 노트를 수정한 후 상대방에게 바로 보여 주거나 수정된 노트를 실시간으로 확인하고 싶다면, 노트를 수정한 사용자와 공유된 노트를 보는 사용자 모두 동기화를 하면 됩니다.

워크챗으로 노트 공유 작업하기

개별 노트 공유 방식은 컴퓨터, 스마트폰, 웹상에서 워크챗을 통해 사용할 수 있습니다.

1 에버노트 클라이언트를 실행합니다. 공유하려는 노트 위에 마우스 오른쪽 버튼을 클릭한 후 [공유] > [노트 공유]를 선택합니다.

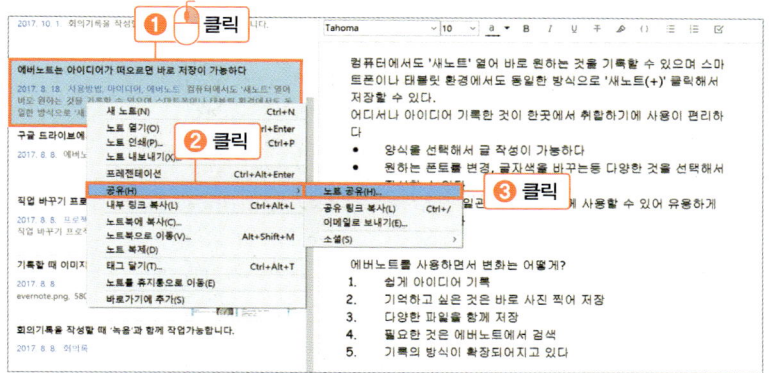

2 '노트 공유' 창이 나타나면 '받는 사람'에 이메일 주소를 입력합니다. 한 번이라도 워크챗을 함께 사용했다면 바로 워크챗 메시지가 나타나며, 그렇지 않다면 아래와 같은 화면에서 상대방의 이메일 주소를 입력하면 됩니다. 입력을 완료한 후 [공유]를 클릭합니다.

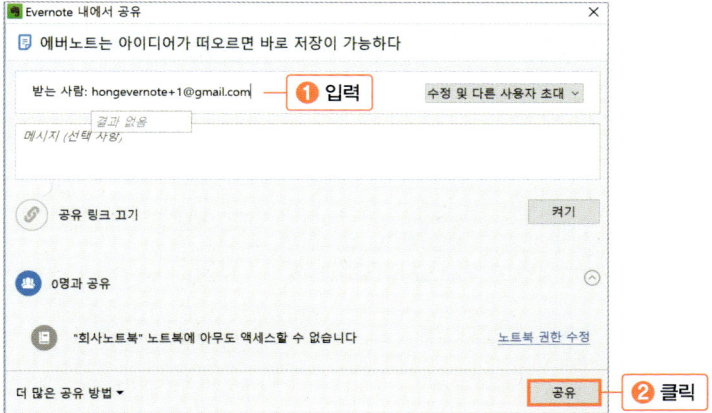

3 워크챗 채팅 요청을 받은 사용자는 아래와 같이 스마트폰 에버노트 앱에서 알림 메시지를 받거나 컴퓨터 에버노트 클라이언트 및 웹에서 동일한 메시지를 받게 됩니다.

4 워크챗으로 전달받은 노트를 실행하면 작업 사용자의 아이콘이(우측 상단) 변경됩니다. 또한 한쪽 채팅 사용자가 노트를 편집하고 있다면 다른 채팅 사용자는 해당 노트 작업을 할 수 없도록 자동으로 뷰어 모드로 변경됩니다. 노트를 닫아야만 상대방에게 편집 모드로 제공됩니다.

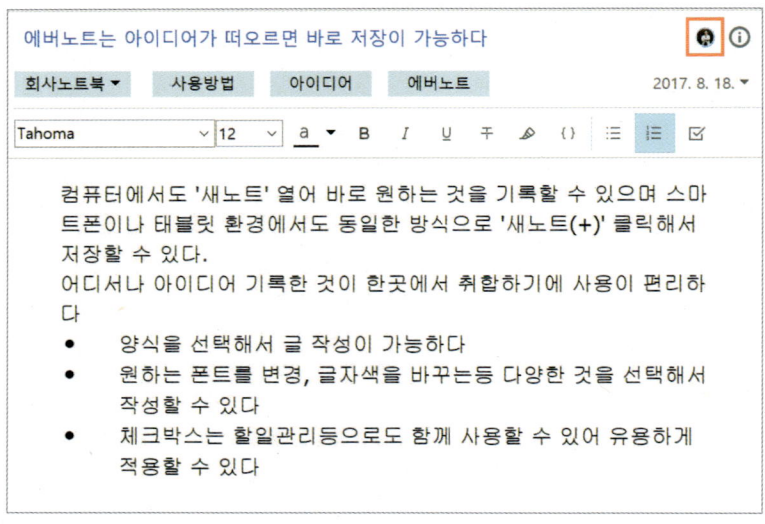

5 채팅 방식으로 대화 및 자료를 주고받을 수 있습니다. 주고받은 노트를 확인하고 싶다면 상위 클립 모양의 아이콘을 클릭하면 됩니다.

　채팅에 추가로 사람을 초대하려면 에버노트 상단 메뉴에서 [파일]-[새 채팅]을 클릭한 후 받는 사람에 이름을 직접 입력하거나 추천된 명단 중에서 선택합니다. 또한 아래와 같이 개인 연락처 목록에 있는 사용자들에게 채팅을 요청할 수 있습니다.

- 예전에 채팅을 했거나 노트를 공유했던 에버노트 연락처
- 에버노트 비즈니스 계정에 있는 동료들(에버노트 비즈니스 한정)
- 컴퓨터 또는 장치 주소록의 연락처(Windows, Mac, Android, iPhone, iPad, iPod Touch에서 사용 가능)
- Gmail 연락처(Windows, 웹, Android, iPhone, iPad, iPod Touch에서 사용 가능)
- Outlook 연락처(Windows 한정)

에버노트 프로필 설정에서 이름과 사진을 설정하면 워크챗 채팅에서 사용자 구분을 보다 명확히 할 수 있습니다. 프로필 설정 방법은 웹상에서 [계정] > [설정] > [프로필]을 선택하면 되며, 스마트폰에서는 [설정] > [계정 정보]에서 사용자 아이디 또는 이메일에서 선택하면 [프로필 편집] 작업을 할 수 있습니다.

워크챗으로 노트북 공유하기

워크챗에서의 노트북 공유 방법은 개별 노트 공유 방식과 동일합니다. 워크챗 작업은 컴퓨터, 스마트폰, 웹상에서 모두 가능합니다. 여기서는 컴퓨터 클라이언트 프로그램을 사용한 노트북 협업 방법에 대해 알아보도록 하겠습니다.

1 에버노트 클라이언트를 실행합니다. 공유하려는 노트북 위에 마우스 오른쪽 버튼을 클릭한 후 [노트북 공유]를 선택합니다.

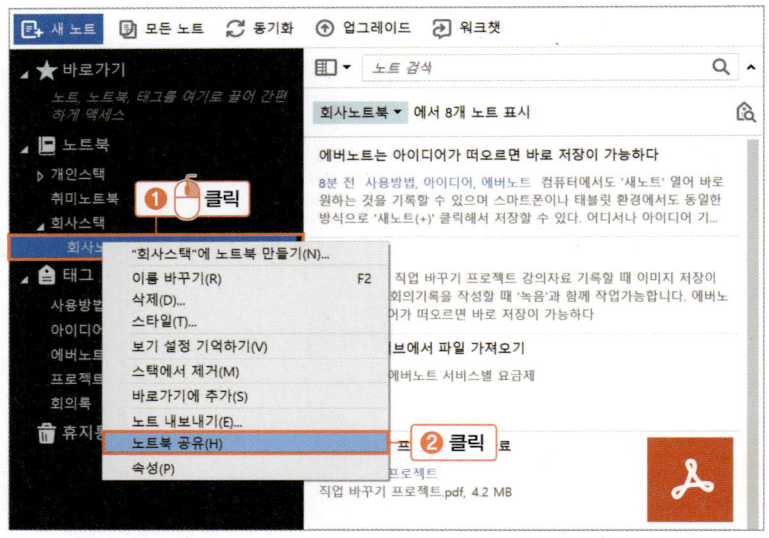

2 '받는 사람'에 노트북으로 함께 협업 작업을 할 사용자 계정을 입력한 후 [공유]를 클릭합니다.

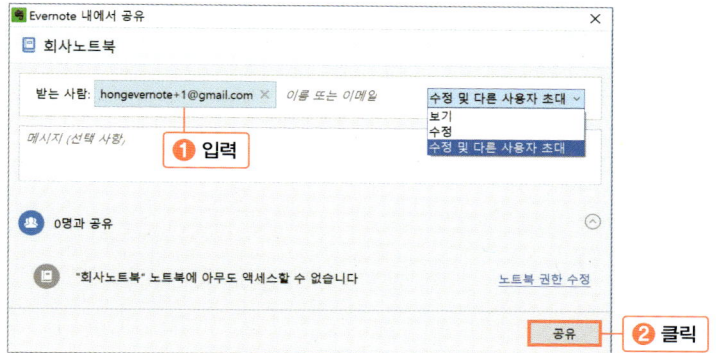

TIP_ 노트북 권한 설정하기

[수정 및 다른 사용자 초대]를 클릭하면 상대방이 노트북을 '보기'만 하거나 노트북에 있는 노트를 '수정'할 수 있도록 설정할 수 있습니다.

3 상대방이 워크챗으로 전달받은 [노트북]을 클릭하면 동기화 작업을 거쳐 공유 노트북이 생깁니다.

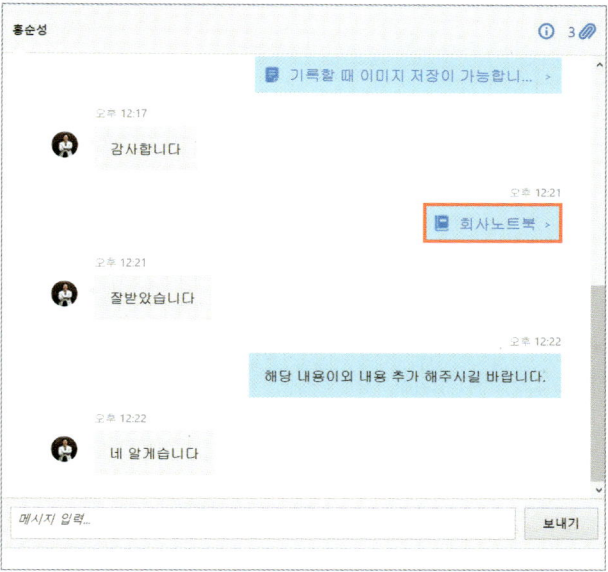

공유된 노트의 권한을 변경하는 방법

공유된 노트의 권한을 변경하고 싶을 때에는 해당 워크챗을 실행한 후 공유한 노트를 클릭하여 변경하면 됩니다.

1 워크챗 목록에서 권한을 변경하고 싶은 노트를 선택합니다.

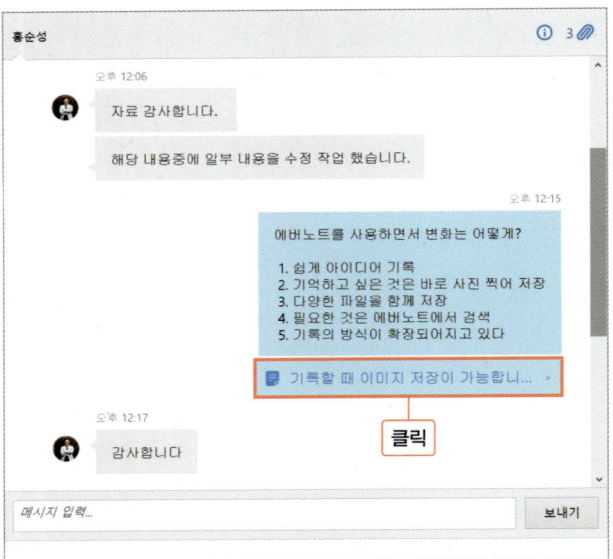

2 선택한 노트의 상단 메뉴에 있는 (▼) > [공유] 버튼을 클릭한 후 [노트 공유]를 선택합니다.

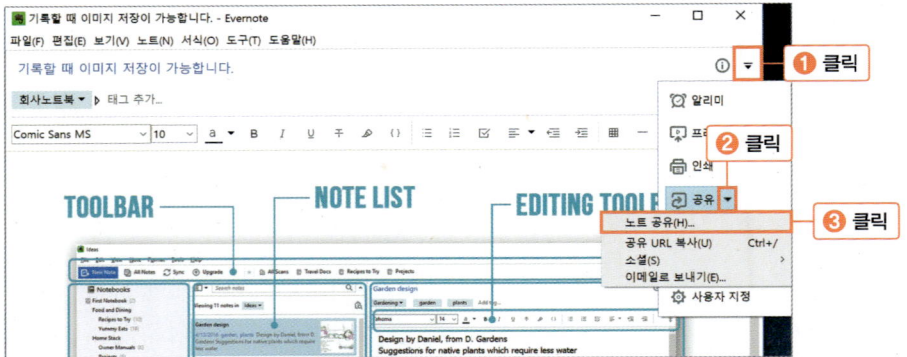

TIP_ [공유] 버튼이 보이지 않는다면 [사용자 지정]을 선택한 후 [공유] 버튼을 클릭하여 도구 모음 밖으로 끌어다 넣으면 됩니다.

3 '노트 공유' 창이 나타나면 해당 노트를 누구하고 공유하고 있는지 하단의 사용자 리스트를 통해 알 수 있습니다.

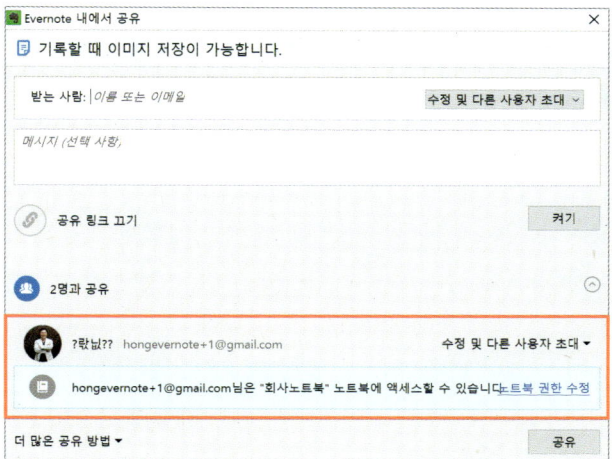

4 [수정 및 다른 사용자 초대]를 클릭한 후 '보기', '수정' 등으로 권한을 변경합니다.

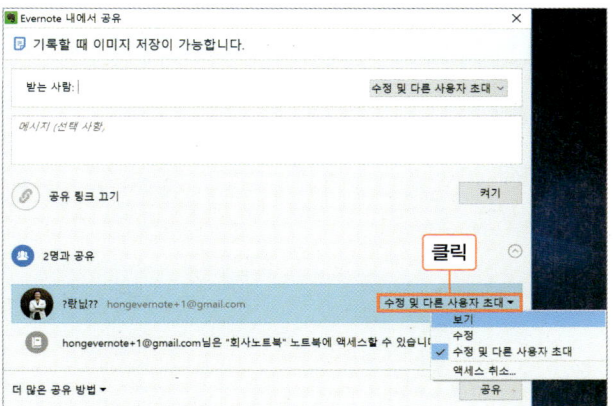

에버노트에 가입되어 있지 않은 사용자를 위한 노트 공유 방식으로 '이메일로 보내기'와 '공개 링크' 방식이 있습니다. 공개 링크 방식은 링크를 보는 누구나 접속할 수 있기 때문에 보안을 고려한다면 '이메일로 보내기' 방식을 사용하는 것이 좋습니다.

에버노트의 공개 링크는 여러 사람들과 함께 작업해야 하는 프로젝트에서 에버노트를 사용하지 않는 사용자와 노트를 공유할 경우 사용합니다. 작업 방법이 단순하기 때문에 스마트폰에서 자주 사용하는 기능 중에 하나입니다.

스마트폰에서 에버노트 노트를 카카오톡이나 문자메시지로 전달할 수 있습니다. 간편하게 전달할 수 있지만 불특정 다수에게 제공하기 때문에 문서가 유출되는 부분을 고려해야 합니다. 공개 URL을 보내고 난 후 공개 링크 노트 중지 작업을 해주어야 합니다.

공유 방법	공유 여부	기능
워크챗	특정 사용자	노트 공유+의사 전달, 라이브 노트
이메일 보내기	특정 사용자, 이메일로 전달	이메일로만 공개, 정지 노트 공유
공개 링크 공유 (공유 URL 복사, 소셜 링크)	불특정 다수	링크로 접근 가능

공개 링크 기능을 사용하는 방법

공개 링크(공유 URL 복사)는 외부로 노트를 공유하는 기능입니다. 에버노트 외의 곳에서 불특정 다수에게 노트를 공유할 수 있습니다. 또한 에버노트로 공개된 노트를 제공받았다면, 사용하고 있는 계정에 바로 저장할 수 있습니다.

■ 컴퓨터에서 카카오톡으로 공개 링크 전달하기

1 에버노트 클라이언트를 실행합니다. 공개 링크를 만들 노트 위에 마우스 오른쪽 버튼을 클릭한 후 [공유] 〉 [공유 링크 복사]를 선택합니다.

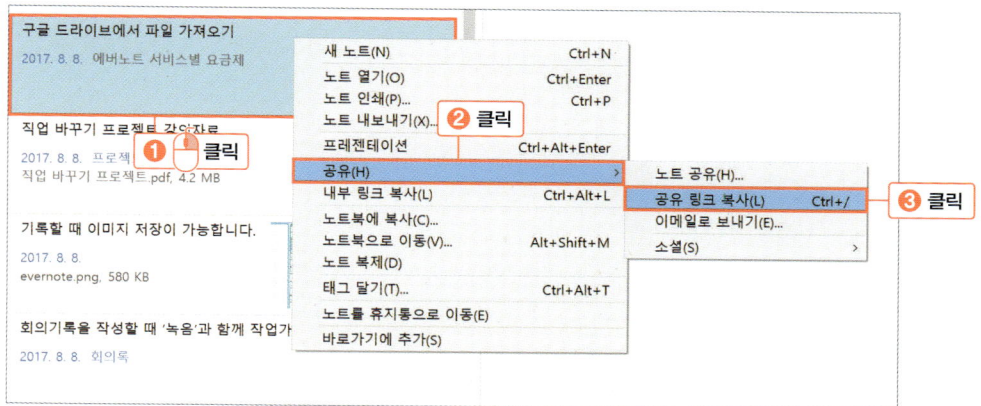

2 복사가 완료되면 카카오톡(PC)나 이메일 등 원하는 곳에 붙여 넣어서 사용합니다.

■ 스마트폰에서 카카오톡으로 공개 링크 전달하기

1 에버노트 앱을 실행합니다. 공유하려는 노트를 선택한 후 상위 우측 메뉴에서 (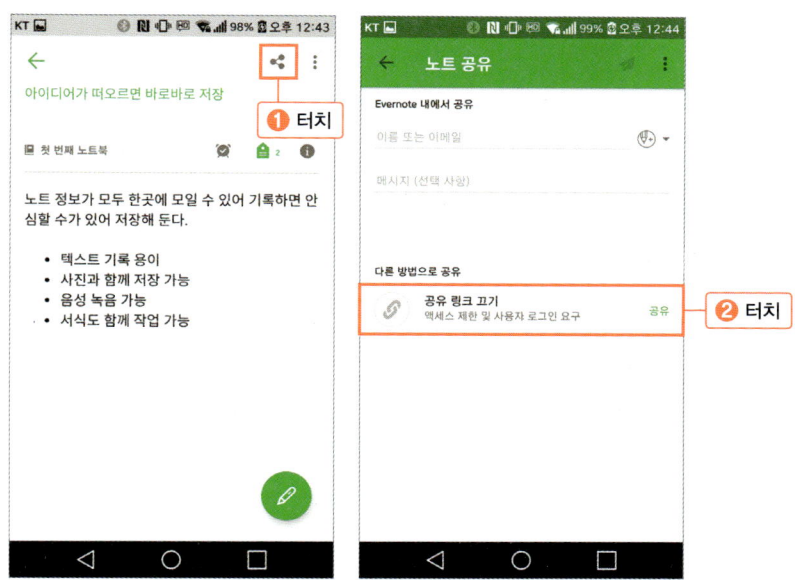)를 터치합니다. 이후 [공유 링크 끄기]를 터치합니다. '공유 링크 끄기'가 '공유 링크 켜기'로 변경됩니다.

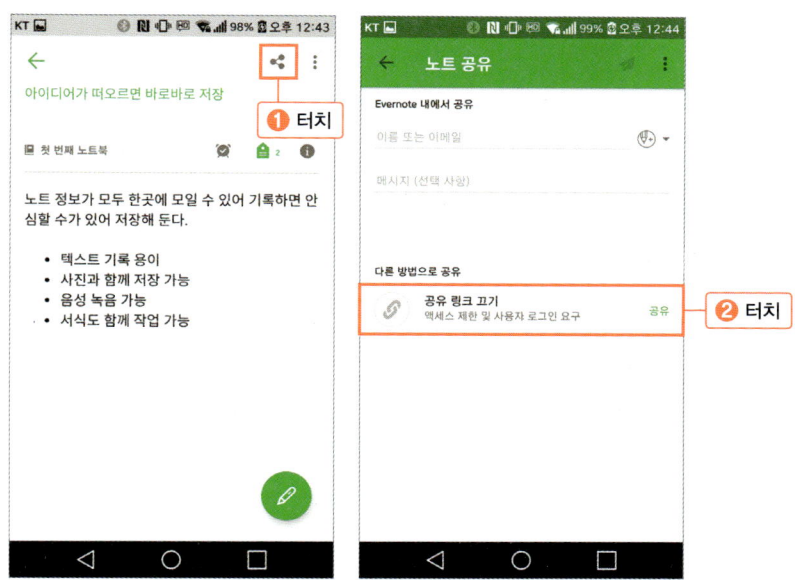

2 '공개 링크 공유' 목록에서 [카카오톡]을 선택합니다. 카카오톡 이외에 메일이나, 여러 앱을 선택해서 공유할 수도 있습니다

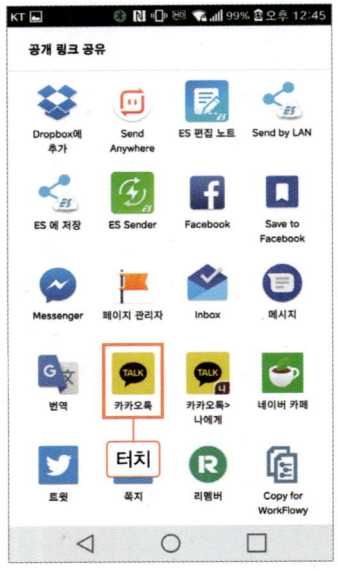

공개 링크 노트 중지하기

노트의 공개 링크를 받은 수신자는 해당 노트의 최신 버전(동기화된 노트)을 볼 수 있으며, 원하는 경우 이를 자신의 에버노트 계정에 직접 저장할 수 있습니다. 이것은 공개 링크이기 때문에 링크 공유를 중지하지 않는다면, 링크를 제공받은 사용자는 누구나 내용을 볼 수 있습니다. 여기서는 공개된 링크의 권한을 중지하는 방법을 알아보도록 하겠습니다.

1 에버노트 클라이언트를 실행한 후 공유를 중지하려는 노트 위에 마우스 오른쪽 버튼을 클릭한 다음 [공유] 〉 [노트 공유]를 클릭합니다.

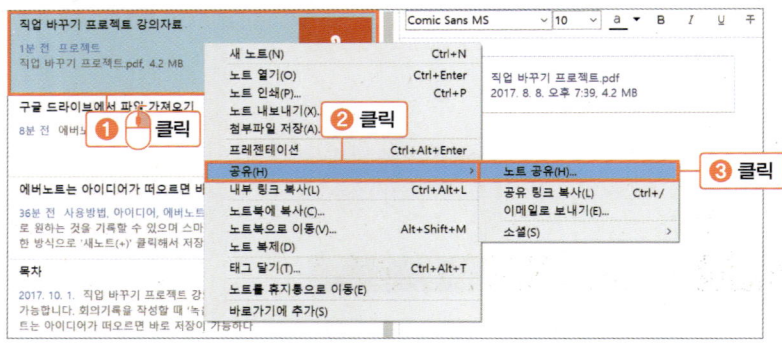

2 '노트 공유' 창이 나타나면 '공유 링크 켜기'의 우측에 있는 [끄기]를 클릭합니다.

3 '작업 확인' 창이 나타나면 [노트 공유 중지]를 클릭합니다.

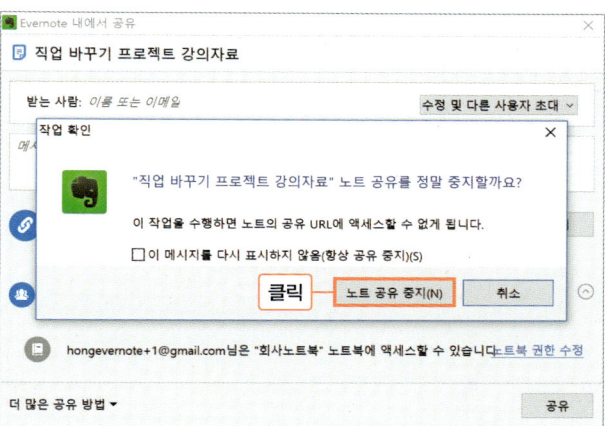

TIP_ 내 계정에서 공유되어 있는 모든 노트를 검색하는 방법
공개 링크로 공개한 노트를 검색하고 싶을 때 사용하는 연산자입니다.

연산자 sharedate:[datetime]

  - sharedate:* – 공유된 모든 노트
  - sharedate:20170801 – 8월 1일 이후 공유된 노트
  - sharedate:day−30 – 지난 30일간 공유된 노트

4 노트 공유 중지 작업이 완료되면 공개 링크 사용이 해제되어 공유가 취소됩니다.

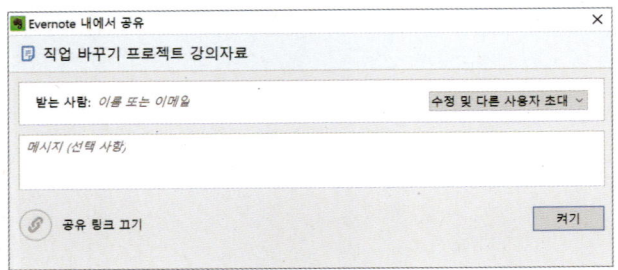

노트를 이메일로 보내기 방법

'이메일로 보내기' 기능을 사용하면 상대방이 에버노트를 사용하지 않더라도 자료를 전달할 수 있습니다. 노트를 이메일로 보내려면 노트 목록에서 노트를 선택한 후 노트를 보낼 상대방의 메일을 입력하면 됩니다.

1 에버노트 클라이언트를 실행합니다. 이메일로 보낼 노트 위에 마우스 오른쪽 버튼을 클릭한 후 [공유] 〉 [이메일로 보내기]를 선택합니다.

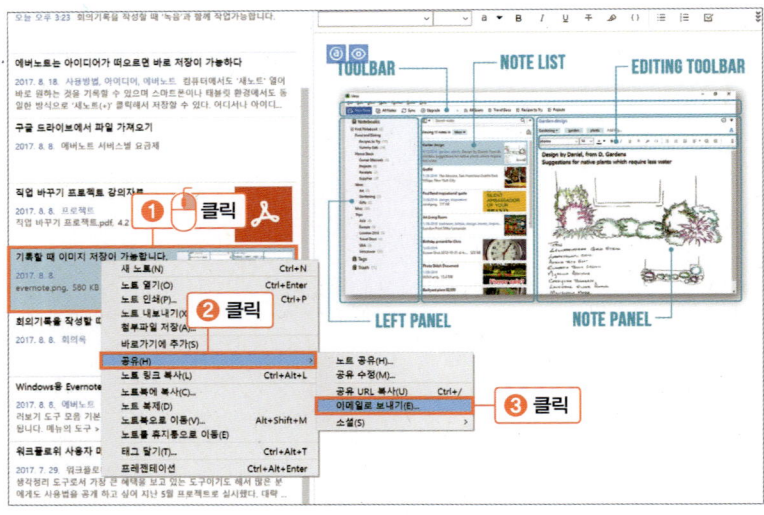

2 '이메일로 노트 보내기' 창에서 받는 사람의 이메일 주소와 본문 내용을 작성한 후 [보내기]를 클릭합니다.

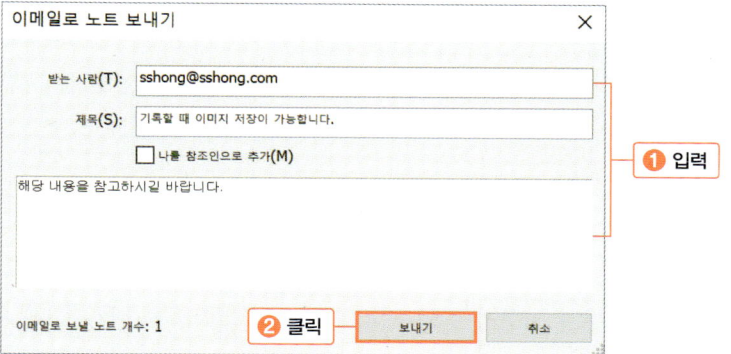

3 노트 내용이 이메일로 전달된 것을 확인할 수 있습니다.

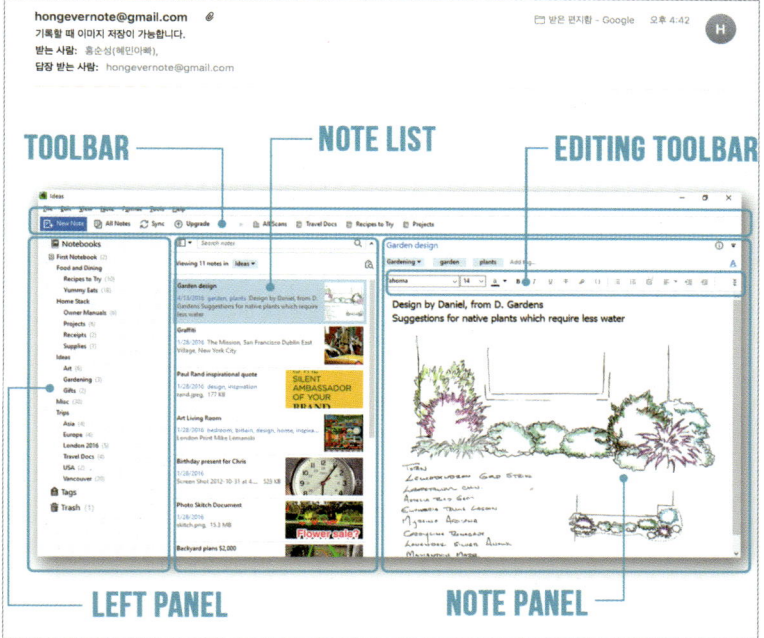

에버노트의 알리미는 노트에 일정을 넣거나 따로 알리미 항목 리스트를 통해 노트를 관리할 수 있는 기능입니다. 특히 일정과 관련된 정보가 담겨 있는 노트 또는 할 일을 관리할 때 유용하게 사용할 수 있습니다. 필자는 집필 작업을 할 때처럼 정해진 일자에 맞춰 마감을 해야 하는 상황이나 세미나가 끝나기 전, 관련 내용을 계속 확인해야 할 때 공지 사항처럼 알리미 항목에 노트가 나타나도록 사용하고 있습니다.

알리미 노트 사용 방법

알리미 기능은 컴퓨터나 웹용, 스마트폰에서 알림 시계 아이콘을 선택해 사용합니다. 알리미를 클릭했을 때 나오는 [날짜 추가]를 선택하면 작업이 완료돼야 하는 시점에 맞춰 날짜와 시간을 선택할 수 있습니다.

▶ **알리미의 3가지 기능**

- 스마트폰 또는 이메일로 알림 기능
- 알리미 기반으로 할 일 목록 작성
- 노트 목록 상단에 노트 고정하기

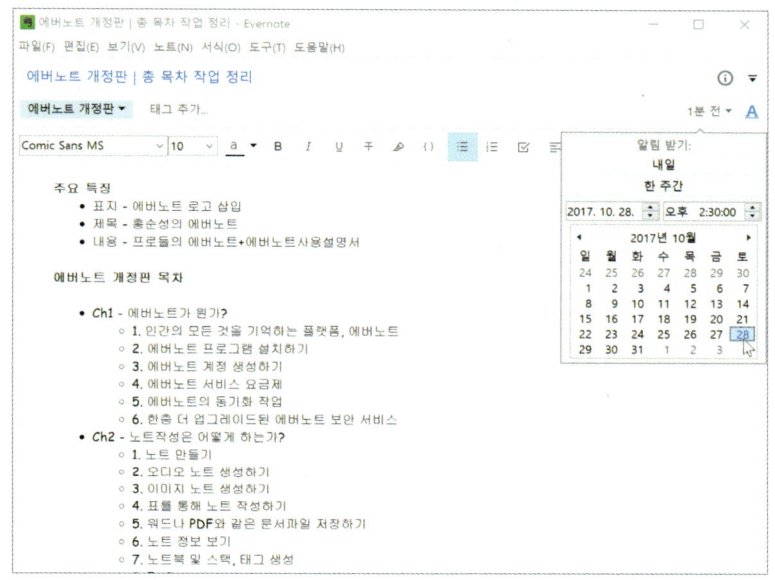

알리미를 설정하고 나면 노트 목록 상단에 위치한 알리미 영역에 노트 제목이 표시됩니다. 알리미 노트는 스마트폰 앱상에서 알림을 받을 수 있으며, 선택적으로 마감날에 이메일을 받을 수도 있습니다. 알리미 목록에 노트가 여러 개일 경우, 순서를 변경하고 싶다면 노트 제목을 위, 아래로 드래그하면 됩니다. 작업이 완료되었다면 완료된 노트 제목 좌측에 체크 표시를 하여 알리미 목록에서 노트를 없앱니다. iOS에서는 옆으로 스와이프 해 목록에서 알림을 삭제합니다. 설정 작업을 완료하면 모든 디바이스에서 동일하게 동기화됩니다.

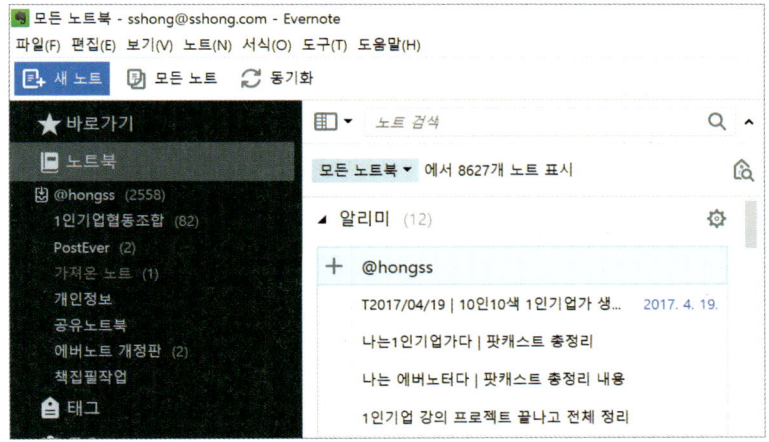

▶ 알리미 노트를 효율적으로 사용할 수 있는 4가지 방법

- **행사 자료 챙기기 –** 행사를 진행하다 보면 사전에 준비해야 하는 자료들이 많아 당일날 깜박하고 챙기지 못하는 경우가 생기곤 합니다. 이럴 때 챙겨야 하는 자료들을 체크 박스로 정리해 놓고 알리미를 설정해 행사 전날 확인합니다.

- **강의 일정 넣기 –** 강의 의뢰가 들어오면 어떠한 주제와 내용으로 강의를 진행해야 할지 에버노트에 정리합니다. 이후 강의 날짜에 맞춰 알리미를 설정하고 이동 중에 다시 한번 챙겨 볼 수 있도록 합니다.

- **회의 일정 넣기 –** 프로젝트 회의는 대부분 동일한 주제를 중심으로 회의 내용이 반복, 추가됩니다. 회의 내용과 다음 회의 일정을 함께 저장해 두고 알리미 기능을 사용해 날짜를 설정하도록 합니다. 이후 알림 날짜에 맞춰 이전 회의에서 언급되었던 내용들을 미리 확인한다면 회의 내용을 더 잘 이해하고 업무 능률도 향상될 것입니다.

- **고객 관리 노트 –** 고객과 상담을 한 후 다음 일정을 잡거나, 고객의 기념일 등을 챙겨야 할 때 알리미 기능을 사용합니다.

알리미를 사용한 일정 관리 방법

날짜가 지정되어 있는 노트의 경우 알리미를 설정해 작업 일정을 체크할 수 있습니다. 필자의 경우, 아래와 같이 행사 일정을 알리미에 추가하여 관리하고 있습니다.

1 에버노트 클라이언트를 실행합니다. 노트를 생성한 후 노트 제목을 'T2017/04/19 | 10인10색 1인기업가 생존기 – 2번째'로 입력한 다음 노트 본문을 작성합니다.

2 우측 상단의 (▼)를 클릭한 후 [알리미] 〉 [날짜 추가]를 선택합니다.

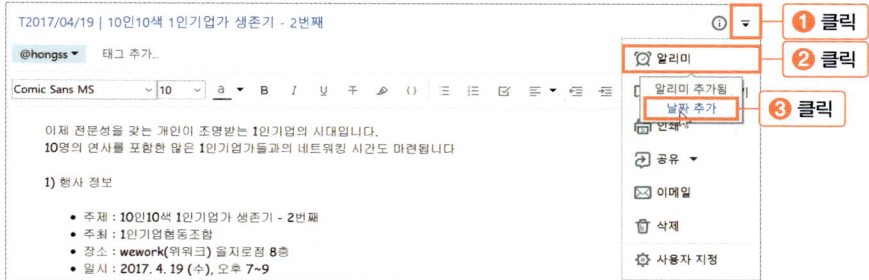

3 해당 날짜와 시간을 설정합니다.

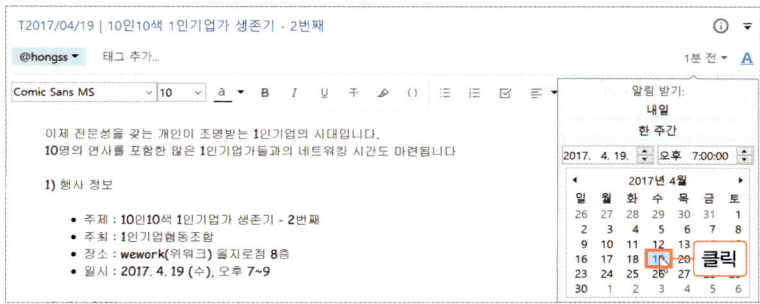

4 알리미 설정 작업이 완료되면 노트 리스트 상단에 아래와 같은 알리미 목록이 자동으로 생성됩니다.

5 작업이 완료된 알리미 노트는 좌측 체크 박스를 클릭해 처리 표시를 합니다.

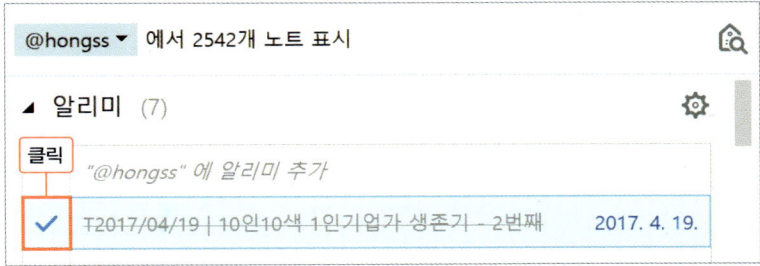

6 알리미 노트 리스트의 (⚙)을 클릭하면 원하는 리스트 별로 알리미 목록을 확인할 수 있습니다.

> 💡 **TIP_ 아웃룩(Outlook) 캘린더와 에버노트 알리미를 연동하는 법**
>
> 알리미는 MS 아웃룩(Outlook)의 일정 관리 캘린더와 연동해서 사용할 수 있습니다. Evernote와 Outlook 앱을 연동해 놓으면 일정과 업무 관련된 정보를 Evernote뿐만 아니라 업무 시 자주 사용하는 Outlook 앱에서도 편리하게 확인할 수 있습니다. 아웃룩 연동 방법은 아래 링크를 참조하기 바랍니다.
>
> • https://goo.gl/FKMjYZ

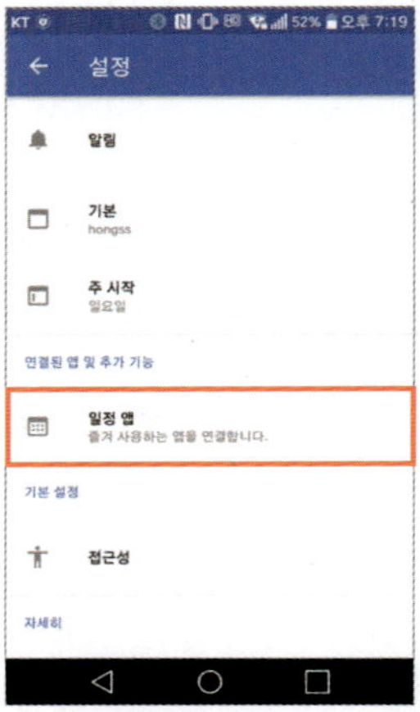

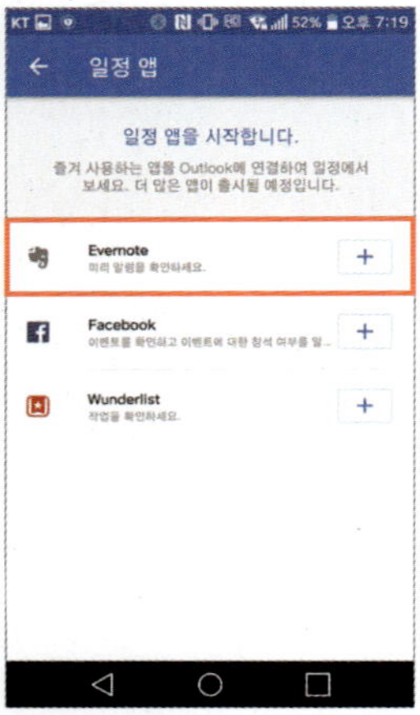

알리미 활용을 위한 바로가기 환경 구축하기(고급 기능)

알리미 연산자는 크게 3가지가 제공됩니다. 3가지 연산자를 통해 보다 자세하게 작업을 진행할 수 있습니다.

연산자	내용
reminderOrder:[integer]	알리미
reminderTime:[integer]	날짜가 있는 알리미
reminderDoneTime:[integer]	완료된 알리미

▶ 기본적인 알리미 검색 명령어

- 모든 알리미 : reminderOrder:*
- 완료되지 않는 알리미 : −reminderDoneTime:* reminderOrder:*
- 완료된 알리미 : reminderDoneTime:* reminderOrder:*

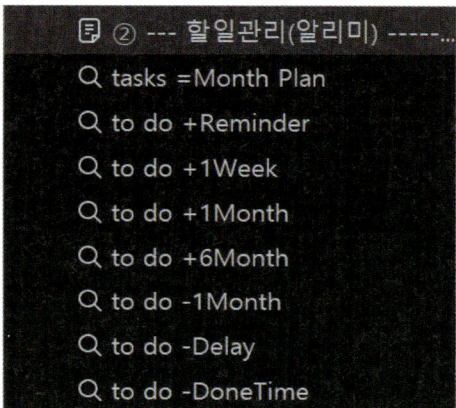

처음에는 복잡하고 어려워 보일 수 있지만 알리미 연산자를 하나씩 이해하며 사용한다면 검색 폴더와 바로가기 작업을 할 수 있을 것입니다.

작업 환경	검색 폴더
월 계획 노트(완료하지 않은)	tag:Plan tag:#Tasks −tag:done
+Reminder(일정이 없는 알리미)	−reminderDoneTime:* reminderOrder:* −reminderTime:*
이번 한 주(오늘 이후 1주일)	reminderTime:day −reminderTime:day+7 −reminderDoneTime:*
지난 달 작업(오늘 이전 30일)	reminderTime:day−30 −reminderTime:day
이번 달 작업(오늘 이후 30일)	reminderTime:day −reminderTime:day+30 −reminderDoneTime:*
6개월 작업(오늘 이후 180일)	reminderTime:month −reminderTime:month+6
지연된 작업(알리미 완료 미체크)	−reminderTime:day −reminderDoneTime:*

공유 노트북에서 알리미 작업하기

　알리미를 설정해 놓으면 공지사항 노트처럼 관련 노트북 상위에서 알리미 항목 리스트를 볼 수 있습니다. 또한 공유 노트북 작업을 할 때도 알리미 노트를 확인할 수 있고 알림 푸시 서비스를 받을 수 있습니다. 참고로 가입한 노트북(다른 사용자로부터 공유받은 노트북)에서는 이메일 알림은 제공되지 않습니다.

1 에버노트 클라이언트에서 [도구] 메뉴 > [설정] > [알리미] 탭을 선택합니다. 이후 [알리미 수신 설정 관리]를 클릭합니다.

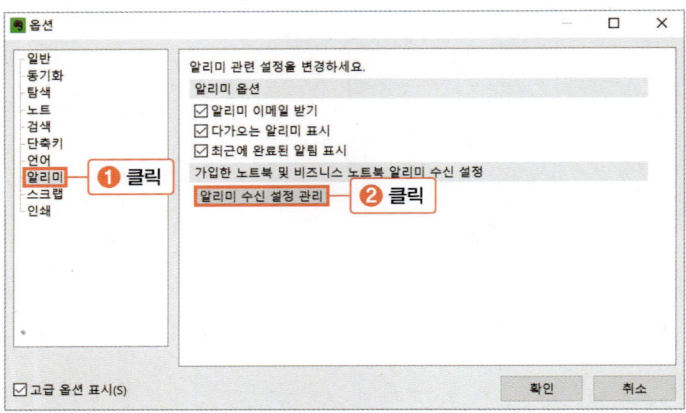

2 '알리미 수신' 창이 나타나면 알리미 수신 설정을 하려는 노트북을 선택한 후 [수신 신청]을 클릭합니다.

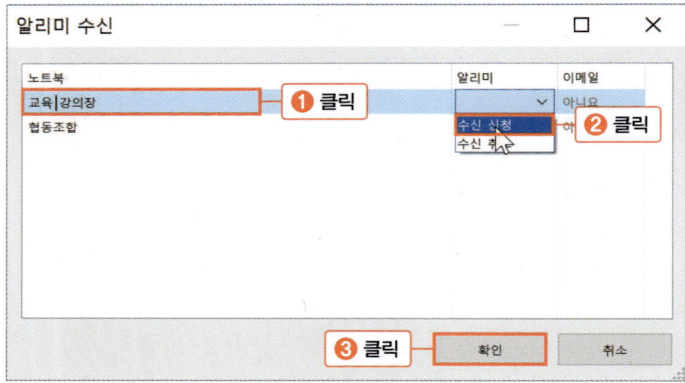

스키치 – 컴퓨터, 모바일

에버노트 스키치는 이미지와 PDF에 주석 기능을 제공합니다. 이를 통해 시각적으로 아이디어를 교환하고 피드백을 공유하며, 친구 및 동료들과 협업할 수 있는 도구들을 제공합니다. 선, 도형, 화살표 등을 이용해 이미지와 PDF에 간편하게 작업할 수 있습니다.

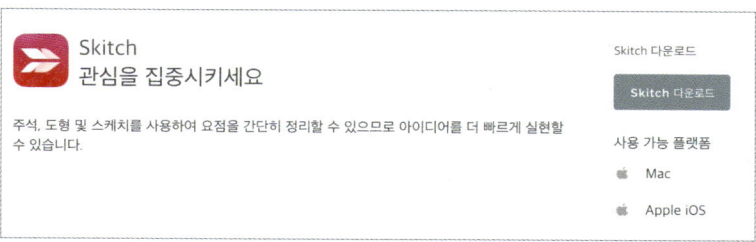

스키치 다운로드 프로그램은 현재 Mac, iOS를 지원하며, 윈도우와 안드로이드에서는 설치 없이 해당 프로그램에서 바로 사용 가능합니다.

스키치 주요 기능 설명

스키치는 컴퓨터와 스마트폰에서 모두 사용할 수 있어 에버노트에서 가장 많이 사용하는 기능 중 하나입니다. 아이디어와 피드백을 주고받을 때 소요되었던 시간을 단축시켜 주며, 메시지를 보다 효과적으로 전달할 수 있도록 해 줍니다. 스키치를 활용하면 사진이나 웹 페이지, 스크린 샷, 지도 혹은 빈 페이지 등 모든 것에 주석을 달고 그림을 그릴 수 있습니다. 작업한 이미지는 친구들이나 동료들에게 공유할 수 있고 작업한 내용 전부를 에버노트에 저장할 수도 있습니다.

스마트폰에서는 사진을 찍거나 캡처해서 별도의 주석 작업과 함께 저장할 수 있고 메시지(카카오톡 포함)로 전달할 수 있습니다. 이와 같은 작업은 컴퓨터에서도 동일하게 할 수 있습니다. 스키치는 일반적인 이미지 이외의 PDF 문서에도 사용할 수 있습니다.

❶ 화살표 추가 : 화살표 이미지를 사용하여 방향을 표시할 수 있습니다. 굵기 조정은 '크기'에서 가능합니다.

❷ 텍스트 추가 : 기본 폰트로 작업할 수 있으며, 굵기 조정은 '크기'에서 가능합니다.

❸ 도형 추가 : 사각, 둥근사각형, 원, 선 등으로 작업할 수 있으며, 굵기 조정은 '크기'에서 가능합니다.

❹ 그림 그리기 : 기본펜과 형광펜으로 구분이 되며, 굵기 변경은 '크기'에서 가능합니다.

❺ 모자이크 처리 : 사람 얼굴이나 전화번호 등을 가리고 싶을 때 모자이크 기능을 활용합니다.

❻ 스탬프 추가 : 눈에 잘 띄는 간단한 도형으로 아이디어를 빠르게 공유할 수 있도록 도와줍니다. 추가로 화살표와 텍스트를 사용해 좀 더 자세한 내용을 넣을 수 있습니다.

❼ 이미지 자르기 : 작업하던 이미지의 원하는 영역을 선택하여 자를 수 있는 기능입니다.

❽ 색상 : 8가지 색 이외의 원하는 색을 변경할 수 있는 기능입니다.

❾ 크기 : 5단계로 크기 변경이 가능합니다.

스키치로 이미지에 주석을 다는 방법

컴퓨터에 에버노트 클라이언트 프로그램을 설치하면 이미지에 주석을 달 수 있는 기능을 바로 사용할 수 있습니다. 안드로이드에서도 별도의 설치 없이 사용할 수 있습니다. 이 주석 기능을 활용하면 데이터의 중요 부분을 표시하거나 글로 전달하기 어려운 부분을 이미지에 표시해 전달할 수 있습니다.

1 에버노트 클라이언트에서 이미지가 삽입된 노트를 선택합니다. 이미지 위에 마우스 커서를 올려놓은 후 좌측 상단의 [주석](🔵)을 클릭합니다.

2 스케치가 바로 실행됩니다. 원하는 곳에 주석 작업을 합니다. 모든 작업이 끝난 후에 [파일] 〉 [저장 후 종료]를 클릭합니다. 저장이 완료되면 변경된 데이터를 바로 노트에서 확인할 수 있습니다. 추가로 주석을 넣고 싶거나 기존 정보를 수정하고 싶을 경우 위와 동일한 방법으로 따라 하면 됩니다.

안드로이드 앱에서 스키치 작업 방법

스키치 프로그램 설치 없이 안드로이드 앱에서 바로 작업할 수 있습니다.

1 안드로이드 에버노트 앱을 실행한 후 직접 사진을 찍거나 첨부 파일 기능을 사용해 노트에 사진을 첨부합니다. 이후 해당 노트에서 이미지를 길게 터치하면 팝업 창이 나타납니다. 목록 중 [주석]을 터치하면 스키치 화면이 나타납니다. 하단의 주석 기능을 통해 주석 작업을 합니다. 작업이 완료되면 [완료]를 터치합니다.

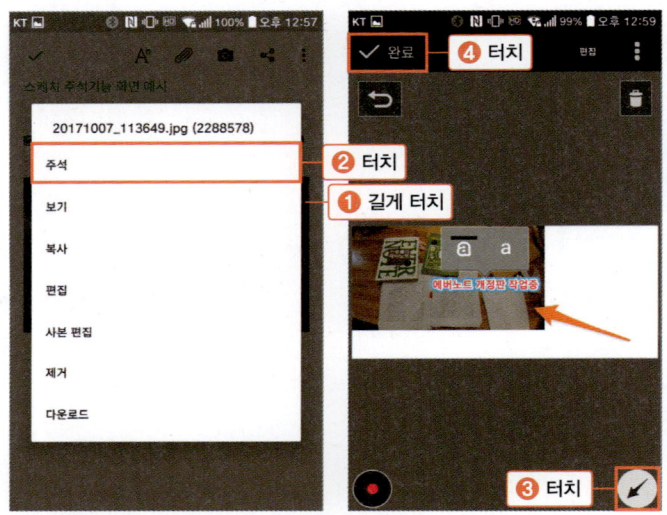

2 이미지에 주석이 삽입된 것을 확인할 수 있습니다. 만약 주석을 추가하거나 수정하고 싶으면 위와 동일한 방법으로 작업하면 됩니다.

컴퓨터에서 PDF에 주석을 다는 방법

이미지의 주석 작업은 PDF에서도 동일한 방법으로 사용할 수 있습니다. PDF 주석 작업은 프리미엄 서비스입니다.

1 에버노트 클라이언트에서 PDF가 첨부된 노트를 선택합니다. 이후 노트 안에 첨부된 PDF 문서 위에 마우스 오른쪽 버튼을 클릭한 후 [이 PDF에 주석 달기]를 클릭합니다.

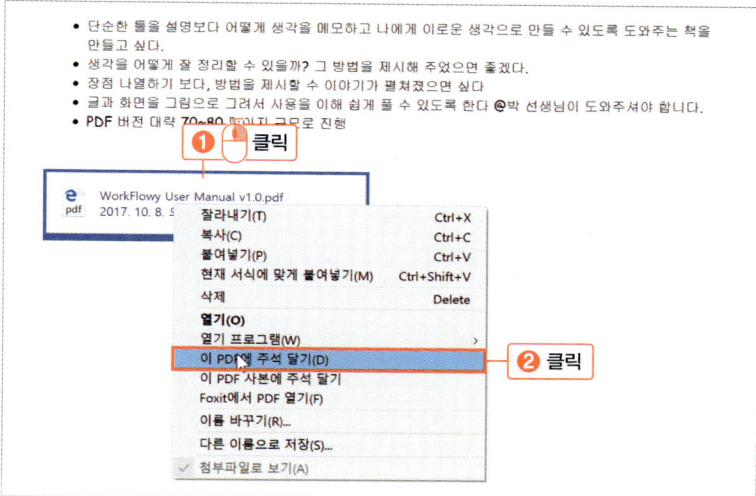

2 이미지 주석 작업과 동일하게 실행됩니다. 페이지를 넘기거나 우측에 있는 미니뷰 화면을 보면서 작업을 할 수 있습니다.

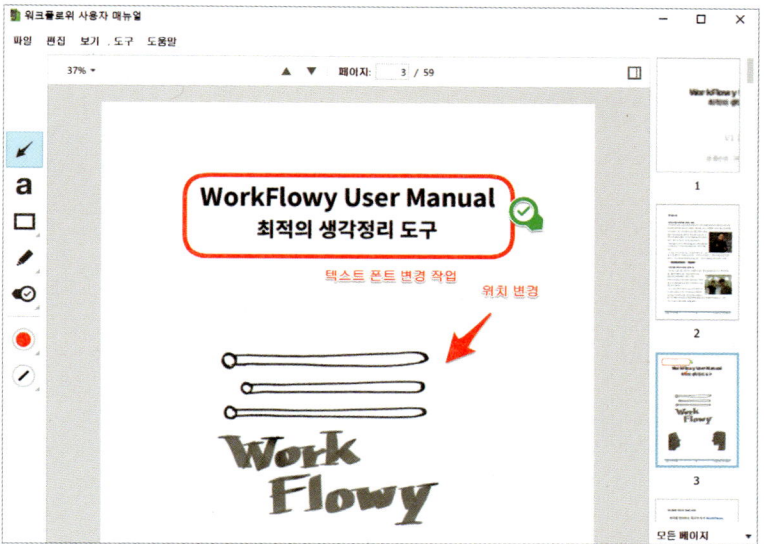

3 주석 작업을 마치고 나면 변경된 부분에 대해 서머리 기능으로 자세하게 제공됩니다.

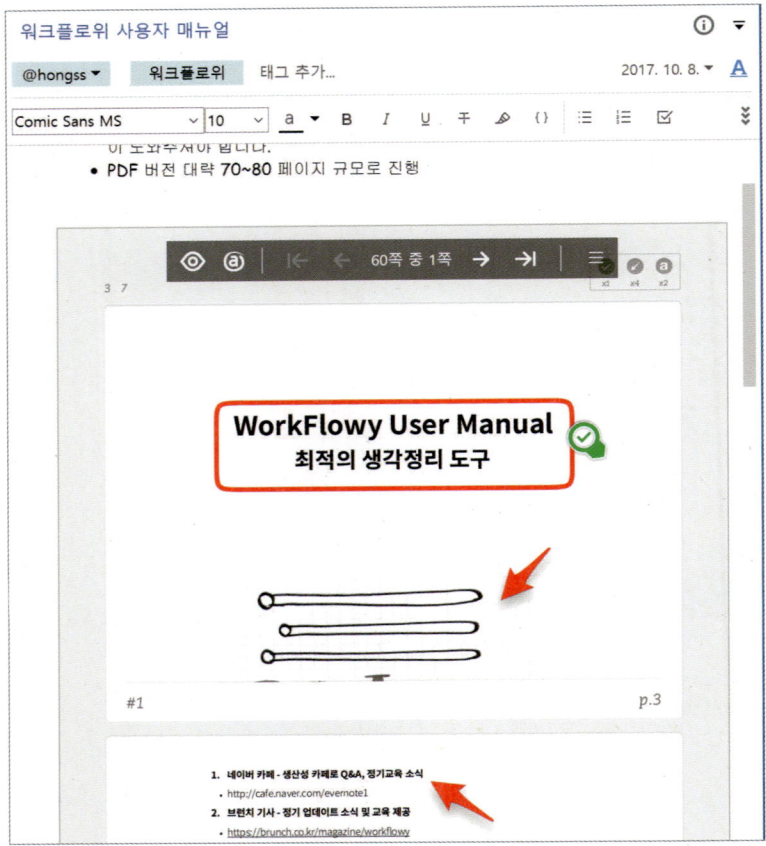

스마트폰에서 PDF에 주석을 다는 방법

스마트폰에서 이미지 주석 작업과 동일한 방법으로 사용하면 쉽게 주석을 달 수 있습니다.

1 안드로이드에서 애버노트 앱을 실행한 후 PDF가 저장된 노트를 선택합니다. PDF 문서를 길게 터치하면 나오는 목록 중 [주석]을 터치합니다.

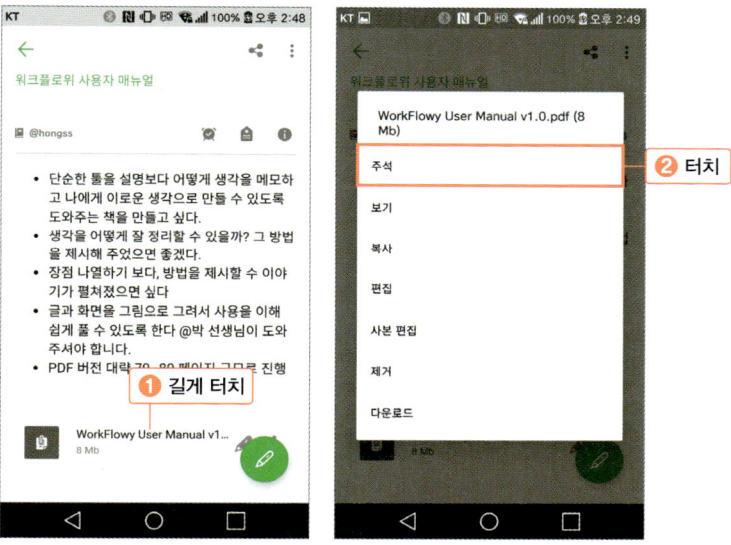

2 스마트폰 화면 좌측을 터치해서 우측으로 밀면 미니뷰 화면이 나타납니다. 화면을 터치하면 하단에 색깔, 크기, 모양 변경 등을 선택해서 작업을 할 수 있습니다. 작업이 완료되면 [완료]를 터치합니다.

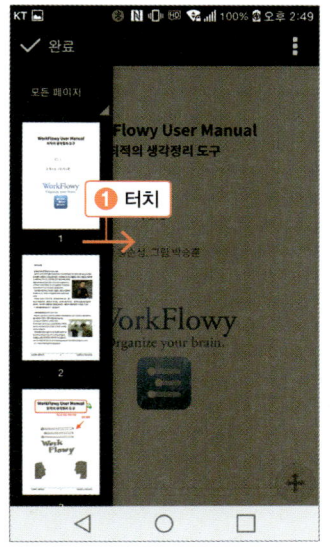

06 선택한 텍스트 암호화 방법

에버노트는 노트에서 일부 텍스트를 암호화할 수 있는 기능을 제공합니다. 노트 중에 계정 번호, 암호, 알려지면 문제가 발생하는 내용 등 중요한 내용이 있다면 선택해서 암호화 작업을 할 수 있습니다. 노트의 텍스트 콘텐츠는 암호화할 수 있지만 전체 노트나 노트북을 암호화할 수는 없습니다. 또한 보안 수준은 128비트 키의 AESAdvanced Encryption Standard를 사용하고 있습니다. 만약 설정한 암호 패스워드를 잊어버리면 해독할 수 없기 때문에 암호를 잊지 않도록 주의해서 사용하도록 합니다. 암호화 작업은 에버노트 클라이언트 프로그램에서 할 수 있습니다.

선택한 텍스트 암호화 작업 방법

암호화 하고 싶은 텍스트를 드래그하여 손쉽게 암호화 작업을 할 수 있습니다.

1 에버노트 클라이언트를 실행합니다. 노트에서 보호해야 할 텍스트 부분을 드래그한 후 마우스 오른쪽 버튼을 클릭합니다. 나오는 목록 중 [선택한 텍스트 암호화]를 선택합니다.

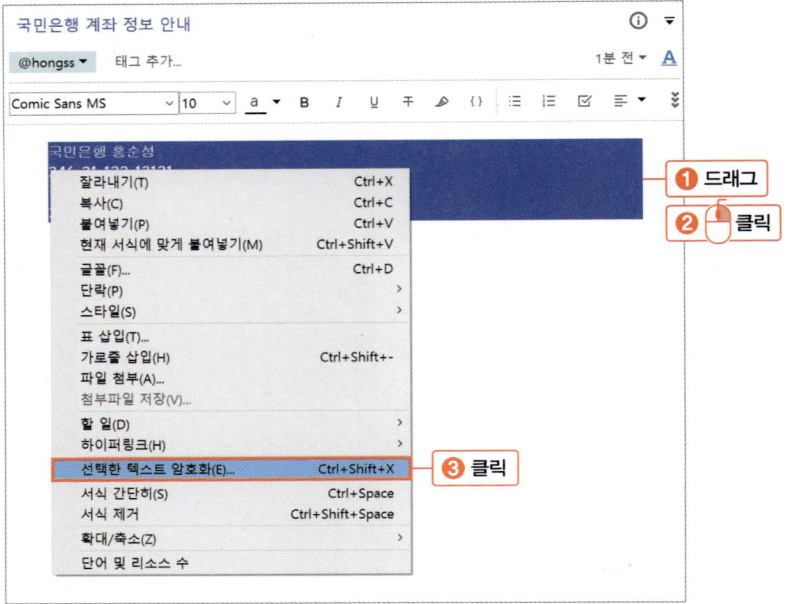

2 '노트 암호화' 창이 나타나면 암호 입력 부분에 암호를 두 번 입력한 후 [확인]을 클릭합니다.

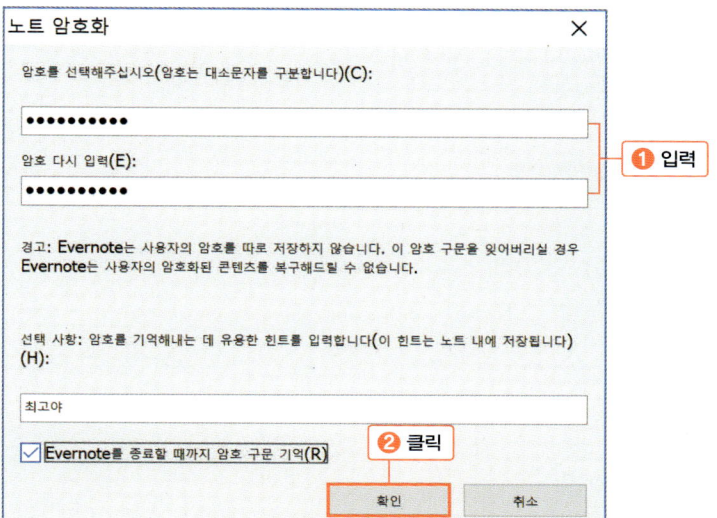

 TIP_ 선택 사항에 암호 힌트를 기입해 두면 암호를 쉽게 찾을 수 있습니다.

3 암호가 아래와 같이 잠긴 상태로 나타납니다.

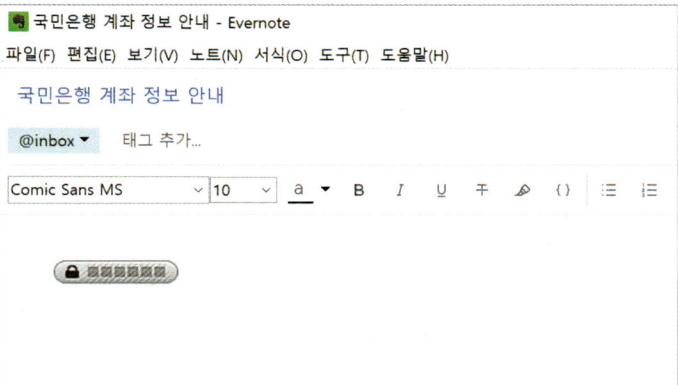

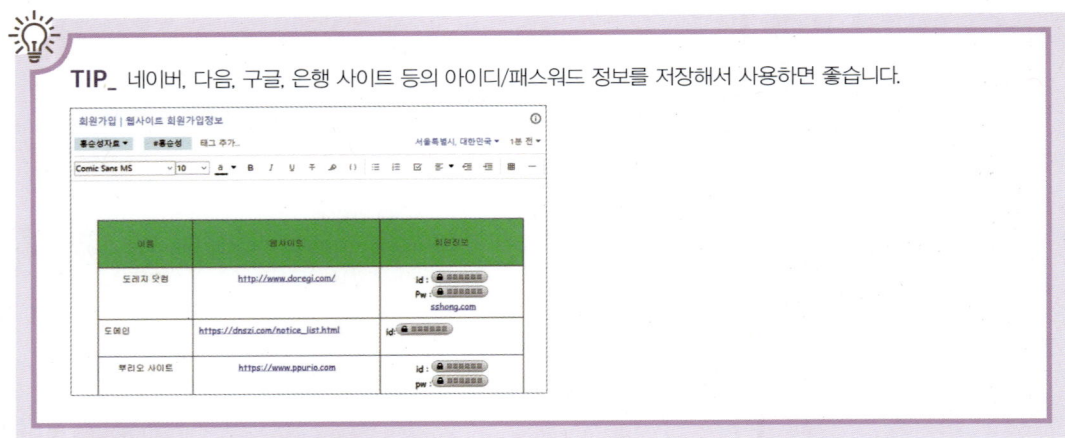

선택한 텍스트 암호화를 해독하는 방법

암호화한 텍스트를 다시 원상태로 복원하려면 암호화된 부분을 더블 클릭하거나 마우스 오른쪽 버튼을 클릭한 후 '암호화된 텍스트 보기' 또는 '텍스트 암호 영구 해제'를 선택하고 암호를 입력하면 됩니다. '암호화된 텍스트 보기'는 암호화된 텍스트를 확인하고 싶을 때 선택하는 것으로 텍스트를 확인한 후 다른 노트로 이동하거나 다른 작업을 하게 되면 다시 암호화 상태로 변경됩니다. '텍스트 암호 영구 해제' 기능은 암호화된 텍스트에 암호를 입력해 영구 해제를 하고자 할 때 사용합니다. 에버노트에서 암호화된 텍스트가 담긴 노트를 검색하고 싶을 때에는 검색란에 연산자 'encryption:'을 입력하면 암호화된 노트 리스트가 나타납니다.

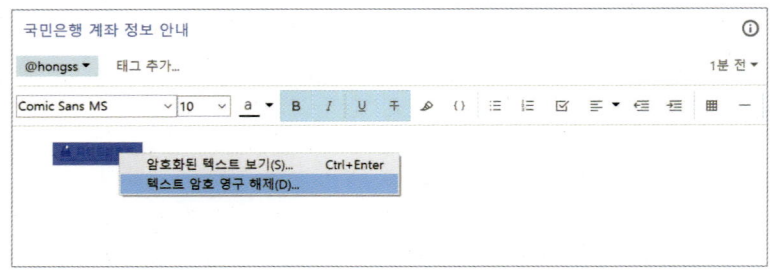

검색 폴더/바로가기

검색 폴더는 동일한 검색을 반복해서 검색하는 경우, 검색 값을 검색 폴더에 생성해 검색 과정을 거치지 않고 접근할 수 있도록 도와주는 기능입니다. 이렇게 작업한 것은 동기화를 통해 다른 디바이스에서도 사용할 수 있습니다.

바로가기는 에버노트 계정에서 자주 사용하는 콘텐츠를 목록으로 나열해 빠르게 접근할 수 있는 기능입니다. 노트, 노트북, 스택, 태그 또는 검색 폴더로 작업한 것을 바로가기로 만들 수 있습니다. 컴퓨터와 스마트폰에서 설정할 수 있으며 검색 폴더와 마찬가지로 동기화를 통해 모든 플랫폼에서 사용할 수 있습니다. 기존 윈도우 컴퓨터 환경에서 즐겨찾기 메뉴의 확장판이라고 생각하면 쉽게 이해될 것입니다.

구분	검색 폴더	바로가기
개수	100개	250개
동기화	모든 디바이스 동기화	
작업 내용	키워드, 고급 검색	노트, 노트북, 스택, 태그 또는 검색 폴더
역할	동일한 검색을 반복해서 찾기 위해 검색어를 저장하는 방법	즐겨찾기와 비슷하며, 자주 사용하는 콘텐츠에 빠르게 접근

검색 폴더 및 바로가기 작업 방법

검색 폴더로 작업한 것을 바로가기로 만들 수 있습니다. 또한 노트나 태그, 노트북에 대해서도 바로가기 작업이 가능합니다. 단순하게 노트나 태그로 바로가기 작업을 하는 것보다 검색 폴더(복수의 검색어)로 사용하는 것이 좋습니다.

필자는 태그와 노트 타이틀을 기반으로 검색 폴더 작업을 한 후, 이것을 바로가기에 넣어서 자주 사용하고 있습니다. 검색 폴더 작업은 고급 검색을 명확히 이해한 후에 사용하면 편리합니다. 자주 사용하고 정기적으로 확인해야 하는 자료를 검색 폴더와 바로가기로 등록해 두면 노트를 찾는 시간을 훨씬 단축할 수 있습니다.

1 에버노트 클라이언트를 실행합니다. 노트 검색 창에 자주 검색하는 태그를 검색한 후 **Enter** 를 누릅니다. 하단에 검색 조건이 나오면 그 위에 마우스 오른쪽 버튼을 클릭한 후 [검색 저장]을 선택합니다.

- **예** tag:나만의검색

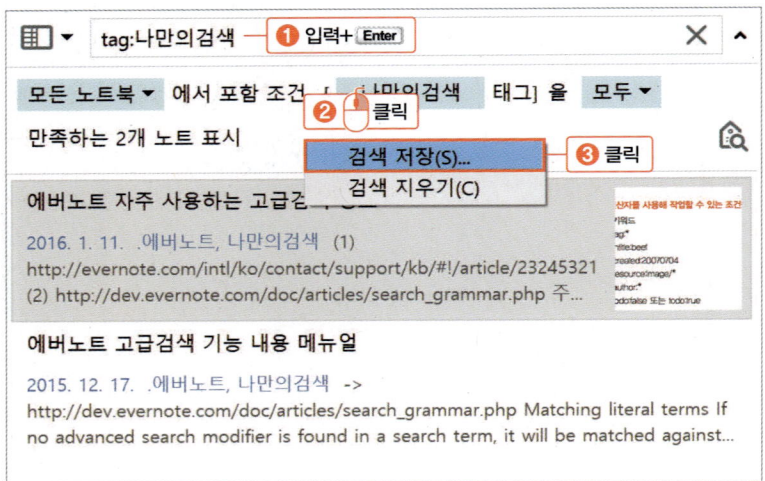

2 '검색 폴더 속성' 창이 나타나면 이름을 입력합니다. 쿼리는 연산자를 검색하는 명령어입니다. 작업이 완료되면 [확인]을 클릭합니다.

- **예** 이름 : 검색:나만의 검색
- **예** 쿼리 : tag:나만의검색

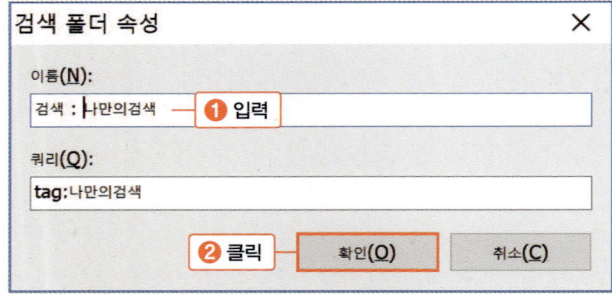

3 이후 메뉴에서 [보기] 〉 [빠른 검색]을 클릭하면 검색 폴더 안에 앞서 저장한 검색 폴더가 생성된 것을 확인할 수 있습니다.

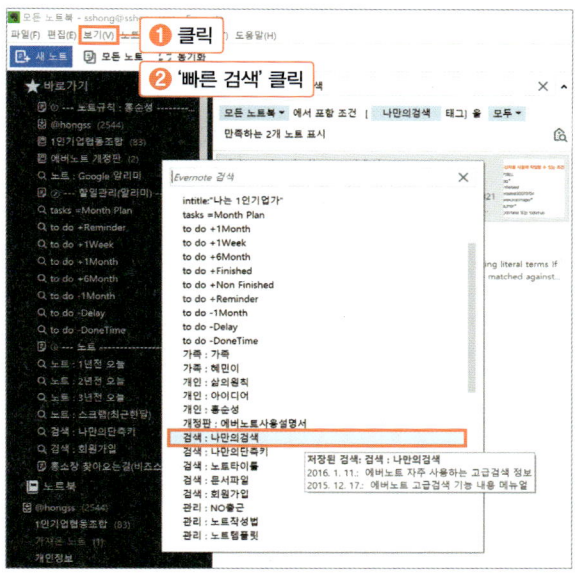

💡 TIP_ 빠른 검색(검색 폴더 리스트)을 보기 위한 단축키는 **Ctrl** + **Q** 입니다.

4 검색 폴더에 저장된 내용을 좌측 바로가기 창에 삽입하기 위해 검색 폴더에 있는 검색어를 마우스로 끌어 바로가기에 넣습니다.

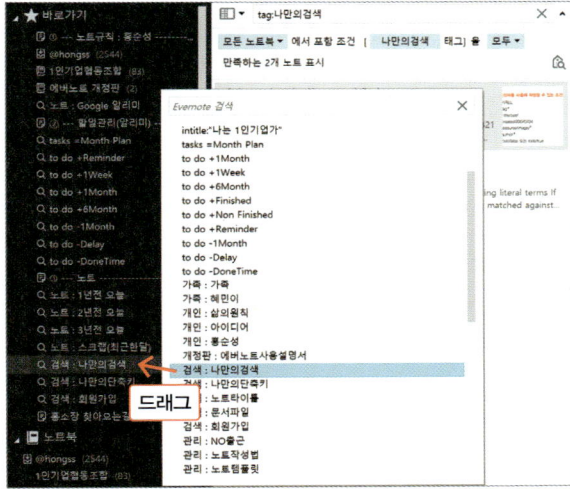

TIP_ • 좌측 메뉴에 바로가기가 보이지 않을 경우

[보기] 〉 [바로가기]를 클릭한 후 [왼쪽 패널에 표시]를 선택합니다.

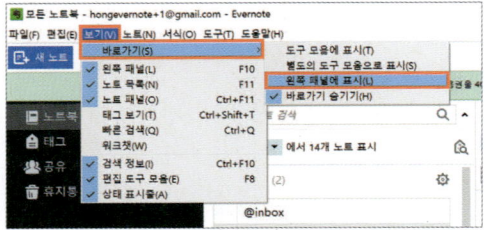

• 바로가기에 연결했던 목록 삭제하기

삭제하려는 검색 폴더 위에 마우스 오른쪽 버튼을 클릭한 후 [바로가기에서 제거]를 선택하면 됩니다.

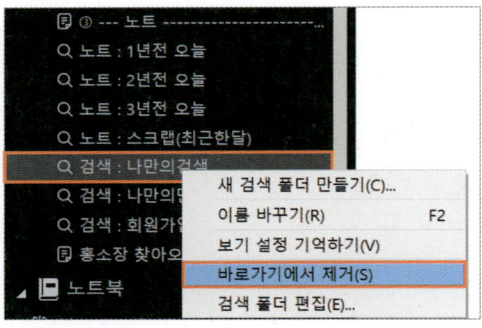

TIP_ 바로가기 메뉴에 구분선을 넣으면 바로가기 목록을 좀 더 효율적으로 관리할 수 있습니다. 노트 제목을 '———— 할일관리(알리미) ————'와 같이 작성한 후 바로가기에 삽입하면 됩니다.

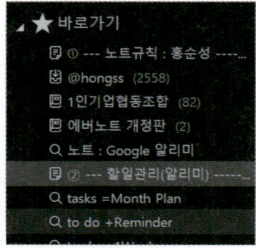

유용하게 사용하는 검색 폴더/바로가기 작업

　검색 폴더 활용을 높이려면 고급 검색 연산자와 복수의 검색어를 사용해서 검색 폴더로 저장한 후 바로가기에 삽입하여 사용합니다. 자주 사용하는 명령어는 검색 저장 작업을 통해 바로가기 목록으로 만들어 사용하도록 합니다. 아래는 자주 사용하는 검색 폴더 목록입니다.

구분	주요 설명	검색 명령어
웹 클리핑 (최근 한 달)	지난 달을 포함한 스크랩한 노트	tag:스크랩 created:month-1 (스크랩한 노트에 '스크랩' 태그가 적용되어 있는 상태)
미처리 노트	태그가 들어가지 않은 노트	-tag:*
공유한 노트	노트 공유 링크를 통해 공유한 노트	sharedate:*
이번 달 작성한 노트	모든 노트 중에 이번 달에 작성한 노트	created:month

알리미 검색 폴더/바로가기 작업 방법

　앞서 진행한 알리미 할 일 관리 작업을 검색 폴더로 저장한 후 바로가기에 삽입하는 방법을 알아보도록 하겠습니다.

1 에버노트 클라이언트를 실행합니다. 여기서는 'to do+Reminder(일정이 없는 알리미)'를 검색 폴더로 만들고 바로가기 작업을 해 보도록 하겠습니다. 검색 창에 '-reminderDoneTime:* reminderOrder:* -reminderTime:*'을 입력한 후 **Enter** 를 누릅니다. 이후 검색 조건 아래에 마우스 오른쪽 버튼을 클릭한 후 [검색 저장]을 클릭합니다.

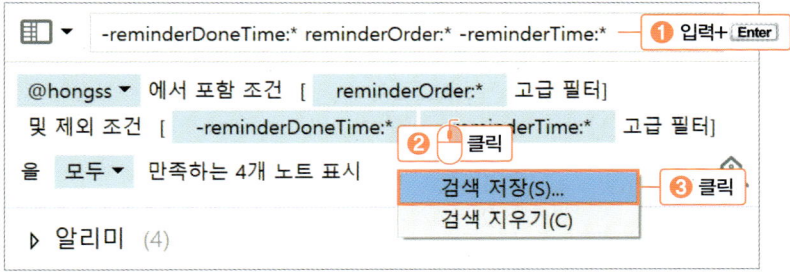

2 '검색 폴더 속성' 창이 나타나면 '이름' 영역에 'to do+Reminder'를 입력합니다. 쿼리 영역 부분은 미리 작성되어 있습니다. 만약 작성되어 있지 않으면 아래와 같이 입력합니다. 작성이 완료되면 [확인]을 클릭합니다.

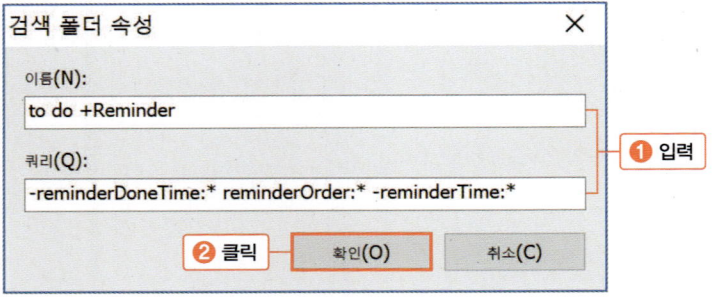

3 기존에 작성된 검색 폴더를 보기 위하여 메뉴에서 [보기] 〉 [빠른 검색]을 클릭합니다. 이후 검색 폴더 리스트에서 [to do +Reminder]를 마우스로 끌어 좌측 메뉴 상단에 있는 [바로가기] 목록의 원하는 위치로 이동시킵니다.

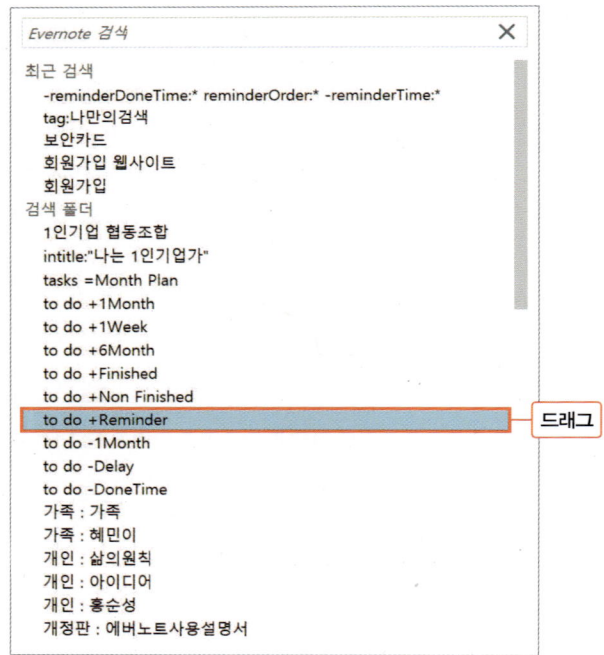

4 이후 동기화가 이루어지면 다른 디바이스에서도 동일하게 바로가기 목록을 볼 수 있습니다.

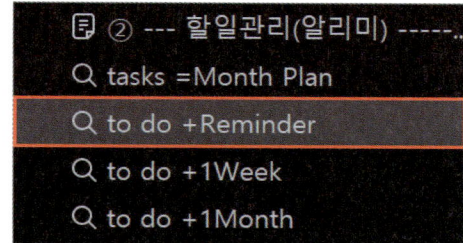

5 바로가기에 있는 검색 폴더 내용을 수정하려면 해당 목록 위에 마우스 오른쪽 버튼을 클릭합니다. 목록 중 [검색 폴더 편집]을 클릭해 내용을 변경합니다.

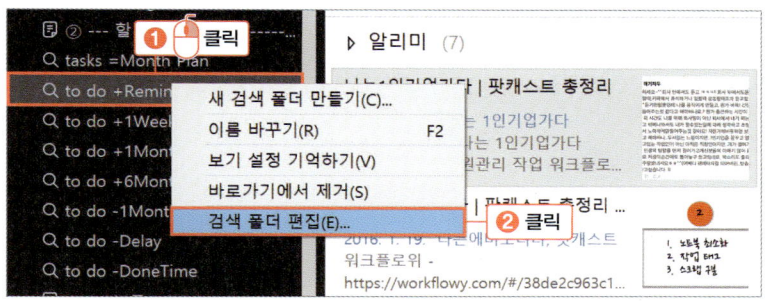

08 기본 검색

에버노트는 기본적으로 노트북과 태그로 분류하지만, 노트 양이 많을 경우 노트북과 태그를 사용하여 원하는 노트를 찾기가 어려울 수 있습니다. 이럴 때 검색 기능을 활용하면 자료를 쉽게 찾을 수 있습니다. 키워드를 통해 텍스트뿐만 아니라 이미지, PDF, 오피스 문서까지 검색할 수 있습니다.

키워드로 검색하기

키워드를 사용하면 수집한 자료를 손쉽게 찾을 수 있도록 도와주는 검색 도구로 활용할 수 있습니다. 키워드 검색 방법은 아래와 같습니다.

첫째, 두 개 이상의 키워드를 입력한다.

노트 수가 많다면 한 개의 키워드만 넣고 검색할 경우 너무 많은 결과 값이 나오기 때문에 원하는 정보를 찾기가 어렵습니다. 이럴 때는 두 개 이상의 키워드를 넣고 검색하도록 합니다.

사례 1 '드롭박스 업무생산성' 키워드 사용

둘째, 태그와 노트북을 함께 입력하여 키워드로 검색한다.

태그와 노트북을 같이 사용하면 검색 효율을 높일 수 있습니다.

사례 2 **명령어를 사용해서 특정 스택이나 노트북에서만 자료 검색하기**

검색 창에 '노트작성법'이라는 키워드를 입력합니다. 이후 검색 창 하단에 '모든 노트북'을 선택한 후 검색하고자 하는 '에버노트 자료' 노트북을 선택합니다. 노트북 대신 스택을 선택할 수도 있습니다.

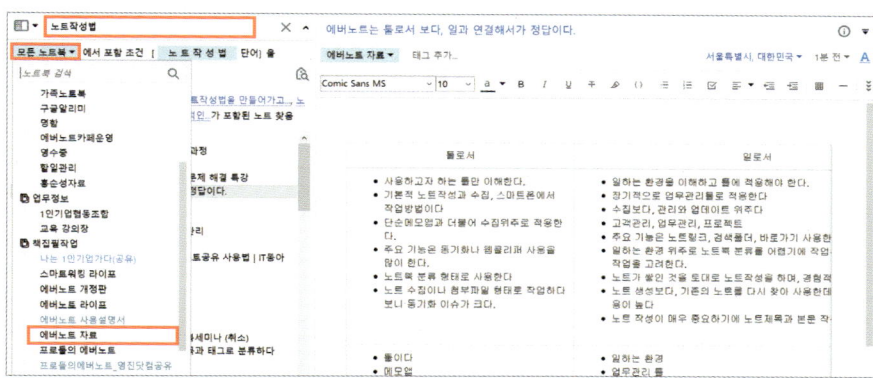

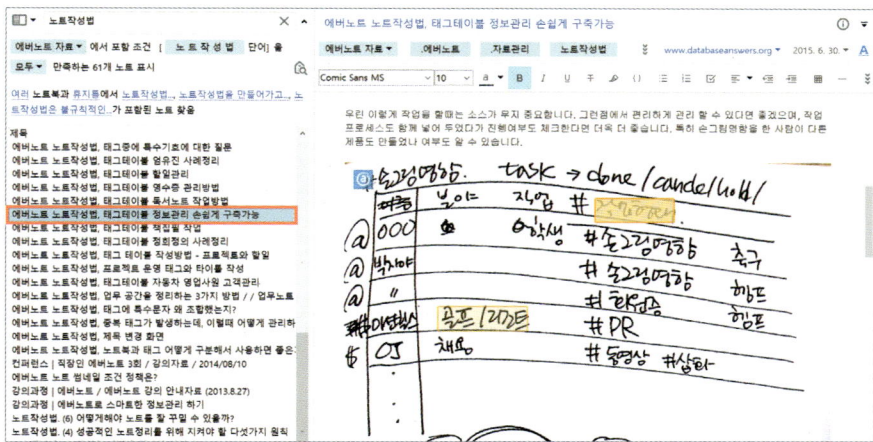

이미지로 첨부한 자료 검색하기

에버노트는 사진이나 이미지 내에서 텍스트를 검색할 수 있습니다. 스마트폰이나 컴퓨터에서 에버노트의 동기화 기능만으로 이미지 및 스캔에 포함된 텍스트를 찾기 위한 고급 이미지 처리 (이미지에 있는 단어를 검색하여 여러 노트를 검색할 수 있는 프로세스)를 수행합니다. 스마트 폰에서 사진을 찍은 후 서버 동기화를 거쳐서 다시 스마트폰에 동기화가 되어야 하기 때문에 무료 사용자의 경우 30여 분 이상 걸릴 수 있으며, 프리미엄 사용자의 경우에는 좀 더 빨리 처리될 수 있습니다.

■ 기사에서 원하는 자료 찾기

스마트폰으로 찍어둔 사진을 찾고 싶은데 정확한 제목이 기억나지 않을 수 있습니다. 이럴 때 사진에 들어간 키워드를 떠올려 노트를 검색할 수 있습니다.

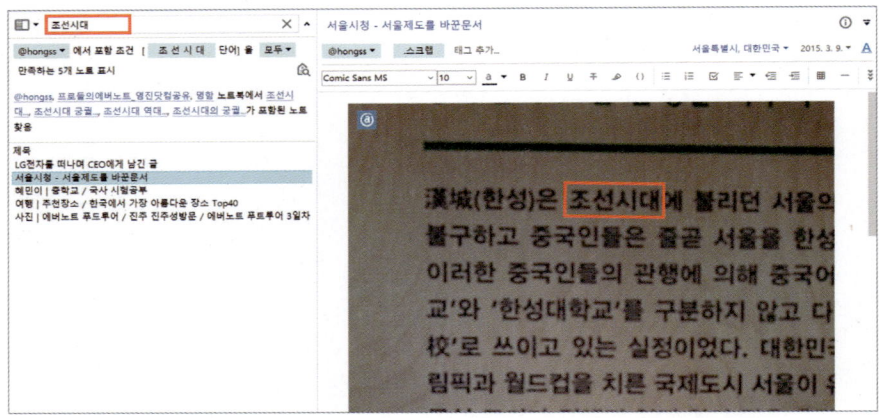

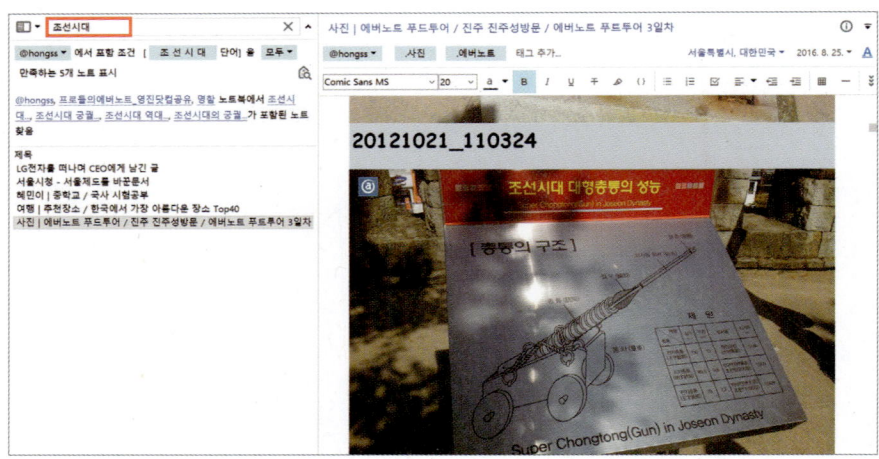

TIP_ 기본 검색에서 나타나지 않은 노트를 '검색 제안'으로 찾는 법

노트 검색을 할 때 기본 노트북에서 나오지 않는 노트를 다른 노트북에서 찾았다고 알려 주는 검색 제안 방법입니다. 메뉴에서 [보기] 〉[검색 정보]를 선택해서 사용합니다. 검색 정보는 활성화해 놓는 것이 좋습니다.

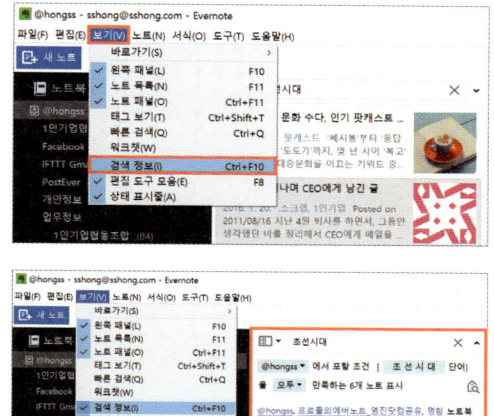

TIP_ 에버노트에서 이미지 내 한글 인식

에버노트는 이미지 내 글자 인식 기능을 제공하고 있는데, 한글 인식을 위해서는 인식 언어를 '한국어+영어'로 설정해야 합니다. 설정은 에버노트 웹상에서 가능하며, '개인 설정' 화면에서 [언어 설정]–[인식 언어(한국어+English)]를 선택하면 됩니다. 이후 추가 업로드되는 이미지부터 인식이 가능합니다. 그 이유는 이미지가 업로드된 후 웹 서버에서 이미지 인식 작업을 하기 때문입니다.

PDF와 오피스 첨부문서 검색하기(프리미엄만 제공)

에버노트의 프리미엄 기능을 사용하면 PDF와 오피스 첨부문서도 검색할 수 있습니다. 따로 사용자가 설정해야 할 것은 없으며 일반적인 이미지 작업 방식과 동일하게 사용하면 됩니다. 아래는 '조선시대'라는 키워드가 담긴 PDF 자료 검색 결과 입니다.

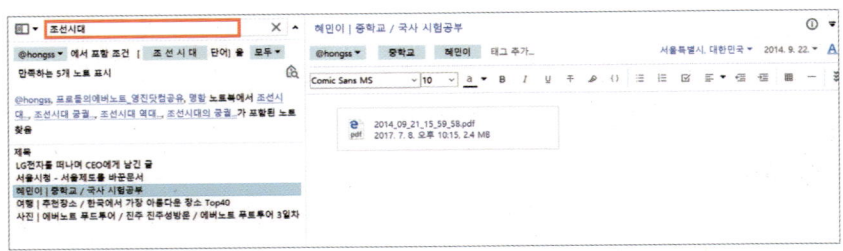

해당 PDF를 뷰어로 열어 보면 아래와 같이 '조선시대' 텍스트를 확인할 수 있습니다.

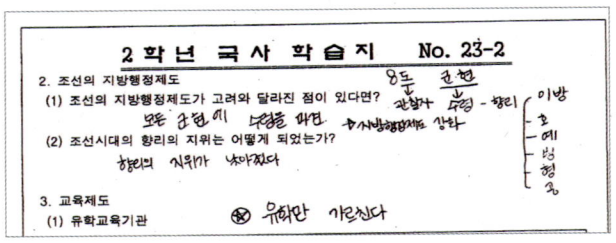

더 나아가 에버노트에 오피스 문서를 첨부해서 작업을 하면 최신 버전으로 관리를 해 주며, 검색 시 문서의 제목뿐만 아니라 본문까지도 검색할 수 있습니다. PDF와 MS 오피스 또는 맥 용 오피스에서 저장한 문서 첨부파일뿐만 아니라 iWorks로 만든 프레젠테이션, 스프레드시트 를 비롯한 모든 첨부 문서 내용을 에버노트에서 검색할 수 있습니다. 첨부한 문서 파일 이름을 통해 검색하고자 할 때에는 'filename:제목*'이라고 검색하면 됩니다. 참고로 HWP 한글 문서 의 경우는 문서 검색은 아직 지원하지 않습니다.

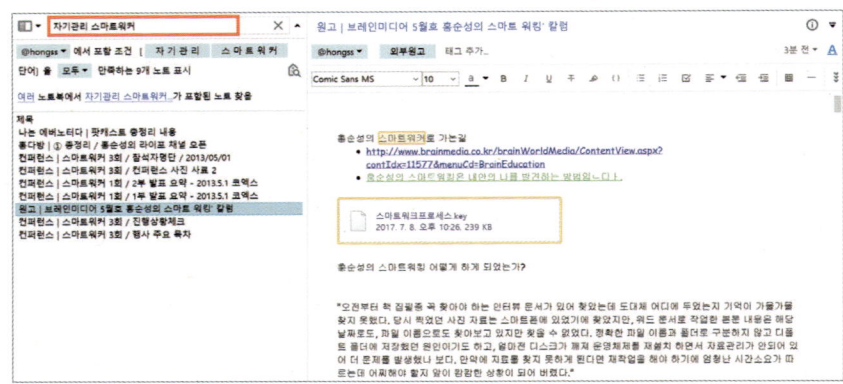

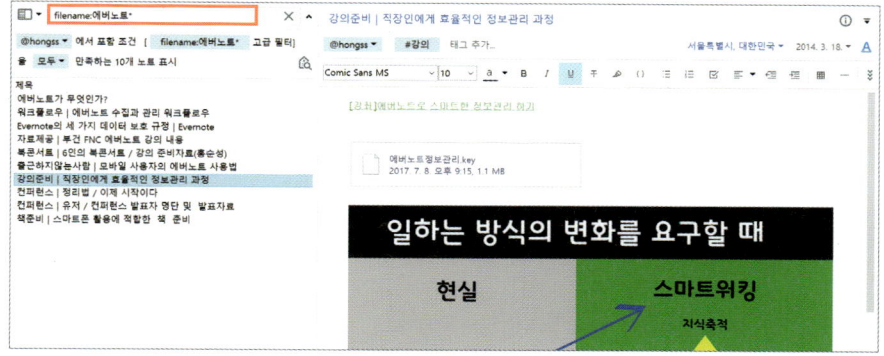

에버노트는 다음 조건을 모두 충족하는 경우에만 이미지 기반 PDF 처리를 시도합니다.

1. 에버노트 프리미엄 사용자입니다.
2. 원본 PDF가 50MB 이하입니다.
3. 스캔이 최대 100페이지를 포함합니다.
4. 원본 PDF에 선택하고 복사할 수 있는 '검색 가능한' 텍스트가 아직 포함되어 있지 않습니다.
5. PDF가 암호 문구로 암호화되거나 보호되어 있지 않습니다.
6. 손으로 직접 작성한 PDF 문서가 아닙니다.

이미지와 PDF 내의 텍스트 인식률을 높이기 위해 아래 사항을 체크합니다.

1. 명확하게 읽혀지는 이미지 또는 PDF 파일이 필요합니다. 텍스트가 읽기 어렵거나 너무 흐릿하면 에버노트의 이미지 프로세서가 색인을 작성하기 어렵습니다.
2. 대용량(메가픽셀 단위)의 사진 또는 스캔이 반드시 색인의 품질을 높여 주지는 않습니다. 즉, 2mb 용량의 사진 대신 10mb 용량의 사진을 업로드 한다고 해서 반드시 이미지 색인의 품질이 더 좋아지는 것은 아닙니다.
3. 텍스트만 있는 문서를 스캔할 경우는 스캐너에서 '흑백 전용'으로 설정합니다. '회색' 또는 '컬러'로 스캔하면 훨씬 많은 공간을 사용합니다.
4. 종이 문서 스캔 시 용량이 클 경우 오히려 문제가 발생합니다. 즉, 종이 문서를 PDF로 스캔할 때 스캐너의 DPI(Dots Per Inch) 설정이 300dpi 이상이면 이미지가 깨지게 되고, 문서의 용량이 너무 크면 에버노트의 이미지 프로세서가 제대로 작동되지 않습니다.

에버노트의 검색 기능은 매우 유용합니다. 보기에는 간단한 텍스트 검색 필드지만 고급 검색 구문을 사용하면 노트를 만든 날짜, 노트에 포함된 미디어 유형(오디오, 이미지 등) 및 만든 위치를 기준으로 노트를 검색할 수 있습니다.

고급 검색을 활용하는 방법

노트북과 태그를 사용해 자료를 분류하여 저장한다고 해도 쉽사리 검색되지 않는 노트가 생기기 마련입니다. 이때 고급 검색 기능을 사용하면 쉽고 빠르게 자료를 검색할 수 있습니다. 키워드를 통해 텍스트뿐만 아니라 이미지, PDF, 오피스 문서까지 검색할 수 있으며, 디바이스 속성이나 첨부 파일 속성, 위치 기반까지 구분해서 검색할 수 있습니다.

다음은 가장 일반적으로 사용할 수 있는 검색 연산자의 목록과 사용 예제입니다.

연산자	설명	예제
intitle:	노트 제목을 검색합니다.	intitle:coffee – 제목에 'coffee'가 들어간 노트를 검색합니다.
notebook:	특정 노트북에 포함된 노트를 검색합니다.	notebook:Finance – 특정 노트북에 'Finance'가 들어간 노트를 검색합니다.
any:	임의의 검색 조건과 일치하는 노트를 반환합니다. 이 연산자가 없으면, 에버노트는 지정된 검색 조건과 모두 일치하는 노트만 반환합니다.	any:pizza beer – 'pizza' 또는 'beer' 중 하나라도 포함하는 노트를 검색합니다(any:을 빼면 'pizza' 와 'beer' 모두를 포함하는 노트만 검색합니다).
tag:	특정 태그가 붙은 노트를 검색합니다.	tag:medical – 'medical'이란 태그가 붙은 노트를 검색합니다.
–tag:	특정 태그가 붙지 않은 노트를 검색합니다.	–tag:medical – 'medical'이란 태그가 붙지 않은 노트를 검색합니다.
created: [datetime]	주어진 날짜 또는 이후에 만든 노트를 검색합니다. 날짜 형식은 YYYYMMDD 또는 오늘 날짜를 기준(어제는 day–1, 2주 전은 week–2 등)으로 나타내야 합니다.	created:day–2 – 지난 2일 동안 만든 노트를 검색합니다. created:20171101 – 2017년 11월 1일에 만든 노트를 검색합니다.

updated: [datetime]	이 연산자는 노트가 가장 최근에 수정된 날짜를 취급하는 점을 제외하면, 위에서 설명한 'created:' 연산자와 동일한 방식으로 동작합니다. 노트가 만들어진 이후 수정되지 않았다면 이 날짜는 생성 일자와 동일합니다.	updated:day-2 – 지난 2일 동안 업데이트된 노트를 반환합니다.
resource:	특정 유형의 미디어(오디오, 이미지 등)를 포함하는 노트를 검색할 수 있습니다.	resource:image/jpg – 임베디드 JPG 이미지를 포함하는 모든 노트를 반환합니다. resource:audio/* – 특정 유형의 오디오 파일을 포함하는 모든 노트를 반환합니다.
latitude: longitude: altitude:	제공된 좌표 또는 좌표 근처에 만들어진 노트를 찾습니다.	latitude:37 – 위도 값이 37보다 큰 모든 노트를 반환합니다. 위도가 37도에서 38도 사이인 결과를 표시하려면 검색에 -latitude:38을 추가합니다. longitude:와 altitude:는 똑같은 방식으로 작동합니다.
source:	노트를 만드는 데 사용된 응용 프로그램 또는 기타 소스로 노트를 검색합니다(예 이메일을 통해 추가된 노트의 경우에는 mail.smtp, Web Clipper를 사용하여 추가된 노트의 경우 web.clip 등).	source:mobile.* – 특정 유형의 모바일 어플리케이션에서 만든 모든 노트를 반환합니다.
recoType:	특정 유형의 인식 정보(예 텍스트 포함 이미지)를 포함하는 노트와 일치시킵니다. 이 연산자에 대해 가능한 값: 'printed', 'speech', 'handwritten', 'picture' 및 'unknown'	recoType:picture – Evernote의 이미지 인식 시스템에 의해 내용이 처리된 이미지를 포함하는 모든 노트를 반환합니다.
todo:	하나 이상의 체크박스가 포함된 노트를 찾습니다.	todo:true – 체크박스에 체크표시가 있는 모든 노트를 반환합니다. todo:false – 체크박스에 체크표시가 없는 노트를 찾습니다. todo:* – 선택 여부와 상관 없이, 체크박스가 포함된 노트를 반환합니다.
encryption:	에버노트의 내장 암호화 시스템을 사용하여 부분적으로 암호화된 노트를 반환합니다.	encryption: – 이 연산자는 추가 값이 필요 없습니다.

※출처 : 에버노트의 고급 검색 구문 사용 – https://goo.gl/V4p4ve

에버노트 고급 검색 문법에 대해서 보다 상세한 정보를 찾고자 한다면 '에버노트 검색 연산자의 전체 라이브러리' 자료를 참고하도록 합니다. 검색에 대한 상세 예제가 제공되어 있습니다.

- **참고 :** https://dev.evernote.com/doc/articles/search_grammar.php

고급 검색 중 꼭 알아야 할 5가지

고급 검색을 효율적으로 사용하기 위해 꼭 알아야 할 5가지 기능을 배워 보도록 하겠습니다.

1. intitle:

특정한 노트의 제목만 검색하고 싶을 때 사용합니다.

－예 [intitle:coffee] 'coffee'가 들어간 노트를 검색

－같은 제목의 주제로 묶인 노트를 검색할 때 : 프로젝트, 월별 검색(T2017/11) 등

2. tag:

특정 태그가 붙은 노트를 검색합니다.

－키워드 및 분류 방식 활용

3. −tag:

특정 태그가 붙지 않는 노트를 검색할 때 즉, 노트 중에 여러 개의 태그가 달린 것 중 특정 태그를 제외한 노트를 찾고자 할 때 사용합니다. 필자는 태그 구분을 '할일(#Tasks)', '처리 (done)' 등으로 나누어 태그로 할 일과 하지 않은 일을 관리하고 있습니다.

−할 일 관리 : 처리하지 않은 할 일을 검색할 때 [tag:#Tasks −tag:done]

−태그가 없는 노트 검색 [−tag:*]

−태그가 있는 노트 검색 [tag:*]

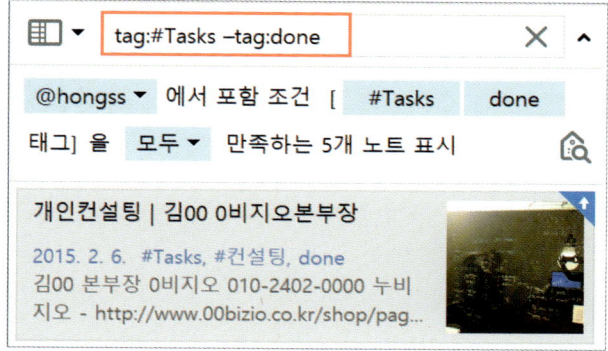

4. created:[datetime]

날짜별로 노트를 검색할 때 사용합니다.

주요 내용	검색 명령어
연도별 검색	• 2017 : created:20170101 −created:20180101 • 2016 : created:20160101 −created:20170101
특정한 노트 날짜를 검색하는 방법	• created:day 오늘 노트만 검색 • created:day−1 어제와 오늘만 검색 • created:day−30 최근 한 달간 검색 • −created:day 오늘을 제외한 날짜 검색 • created:day−1 −created:day 어제만 검색 • created:week 이번 주 일요일부터 검색 • created:month 이번 달 검색 • created:month−1 최근 한 달(지난 달 포함) 검색 • created:year 올해만 검색 • created:year−1 최근 1년(지난 해 포함) 검색

5. resource:

특정 유형의 미디어(오디오, 이미지 등)를 포함하는 노트를 검색할 때 사용합니다.

주요 내용	검색 명령어
지난 주에 스마트폰으로 업로드한 이미지들	source:mobile.* resource:image/* created:week-1
이미지 파일 중 위도 경도에서 찍은 사진들	resource:image/* latitude:37 -latitude:38
오디오 파일 중 지난 주에 업데이트된 파일	resource:audio/* updated:week-1
PDF 파일만 검색	resource:application/pdf
엑셀 파일 검색	resource:en-search/msexcel

특정 주제를 제외하고 검색하는 방법

전체 노트 중에 특정 주제를 제외하고 검색하는 방법입니다. 원하는 것을 정확히 알고 있거나 제외하고자 하는 것을 정확히 알고 있을 때 사용합니다. 예를 들어 개인과 업무 자료가 있을 경우 업무 자료인 '회의록' 문서만 검색해서 찾고 싶을 때, 검색 명령어를 "-tag:개인 회의록" 등으로 검색하면 됩니다. 여기서 '-연산자' 검색은 특정 키워드나 태그를 제외한 검색을 의미합니다. 기본적인 검색과 함께 적용할 수 있습니다.

▶ '-' 연산자를 사용해 작업할 수 있는 조건 값 예시

- -키워드
- -tag:*
- -intitle:beef
- -created:20070704
- -resource:image/*
- -author:*
- -todo:false 또는 todo:true

주요 내용	검색 명령어
A 키워드는 있고, B 키워드는 넣지 않은 노트 검색	A 키워드 -B 키워드
노트 제목에서 A는 있고 B는 넣지 않은 노트 검색	intitle:A -intitle:B
처리하지 않은 할 일 (#Tasks=할일, done=처리)	tag:#Tasks -tag:done
2017년 3월 한 달 동안의 데이터	created:20170301 -created:20170401

사례 1 수집한 자료 중에 특정 주제의 자료를 제외하고 검색하기

에버노트에 직접 작성한 것과 웹 클리퍼로 수집한 것이 함께 있을 경우, 직접 작성한 것만 검색하는 방법입니다. 필자는 웹 클리퍼로 수집한 자료에는 자동으로 '스크랩' 태그가 삽입될 수 있도록 해 두었습니다. 이럴 경우 수집한 자료가 제외된 '에버노트' 키워드를 검색하고자 할 때 아래와 같은 연산자를 사용하면 됩니다.

- 연산자 : [-tag:스크랩 에버노트]

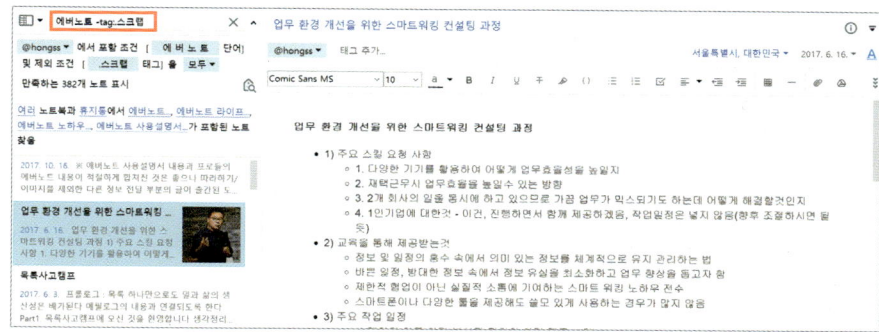

이번 달 노트에서 특정 키워드를 가진 노트 검색하기

노트를 수집하고 관리하다 보면, 활용하려는 노트의 경우는 최근 한 달 이내 노트이며, 상반기에 작성한 문서가 70~80%라는 것을 알 수 있습니다. 따라서 노트를 검색할 때 예전 자료까지 함께 검색되는 것이 불편할 수 있습니다. 이럴 경우 명령어를 사용하면 최근 문서만 볼 수 있도록 분류할 수 있습니다. 아래의 명령어를 검색 폴더/바로가기 넣어 두고 유용하게 사용하도록 합니다.

구분	쿼리
노트 : 이번 주	created:week
노트 : 이번 달	created:month
노트 : 이번 달(업데이트)	updated:month
노트 : 지난 달 포함	created:month-1
노트 : 올해	created:year

참고로 'created:month-1' 연산자는 지난달부터 이번 달까지이며, 'created:week' 연산자는 일요일부터 시작합니다.

▶이번 달에 작성한 (특정 키워드를 가진) 노트를 찾고 싶을 때

- 연산자 [created:month 키워드]
- 연산자 [created:month intitle:키워드]

스마트폰에서 고급 검색을 사용하는 방법

스마트폰에서 고급 검색을 활용하려면 아래와 같은 추가적인 작업을 해야 합니다.

1 안드로이드 에버노트 앱에서 아무 내용 없이 검색합니다.

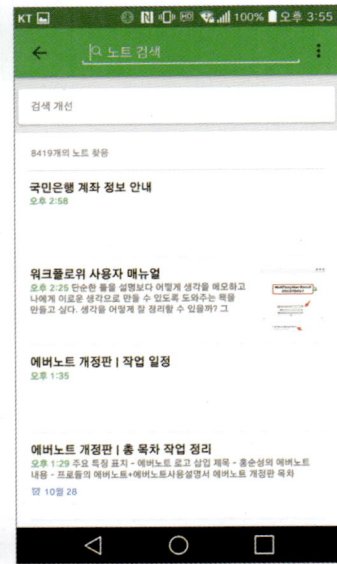

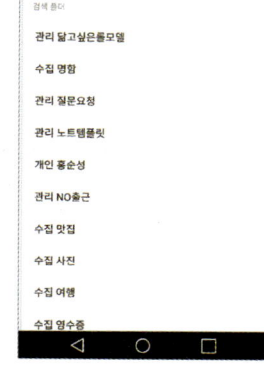

2 기본적으로 제공되지 않았던 '검색 개선'이 나타납니다. [검색 개선]을 터치합니다. 다양한 고급 목록이 나타납니다. 여기서는 태그를 터치합니다. 태그 목록 중 찾고자 하는 노트와 관련된 태그를 터치한 후 [적용]을 터치합니다.

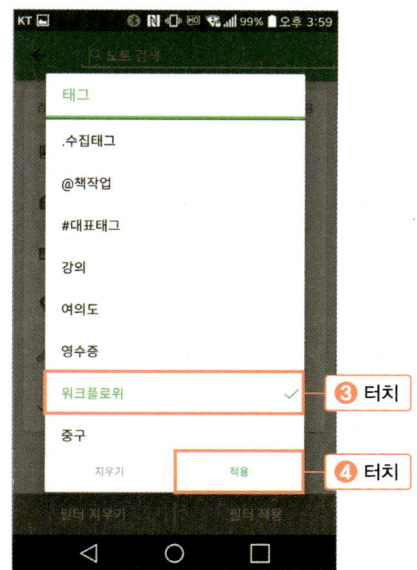

3 아래와 같이 태그에 선택한 태그 목록이 함께 표시되며 [필터 적용]을 터치하면 원하는 노트를 쉽게 검색할 수 있습니다.

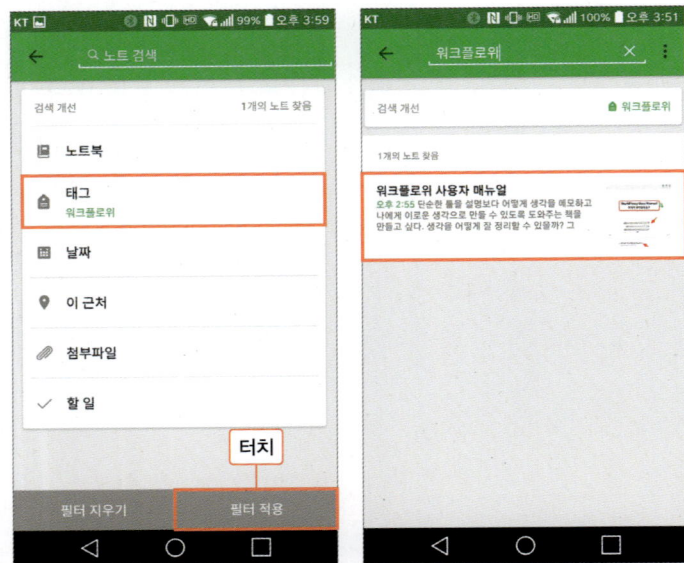

프레젠테이션

외부 행사 발표가 아닌 부서별로 모여 간단히 프레젠테이션을 할 경우에는 에버노트의 프레젠테이션 기능을 사용하면 작업 시간을 현저히 줄일 수 있습니다. 문서를 모아 둔 곳이 에버노트이기 때문에 곧바로 발표할 수도 있고, 언제든지 수정 작업을 할 수도 있습니다. 이 기능은 맥(Mac)과 윈도우(Windows) 데스크톱용 에버노트에서 사용 가능합니다. 참고로 프리미엄과 에버노트 비즈니스 사용자들에게만 제공됩니다.

프레젠테이션 기능 설명

한 개의 노트뿐만 아니라 여러 개의 노트를 넣어 발표할 수 있습니다. 노트 링크와 URL을 연결해서 볼 수도 있습니다 또한 사용하던 PDF, 동영상, 이미지, 오피스 파일도 바로 사용 가능합니다. 모든 자료들을 에버노트에 수집하고 있다면 프레젠테이션 사용법은 더욱더 간단해집니다. 회의 시간이 되면 프로젝터와 연결하고 프레젠테이션 모드 아이콘을 클릭하면 바로 프레젠테이션 모드가 실행됩니다.

프레젠테이션 모드의 상단 메뉴 도구인 '야간 모드 활성화', '커서 유형' 및 '레이아웃' 모드 등을 사용하면 프레젠테이션의 효과를 더욱더 높일 수 있습니다

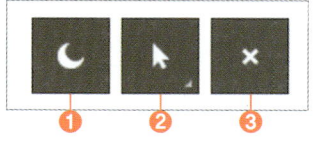

❶ **야간 모드 활성화 :** 흰 배경에 검은 텍스트가 아닌, 야간 모드로 전환해 어두운 배경에 밝은 텍스트를 사용하고 싶을 때 선택합니다.

❷ **커서 유형 :** 프레젠테이션에 보여지는 커서의 색깔과 유형을 선택할 수 있습니다.

❸ **레이아웃 :** 한 장의 슬라이드에서 보여 주고 싶은 영역을 직접 선택할 수 있어 빠르게 슬라이드를 구성하여 발표할 수 있습니다.

프레젠테이션 모드에서 작업을 할 때 단축키를 사용하면 마우스를 사용하지 않고도 쉽고 간단하게 발표를 할 수 있습니다. 아래는 맥과 윈도우 사용자의 단축키 옵션을 정리한 것입니다. 차근차근 사용해 보면서 손에 익혀 보도록 합니다.

주요 기능	윈도우	맥
프레젠테이션 모드 시작하기	Ctrl + Alt + Enter	⌘ + Enter
레이저 포인터 색상 변경하기	Ctrl + P	Ctrl + P
야간 모드 켜기/끄기	Ctrl - N	Ctrl - N
프레젠테이션 레이아웃	Ctrl - L	Ctrl - L
글꼴 크기 설정	Ctrl - F	Ctrl - F

- **참조** – 프레젠테이션 모드(윈도우와 맥) 세부적 사용 기능 참조
  https://help.evernote.com/hc/ko/articles/208314488

TIP_ 프레젠테이션 모드를 사용해 노트를 보여 주는 방법(동영상)
- https://youtu.be/Rlmpdq3wmX8

프레젠테이션 작업 방법

프레젠테이션 기능을 사용하면 콘텐츠 준비를 위한 별도의 시간이나 노력을 들일 필요 없이, 노트에 작성 것을 바로 프레젠테이션 모드로 전환해서 사용할 수 있습니다. 특히 노트 안의 텍스트, 이미지, 첨부 PDF, MS Office 파일까지 슬라이드로 구분해 편리하게 볼 수 있습니다

1 에버노트 클라이언트에서 노트를 선택합니다. 노트 위에 마우스 오른쪽 버튼을 눌러 [프레젠테이션]을 클릭합니다.

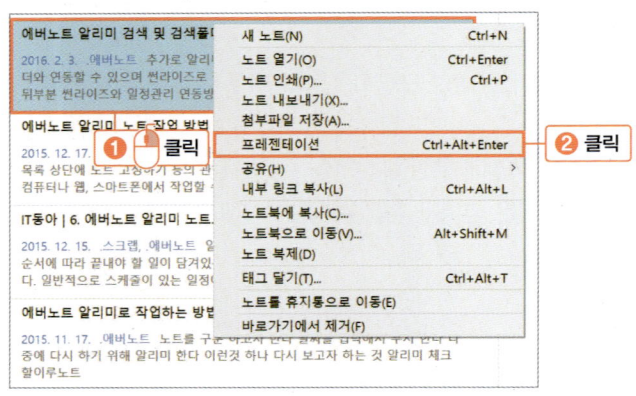

TIP_ 노트의 상위 우측에 있는 (▾)를 클릭한 후 [프레젠테이션하기]를 클릭해도 됩니다.

2 바로 프레젠테이션 모드가 시작되어 슬라이드를 볼 수 있습니다. 이때 마우스 커서를 우측 상단에 올려놓으면 설정 메뉴를 사용할 수 있습니다.

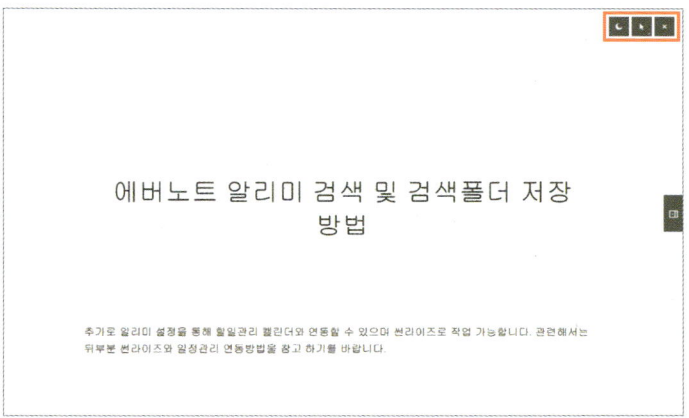

3 슬라이드 우측 중간에 [프레젠테이션 레이아웃](▦)을 선택하면 한 장의 슬라이드에 보여지는 내용을 마우스로 움직이며 직접 설정할 수 있습니다.

TIP_ 이렇게 설정된 것은 본문 노트에는 전혀 영향을 주지 않습니다.

4 다음 슬라이드로 넘기려면 **Space Bar** 를 누르거나 전용 프레젠더로 이동시키면 됩니다. 또한 키보드의 좌/우 화살표를 이용해 노트 목록에 나타나는 순서대로 다음 노트 또는 이전 노트로 이동할 수 있습니다.

연산자	내용
reminderOrder:[**integer**]	알리미
reminderTime:[**integer**]	날짜가 있는 알리미
reminderDoneTime:[**integer**]	완료된 알리미

TIP_ 슬라이드 구분하기

슬라이드 화면은 파란선과 파란점을 통해서 구분할 수 있습니다. 구분선을 추가하거나 삭제하려면 노트 섬네일 옆의 파란색 더하기 기호(+)와 파란색 빼기 기호(−) 버튼을 사용하면 됩니다.

- **파란선** : '구분선' 또는 '화면 분할선'과 같은 역할을 하는 것으로 선 이하의 내용을 다음 화면에 표시해 줍니다.
- **파란점** : 노트 오른쪽에 나타나는 표지로서 화면 분할선을 삽입할 수 있는 위치를 표시해 줍니다. 이 점 위에 마우스를 갖다 대면 더하기(+) 또는 빼기(−) 기호가 표시됩니다. 더하기 기호를 선택하면 화면 분할 선이 추가되고 빼기 기호를 선택하면 화면 분할선이 제거됩니다.

에버노트에서는 따로 검색하지 않아도 해당 노트의 연관 콘텐츠를 제공하는 기능이 있습니다. 이 기능을 통해 하나의 노트를 선택하면 그와 관련된 연관 노트를 함께 볼 수 있어 검색하는 시간을 줄일 수 있습니다.

연관 콘텐츠의 주요 특징

연관 콘텐츠는 노트를 자동으로 최대 6개까지 알려 주며, 노트를 검색할 필요 없이 알려 주기 때문에 제목과 본문 내용의 특징이 잘 두드러지게 작성된 노트라면 관련 자료를 찾는 검색 시간을 줄일 수 있습니다. 참고로 연관 콘텐츠 기능은 프리미엄 서비스에서만 제공됩니다.

연관 콘텐츠는 노트에 대한 지능적 색인화를 바탕으로 관련 있는 노트, 사람 및 양질의 기사들을 가장 필요한 순간에 제공합니다.

- **본인 계정의 노트** : 내용을 입력하면 기존 노트 또는 동료가 공유해 준 노트를 검색해 현재 진행 중인 업무와 관련 있는 내용을 띄워 줍니다.
- **인맥 내의 사람들** : 노트 안에 사람 이름이 포함되어 있고 링크드인(LinkedIn)에서 1촌을 맺은 상태라면 연관 콘텐츠가 상대방의 링크드인 프로필을 가져옵니다.
- **신뢰할 만한 정보원의 기사** : 에버노트는 Wall Street Journal과 같은 신뢰할 만한 정보원의 관련 콘텐츠를 무료로 제공합니다.

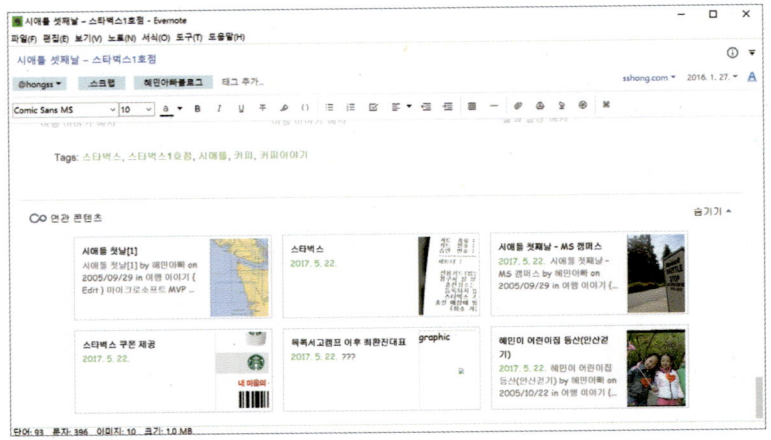

연관 콘텐츠를 통해 노트 여행하기

연관 콘텐츠에 나오는 것만 확인해도 에버노트 노트를 탐색하면서 정보를 찾아볼 수 있습니다. 해당 콘텐츠와 비슷한 정보를 제공하기 때문에 별도로 검색하지 않아도 편리하게 사용할 수 있습니다. 따로 자료 관리 시간을 갖기 보다는 정기적인 노트 탐방을 통해 정보 활용을 높이길 바랍니다.

연관 콘텐츠를 살펴보면 아래와 같이 최대 6개까지 제공되며, 원하는 노트로 넘어가더라도 마찬가지로 연관 콘텐츠는 계속해서 제공됩니다. 따로 검색하지 않아도 계속 관련 콘텐츠를 볼 수 있기 때문에 에버노트에 어떤 내용이 저장되어 있는지 쉽게 찾아볼 수 있습니다.

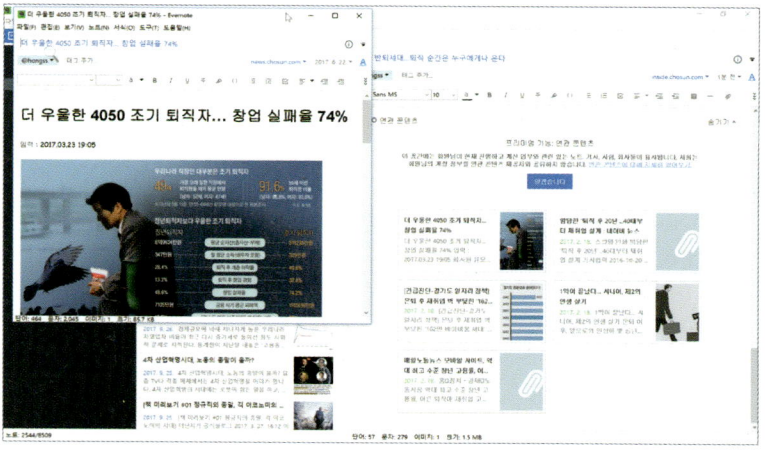

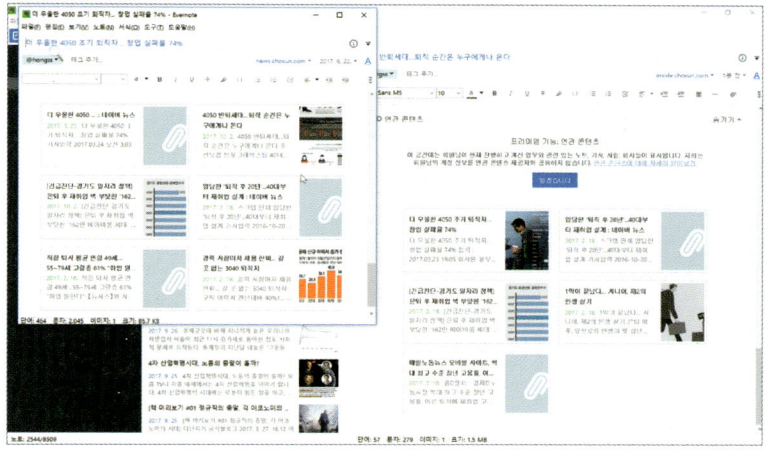

연관 콘텐츠 기능을 끄는 방법

연관 콘텐츠 기능을 사용하지 않고 싶다면 아래와 같이 해당 기능을 끄는 작업을 해야 합니다.

1 에버노트 클라이언트를 실행합니다. 메뉴 모음에서 [도구] 〉 [설정]을 선택한 후 '옵션' 창 하단에 있는 [고급 옵션 표시]의 체크 박스를 클릭합니다.

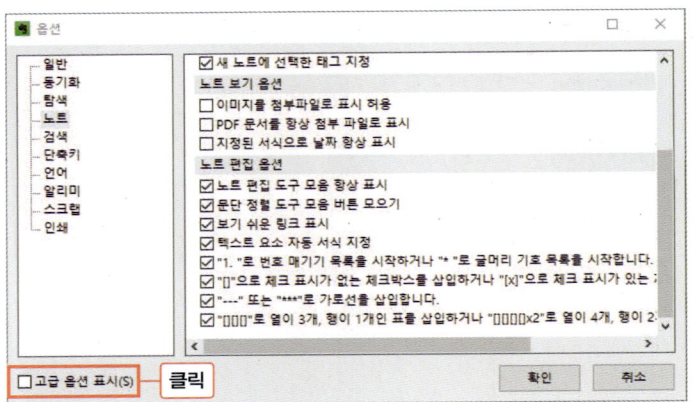

> 💡 **TIP_** 연관 콘텐츠 기능은 프리미엄 사용자에게 제공하기 때문에 베이직이나 플러스 사용자는 아래 기능이 나타나지 않습니다.

2 '연관 콘텐츠 옵션'이 나타납니다. 해당 내용을 체크 해제합니다.

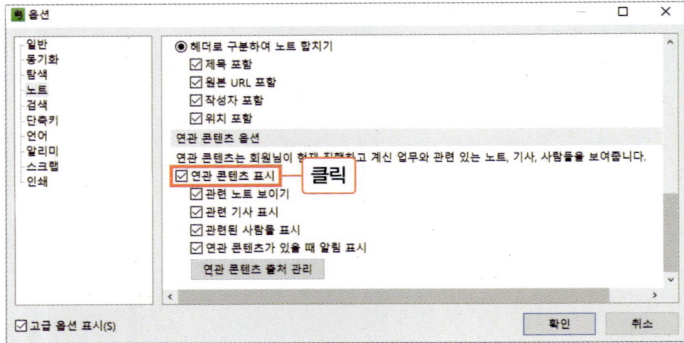

컴퓨터에서 에버노트를 사용할 때 키보드 단축키를 이용하면 에버노트의 거의 모든 기능을 구현할 수 있습니다. 또한 필요에 따라 사용자가 원하는 값으로 설정을 변경해서 사용할 수 있습니다. 에버노트에서 자주 사용하는 윈도우 단축키는 다음과 같습니다.

- 새노트 작성 : `Ctrl` + `Alt` + `N`
- 화면 캡쳐 모드 : `🪟` + `Print Screen`
- 선택 화면 클리핑 : `🪟` + `A`
- 노트 전체 검색 : `🪟` + `Shift` + `F`
- 검색 초기화 : `Ctrl` + `Shift` + `A`
- 서비스 동기화 : `F9`
- 이전/다음 노트 : `Page Up` / `Page Down`
- 노트 정보 보기 : `F8`

에버노트 단축키 설정을 변경하려면 에버노트 클라이언트 프로그램에서 [도구] 〉 [설정] 〉 [단축키]를 클릭하면 됩니다.

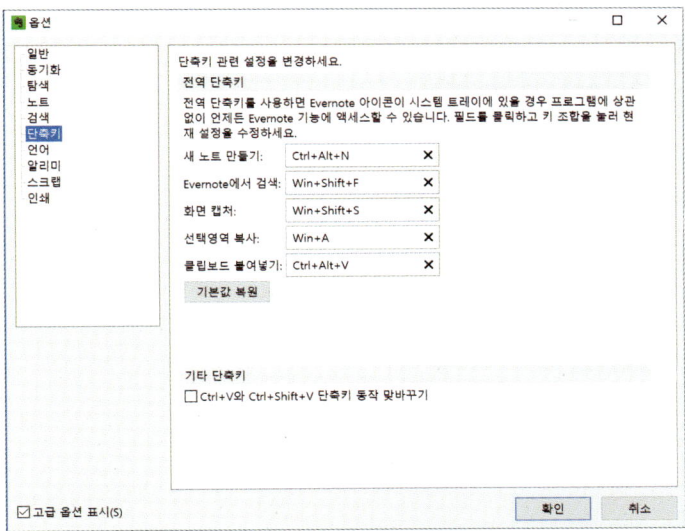

바로가기	작업
F1	기본 브라우저에서 온라인 도움말 웹 페이지를 엽니다.
F9	Evernote Web과 동기화를 시작합니다.
Ctrl + N	새 노트를 만듭니다.
Alt + F4	하위 창을 닫고 기본 창을 숨깁니다(트레이로 최소화).
Ctrl + Q	응용 프로그램을 종료합니다.
F6	검색 상자가 비어 있는 경우 상자로 포커스를 이동합니다. 그렇지 않으면 검색을 시작하고 강조 표시된 첫 번째 키워드로 이동합니다.
Ctrl + Shift + A	검색 초기화
F10	왼쪽 패널 표시를 전환합니다.
F11	노트 목록 표시를 전환합니다.
Ctrl + F11	노트 패널 표시를 전환합니다.
Ctrl + F10	검색 설명 표시를 전환합니다.
F5	노트 목록 보기(표, 혼합, 섬네일)를 순환합니다.
Ctrl + F5	노트 목록을 표 보기로 설정합니다.
Ctrl + F6	노트 목록을 혼합 보기로 설정합니다.
Ctrl + F7	노트 목록을 섬네일 보기로 설정합니다.
F8	노트 정보 패널 표시를 전환합니다.
Ctrl + F8	노트 편집 도구 모음 표시를 전환합니다.
F2	포커스가 있는 노트북, 노트, 태그 또는 저장된 검색 이름을 바꿉니다.
F3	포커스를 활성 노트의 태그 필드로 설정합니다.
Ctrl + Shift + N	새 노트북을 만듭니다.
Ctrl + Shift + T	새 태그를 만듭니다.
Ctrl + Alt + T	태그를 지정합니다.
F7	맞춤법 검사를 시작합니다.

윈도우/맥에서 사용하는 에버노트 단축키

컴퓨터에서 에버노트를 사용할 때 키보드 단축키를 이용하면 쉽고 빠르게 원하는 작업을 할 수 있습니다.

▶ 노트 기능 단축키

주요 설명	윈도우	맥
새 노트 생성	Ctrl + N	⌘ + N
노트 닫기	Ctrl + W	⌘ + W
노트 검색	⊞ + Shift + F	option + ⌘ + F
노트 삭제	Delete	Delete
노트 열기	Ctrl + Enter	
프레젠테이션	Ctrl + Alt + Enter	⌘ + Enter
노트 태그 달기	Ctrl + Alt + T	control + '
노트 제목 편집		control + L
노트 정보 보기	F8	Shift + ⌘ + I
노트 링크 복사		control + .
공개 링크 복사		control + /
맞춤법 및 문법 표시	F7	⌘ + :
표 삽입		Shift + ⌘ + L
서식 간단히	Ctrl + Space Bar	Shift + ⌘ + F
글자 서식 삭제	Ctrl + Shift + Space Bar	

▶ 노트 편집 단축키

주요 설명	윈도우	맥
복사	Ctrl + C	⌘ + C
붙여넣기	Ctrl + V	⌘ + V
되돌리기	Ctrl + Z	⌘ + Z
다시실행	Ctrl + Y	Shift + ⌘ + Z
잘라내기	Ctrl + X	⌘ + X
저장하기	Ctrl + S	⌘ + S
모두 선택하기	Ctrl + A	⌘ + A

하이퍼링크 추가	`Ctrl`+`K`	`⌘`+`K`
볼드 생성	`Ctrl`+`B`	`⌘`+`B`
이탤릭체 생성	`Ctrl`+`I`	`⌘`+`I`
밑줄 생성	`Ctrl`+`U`	`⌘`+`U`
텍스트 확대	`Ctrl`+`+`	`Shift`+`⌘`+`+`
텍스트 축소	`Ctrl`+`-`	`Shift`+`⌘`+`-`
왼쪽 맞춤	`Ctrl`+`L`	`Shift`+`Alt`+`⌘`+`[`
오른쪽 맞춤	`Ctrl`+`R`	`Shift`+`Alt`+`⌘`+`]`
가운데 맞춤	`Ctrl`+`E`	`Shift`+`Alt`+`⌘`+`I`
커서 위치에 날짜 삽입	`Alt`+`Shift`+`D`	`Shift`+`⌘`+`D`
커서 위치에 시간 삽입		`Shift`+`⌘`+`Alt`+`D`
선택한 텍스트 암호화	`Ctrl`+`Shift`+`X`	`Shift`+`⌘`+`X`
가로줄 삽입	`Ctrl`+`Shift`+`-`	`Shift`+`⌘`+`H`
체크박스 삽입	`Ctrl`+`Shift`+`C`	`Shift`+`⌘`+`T`
글머리 기호 목록 전환	`Ctrl`+`Shift`+`B`	`Shift`+`⌘`+`U`
번호 매기기 목록 전환	`Ctrl`+`Shift`+`O`	`Shift`+`⌘`+`O`

[에버노트 동영상 강좌]

- 맥용 에버노트 노트 보기 메뉴 단축키 작업 방법 : https://goo.gl/l69pTH

TIP_ 윈도우 F1~F11 단축키 기능 알아보기

윈도우 F1 부터 F11 까지의 단축키 기능입니다. 특히 F5, F9, F10, F11은 자주 사용하는 단축키이니 꼭 알아두기 바랍니다.

바로가기	작업
F1	기본 브라우저에서 온라인 도움말 웹 페이지를 엽니다.
F2	포커스가 있는 노트북, 노트, 태그 또는 검색 폴더 이름을 바꿉니다.
F3	현재 활성 노트에서 태그 필드로 커서를 이동합니다.
F4	없음
F5	노트 목록 보기(표, 혼합, 섬네일)를 순환합니다.
F6	상위 노트 검색으로 이동합니다.
F7	맞춤법 검사를 시작합니다.
F8	없음
F9	Evernote 웹과 동기화를 시작합니다.
F10	왼쪽 패널 표시를 전환합니다.
F11	노트 목록 표시를 전환합니다.

EVERNOTE

Remember Everything

01 001
1 0010

01 001
1 0010

CHAPTER

04

세상의 모든 정보를 담아라, 에버노트 자료 수집

이번 장에서는 에버노트의 자료 수집 툴로서 많은 사용자들이 이용하고 있는 것 중의 하나인 웹 클리퍼에 대해 배워보도록 하겠습니다. 웹 클리퍼를 사용하면 웹상에서 제공되는 텍스트, 링크, 이미지를 수집할 수 있고 PDF 파일을 수집할 수 있습니다. 그 밖에 이메일과 iFTTT를 통한 에버노트 자료 수집 방법, 컴퓨터에 쌓여가는 문서 파일 및 종이 문서를 수집하는 방법을 알아보도록 하겠습니다.

Section ▲▲▲▲▲▲▲▲▲▲▲▲▲▲▲▲▲▲▲▲▲▲▲▲▲

01 | 웹 클리퍼로 자료 수집하기

02 | 이메일을 사용하여 자료 저장하기

03 | iFTTT를 통한 에버노트로 자동 수집 방법

04 | 문서 파일 및 종이 문서 수집하기

웹 클리퍼로 자료 수집하기

에버노트의 자료 수집 툴로서 많은 사용자들이 이용하고 있는 것 중의 하나가 바로 웹 클리퍼 Web Clipper입니다. 웹 클리퍼는 웹상에서 제공되는 텍스트, 링크, 이미지를 수집할 수 있고 PDF 파일도 클리핑할 수 있기 때문에 웹상에서 많은 정보를 수집해야 하거나, 수집한 정보를 이동 하면서 스마트폰으로 확인해야 하는 사용자들에게 매우 유용한 기능입니다. 웹 클리퍼는 브라 우저의 확장 프로그램으로 각각의 브라우저에서 별도의 설치 작업을 해야 합니다.

웹 클리퍼의 사용 방법

인터넷 익스플로러의 경우 에버노트 클라이언트가 설치되면 기본적으로 제공되지만 그 외 크 롬 및 파이어폭스, 사파리에서는 에버노트 웹사이트에서 웹 클리퍼를 설치해야 합니다. 스마 트폰과 태블릿에서는 웹 클리퍼 앱을 설치하면 자동으로 사용할 수 있습니다. 웹 클리퍼는 수 집한 정보의 출처를 함께 제공합니다. 이렇게 수집된 정보는 에버노트에서 다시 수정해서 사 용할 수 있습니다. 최근에는 에버노트 웹 클리퍼 기능이 업그레이드되어 Gmail, LinkedIn, YouTube, Amazon 등의 자료도 스크랩이 가능해졌습니다.

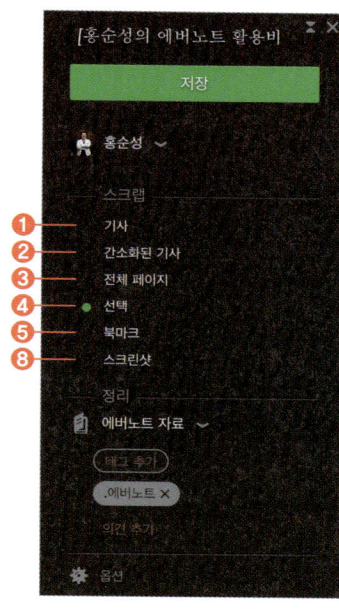

① **기사 :** 블로그나 뉴스의 기사를 자동으로 스크랩합니다.

② **간소화된 기사 :** 깔끔하고 읽기 편한 스크랩을 위해 페이지에서 기사 이외의 내용을 제거합니다.

③ **전체 페이지 :** 한 번의 클릭으로 전체 페이지를 저장합니다.

④ **선택 :** 저장하고 싶은 텍스트, 이미지 등을 선택해서 저장합니다.

⑤ **북마크 :** 페이지의 주요 이미지와 간단한 발췌 내용을 저장합니다.

⑥ **PDF :** 온라인에서 보는 PDF를 에버노트에 저장합니다.

⑦ **Gmail :** Gmail 대화를 첨부파일과 함께 스크랩합니다.

⑧ **스크린샷 :** 페이지의 스크린샷을 찍어 표시하고 친구들과 공유합니다.

참고로 **④**, **⑥**~**⑦**번은 기본 메뉴에 나타나지 않으며, 해당 작업을 할 때 관련 메뉴가 나타납니다.

[에버노트 동영상 강좌]

- **에버노트 웹 클리퍼 :** https://goo.gl/K23xvX

TIP_ 웹 클리퍼를 활용하는 10가지 방법

웹 클리퍼는 웹상에서 제공되는 다양한 형태의 이미지 및 파일들을 수집할 수 있는 유용한 툴입니다. 이러한 웹 클리퍼 기능을 다양하게 활용할 수 있는 방법들을 소개합니다.

① 웹 브라우저로 웹상의 자료를 수집

② 지메일에서 이메일을 클리핑하여 저장

③ Microsoft Outlook에서 이메일 스크랩

④ 웹상의 PDF 자료 수집

⑤ 유튜브, 아마존, 링크드인의 자료들을 바로 저장

⑥ 모바일에서 웹상의 자료를 바로 수집

⑦ 웹상에서 검색 시, 관련 검색으로 노트를 제공

⑧ 웹 클리퍼 작업 시 관련된 노트 살펴보기

⑨ 에버노트에서 웹 클리퍼로 수집된 노트만 검색 가능

⑩ 다른 사람들과 웹 클립 공유

• **참고 :** http://goo.gl/wWPttZ

크롬 브라우저에 웹 클리퍼 설치 및 사용 방법

크롬용 웹 클리퍼에서는 클리핑 기능은 물론 Gmail에서 이메일 클리핑 기능이 함께 제공됩니다.

1️⃣ 크롬 브라우저에서 에버노트 웹사이트에 접속합니다. 홈페이지 상단에서 [Web Clipper]를 클릭한 후 [CHROME용 WEB CLIPPER]를 클릭하여 다운로드합니다.

• Evernote Web Clipper 다운로드 – https://evernote.com/intl/ko/products/

2 'Evernote Web Clipper' 창이 나타나면 [CHROME에 추가] > [확장 프로그램 추가]를 클릭합니다.

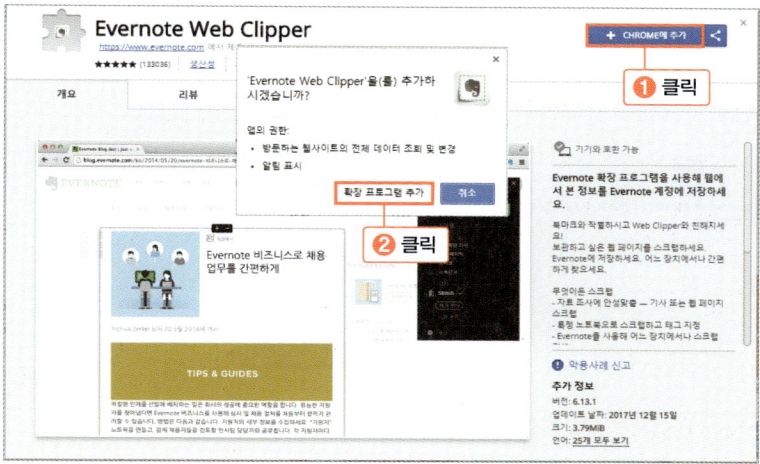

3 웹 클리퍼 설치가 완료되면 상단 오른쪽에 웹 클리퍼 아이콘이 추가됩니다. 웹 클리퍼 아이콘 ()을 클릭한 후 에버노트에 로그인합니다.

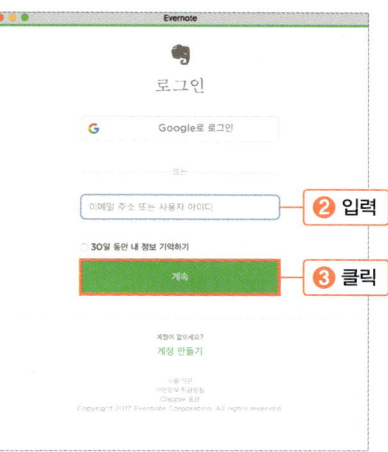

4 스크랩이 가능한 새로운 (또는 리프레쉬) 페이지에 접근합니다. 기사를 스크랩 하기 위해 우측 상단에 있는 웹 클리퍼 아이콘 (🐘)을 선택하고 [저장]을 클릭합니다.

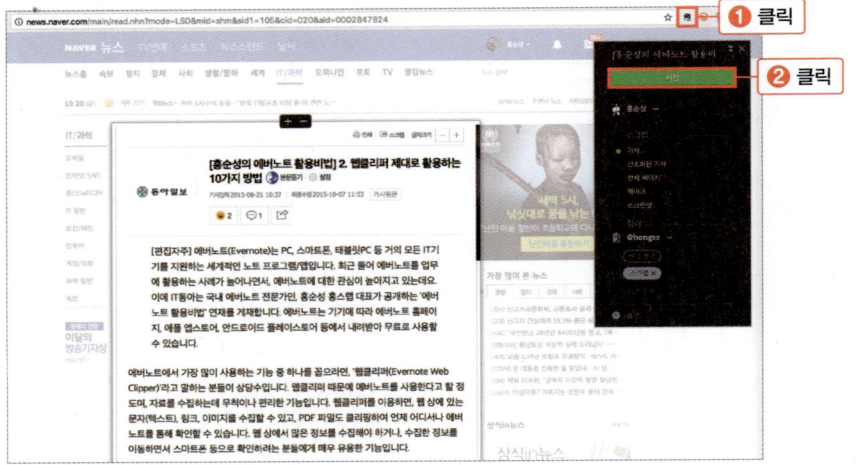

TIP_ 웹에서 전체 페이지를 스크랩 하기 보다는 원하는 특정 기사 하나를 선택하는 것이 좋습니다.

5 에버노트 클라이언트를 실행해서 동기화한 후 작업이 정상적으로 이루어졌는지 확인합니다.

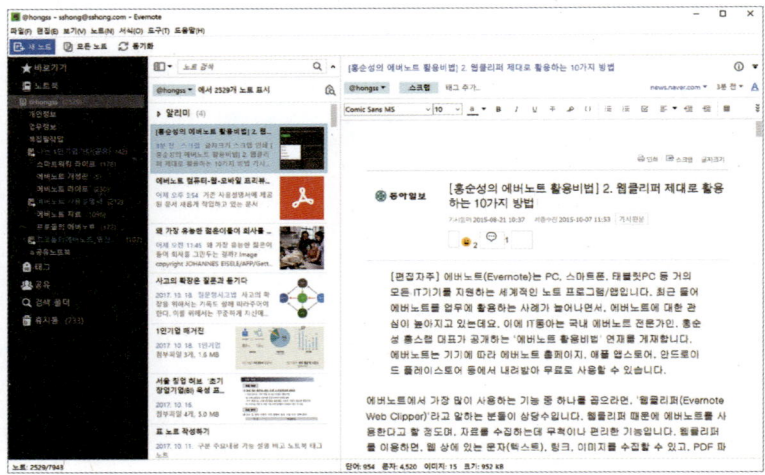

IE 브라우저에서 웹 클리퍼 작업 방법

인터넷 익스플로러(이하 IE)용 웹 클리퍼는 에버노트 클라이언트를 설치하면 같이 설치되어 바로 사용할 수 있습니다.

1 설치된 웹 클리퍼를 활성화하기 위해 인터넷 브라우저를 실행합니다. 기본적으로 화면에 바로 보이지 않기 때문에 화면 상위 메뉴에서 마우스 오른쪽 버튼을 클릭한 다음 [명령 모음]을 선택하여 추가해야 합니다. 이후 텍스트 레이블 표시 기능을 활성화시키기 위해 다시 한 번 마우스 오른쪽 버튼을 클릭한 후 [사용자 지정] 〉 [모든 텍스트 레이블 표시]를 클릭합니다.

TIP_ [모든 텍스트 레이블 표시]를 선택하면 아이콘으로만 보이던 명령 모음에 텍스트 레이블이 추가됩니다.

2 상단에 'Evernote 5에 추가' 부분이 활성화되면 클릭하여 크롬에서 작업하는 방식과 동일하게 스크랩하고 싶은 페이지에 접속한 후 [Evernote 5에 추가]를 클릭합니다. 이번에는 '간소화된 기사'가 선택된 상태로 페이지를 확인할 수 있습니다.

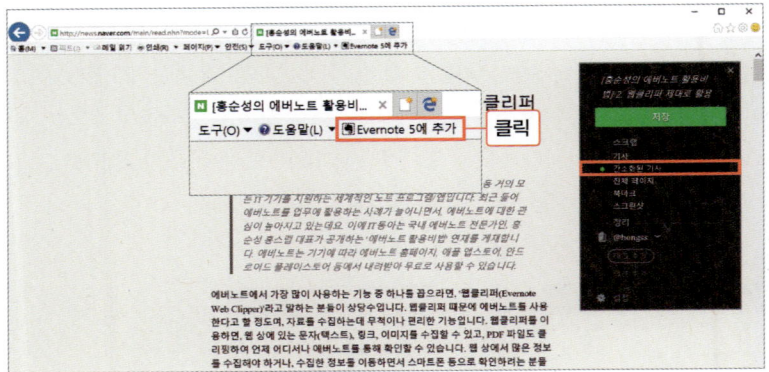

[에버노트 동영상 강좌]

■ 인터넷 익스플로러(IE)에서 웹 클리퍼하는 방법 : https://goo.gl/sr0xoo

불펌방지 사이트에서 웹 클리핑하는 방법

블로그에는 불펌방지 기능이 있어 가져오고 싶은 정보를 복사하지 못하는 경우가 있습니다. 이럴 때에는 일반 PC 화면에서 모바일 화면으로 변경해서 웹 클리핑하면 됩니다. 이 방법은 원본 이미지 사이즈로 클리핑되지 않는 단점이 있지만 불펌방지를 고려한다면 매우 유용한 기능이라고 볼 수 있습니다. 만약 아래와 같은 방법으로도 스크랩되지 않는다면 단순 캡처 또는 링크 정도로만 수집할수밖에 없습니다.

블로그	작업 방법
네이버	http://blog.naver.com/아이디/1234567 : 주소 앞에 m을 넣어 'http://m.blog.naver.com/아이디/1234567' 으로 변경
다음	http://blog.daum.net/아이디/1234567 : 주소 앞에 m을 넣어 'http://m.blog.daum.net/아이디/1234567' 으로 변경

[에버노트 동영상 강좌]

■ 웹클리핑 불펌방지 및 스크랩한 자료 관리 방법 : https://goo.gl/w7uyzX

■ 전용 뷰어 보기 방식으로 웹 클리핑 하는 방법

　네이버 블로그에는 기본적으로 전용 뷰어 보기 메뉴가 제공됩니다. 이 기능을 통해서 웹 클리퍼 작업을 할 수 있습니다.

1 웹 클리핑할 자료가 있는 블로그에 접속한 후 글 상단의 [전용뷰어 보기]를 클릭합니다.

2 '전용뷰어 보기' 창이 나타납니다. 상위 사이트 주소를 복사해서 새로운 탭에 붙여넣기한 후 `Enter` 를 누릅니다.

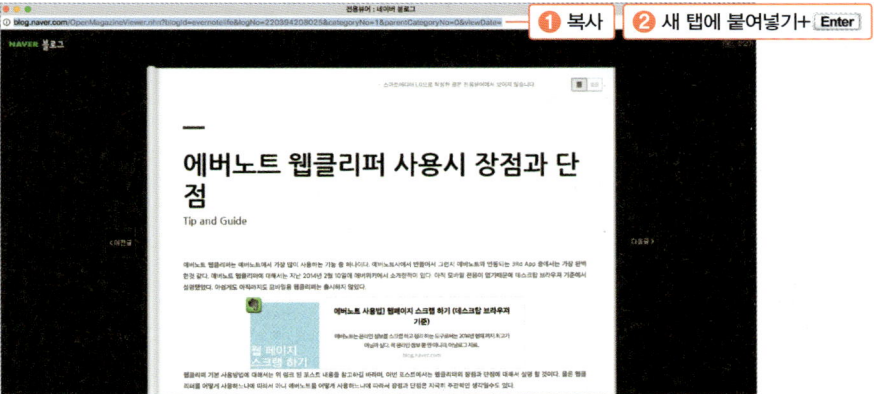

3 웹 클리퍼 기능이 정상적으로 작동됩니다. 웹 클리퍼 아이콘을 클릭한 후 아래와 같이 스크랩합니다.

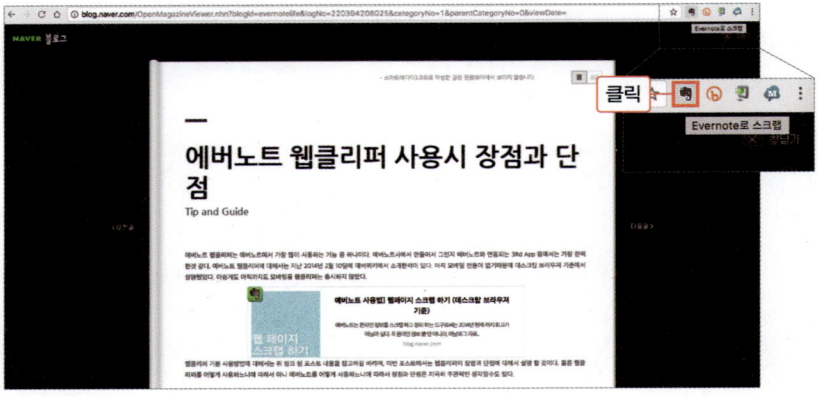

포털 사이트에서 에버노트 검색 방법

웹 클리퍼는 구글, 네이버, 다음 등에서 검색하는 내용이 에버노트에 저장된 데이터와 관련되어 있다면, '에버노트에도 관련 데이터가 있다'는 것을 알려 주는 연관 검색 결과 기능을 제공합니다. 예를 들어 네이버에서 '에버노트'를 검색하면 검색 결과와 유사한 에버노트 노트를 함께 볼 수 있습니다. 이 기능은 웹 클리퍼의 설정 화면에서 '관련 검색 결과'를 활성화시키면 사용할 수 있으며, 크롬이나 사파리, 파이어폭스 등에서 사용할 수 있습니다.

1 웹 클리퍼 작업을 시작한 후 하단의 [옵션]을 클릭합니다.

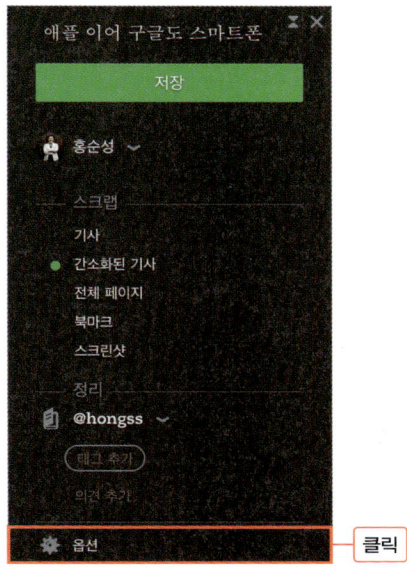

2 웹 클리퍼 설정 메뉴가 나타납니다. 하단의 [관련 검색 결과]를 체크해 활성화시킨 후 검색하면 검색 결과와 관련된 노트를 함께 확인할 수 있습니다.

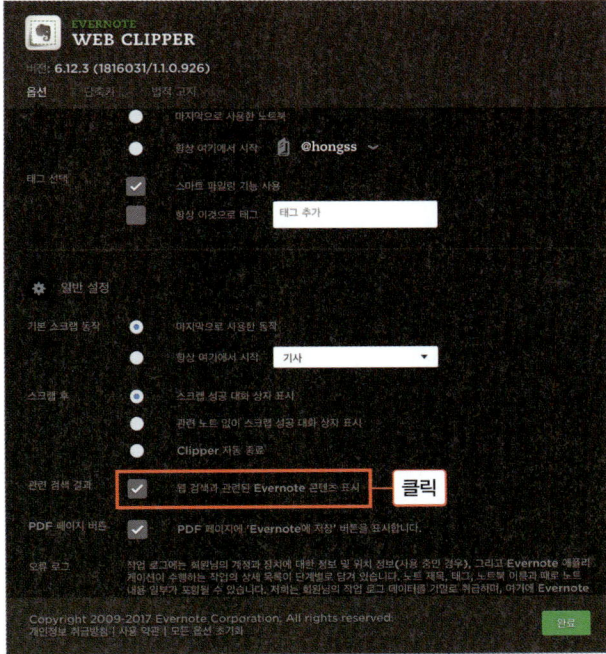

지메일에서 이메일 클리핑 방법

지메일Gmail에서 받은 메일을 스크랩하여 에버노트로 동기화할 수 있습니다. 메일 목록에서 클리핑하고 싶은 이메일을 선택한 후 웹 클리퍼 아이콘(🐘)을 클릭합니다. 이후 '스크랩' 목록에서 [이메일]을 클릭하면 됩니다. 만약 이메일에 첨부파일이 있다면 파일도 함께 클리핑됩니다. 참고로 크롬 브라우저에서 웹 클리퍼가 설치되어 있어야만 가능한 기능이기 때문에 웹 클리퍼를 설치한 후 이용하도록 합니다.

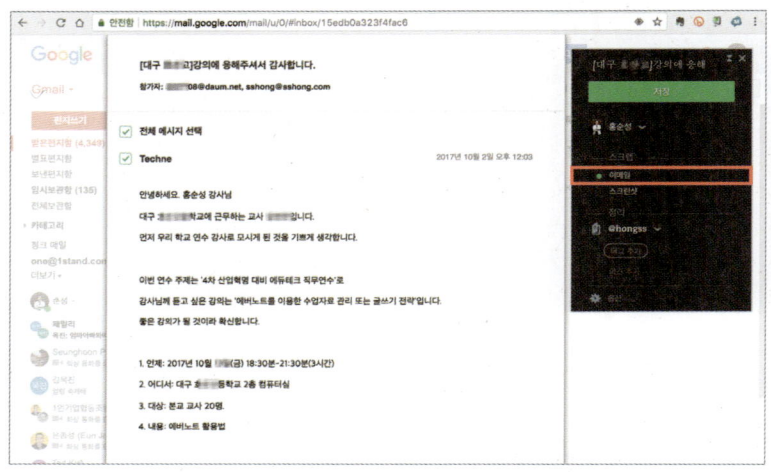

웹 클리핑한 노트 자료 관리 방법

컴퓨터에서만 가능했던 자료 수집이 스마트폰에서도 가능해지면서 언제, 어디서나 웹상의 자료들을 수집할 수 있게 되었습니다. 자료들은 현재 꼭 필요해서, 혹은 추후 사용하기 위해 수집하는 경우가 대부분입니다. 그러나 막상 수집해 놓은 자료가 어떤 건지 기억나지 않거나, 찾기가 힘들어서 사용하지 않는 경우가 종종 발생합니다. 이렇게 불필요하게 모아둔 자료들은 다른 자료를 검색할 때 함께 검색되어 오히려 원하는 자료를 찾는 것을 방해하는 용도로 전락하고 있습니다. 이러한 일을 사전에 방지하고자, 여기서는 에버노트 웹 클리퍼를 효율적으로 활용해서 자료를 수집하고 정리하는 3가지 방법을 알려 드리도록 하겠습니다.

■ 에버노트 웹 클리퍼를 효율적으로 사용하는 방법

모든 내용을 수집하기 보다는 필요한 내용을 주기적으로 작업하는 것이 좋습니다. 무작정 자료를 수집하기 보다는 수집 목적에 맞는 관련 키워드를 5개 정도 미리 정합니다. 일반 자료와 수집된 자료를 구분하는 태그를 넣으면 좋습니다.

웹 클리퍼를 효과적으로 사용하는 3가지 방법은 아래와 같습니다.

하나, 노트에 스크랩했다는 표시를 넣기 위해 태그를 사용합니다. 태그를 추가하려면 [태그 추가]를 클릭한 후 태그 명을 입력하면 됩니다. 필자는 스크랩을 할 때 '스크랩' 태그를 적용해서 저장합니다.

둘, 목적을 두고 스크랩할 수 있도록 수집하려는 자료의 키워드를 5가지 정도 준비합니다. 아래는 필자가 사용하는 스크랩 키워드입니다. 책집필 작업이나 강의 자료, 관심 트랜드 위주로 정리하였습니다. 이렇게 스크랩한 자료들을 분류해서 작업하면 쉽게 관리할 수 있고 사용되지 않는 스크랩 자료들을 줄일 수 있습니다.

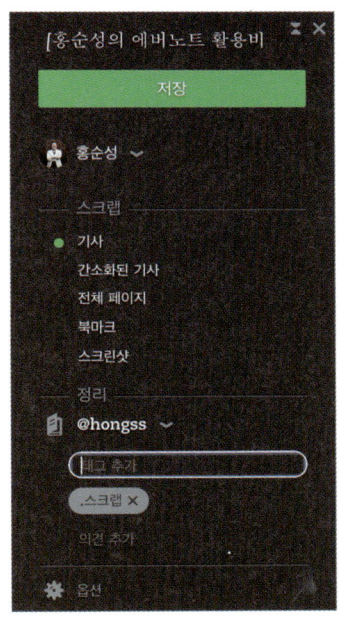

스크랩 위주의 관련 태그를 만들어서 어떤 위주로 자료를 수집할지 결정해도 좋습니다. 이렇게 스크랩을 하는 이유는 상황에 따라 주제가 변경되어 이전에는 필요했던 자료들이 현재는 불필요한 자료가 될 수 있기 때문입니다. 상황이나 시기에 따라 관련 태그는 정기적으로 변경되고 있습니다.

① 1인기업
② 스마트워킹
③ 자료관리
④ 생산성
⑤ 글쓰기

셋, 스크랩한 노트는 검색 폴더/바로가기 작업을 통해 계속 확인할 수 있도록 합니다. '최근한 달(지난 달 포함) 스크랩만 보기'로 검색 폴더 작업을 한 후 바로가기 목록에 삽입하여 정기적으로 스크랩한 자료들을 재정리하고 자료와 관련된 태그를 추가하여 관리하는 것이 좋습니다. 또한 스크랩을 했다가 필요 없다고 생각되는 자료는 빨리 휴지통에 버리도록 합니다.

- 검색 폴더 [tag:스크랩 created:month-1]

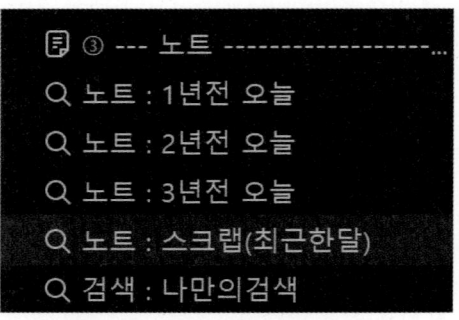

이렇게 수집한 자료는 1차적인 정보라고 볼 수 있습니다. 필요에 맞게 사용할 수 있도록, 2차적인 정보로 만드는 작업을 위해 이 작업을 반복적으로 하도록 합니다. 마지막으로 아래와 같이 스크랩한 노트를 두고 질문을 던져 보도록 합니다.

첫째, 이 정보는 나에게 1년 후에도 필요한 정보인가?
둘째, 이 정보는 나에게 10년 후에도 필요한 정보인가?
셋째, 이 정보는 나에게 평생 필요한 정보인가?

이런 질문을 통해 앞으로도 내가 원하는 정보가 무엇인지 좀 더 정확하게 이해하고 필요한 정보만 수집하도록 합니다.

에버노트는 이메일을 사용하여 에버노트에 노트를 생성할 수 있도록 고유 이메일 주소를 제공합니다. 고유 이메일 주소를 사용하면 수집한 자료를 에버노트에 바로 보낼 수 있기 때문에 에버노트가 설치되지 않은 컴퓨터, 스마트폰, 웹에서 유용하게 사용할 수 있습니다.

또한 받은 메일을 에버노트에 보관하고 싶을 때 고유 이메일 주소를 사용하면 간편하게 노트를 생성해서 저장할 수 있습니다. 에버노트의 고유 이메일로 보관하려는 이메일을 발송하게 되면 이메일 제목은 노트 제목으로, 이메일 본문은 노트 본문으로 새 노트가 생성됩니다. 이메일 주소 형식은 'your usernameabc123@m.evernote.com'으로 되어 있으며 에버노트 클라이언트 프로그램과 스마트폰에서 함께 확인할 수 있습니다. 'Evernote 이메일 주소'를 주소록에 넣어 두고 필요할 때 불러와서 사용하면 언제든지 자료를 수집할 수 있습니다.

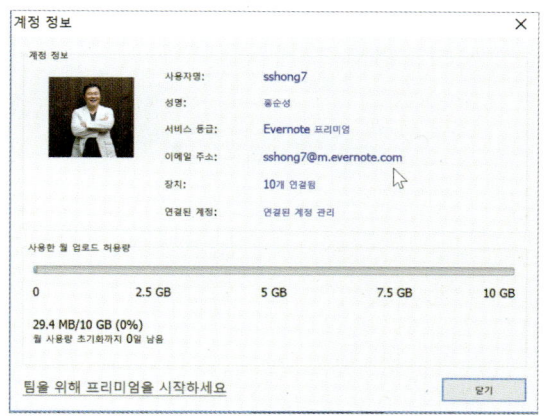

참고로, 최대 이메일 개수가 제한되어 있습니다. 베이직과 플러스 계정 소유자는 이메일을 50개까지 보낼 수 있으며, 프리미엄 계정 소유자는 최대 하루 200개를 보낼 수 있습니다. 개수는 매일 12:00AM(태평양 시간)에 재설정됩니다.

에버노트 계정에 저장할 수 있는 이메일 수	매일 200개(베이직에서는 사용할 수 없음)
에버노트 계정에서 보낸 이메일 수	매일 200개(베이직 서비스 사용자는 50개)

에버노트 이메일 주소를 주소록에 등록하기

에버노트의 고유의 이메일 주소는 컴퓨터 및 스마트폰, 웹에서 모두 확인할 수 있으며 사용하고 있는 주소록에 등록 작업을 한 후 사용하면 됩니다.

1 에버노트 클라이언트를 실행한 후 상단 메뉴에서 [도구] 〉[계정 정보]를 클릭합니다.

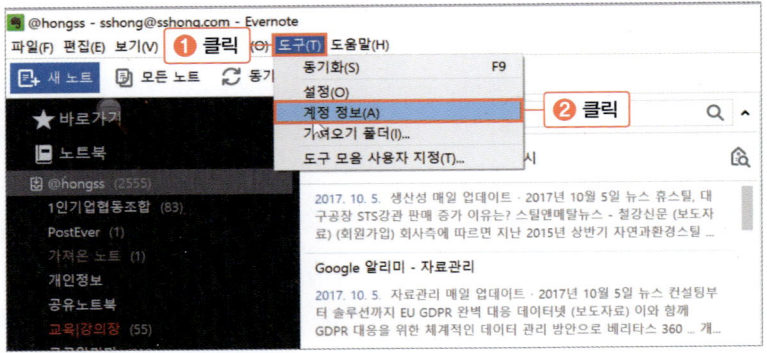

2 노트 작성용 이메일에 해당하는 '이메일 주소' 위에 마우스 오른쪽 버튼을 클릭한 후 [복사]를 클릭합니다.

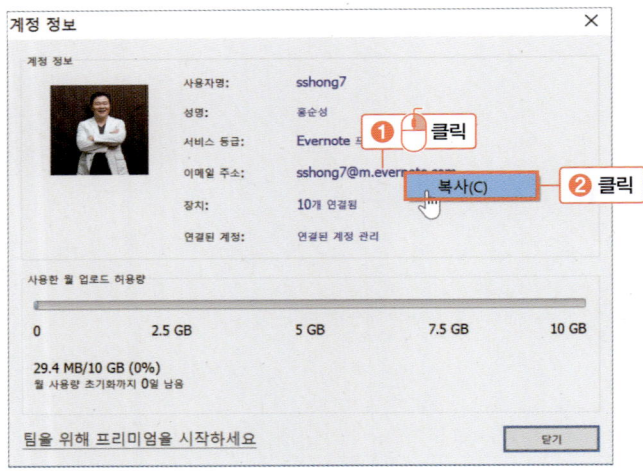

3 복사한 이메일 주소를 사용하고 있는 이메일 주소록에 등록합니다. 이후 등록된 이메일 주소를 검색하여 자료를 발송하면 됩니다. 예를 들어, 구글 주소록에 '에버노트 가상 이메일 주소' 혹은 'Evernote 계정' 등의 이름으로 에버노트 이메일 주소를 등록합니다.

이메일로 자료를 수집하는 방법

사용하고 있는 메일 수신함에서 에버노트에 보관하고 싶은 메일이 있다면 아래와 같이 저장하도록 합니다.

1 사용하고 있는 이메일(지메일)에 접속합니다. 메일 수신함에서 에버노트에 보관할 메일을 선택한 후 [더보기](▼) 〉 [전달]을 클릭합니다.

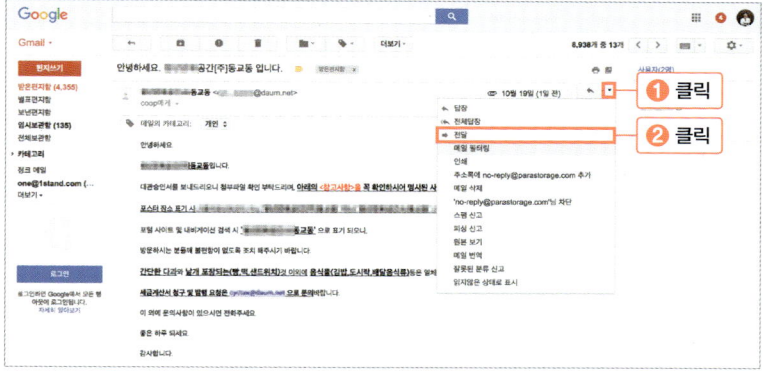

2 등록해 둔 에버노트의 가상 이메일 주소를 입력한 후 [보내기]를 클릭합니다.

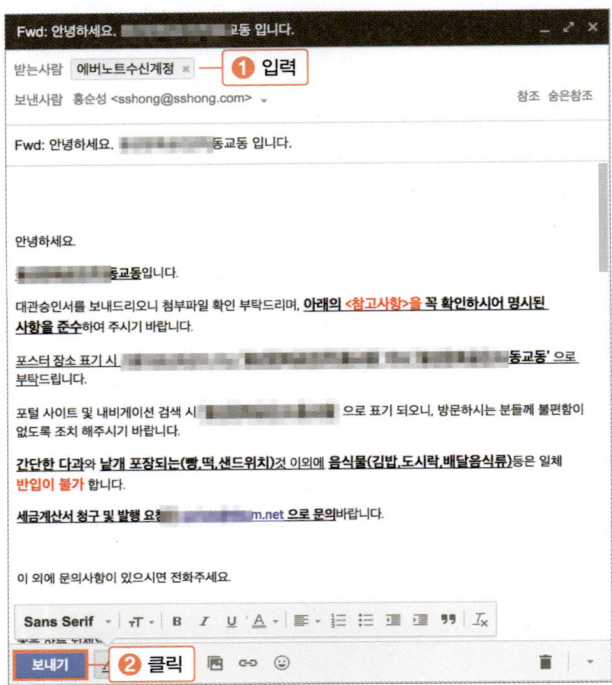

3 메일을 발송한 후 일정 시간이 지나면 에버노트 동기화가 이루어지고 아래와 같이 메일 내용이 노트로 생성된 것을 확인할 수 있습니다.

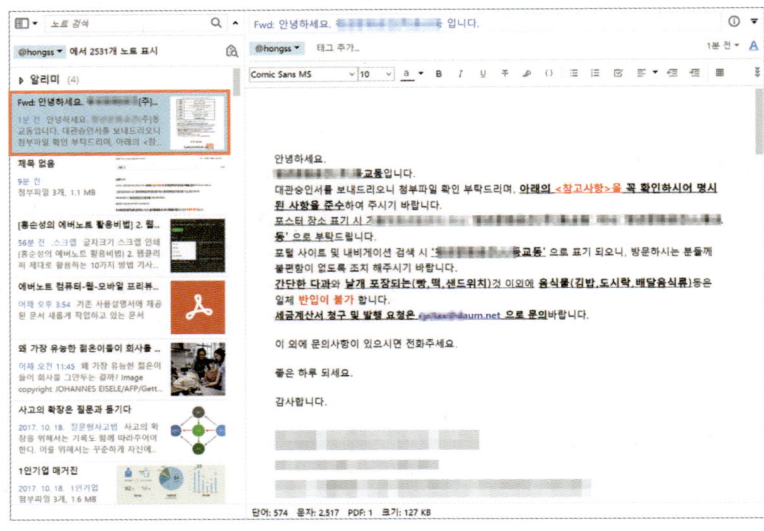

이메일로 수집 시 자동으로 노트북과 태그 지정하기

에버노트로 이메일을 발송할 때, 특정 노트북으로 전송하거나 태그를 지정할 수 있습니다. 예를 들어, 이메일로 보낸 노트를 '업무' 노트북에 표시하려면 이메일 제목줄에 큰따옴표를 제외하고 "@업무"를 입력합니다. 노트에 태그를 지정하려면 이메일 제목에 '#' 기호를 입력한 후 태그 이름을 적으면 됩니다. 즉, 할일이라는 태그를 추가하려면 "#할일"을 입력하면 됩니다. 참고로 태그 이름을 넣을 때에는 기존에 등록되어 있는 태그 명을 사용해야 합니다. 또한 노트북과 태그를 지정할 때에는 꼭 제목의 뒷부분에 넣어야 하며 노트북과 태그 순으로 입력해야 합니다.

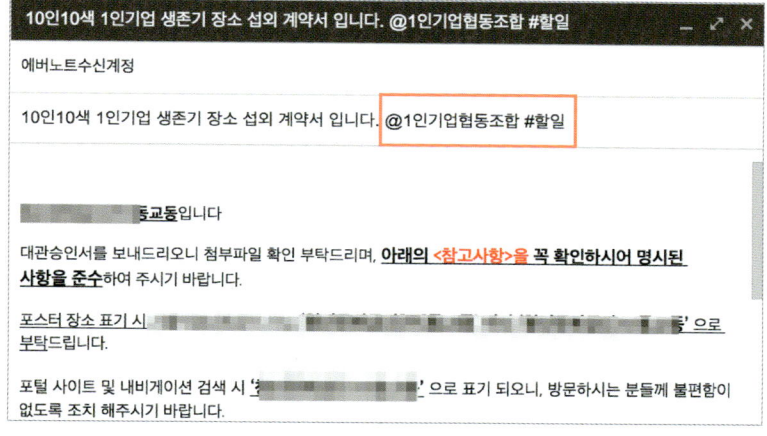

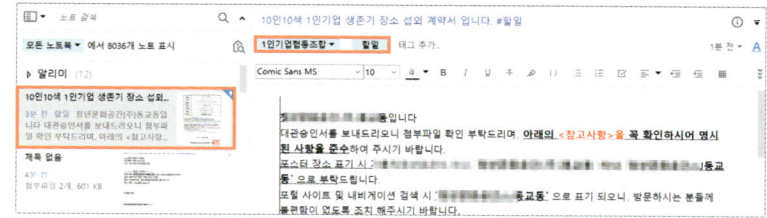

이메일 필터 작업을 통해 에버노트로 보내는 방법

구글 지메일은 설정한 특정 이메일에 대해서 메일 필터링 작업을 통해 자동으로 에버노트에 메일을 보내는 작업을 할 수 있습니다. 이 기능을 사용하기 위해서는 먼저, 지메일의 '전달 및 POP/IMAP'에서 전달 주소 추가 작업을 통해 에버노트 이메일 주소를 등록해야 합니다.

1 구글 지메일에 로그인한 후 상단의 [환경설정](⚙) 〉 [환경설정]을 클릭합니다.

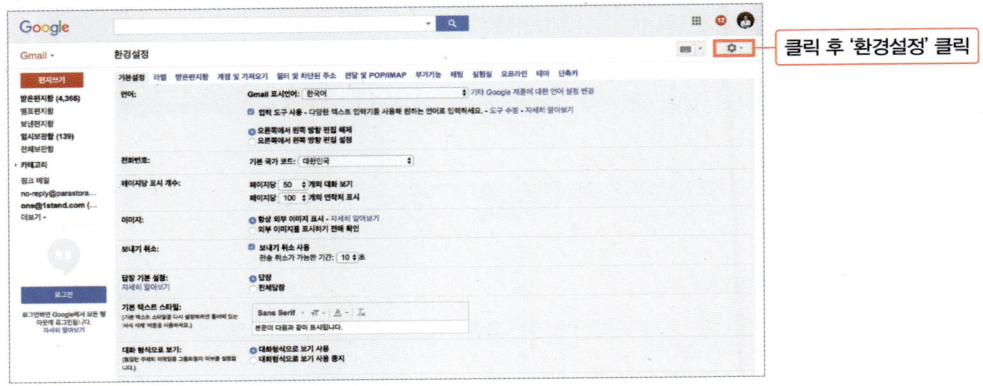

2 지메일의 환경설정에서 [전달 및 POP/IMAP] 탭 〉 [전달 주소 추가]를 클릭합니다. 이후 에버노트 이메일 주소를 입력한 후 [다음]을 클릭합니다. '전달 주소 추가' 창에서 에버노트 메일 주소를 확인한 후 [확인]을 클릭합니다.

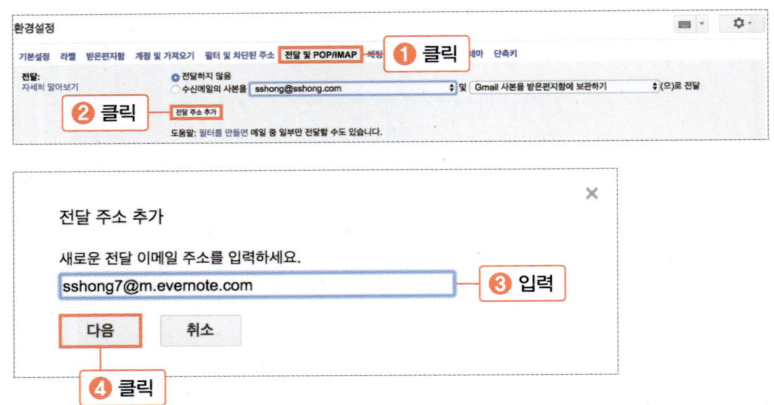

3 동기화 작업 이후 에버노트에 'Gmail 전달 확인' 노트가 나타나면 확인 코드를 복사하여 '확인 코드 입력란'에 붙여넣기 한 후 [확인]을 클릭합니다.

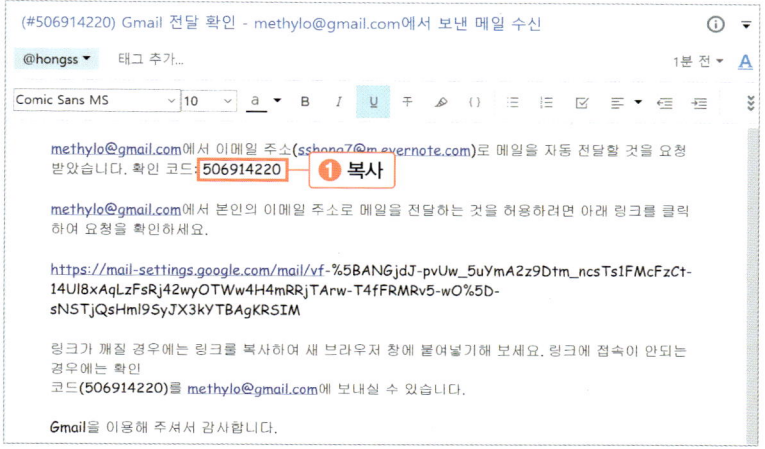

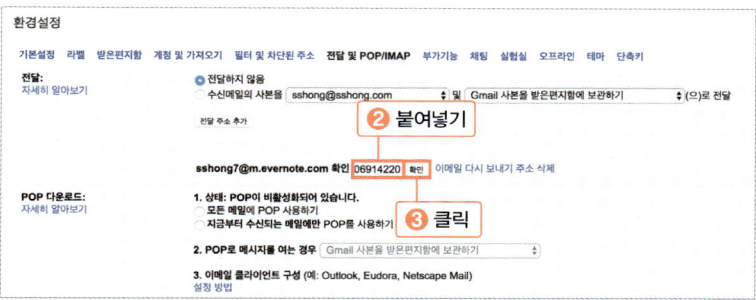

4 지메일에서 필터링에 사용할 이메일을 선택한 후 [더보기]([▼]) 〉[메일 필터링]을 클릭합니다.

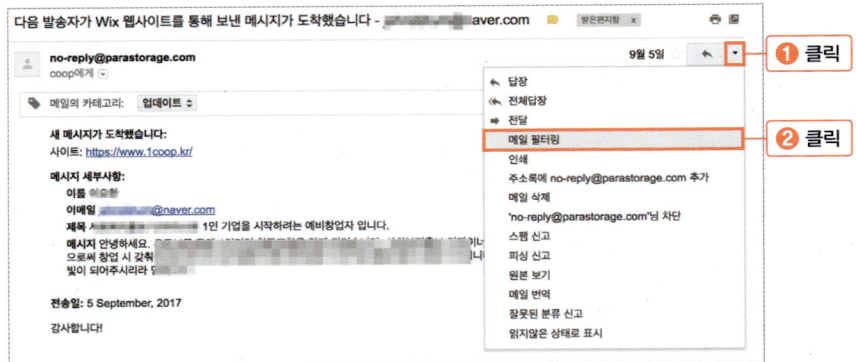

5 여기서는 보낸 사람을 기준 필터로 설정하도록 하겠습니다. '보낸 사람'에 입력된 이메일 주소를 확인한 후 [이 검색 기준으로 필터 만들기]를 클릭합니다.

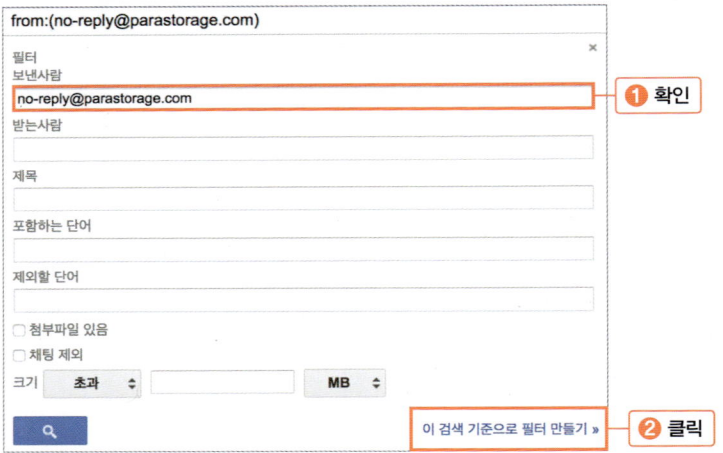

 TIP_ '보낸 사람'에 메일 주소가 적혀 있지 않다면 직접 입력하도록 합니다.

6 [다음 주소로 전달]을 클릭한 다음 설정해 둔 에버노트 이메일 주소를 선택한 후 [필터 만들기]를 클릭하여 설정을 완료합니다. 기준 필터로 등록된 이메일이 지메일로 전송되면 바로 에버노트로 전달됩니다.

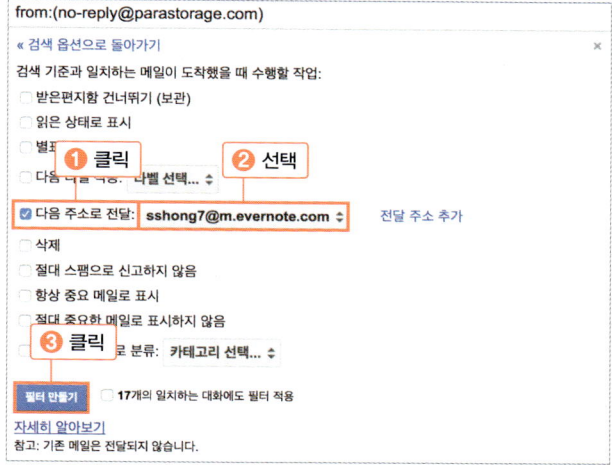

구글 알리미로 원하는 자료를 수집하는 방법

구글 알리미 기능은 원하는 자료를 구글 검색을 통해 이메일로 수집해 주는 기능입니다. 수신 이메일 주소에 에버노트 이메일 주소를 넣어 주면 이메일 저장 공간을 할애하지 않고도 에버노트로 자료를 수집하고 관리할 수 있습니다.

1 구글 알리미(http://www.google.co.kr/alerts)에 접속합니다. 관심 있는 키워드(예 시간관리)를 입력한 후 [옵션 표시]를 선택합니다.

2 이메일 주소에 에버노트 가상 이메일 주소를 입력한 후 [알림 만들기]를 클릭합니다.

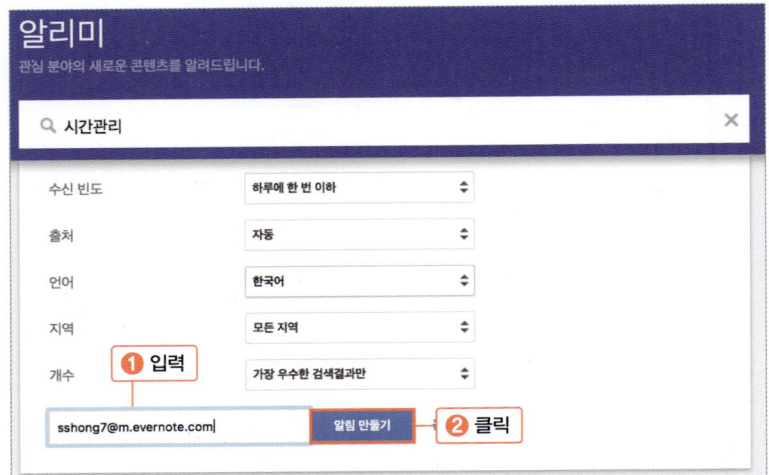

 TIP_ 지메일 계정으로 로그인을 했을 경우는 해당 '수신 위치'에 로그인된 이메일 주소가 삽입되기 때문에 인위적으로 변경이 불가능합니다. 에버노트로 수신하고자 할 때는 로그인을 하지 않은 상태로 구글 알리미 사이트에 접속하도록 합니다.

3 설정을 완료한 후 에버노트로 전달된 확인 요청 메시지를 확인합니다. 에버노트로 수신된 'Google 알리미 확인 이메일'의 링크를 클릭하여 수집 확인 작업을 완료합니다.

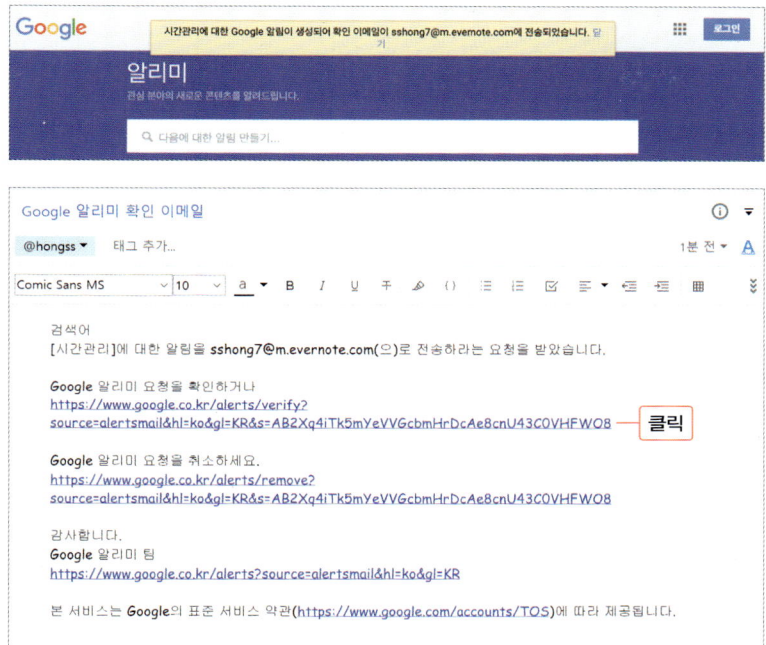

4 아래와 같이 수신 확인이 완료된 메시지가 나타납니다.

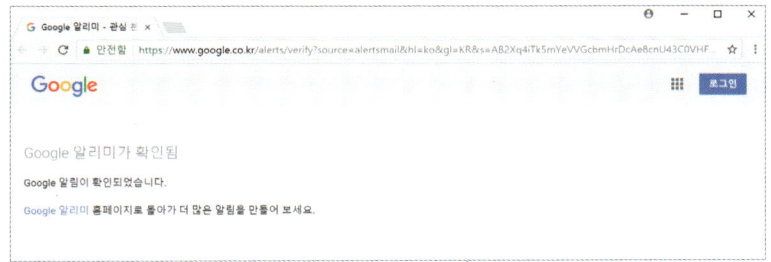

5 에버노트에서 수집된 구글 알리미 자료를 확인할 수 있습니다. 참고로 수신 빈도에 따라 다소 시간이 걸릴 수 있으며, 통상 다음날 아침 정도에 전달 받을 수 있습니다.

TIP_ 구글 알리미 취소 및 수신거부를 하는 방법

구글 알리미로 수신된 노트를 더 이상 만들고 싶지 않을 때는 하단에 있는 [수신거부]를 선택해서 해제를 하면 됩니다. 아래는 '브레인스토밍'이라는 구글 알리미를 취소하는 방법입니다.

1 노트 하단에 있는 [수신거부]를 클릭합니다.

2 새로운 팝업 창이 실행되어 아래와 같은 내용을 확인할 수 있습니다. [수신거부]를 클릭합니다.

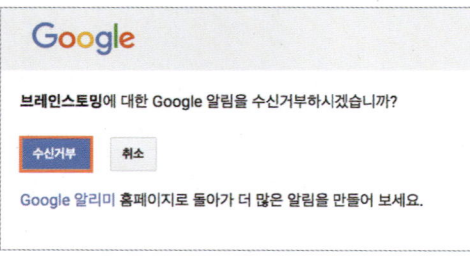

3 알리미 취소가 정상적으로 되었다는 메시지가 나타납니다.

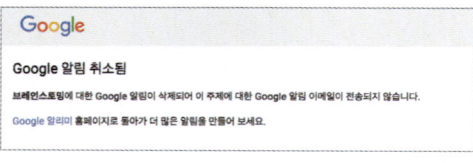

iFTTT를 통한 에버노트로 자동 수집 방법

다양한 앱과 서비스가 많아지면서 정보를 관리하고 기록하는 모든 일을 에버노트에 저장하고 싶어하는 사용자가 많아졌습니다. 이럴 때 iFTTT('If This, Then That', '이프티'라고 읽습니다) 서비스를 사용하면 에버노트에 자동으로 자료를 저장할 수 있습니다. iFTTT 서비스는 '애플릿applets'이라고 하는 간단한 레시피를 만들어 좋아하는 앱들을 간편하게 연결시킵니다.

페이스북, 인스타그램, 유튜브, 구글 등 다양한 곳에서 작성하더라도 에버노트에 자동으로 수집할 수 있으며, 간단한 검색을 통해 원하는 정보를 쉽게 찾아볼 수도 있습니다.

iFTTT 서비스 회원 가입하기

iFTTT 서비스 회원 가입은 구글과 페이스북 계정을 가지고 있으면 별도의 가입 없이 로그인이 가능합니다. 또는 이메일과 패스워드 넣어서 가입을 진행할 수 있습니다.

1 브라우저로 iFTTT(http://ifttt.com)에 접속합니다. 계정을 생성하기 위해 [Sign up]을 클릭합니다.

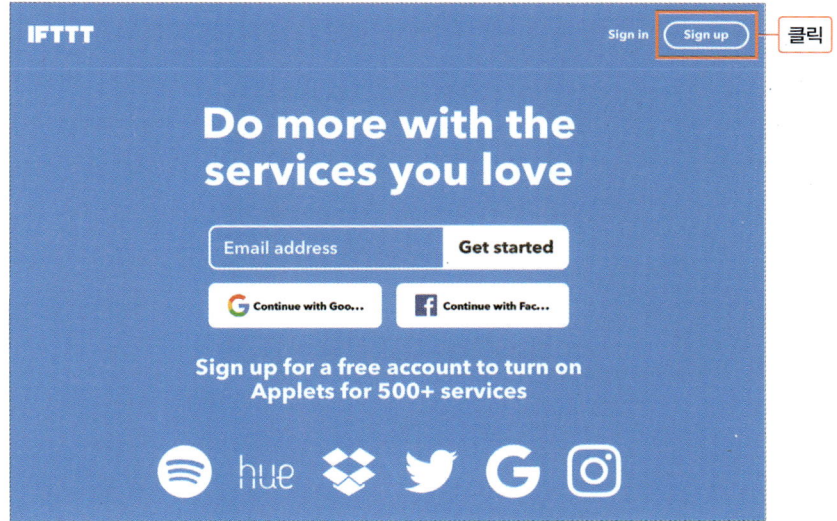

2 계정을 신규로 만들 수 있으며, 또는 구글이나 페이스북 계정으로 로그인할 수 있습니다. 원하는 방법을 사용하여 iFTTT 서비스에 로그인합니다.

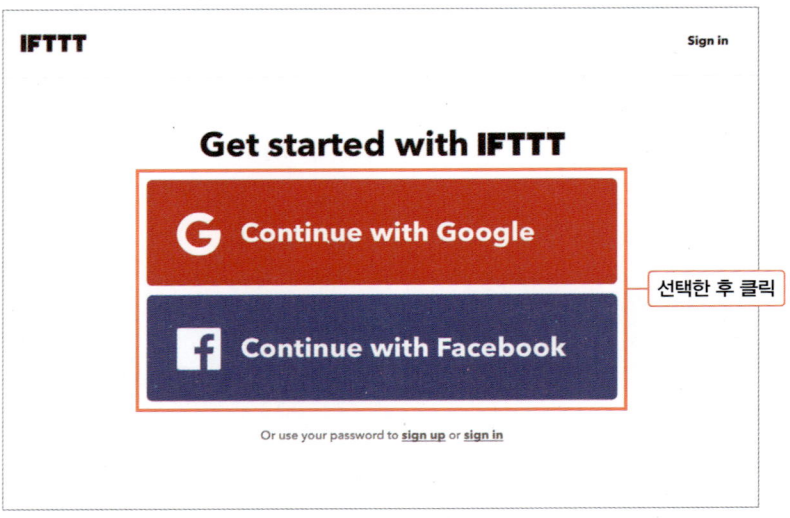

에버노트로 자동 수집을 위한 서비스 활성화하기

　iFTTT 서비스를 통해 다른 서비스에서 사용한 것을 에버노트로 저장할 수 있도록 서비스를 활성화 하는 방법입니다. 이후부터는 간단한 선택만으로 연결해서 사용할 수 있습니다.

1 iFTTT에서 에버노트 서비스를 사용하기 위해 [Connect]를 클릭합니다.

・링크 – https://ifttt.com/evernote

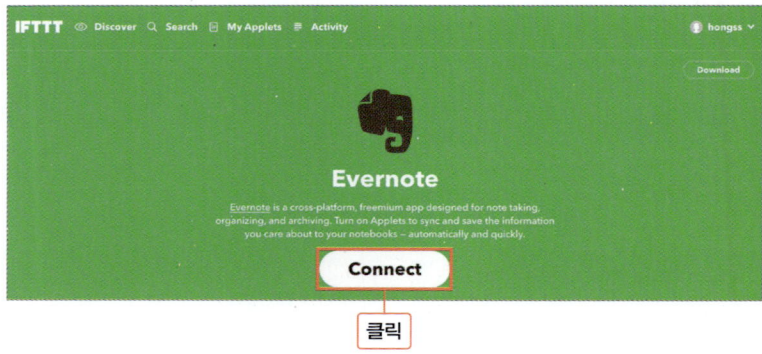

2 인증 창이 나타나면 [인증]을 클릭합니다.

3 에버노트 서비스가 연결됩니다.

 TIP_ 설정 정보를 수정하려면 우측 상단의 [Settings]을 선택합니다.

페이스북에 올린 글을 에버노트에 저장하기

　페이스북에 올라간 데이터를 한곳에 취합하고 싶을 때 iFTTT를 사용하면 페이스북에 작성한 글을 에버노트에 모을 수 있습니다.

1 iFTTT에서 페이스북 서비스를 사용하기 위해 [Connect]를 클릭합니다.

- 링크 – https://ifttt.com/facebook

2 페이스북 서비스에 연결하였다면 원하는 애플릿을 선택하기 위해서 하단 링크를 통해 'Facebook을 Evernote에 연결하기'로 접근합니다.

- 링크 – https://ifttt.com/connect/evernote/facebook

해당 애플릿에서 페이스북에 올린 메시지를 에버노트에 백업해 놓기 위해 [Back up your Facebook status updates to Evernote]를 클릭합니다.

3 해당 애플릿을 활성화 하기 위해 [Turn on]을 클릭합니다. 활성화 작업이 정상적으로 진행되면 'On' 환경으로 변경됩니다.

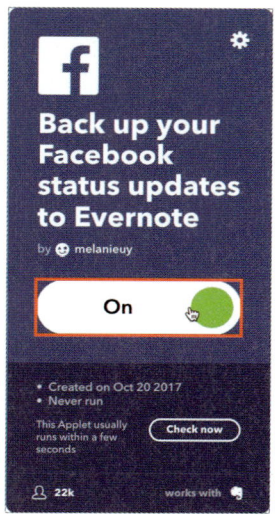

4 서비스에 제대로 연결되었는지 확인하기 위해서 [Check now]를 클릭합니다. 연결이 제대로 되었다면 상단 파란 박스에 'Applet checked'가 나타납니다.

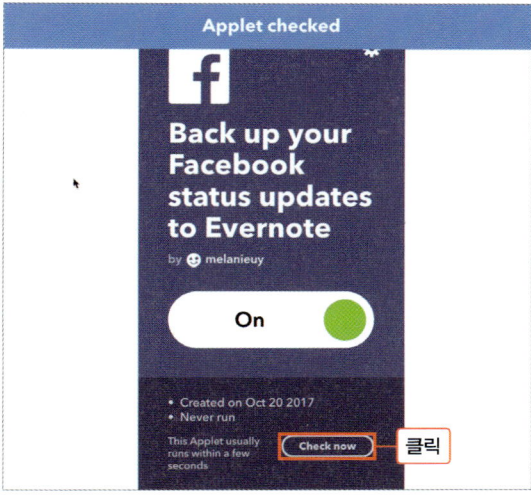

5 환경 설정 작업을 하기 위해서 상위 메뉴에 있는 [설정](⚙)을 선택합니다. 하단에 자세한 설정 화면이 나타납니다. 모든 작업을 설정했다면 [Save]를 클릭해 저장합니다.

- **노트 제목 –** 상태 메시지
- **노트 본문 –** 상태 메시지, 업데이트 날짜, URL
- **노트북 –** Facebook으로 되어 있으면 내용 변경 가능함.
- **태그 –** IFTTT, Facebook 두 개가 들어가며 변경 가능함.

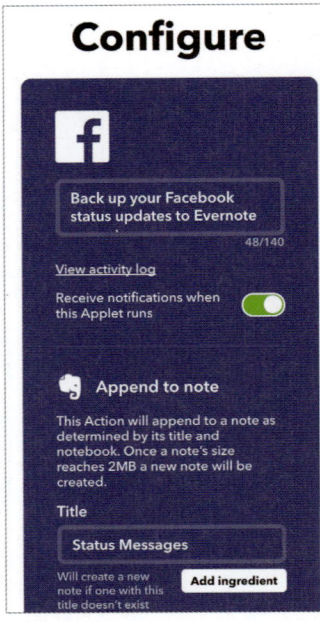
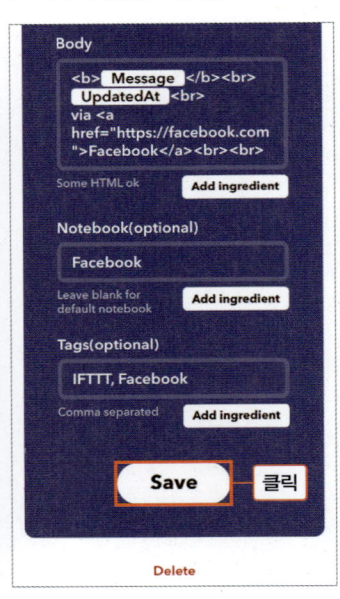

6 정상적으로 작업이 완료되면 상위 메뉴에서 'Activity'을 통해 상태 로그를 확인할 수 있습니다.

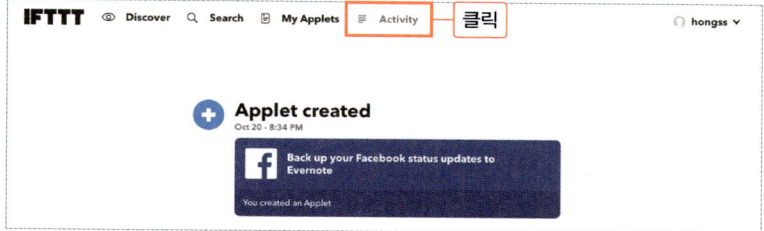

7 이후부터 페이스북에 메시지를 작성하면 에버노트에 자동 저장됩니다.

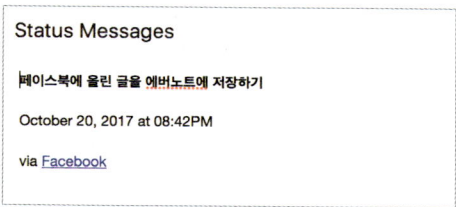

지메일에서 특정 이메일을 에버노트로 자동 저장하기

이메일 중에 특정 키워드나 이메일로 온 것을 에버노트에 자동 저장하고 싶을 때 사용합니다. 필자는 매월 정기적으로 상담 요청이나 영수증을 보낼 때 사용하고 있습니다.

1 로그인을 한 후 지메일과 연결하기 위해 아래의 링크에 접속합니다. 이후 [Connect]를 클릭합니다.

- 링크 – https://ifttt.com/gmail

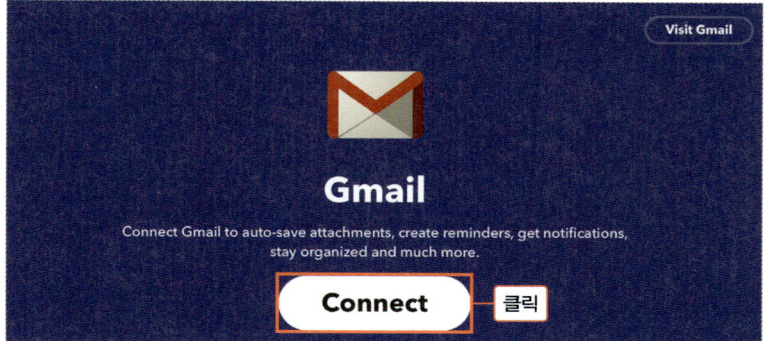

💡 **TIP_** 구글 계정을 연결하기 위한 '계정 선택' 창이 나오면 해당 계정을 연결한 후 IFTTT 앱이 계정에 액세스하도록 [허용]을 체크합니다.

2 지메일 서비스에 연결하였다면 원하는 애플릿을 선택하기 위해서 하단 링크를 통해 'Gmail을 Evernote 에 연결하기'에 접근합니다. 지메일에서 특정 이메일을 에버노트로 자동 저장할 수 있도록 애플릿 중 [Add email to Evernote from Specific sender]를 클릭합니다.

• 링크 – https://ifttt.com/connect/gmail/evernote

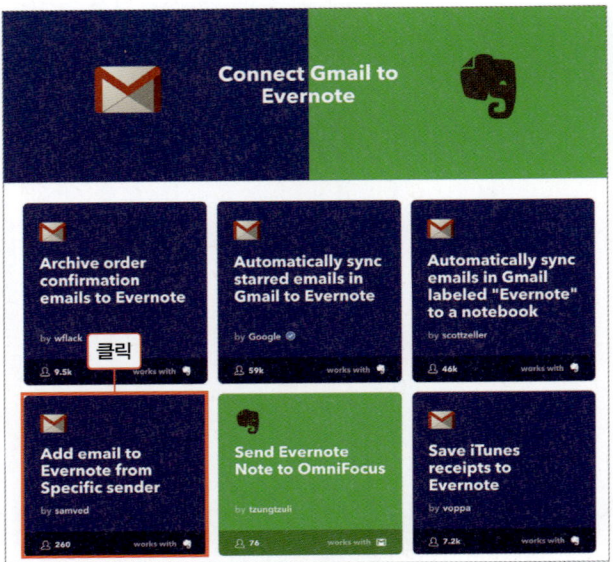

3 해당 애플릿을 활성화하기 위해 [Turn on]을 클릭합니다.

4 [설정](⚙)을 클릭한 다음 지메일로 오는 메일 중 에버노트에 저장할 특정 이메일 주소를 입력한 후 [Save]를 클릭합니다. 설정이 완료되면 지메일로 오는 메일 중 특정 이메일 주소가 에버노트에 자동으로 저장됩니다.

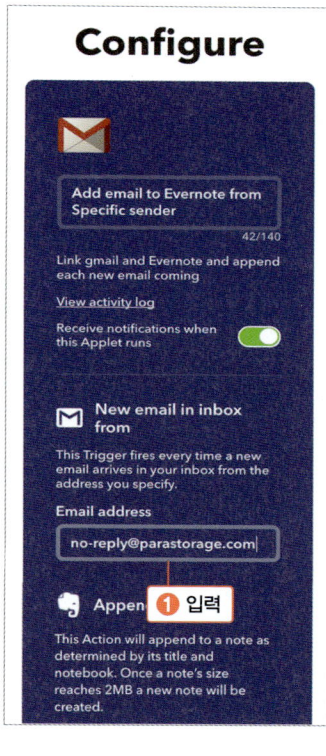

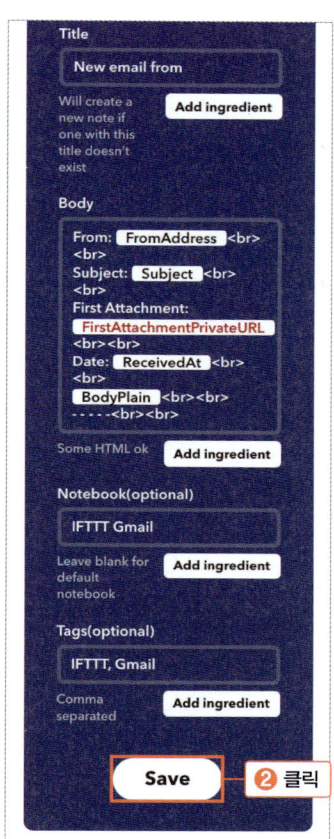

드롭박스에 저장된 파일을 에버노트에 저장하기

    페이스북, 지메일과 같이 드롭박스 또한 에버노트와 연결할 수 있습니다. 작업 방법은 페이스북, 지메일의 따라 하기와 동일하니 아래 링크에 접속한 후 연결해 보도록 합니다.

- 링크 – https://ifttt.com/connect/dropbox/evernote

iFTTT의 애플릿 오류 점검 방법

　iFTTT 서비스를 사용하다 보면 정상적으로 수집되다가 갑자기 문제가 발생되는 경우가 있습니다. 아래의 방법을 통해 해당 애플릿이 어떤 문제가 있는지 상태를 확인해 보도록 합니다.

1 iFTTT 웹서비스 상단에서 [Activity]를 클릭합니다. 리스트에서 작업 로그를 볼 수 있습니다.

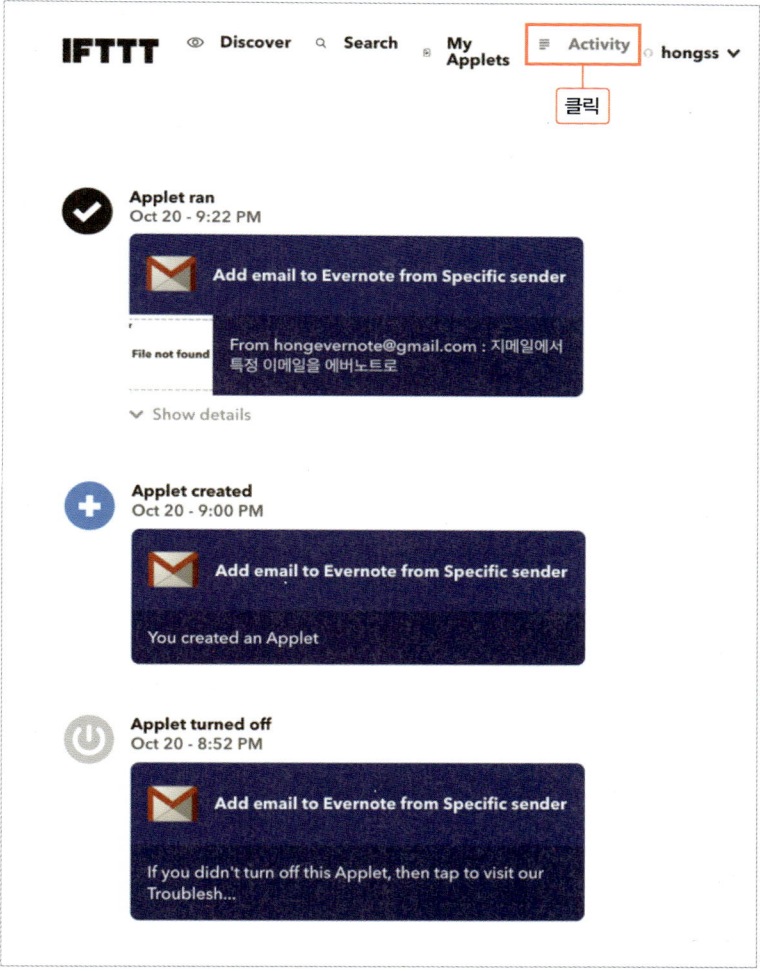

2 작동해야 할 애플릿이 'turned off'로 되어 있다면 애플릿을 선택한 후 [Off]를 클릭해 'turn on' 상태로 변경합니다.

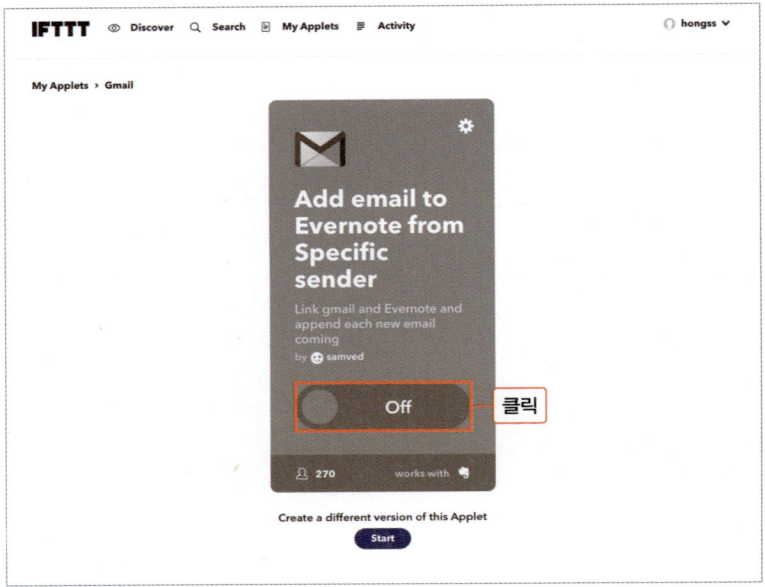

3 작업 상태를 확인하기 위해서는 [Check now]를 클릭합니다. 이상이 없다면 'Applet checked'가 나타납니다.

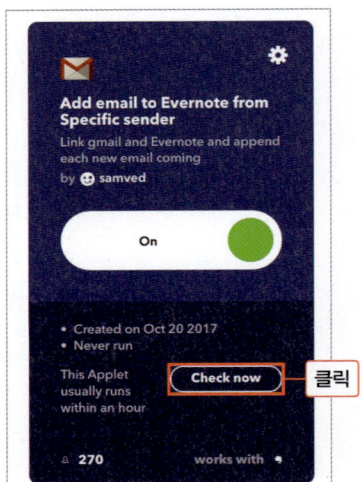

04 문서 파일 및 종이 문서 수집하기

에버노트를 활용하면 컴퓨터에서 작업한 모든 파일을 저장할 수 있으며, 최신 버전 관리도 가능하고, 마무리된 프로젝트 문서도 저장해 둘 수 있습니다. 또한 책상 위에 쌓여 있는 각종 서류나 세미나 자료, 명함, 영수증 등도 스캔을 통해 간편하게 보관할 수 있어 개인의 데이터를 데이터베이스로 운영할 수 있습니다. 그리고 이런 모든 자료를 어디서나 연결해서 찾아볼 수 있습니다.

에버노트에서는 저장해 둔 자료를 검색할 때 텍스트뿐만 아니라 이미지 및 PDF 한글 인식이 가능하기 때문에 쉽게 찾을 수 있으며 프리미엄 사용자의 경우는 PDF, Microsoft Office나 iWork 첨부 문서까지 검색할 수 있습니다.

컴퓨터의 가져오기 폴더 사용하기

에버노트 클라이언트 프로그램에는 파일을 자동으로 추가할 수 있는 '가져오기 폴더'라는 유용한 기능이 있습니다. 폴더를 선택해서 파일 단위로 노트로 생성할 수 있어 한 번에 폴더 내용을 노트에 넣을 수 있습니다. 프로젝트가 끝나고 나서 문서를 가져오거나 특정 이미지 폴더를 자동으로 가져올 때 유용합니다. 다만 한 번에 많은 파일을 가져오는 경우 금방 월 트래픽 용량이 다 차버리거나, 불필요한 노트로 인해 관리적 어려움도 생길 수 있으니 주의하기 바랍니다.

'가져오기 폴더' 기능은 아래와 같은 상황에 사용될 수 있습니다.

첫째, 프로젝트가 끝난 자료들의 폴더를 관리합니다. 프로젝트가 끝나 당장 필요하지 않은 문서를 보관하기 위해서 사용합니다. 백업 효과까지 얻을 수 있기 때문에 자료의 분실 위험성을 줄일 수 있습니다.

둘째, 주제가 정해지지 않은 문서를 관리할 때 사용합니다. 먼저 특정 폴더(temp)에 에버노트 가져오기 폴더 작업을 합니다. 이후 오피스 문서를 작성하고 이 폴더에 저장하면 자동으로 파일 이름과 동일한 노트 제목으로 에버노트에 저장됩니다.

1 윈도우 PC에서 새 폴더를 만듭니다. 폴더 이름을 '가져오기폴더'로 지정합니다.

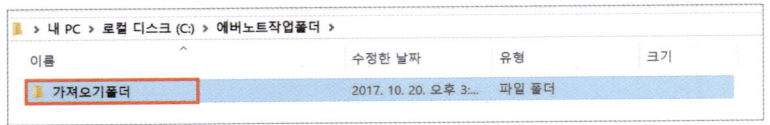

2 에버노트 클라이언트에서 [도구] 메뉴를 선택한 후 [가져오기 폴더]를 클릭합니다.

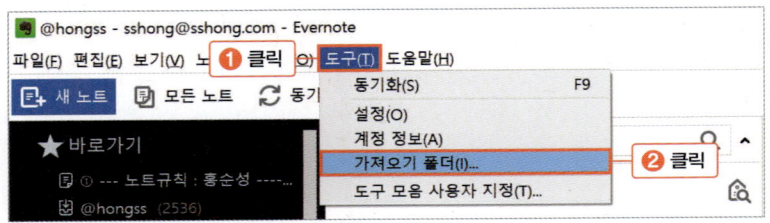

3 '가져오기 폴더' 창이 나타나면 [추가]를 클릭합니다. 미리 만들어 둔 [가져오기폴더]를 선택한 후 [확인]을 클릭합니다.

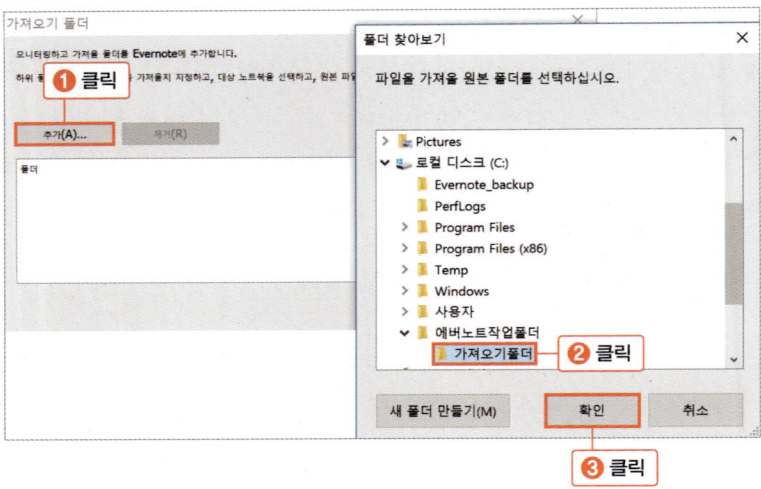

4 폴더 가져오기 목록에 선택한 폴더와 몇 가지 옵션이 함께 표시됩니다. '가져오기폴더' 폴더에 있는 하위 폴더의 항목을 가져오려면 '하위 폴더'를 클릭해 [예]를 선택하고, 가져오지 않으려면 [아니요]를 선택합니다. 원하는 노트북에 폴더를 가져오려면, '노트북'을 직접 선택하면 됩니다.

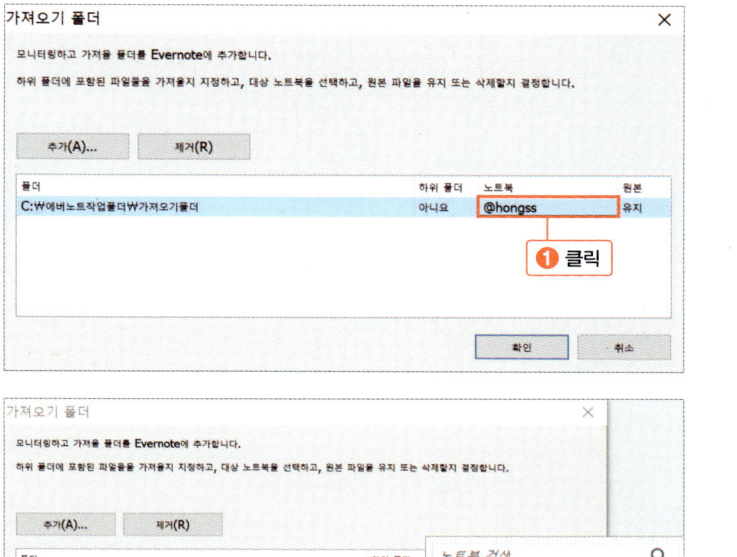

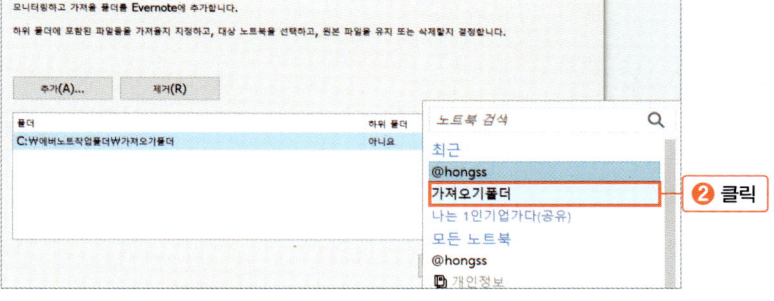

TIP_ 작업 전에 '가져오기폴더' 노트북을 미리 만들어 놓고 사용하면 편리합니다.

5 에버노트로 가져온 컴퓨터 원본 파일을 삭제하려면 '원본'에서 [삭제]를 클릭합니다. 컴퓨터에 그대로 유지하고 싶다면 [유지]를 선택하면 됩니다. 설정이 완료되면 [확인]을 클릭합니다.

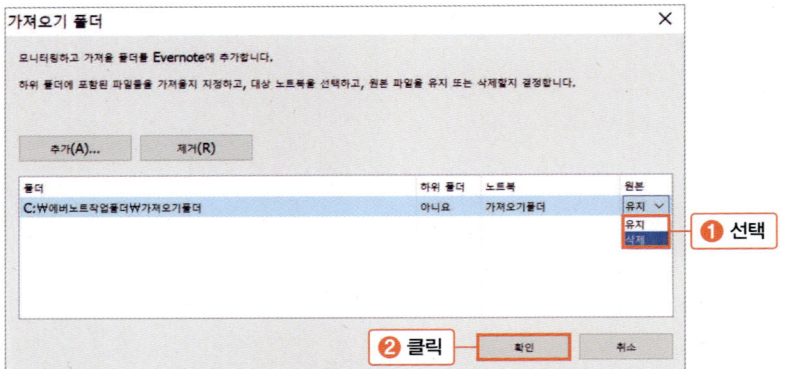

💡 **TIP_** 맥용 에버노트의 경우 가져오기 폴더 기능을 따로 제공하지 않고 있습니다. 하지만 원하는 파일을 끌어다 가 노트북에 넣으면 가져오기 폴더와 동일한 기능이 제공됩니다.

종이 문서 문서스캔 작업하기

　스마트폰은 기본적으로 카메라 기능을 내장하고 있어 사진과 스캐너 앱만 잘 사용하면 별도의 스캐너가 필요 없을 정도로 유용합니다. 특히, 아이폰과 안드로이드용 에버노트에는 카메라 (문서 스캔) 기능이 내장되면서 스캐너와 거의 동일한 기능으로 활용할 수 있습니다.

　대용량의 문서를 스캔하는 일이 자주 발생한다면 필자가 추천하는 전용 스캐너를 한번 사용해 보길 바랍니다. 후지쯔 스캔스냅(Fujitsu ScanSnap) iX100과 iX500(양면스캔) 모델은 각각 휴대용과 사무실(가정)에서 사용할 수 있습니다. 스캔스냅은 종이를 쌓아 놓고 스캔할 수 있는 제품이기 때문에 서류와 세미나 자료를 디지털화 하여 편리하게 사용할 수 있습니다.

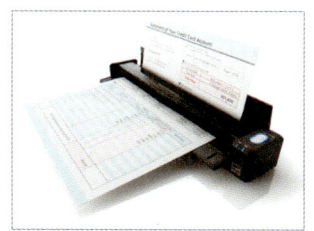  

왼쪽의 스캔스냅 iX100은 작은 사이즈로 인해 휴대가 수월해 가방에 넣어 두고 필요할 때 꺼내 사용할 수 있는 스캐너입니다. 여러 장을 연속으로 스캔해도 하나의 PDF 파일로 변환해 주기 때문에 1인 기업, 스타트업, 출장이 많거나 문서 관리가 많은 사용자들이 편리하게 사용할 수 있습니다.

오른쪽의 스캔스냅 iX500은 양면 스캐너로서 대용량 자료를 스캔할 수 있어 세미나 자료부터 책까지 필요한 데이터를 모두 넣어 아이패드로 볼 수 있습니다. 와이파이가 지원되기 때문에 스마트폰에서도 스캔 작업을 확인할 수 있습니다.

첫째, 회사에서 계약서 및 증명서 활용

상반기에 설립한 1인기업협동조합 회사를 준비하면서 에버노트 스캔 작업은 큰 도움이 되었습니다. 설립을 위한 준비 서류부터, 설립 이후 종이 문서의 양은 엄청났습니다. 단순히 보관용으로 가지고 있거나 내부적으로 참고해야 할 문서들을 관리할 때에도, 외부적으로 팩스나 이메일로 자료를 요청하는 일이 수시로 생겨나면서 스캔한 문서들이 업무적인 부분에 많은 도움을 주었습니다.

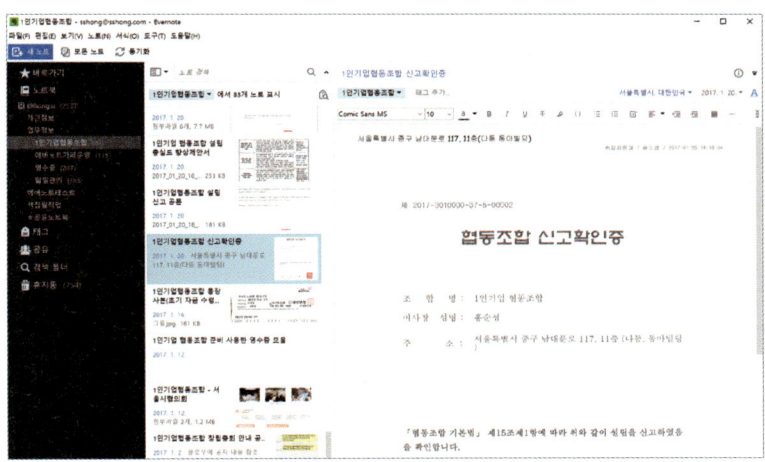

둘째, 가정에서 성적표, 가정통신문 활용

에버노트는 가정에서 가족과 함께한 추억들을 기록해 놓는 장소로 활용할 수 있습니다. 아이의 성적표, 상장, 학교에서 전달받은 가정통신문, 숙제, 그림 등의 자료를 스캔해서 보관하면 아내와, 딸아이도 각자의 스마트기기를 통해 동일한 내용을 볼 수 있습니다.

셋째, 영수증 관리

책상이나 서랍 속 수북이 쌓인 영수증을 스캔해서 관리하면 상당히 편리합니다. 나중에 일괄적으로 어디서, 어떻게 사용했는지 찾아볼 수 있어서 뜻하지 않은 경비를 줄일 수 있습니다.

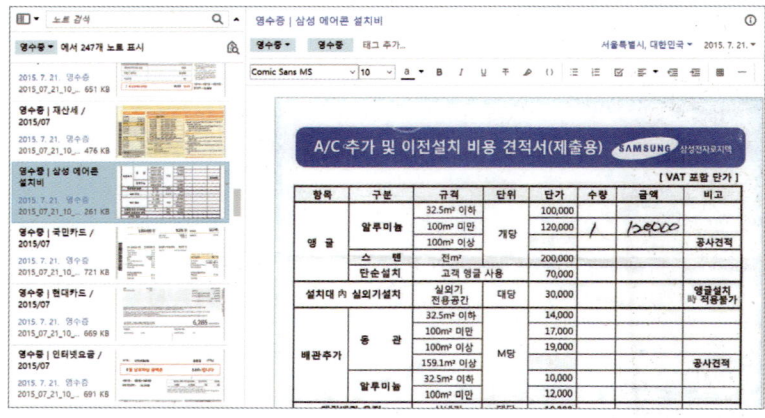

주제가 정해지지 않은 파일 관리 방법

특정한 주제 형태가 아닌, 명확하지 않거나 랜덤한 파일을 생성하면 컴퓨터 바탕화면이나 Temp 폴더에 보관하곤 했습니다. 이후 이렇게 저장한 파일이 쌓이면 정기적으로 날짜를 입력해 'backup_20180506'라는 형태로 백업 폴더를 만들어서 저장합니다. 그러나 이러한 작업은 단순히 데이터를 '모으는' 작업밖에 지나지 않아 나중에 자료를 찾으려고 할 때 찾기가 쉽지 않습니다. 이럴 때, 에버노트를 사용하여 분류하기 애매한 파일들을 저장하여 보관하도록 합니다.

1. 작성한 파일을 불러와 에버노트에 저장할 때에는 파일 제목을 기준으로 노트 제목을 입력합니다.

2. 노트 제목을 입력한 후 첨부파일 상태로 저장하며, '문서파일'이라는 태그를 입력해 둡니다.

3. 'tag:문서파일'이라고 검색 폴더 작업을 한 후 바로가기에 넣습니다. 차후 이렇게 저장한 파일들을 다시 찾을 때는 바로가기에서 [문서파일]을 선택한 후 원하는 것을 검색하면 됩니다.

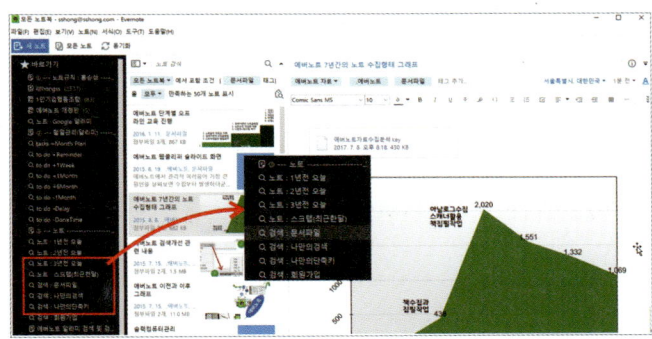

'문서파일' 태그를 달아 노트를 보관하면 여러 가지 이점이 있습니다. 예를 들어 오피스 프로그램으로 만든 문서를 노트에 저장한 후 에버노트에서 검색한다면, 수많은 노트 중에서 문서와 관련된 주제나 내용을 떠올려 찾아야만 할 겁니다. 만약 문서와 관련된 주제가 잘 떠오르지 않거나, 저장된 노트가 많을 때에는 쉽게 찾기 힘듭니다. 이럴 때, '이것은 오피스 프로그램으로 작성된 파일이다'라고 명시하는 기준으로서 '문서파일'이라는 태그를 삽입하면 검색해야 하는 노트가 훨씬 줄어듭니다. 노트가 필요할 때 먼저 태그를 사용해 첨부파일이 삽입된 노트를 걸러낸 후, 관련 키워드를 통해 검색하면 검색되는 노트의 양이 줄게 되므로 찾고 싶은 노트를 좀 더 빠르게, 손쉽게 찾을 수 있습니다.

TIP_ 노트 변경 내역을 사용하면 첨부된 파일의 버전 관리가 가능하다!
에버노트는 노트 변경 내역을 통해 첨부된 파일의 변경 전 내용을 다시 불러올 수 있습니다. 이전 파일 버전으로 돌아가고 싶다면 해당 노트를 선택한 후 노트 변경 내역에서 '가져오기' 작업을 하면 됩니다. 참고로 이 기능은 프리미엄 서비스에서만 가능합니다.

노트에 첨부파일 형태로 문서 작업하기

　에버노트에 첨부된 PDF 파일을 항상 첨부파일 형태로 관리하고 싶을 때 선택하는 방법입니다.

■ PDF 문서를 첨부파일 형태로 고정하는 방법

　문서를 항상 첨부파일 형태로 확인하려면 [도구] 메뉴 〉 [설정]을 클릭한 후 [노트] 탭에서 [PDF 문서를 항상 첨부 파일로 표시]의 체크 박스를 해제하면 됩니다.

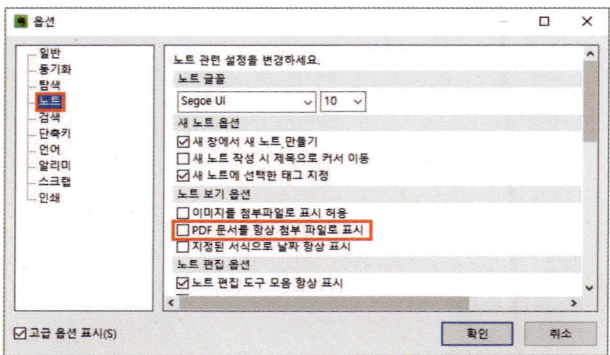

■ PDF 파일을 첨부파일 형태로 보기

　첨부된 PDF 파일을 '첨부파일 형태'로 확인하고 싶을 때 사용하는 기능입니다.

1 업로드된 PDF 문서 위에 마우스 오른쪽 버튼을 누른 후 [첨부파일로 보기]를 선택합니다.

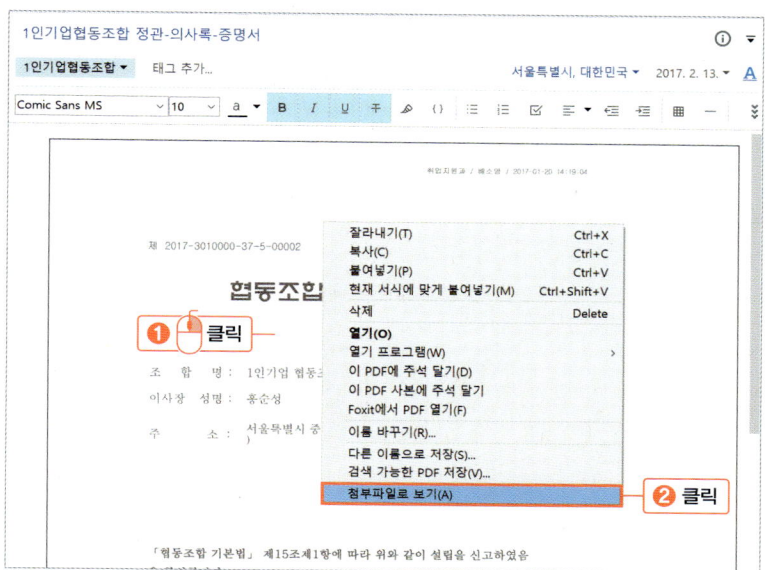

2 해당 파일이 PDF 첨부파일 형태로 표시됩니다. [첨부파일로 보기] 메뉴의 체크를 해제하면 다시 PDF 미리 보기 화면으로 볼 수 있습니다.

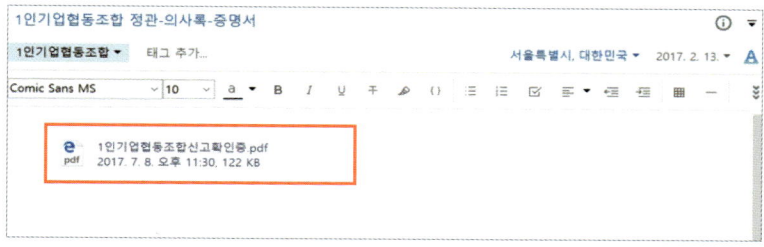

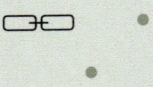

EVERNOTE

Remember Everything

01 001
1 0010

01 001
1 0010

CHAPTER

05

에버노트 자료 관리 및 백업/복원 방법

에버노트에 보관해 놓은 노트들을 쉽게 검색하고 활용하기 위해서는 노트를 저장할 때 일정한 규칙이 필요합니다. 노트 보기 방식과 정렬 기준을 사용하면 자료 찾기가 수월합니다. 그 밖에 노트북과 스택 관리 방법과 태그를 사용하는 방법을 통해 자료 관리 방법을 설명합니다. 마지막으로 에버노트에서 사용하고 있던 노트를 중지하고 싶거나, 다른 곳으로 이전하기 위한 작업인 내보내기와 가져오기 방식을 설명합니다.

Section ▲▲▲▲▲▲▲▲▲▲▲▲▲▲▲▲▲▲▲▲▲▲▲▲

01 | 노트 작성 방법과 관리

02 | 노트북과 스택으로 관리하기

03 | 태그로 관리하기

04 | 내보내기(백업) 및 가져오기(복원)

노트 작성 방법과 관리

에버노트에 보관해 놓은 노트들을 쉽게 검색하고 활용하기 위해서는 노트를 저장할 때 일정한 규칙을 정해 놓고 저장하면 됩니다.

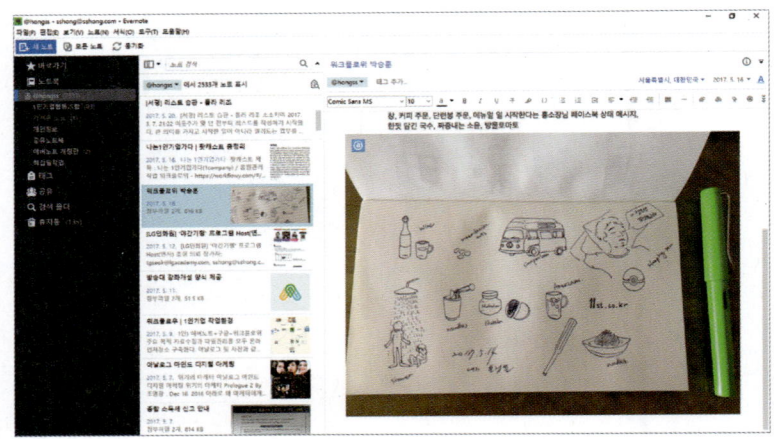

검색이 용이한 노트 작성하기

노트를 작성할 때에는 '노트 안에 들어가는' 데이터(input)와 '검색할 때' 검색되는 데이터(output)가 같아야 원하는 데이터를 빠르게 찾을 수 있습니다. 따라서 노트를 쉽게 검색하려면 가장 먼저 보여지는 노트 제목과 이미지 부분을 고려해야 합니다. 노트 제목은 빠르게 검색할 수 있도록 본문 내용과 가장 근접한 주제와 내용, 이미지 등의 키워드를 사용해서 작성하는 것이 좋습니다.

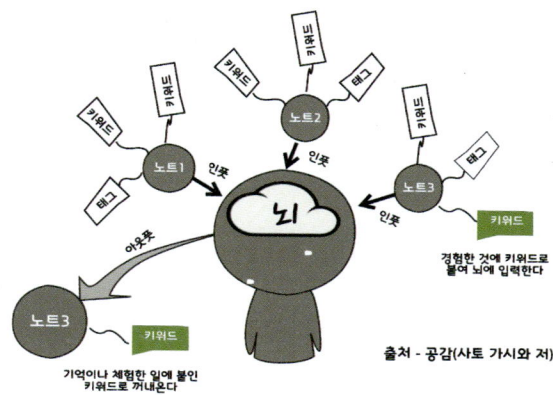

출처 - 공감(사토 가시와 저)

검색하기 쉬운 노트 제목을 작성하는 조건은 다음과 같습니다.

첫째. 목적 – 어떤 내용을 담고 있는가?
둘째. 사람 – 행위의 대상이 누구인가?
셋째. 위치 – 어디서, 어떻게 사용했나?
넷째. 그림 – 해당하는 대표 이미지 넣기

4가지 방식을 모두 활용하면 좋겠지만, 모두 다 적용하기 어렵다면 2~3가지 정도의 조건을 사용하여 작업해도 유용한 결과를 만들 수 있습니다.

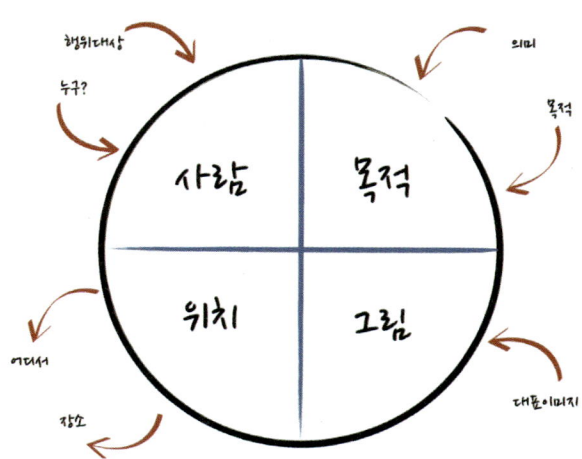

사례 1 **키워드를 사용해서 노트 검색하기 1**

검색하려는 데이터와 연관된 두 개의 키워드를 함께 이용하면 원하는 노트를 쉽게 검색할 수 있습니다. 먼저 데이터의 '해당하는 대표 이미지'를 떠올려 키워드를 입력합니다. 검색된 많은 데이터 중에서 관련 노트의 개수를 줄이기 위해 별도의 키워드를 추가로 입력합니다. 이럴 때는 '누구에게 이 정보를 얻었는가?'라는 행위의 대상을 키워드로 입력합니다. 필자는 아래와 같이 원하는 데이터를 찾기 위해 먼저 '아이콘' 이라는 키워드를 사용해 자료를 검색하였습니다. 169개의 결과물 중 관련 노트의 개수를 줄이기 위해 '아이콘'의 정보를 제공해 준 '정진호'라는 키워드를 함께 검색했습니다. 단 10개의 노트가 검색 결과로 나와 원하는 자료를 빠르게 찾을 수 있었습니다.

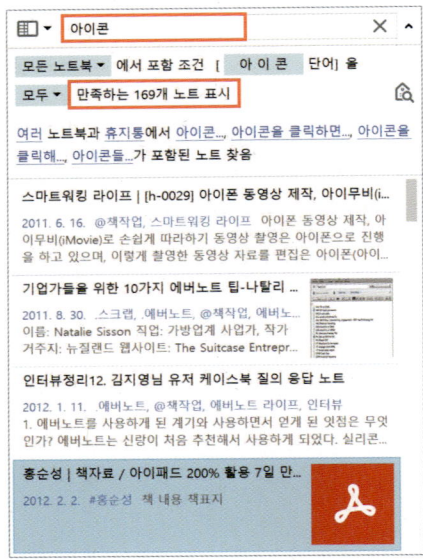
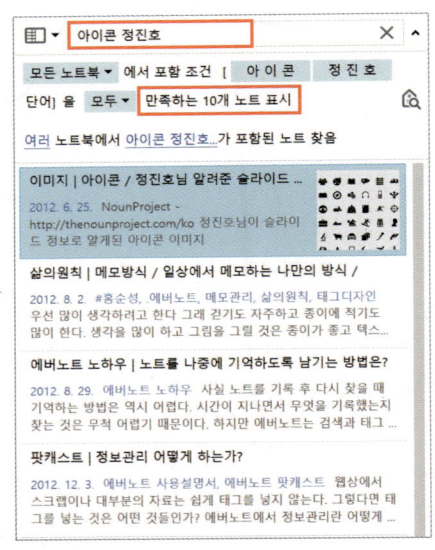

사례 2 키워드를 사용해서 노트 검색하기 2

'Mailplane for Evernote' 서비스에 관한 내용을 검색할 때 노트 제목과 내용이 잘 생각이 나지 않아 필요한 자료를 찾기 곤란했던 경험이 있습니다. 이럴 경우 어디서, 누구에게, 어떤 내용으로 제공받았는지 기억을 더듬어 몇 가지 키워드를 떠올려 봅니다. 에버노트 아시아 대표였던 트로이 말론에게, 컴퓨터 화면 앞에서 있었던 기억을 떠올려 '트로이말론 컴퓨터'라는 두 가지 키워드를 사용해 검색했습니다. 쉽게 잊지 않게 되는 키워드는 자주 만나는 사람의 이름과 장소입니다. 관련된 사람과 장소에 관한 키워드를 입력하게 되면 자료를 보다 빨리 찾을 수 있습니다.

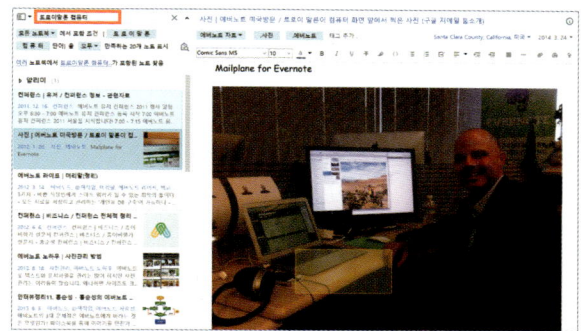

규칙적인 노트 제목 작성 방법

제목에 특정한 규칙을 정해 놓으면 자주 사용하는 노트나 비슷한 주제의 노트를 함께 관리할 수 있습니다. 대표적으로 할 일 관리와 프로젝트를 관리할 때, 특정 날짜를 명시하여 제목을 작성하면 관리는 물론 노트를 검색할 때에도 유용합니다.

사례 1 할 일 관리 노트를 작성할 때 특정 날짜 사용하기

할 일 관리를 위한 규칙을 'T년도/월/날짜 | 제목 주요 내용' 형태로 작성합니다. 'T'라는 문구는 할 일 관리를 부여하는 문구입니다. 문구 앞에 자세한 연도, 월, 날짜를 기입하여 언제 할 일 노트를 작성했는지 명확하게 구분하여 검색하기 쉽도록 합니다.

예 노트 제목 : T2017/04/19 | 10인10색 1인기업가 생존기 – 2번째

위와 같이 제목을 작성한 후 검색 창에 'T2017'라고 입력하면 올해에 작성한 할 일 노트를 쉽게 찾을 수 있습니다.

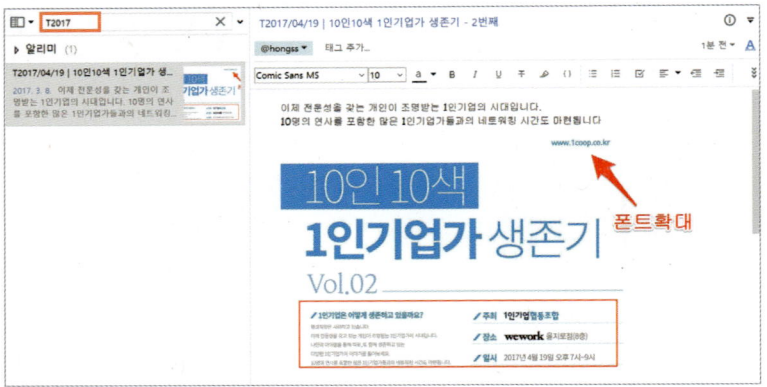

노트를 작성하다 보면 동일한 주제의 노트들이 여러 개 생성되는 경우가 있습니다. 이럴 때에는 노트의 앞 제목을 동일하게 통일시킨 후 분류하도록 합니다. 태그의 특수기호처럼 작성합니다. 즉, 노트 제목을 입력할 때에는 노트의 주제와 내용을 '대-중-소' 방식을 사용해 정리하여 작성합니다. '큰 분류 | 중간 분류 / 제목' 등으로 분류하여 쉽게 검색될 수 있도록 합니다. 대체적으로 프로젝트, 회의록, 기안서, 보고서, 업무일지가 여기에 해당됩니다.

프로젝트는 프로젝트 제목을, 회의록은 회의록의 제목을 넣어 각각 저장합니다. 프로젝트에서 진행하는 회의록인지, 아니면 정기적으로 진행하는 회의록인지에 따라 노트 제목을 입력하도록 합니다.

예 제목 : 프로젝트 | 회의록 / 모바일 상품기획 추진

예 제목 : 회의록 | 주간회의 / 5월 첫째 주

회의록은 개인 기록이 아니기 때문에 팀원 또는 회사로 분류하여 관리합니다. 노트의 큰 제목을 '회의록'이라고 작성한 후 그 뒤에 세부 주제를 넣습니다. 보고서라면, 맨 앞에 '보고서'라고 적은 후 그 뒤에 중간 제목을 넣습니다. 만약 보고서나 회의록을 팀별로 관리할 것인지, 회사 차원으로 관리할 것인지 고민이 된다면 추가로 부서명을 함께 넣습니다. 이후 마지막으로 소제목을 넣어 겹치는 부분이 최소한으로 될 수 있도록 합니다. 이와 같은 방법을 통해 관련 노트의 주제를 명확하게 지정하고 제목을 작성하여 개인은 물론 공유 노트북에서도 쉽게 찾을 수 있도록 관리합니다.

▶ **규칙적인 노트 제목을 사용했을 때의 장점**

- 공통된 주제를 정리할 때 그에 따른 자세한 정보를 확인할 수 있습니다.
- 노트북 작업을 따로 하지 않고도 자료를 구분할 수 있습니다.
- 동일 내용(중복 체크)을 찾아 정리하기 편리합니다.

사례 1 노트 제목으로 분류하기 – 책집필 사례

  필자의 에버노트에는 '에버노트 노트작성법'이란 주제로 많은 수의 노트가 생성되어 있습니다. 이러한 노트들은 주제는 동일하지만 각기 상세 내용의 주제가 달라서 제목을 결정하기가 어렵습니다. 이럴 때에는 앞서 소개한 방법을 사용하여 제목을 통일시킨 후 그 뒤에 각각의 주제에 맞는 제목을 작성하도록 합니다. 즉 '에버노트 노트작성법'이라는 문구를 사용해서 앞 제목을 통일시킨 후 그 뒤에 소제목을 입력하여 분류합니다. 이후 검색란에 '에버노트 노트작성법'이라고 검색하면 아래와 같이 관련된 주제의 내용만 찾아서 볼 수 있습니다. 따로 노트북을 사용해서 자료를 구분하지 않아도 쉽게 자료를 분류할 수 있습니다.

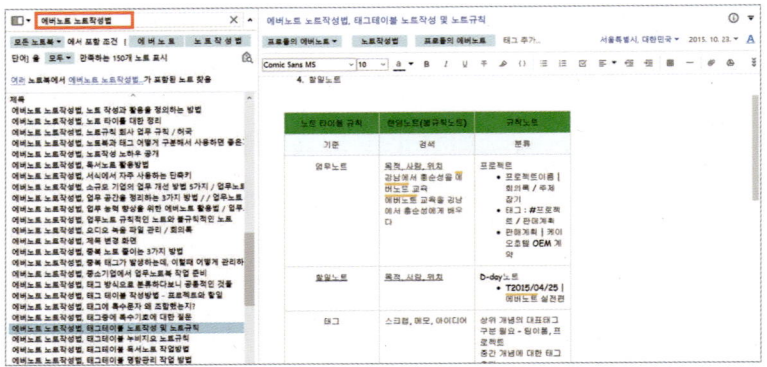

사례 2 노트 제목으로 분류하기 – 딸아이 성적표 관리

  딸아이 혜민이의 통지표를 관리할 때에는 '혜민이'라는 문구를 사용해 앞 제목을 통일시킵니다. 이후 초등학교/중학교/고등학교, 학년/학기로 소제목을 입력하여 분류합니다.

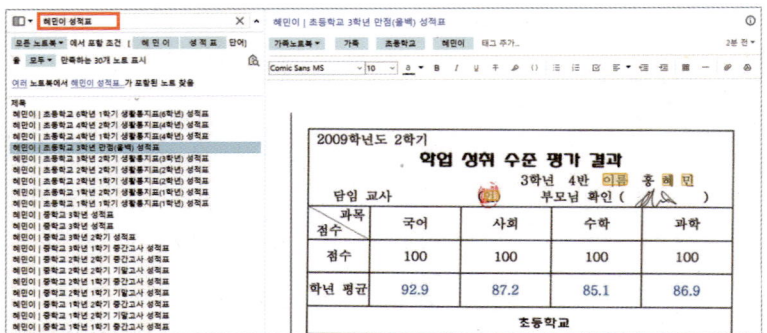

노트 제목 연산자를 사용하면 원하는 노트를 쉽게 찾을 수 있습니다. 검색 작업을 한 후 [목록] 보기 형태로 쉽게 검색 내용을 확인할 수 있도록 합니다.

1 노트 제목을 검색하기 위해 노트 제목 연산자와 제목 머리말에 해당하는 키워드를 입력합니다.

- 연산자 : [intitle:키워드]
- 검색어 : intitle:검색폴더

2 노트 제목이 '검색폴더'인 노트가 아래와 같이 검색됩니다.

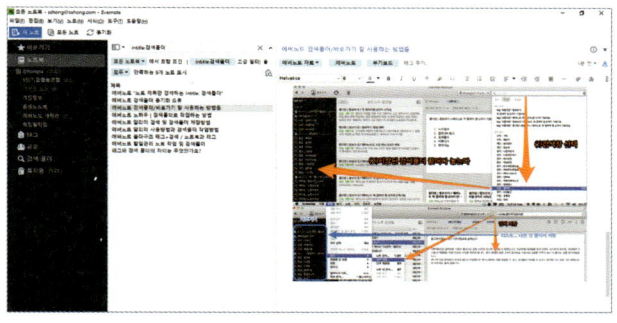

불규칙 노트 제목 작성 방법

특정 주제로 분류하기 어려운 노트는 분류 방식이 쉽게 적용되지 않아서 나중에 검색하기 어렵습니다. 이런 불규칙한 노트는 아래와 같은 3가지 기준으로 작성하고 노트를 찾을 때도 동일한 기준으로 검색합니다. 노트 규칙은 꾸준히, 습관이 될 수 있도록 지속적으로 사용해야만 효과를 볼 수 있습니다.

노트 타이틀 규칙	랜덤 노트(불규칙 노트)
기준	검색
노트	목적, 사람, 위치 목적 : 에버노트 교육 사람 : 홍순성 위치 : 강남 노트 제목 : 강남에서 에버노트 교육을 홍순성에게 받다

■ 불규칙 노트 검색하기

검색하려는 데이터와 연관된 두 개 이상의 키워드를 이용하면 쉽게 원하는 노트를 검색할 수 있습니다.

사례 1 강의 자료 검색하기

강의 자료를 검색할 때에는 강의를 진행했던 강사와 강의 주제를 키워드로 사용하면 쉽게 찾을 수 있습니다.

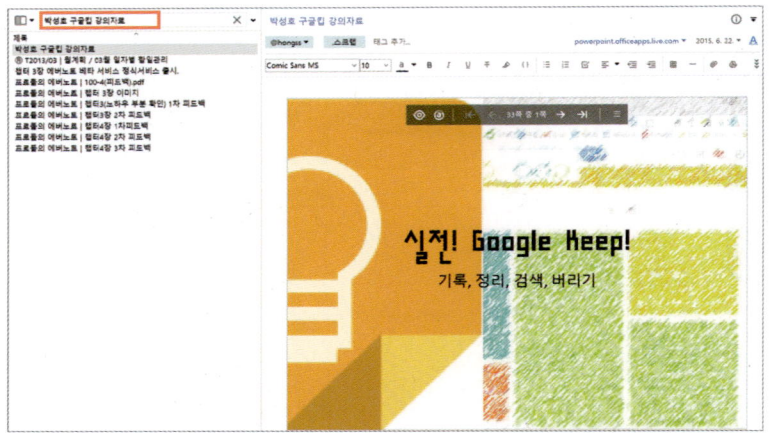

사례 2 위치 정보 확인하기

문서를 작성할 때 특정 위치에서 제공되는 자료라면 가능한 위치 정보를 넣어 두고 검색할 때 위치 정보로 검색합니다.

노트 보기 방식과 정렬 기준을 관리하는 방법

에버노트는 다양한 조건 방식을 사용하여 노트를 보고 정렬할 수 있습니다. 노트의 보기 방식과 정렬은 보기 옵션을 통해 설정할 수 있습니다. 필자는 노트 보기 방식을 기본적으로 '스니펫 보기' 방식을, 노트 정렬 방식은 '만든 날짜'와 '수정한 날짜'로 최근에 만들어진 노트를 상위에 표시하도록 설정하여 사용하고 있습니다. 참고로 노트 정렬 방식은 모든 디바이스에서 동기화되지 않기 때문에 각각의 디바이스에서 사용 방식에 따라 설정해야 합니다.

■ 컴퓨터에서 보기 방식과 노트 정렬하기

컴퓨터에서 보기 방식과 노트를 정렬하려면 먼저 [보기] 아이콘을 선택해야 합니다. 5가지의 기본 메뉴가 있으며, 특히 노트 제목 위주로 사용하는 '사이드 목록' 보기 방식의 활용은 앞으로 관리에 커다란 도움이 될 것입니다.

노트 정렬 기준도 다양하게 제공되고 있어 원하는 정렬 방식을 선택할 수 있습니다. 필자는 '수정한 날짜', '역순으로 정렬'을 선택해서 사용하고 있습니다. 이 작업의 경우 최신 작업한 문서가 맨 위에 나타나게 됩니다. 노트의 내용과 첨부된 대표 이미지를 함께 보여 주는 '스니펫 보기' 방식을 선택해서 사용하고 있습니다

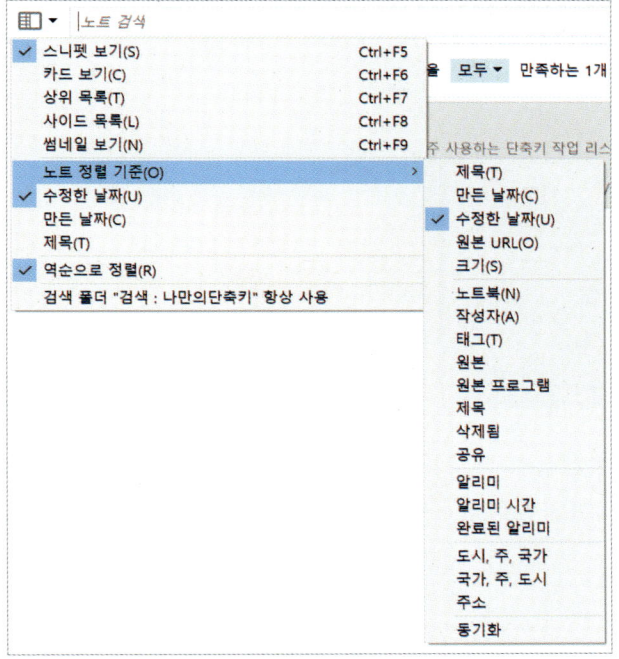

▶노트 보기 메뉴

- 스니펫 보기 – 가장 많이 보는 것 중에 하나이며, 작은 섬네일이 보여집니다.
- 카드 보기 – 그림이나 사진 등 쉽게 구분할 수 있는 화면을 제공합니다.
- 상위 목록 – 노트 속성을 볼 수 있는 화면을 제공합니다.
- 사이드 목록 – 노트 제목 위주로 사용이 용이합니다.
- 섬네일 보기 – 노트 제목 없이 섬네일 형태로 제공합니다.

▶ 자주 사용하는 노트 정렬 방식 알아보기

- 최근 작성한 노트를 상위에 정렬할 때 : 정렬 방식을 '만든 날짜'와 '역순으로 정렬'로 설정하면 최근에 작성한 데이터가 상위로 올라가게 됩니다.
- 노트 중 가장 큰 용량을 차지한 노트를 찾을 때 : 정렬 방식을 '크기'와' 역순으로 정렬'로 설정하면 상위에서부터 큰 파일이 나열됩니다.
- 노트 제목 위주로 분류하고자 할 때 : 보기 메뉴는 '사이드 목록'으로, 정렬 방식은 '만든 날짜'와 '제목'으로 설정하면 노트 제목 위주로 정리해서 볼 수 있습니다.

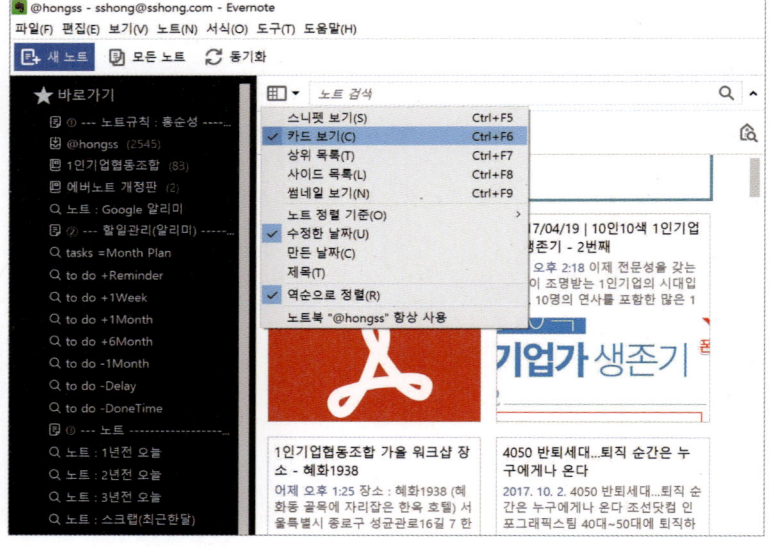

윈도우와 맥의 보기 방식은 거의 동일해지고 있습니다. 맥 환경에서 주로 사용하던 사이드 목록보기가 윈도우에 생기면서 검색에서 노트 제목을 검색하는 'intitle:' 기능의 활용도가 높아지고 있습니다.

■ **스마트폰에서 보기 방식과 정렬 기준 변경하기**

안드로이드용 에버노트에서 [모든 노트]를 선택한 후 (⋮)을 선택하면 '정렬 기준'과 '보기 옵션'을 변경할 수 있습니다. 노트 보기 방식은 디바이스별로, 마지막에 설정된 값으로 저장되며 노트북별로 구분할 수는 없습니다.

 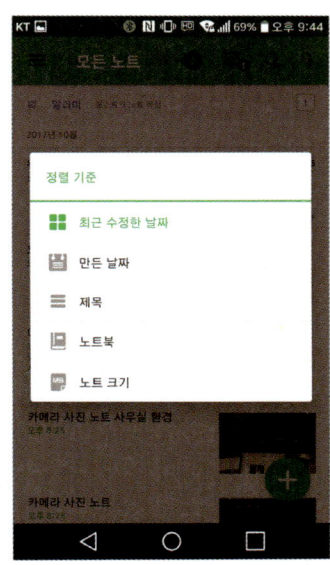 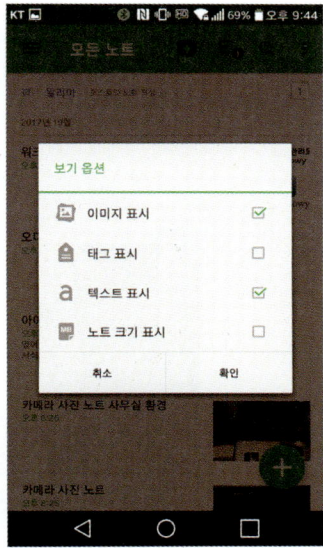

노트 정렬 방식으로 자료 빠르게 찾기

에버노트 클라이언트에서 노트 목록 표시와 정렬 기준을 통해 자료를 빠르게 찾는 방법을 알아보도록 하겠습니다. 맥에서는 '사이드 목록 보기'로 작업하면 됩니다.

1. 노트 제목 위주로 찾고 싶을 때

설명	방법
노트 제목을 중심으로 검색하고 싶을 때	노트 목록 표시 – 사이드 목록 노트 정렬 기준 – 제목

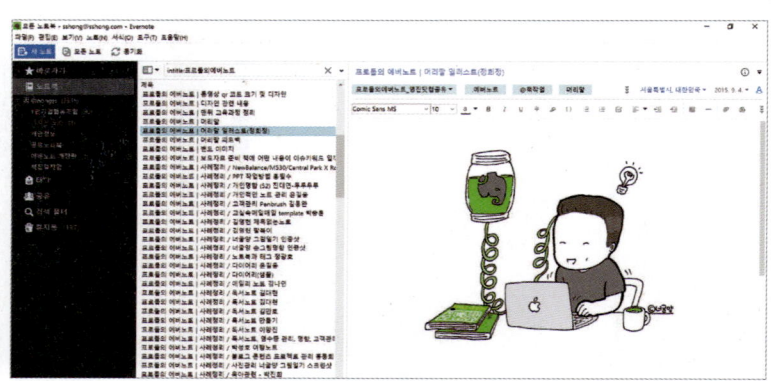

2. 대표 이미지로 찾고 싶을 때

설명	방법
대표 이미지를 통해 원하는 노트를 찾고 싶을 때	노트 목록 표시 – 카드 노트 정렬 기준 – 만든 날짜

TIP_ '카드 보기' 방식을 통해 이미지를 검색할 때 노트 목록과 노트 창 사이에 마우스를 갖다 대고 3개 정도의 이미지를 볼 수 있도록 공간을 넓혀서 확인하면 더 빠르게 찾을 수 있습니다.

3. 노트 중 사이즈가 큰 파일을 검색

설명	방법
노트 중에 사이즈가 큰 파일을 확인하고 싶을 때	노트 목록 표시 – 상위 목록 노트 정렬 기준 – 크기, 역순으로 정렬

사이즈가 작은 노트를 검색할 때에는 '역순으로 정렬'의 체크 표시를 해제하면 됩니다. 노트를 정리할 때 자주 이용하는 방법입니다.

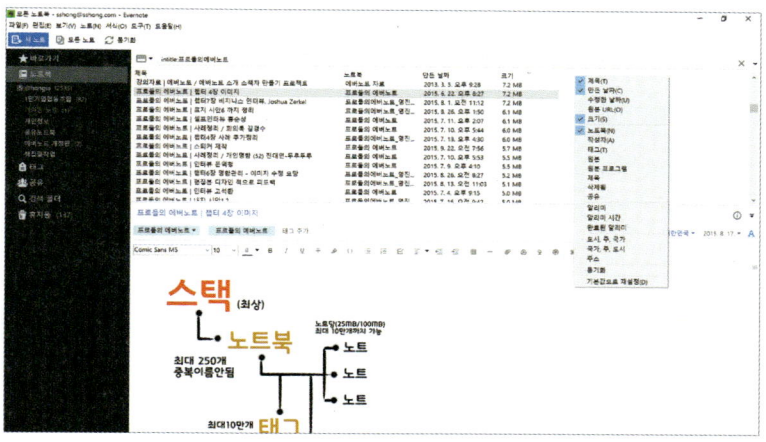

4. 최근 삭제한 파일을 찾아 복원하고 싶을 때

설명	방법
최근에 삭제한 파일을 검색해 다시 노트북으로 복구하고 싶을 때	노트북 – 휴지통 선택 노트 목록 표시 – 카드 노트 정렬 기준 – 삭제됨, 역순으로 정렬

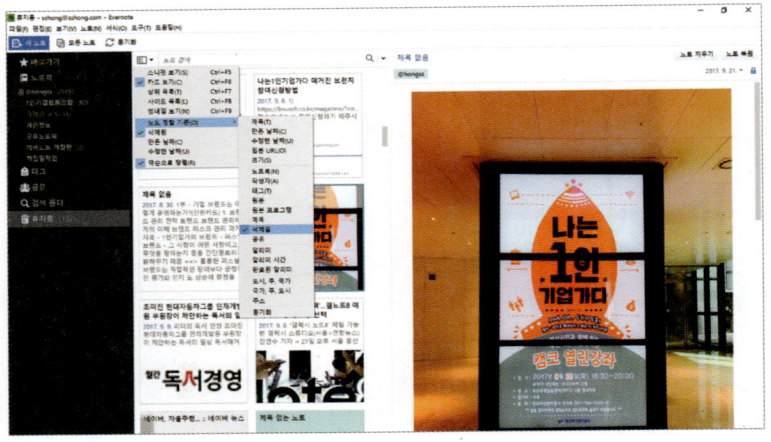

노트 관리를 위한 중복노트 줄이기

컴퓨터에서 중복된 주제와 이름의 파일이 발생하는 것과 같이 에버노트 내에서도 동일한 이름 또는 내용의 노트가 발생할 수 있습니다. 이럴 경우 어떤 노트가 최종 문서로 작성된 것인지 체크해 놓지 않으면 나중에 쉽게 찾을 수 없기 때문에, 가능하다면 중복되는 내용은 피하고 단일 노트로 작업하는 것이 좋습니다. 즉, 회의 자료나, 업무 자료를 작성할 때 녹음과 필기 내용, 첨부 문서의 노트를 개별적으로 생성하는 것보다는 모든 자료를 한곳에 넣어 보관하는 것이 좋습니다.

에버노트는 여러 개의 노트를 손쉽게 합칠 수 있는 '노트 합치기' 기능을 제공합니다. 합치기 기능을 사용하면 노트 수를 줄이고 같은 주제의 노트를 하나로 합쳐서 하나의 노트에서 확인할 수 있습니다.

■ 노트 정렬 방식으로 중복노트 줄이기

중복노트를 쉽게 찾는 방법 중 하나가 바로 노트 목록 표시와 정렬 기준을 이용하는 것입니다. 아래와 같이 설정해 중복노트를 확인할 수 있습니다.

	윈도우	맥
작업 방법	노트 목록 표시 – 사이드 목록, 상위 목록 노트 정렬 기준 – 제목 사이드 목록 보기로 설정 가능함	노트 목록 표시 – 사이드 목록 보기 노트 정렬 기준 – 제목

목록 보기 형태와 노트 정렬 기준을 제목으로 정렬하면 아래와 같이 동일한 제목으로 이루어진 노트들을 한 번에 찾을 수 있습니다. 검색된 노트를 중심으로 노트 합치기 작업을 통해 중복된 자료들을 정리하도록 합니다.

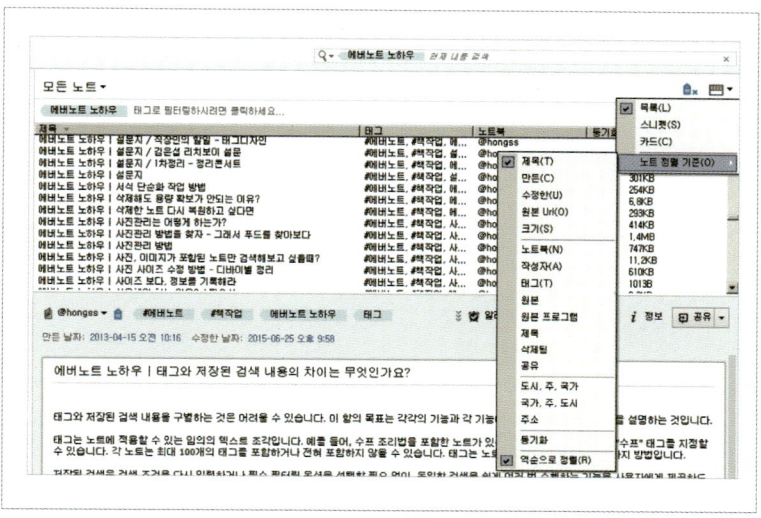

■ 검색 작업을 통해 중복노트 줄이기

검색 작업을 통해 중복노트를 줄일 수 있습니다. 특정한 노트북 이외의 여러 노트북에서 중복 노트를 찾고 싶을 때에는 노트 제목 위주로 검색 작업을 합니다. 이럴 때 많이 사용하는 검색 연산자는 'intitle:키워드'입니다.

구분	작업 방법
노트 정렬 방식	노트 정렬 기준 – 제목
검색 연산자	예 intitle:노트작성법 예 intitle:"제목 없는 노트"

노트 정렬 기준은 제목으로, 검색 연산자 'intitle'을 사용해 원하는 값을 변경해 가면서 작업 하도록 합니다.

사례 1 노트 합치기 기능을 사용해서 세미나 자료 관리하기

오프라인 세미나에 참석하여 녹음과 사진, 텍스트로 작성한 자료, 세미나 자료가 각각 분리된 노트로 생성되었다면 이것을 한 번에 확인할 수 있도록 노트 합치기 기능을 사용합니다.

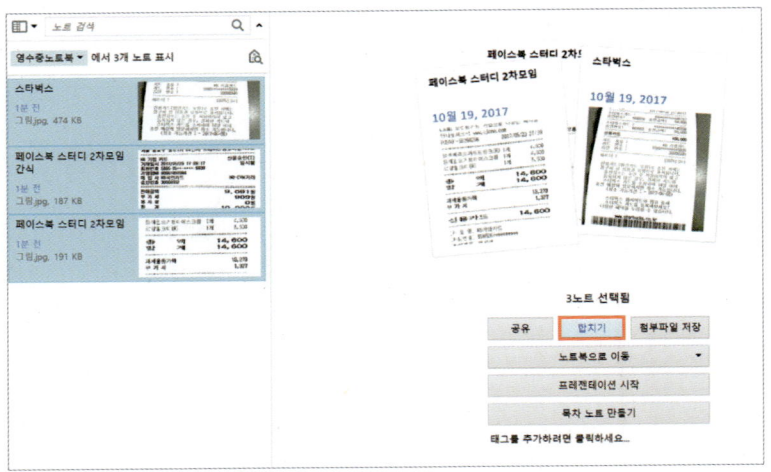

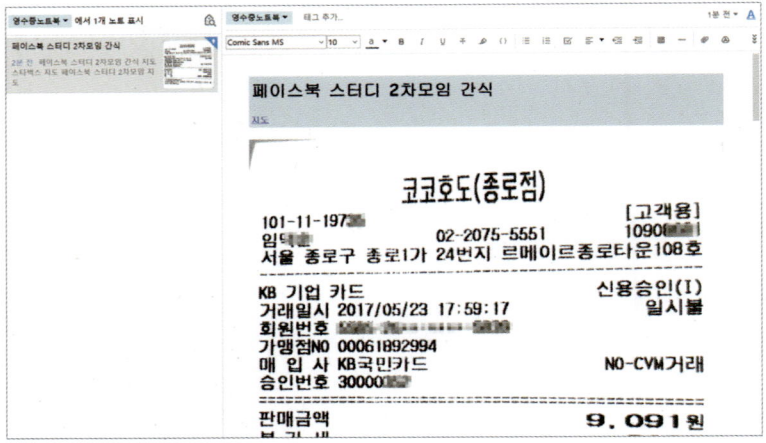

TIP_ 노트 합치기에서 노트 순서 지정하기

윈도우용 에버노트에서 노트를 합칠 때 원하는 순서대로 놓고 싶다면 키보드의 `Ctrl`을 누른 상태에서 노트를 순서대로 선택한 후 합치기하면 됩니다. 먼저 선택되는 노트가 상위에 놓이고 마지막에 선택한 노트가 하위에 배치됩니다. 맥용 에버노트로 노트 합치기를 하면, 가장 최근에 수정된 노트의 제목이 새 노트의 제목으로 입력됩니다. 참고로 노트 합치기를 통해 삭제된 것을 다시 사용하고 싶다면 휴지통에서 노트 원본을 불러와야 합니다.

Section 02 노트북과 스택으로 관리하기

노트북과 스택은 노트를 체계적으로 관리할 수 있게 도와주는 도구입니다. 비슷한 주제의 노트를 하나의 노트북으로 관리하고 주제별로 분류해서 각각의 노트북을 만들며, 이렇게 생성한 노트북을 스택으로 정리하면 저장한 데이터를 손쉽게 정리할 수 있습니다.

노트를 분류하는 3가지 방법

에버노트에서 노트를 분류하는 방법은 크게 노트북과 스택, 태그로 나눠집니다. 노트북과 스택은 컴퓨터 환경에서 폴더의 개념과 비슷합니다. 컴퓨터에서 파일들을 분류해 각각의 폴더를 만들어 정리하는 것처럼, 노트북은 노트를 구분하여 넣을 수 있는 공간을 의미합니다. 노트를 구성하는 방법은 사용자마다 다를 수 있지만 작업 중인 프로젝트별로, 특정 주제별로 노트북을 구분하여 구성하는 것이 일반적입니다.

노트북	스택	태그
• 신규 프로젝트 생성 시 • 공유 노트북 운영 시	• 노트북 개수가 많아 구분할 때 • 주제별로 노트북을 묶고 싶을 때	• 노트에 키워드를 넣고자 할 때 • 원하는 노트를 쉽게 찾고자 할 때

노트북이 노트를 저장하는 저장 공간이라면, 스택은 노트북을 묶어서 관리하는 개념이라고 보면 됩니다. 즉, 스택은 노트북을 그룹화하여 사용자가 알기 쉽게 카테고리화 할 수 있도록 도와주는 기능을 말합니다. 스택 자체에는 자료(노트)를 저장하는 기능은 없으며 단지 여러 노트북을 분류하여 보관하는 역할만 가능합니다.

태그는 노트의 내용을 간략하게 설명하기 위해 노트에 추가하는 꼬리표로서 노트의 속성값입니다. 노트를 작성할 때 태그를 함께 입력하면 검색 시 태그만을 검색하거나 태그와 함께 내용을 검색할 수도 있어 원하는 노트를 빠르게 찾을 수 있습니다.

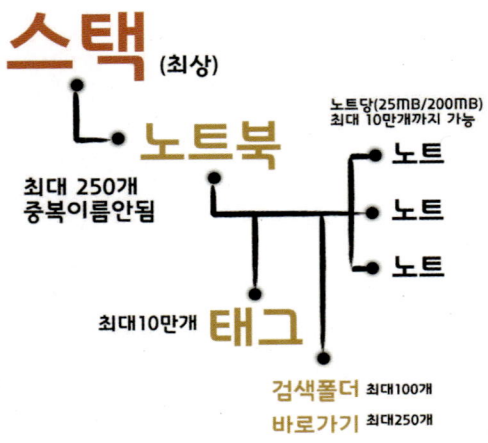

노트북과 스택은 컴퓨터의 폴더와 비슷하게, 상-하위로 구분하여 노트를 관리합니다. 노트북은 여러 개의 스택 중 원하는 위치로 이동시킬 수 있지만 스택은 위치 변환 기능이 없기 때문에 스택의 순서를 변경할 수 없습니다. 이를 해결하기 위해 스택 이름 앞에 1.스택명, 2.스택명 등으로 숫자를 입력해서 우선순위를 결정합니다. 노트북과 스택을 사용할 때에는 초반부터 많은 것을 만드는 작업을 하지 않도록 합니다. 분류 항목이 늘어나면 자료 관리가 힘들어지고 해야 할 일도 늘어나게 됩니다. 따라서 처음부터 체계적인 관리보다는 최소화로 시작하면 좋고, 노트 검색과 태그를 함께 사용하도록 합니다.

노트북으로 자료 관리하기

노트를 생성한 후에는 자료를 쉽게 찾기 위해 노트북으로 분류 작업을 진행해야 합니다.

1단계, 한곳으로 모든 노트 수집하기

처음부터 여러 노트북을 생성하고 작업하기보다는 에버노트에 기본적으로 설정되어 있는 '기본노트북'을 사용합니다. 기본노트북은 모든 노트가 생성될 때 기본적으로 저장되는 곳으로 노트를 수집하고 분류하는 첫 번째 저장소로 사용되는 곳입니다. 계정을 생성하면 '첫 번째 노트북'으로 지정되어 있으며, 나만의 노트북을 만들기 위해서 노트북 이름을 변경할 수 있습니다. 노트북 이름을 변경할 때는 '@inbox', '수신노트북', '미분류노트북' 등으로 짓기도 합니다.

• 변경 전

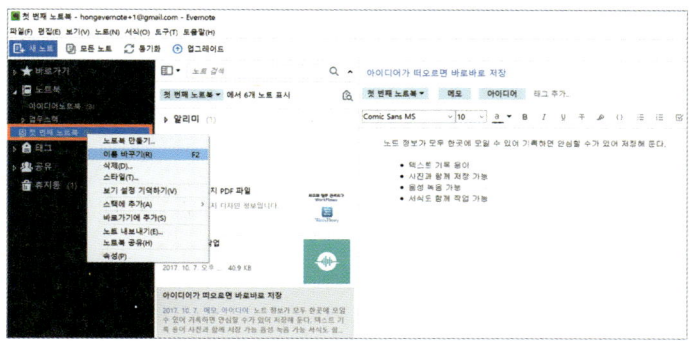

• 변경 후

2단계, '@inbox'에 수집된 노트를 노트북으로 세분화 작업하기

이제부터는 노트를 생성하면 기본적으로 '@inbox' 노트북에 저장됩니다. 이렇게 모인 노트들은 처음부터 완벽하게 분류하려 하지 말고 공통된 내용이 20~30개 이상 진행될 때 신규 노트북을 생성한 후 노트를 이동시킵니다. 또한 한꺼번에 노트북을 여러 개 생성하는 것보다는 개인/업무/정보 수집 정도의 세 가지 분야로 나눠서 분류하는 것이 좋습니다.

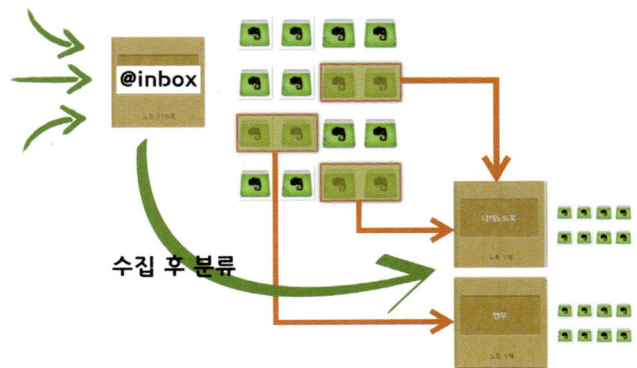

개인/업무/정보 수집으로 구분된 노트북에 많은 자료가 쌓이게 되면 노트북 내에서도 자료를 분류해야 할 시점에 도달하게 됩니다. 이럴 때 무조건 분류하여 옮기는 것보다 하나의 노트북에 60~70여개 노트가 쌓일 때 분류하여 이동하는 것이 좋습니다. 이후 동일 주제의 노트북이 한 개 이상 생성되면 해당 스택을 사용해서 노트북을 분류하면 됩니다.

- '개인' 노트북은 주로 아이디어나 일상 메모, 맛집 정보 등의 각기 다른 주제로, 한 개의 노트북으로 묶기 곤란한 데이터들이 많기 때문에 처음부터 구분할 필요는 없습니다.
- '업무' 노트북은 회의록이나 이메일, 업무 자료 등이 수집되는 곳으로 처음부터 구분하기 보다 한곳에서 보관한 후에 사용량이 많아지면 분류하는 것이 좋습니다. 즉, 회의록이나 프로젝트 등 특정 노트의 수가 늘어나게 되면 이때 노트북을 생성해서 업무별로 구분하여 관리합니다.
- '정보수집' 노트북은 웹상에서 웹 클리퍼로 수집된 자료들을 모아 놓으면 좋습니다. 하지만 이렇게 수집된 자료는 생각보다 관리하기가 쉽지 않습니다. 그렇다고 처음부터 주제별 노트북을 분류하여 관리하기 보다는 필요할 때마다 검색해서 자주 사용하는 것만 분류하는 것이 좋습니다.

3단계, 주제별 노트북을 생성한 후 스택으로 묶기

노트북을 주제별로 세분화시키는 작업을 진행하게 되면 노트북의 개수가 10개 이상 늘어나게 됩니다. 노트북 숫자가 많아지면 새 노트를 작성해 저장하려고 할 때 어느 노트북에 분류해야 하는지 어려워질 수 있습니다. 따라서 주제별로 노트북을 묶는 작업을 함께 하도록 합니다. 큰 범위에서 프로젝트별로 노트북을 묶거나 업무별로 정리하면 좋습니다. 너무 세부적으로 노트북을 분류하여 노트의 활용도를 높이려 하는 것보다는 적절하게 노트북 작업을 한 후 세세한 것들은 검색을 해서 찾도록 합니다.

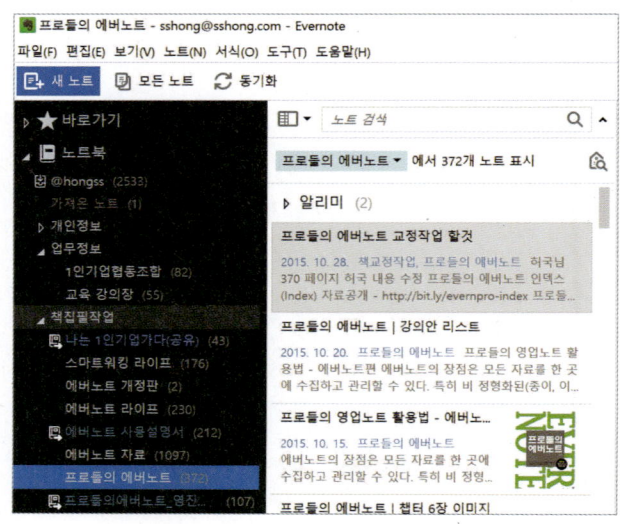

우선, 노트북을 명확하게 구분해 놓기 바랍니다. 명확하게 구분된 노트북은 제목으로 쉽게 구분될 수 있어야 합니다. 노트북 분류 작업을 완성한 후에는 프로젝트나 분야별로 스택을 만들어서 분류합니다.

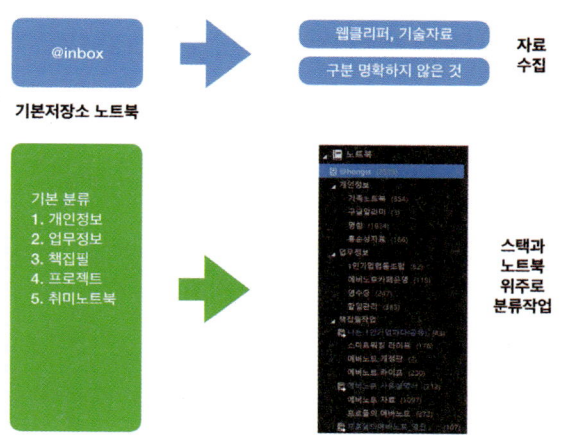

TIP_ 스택 생성 작업은 노트북을 선택한 후 진행하면 됩니다. 참고로 스택과 노트북은 중복된 이름을 함께 사용할 수 없습니다.

스택으로 노트북 관리하기

수집한 노트가 어느덧 몇 천 개로 늘어나고 관리해야 할 노트의 수가 많아지면 자료의 분류부터 검색까지의 모든 작업이 쉽지 않습니다. 그렇기 때문에 기본 노트북을 기반으로 자료를 수집한 후 주제에 맞게 노트를 구분해서 노트북을 생성하는 작업을 꾸준하게 해야 합니다. 이렇게 생성된 다양한 주제의 노트북들을 스택 작업을 통해 관리하면 노트북 관리를 좀 더 수월하게 할 수 있습니다.

1단계, 나의 노트북과 스택 분석하기

나의 노트북과 스택에 어떤 내용이 담겨 있는지 분석 작업이 필요합니다. 분석 작업을 통해 노트북에 명시된 이름에 맞게 제대로 된 정보가 수집되어야 하며, 이것을 묶는 스택에서도 동일하게 이루어져야 합니다. 노트들을 노트북으로, 노트북을 스택으로 분류하는 반복적인 작업을 거치면 내가 원하는 자료를 쉽게 찾고 관리할 수 있는 다양한 카테고리가 생성됩니다. 이 작업을 효과적으로 진행하려면 우선, 내가 어떤 자료를 수집하고 관리하는지를 파악해야 합니다.

필자의 경우 컴퓨터와 모바일 중에서 주로 모바일용 에버노트를 사용하여 아이디어, 책과 원고 작업, 사진(명함, 영수증, 서류)의 데이터를 저장합니다. 이렇게 모바일로 수집한 자료를 컴퓨터에서 관리하고 필요한 곳에 적용하는 과정을 반복적으로 진행하여 자료를 모으고 있습니다. 이렇듯 어떤 내용의 자료를 수집하고, 어떤 주제의 노트를 생성하고 있는지를 잘 파악하고 있어야 관리 방법에 대한 해답을 찾을 수 있으며, 이러한 과정을 통해 더 많은 자료를 수집하고 운영할 수 있습니다.

2단계, 스택 기반으로 에버노트 맵 구성하기

노트 분석을 통해 노트북과 스택을 생성하게 되면 이제는 나만의 에버노트 맵을 구성하는 작업을 거쳐야 합니다. 개인 데이터베이스를 구축하려는 분들에게 필수 작업이기도 하며, 개인의 빅데이터를 완성할 수 있는 단계라고 할 수 있습니다.

우선 1단계를 통해 분석한 내용을 살펴보면서 어떤 자료를 수집하고 관리하는지 마인드맵을 작성합니다. 작성할 때에는 수집의 관점보다 활용적인 측면 위주로 생각해야만 오랫동안 유지·관리가 될 수 있으며, 한 번에 끝내기 보다는 몇 개월마다 반복적으로 작업해야 합니다. 또한 분류 작업을 진행할 때는 5~6가지 이내로 작업하도록 합니다. 너무 다양하게 자료를 분류하게 되면 오히려 어디에 저장할 지 고민만 초래하기 때문입니다.

필자의 노트 분석을 살펴보면 대략 6가지 정도로 분류가 되며, 자주 사용하는 것을 앞으로 구분하여 사용하고 있습니다. 매일같이 관리하는 분야는 업무 분야이며, 책 집필은 작업 중인 것과 완료된 것으로 분류하였고, 개인의 경우 여행이나 딸 혜민이의 학교생활 정보를, 컨퍼런스는 최근 다양한 주제로 행사가 확산되고 있어 주제별로 묶어서 정리했습니다. 웹 클리퍼로 수집한 자료의 활용도는 직접 작성한 자료보다 활용도가 크게 떨어지고 있어 꼭 필요한 자료의 검색 이외에는 분류 작업을 철저히 하지 않고 있습니다. 영수증은 다시 찾는 경우가 드물기 때문에 연도와 월별로 간단하게 분류해서 넣었습니다.

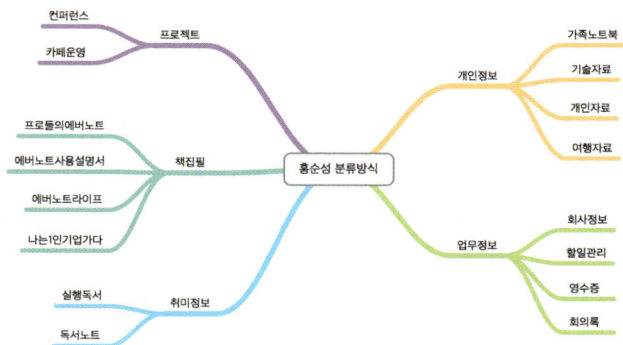

업무 정보는 '회사 정보', '할일 관리' 등의 형태를 사용하여 분류 작업을 합니다. 또한, 업무 자료를 너무 자세히 분류하기보다는 큰 영역으로 지정해 바로 찾아 진행할 수 있도록 관리하고 있습니다.

알리미를 사용해 공지사항 노트 만들기

에버노트 알리미를 사용하여 공지사항 노트로 활용하면 좋습니다. 알리미 체크를 해서 날짜 작업을 해 놓으면 공지사항 노트처럼 관련 노트북 상위에서 리스트로 볼 수 있습니다.

1 에버노트 클라이언트를 실행하여 스택을 선택한 후 공지사항 노트로 설정할 노트를 선택합니다.

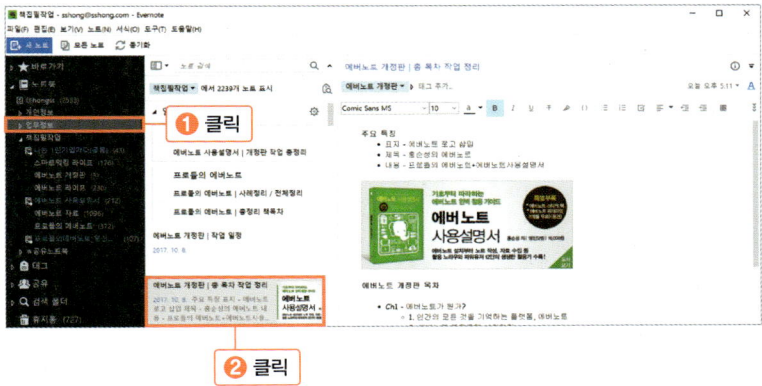

2 해당 노트에서 에버노트 알리미를 선택합니다.

3 해당 프로젝트의 날짜를 설정할 수도 있고, 마감이 없다면 알리미만 선택해서 상위에서 리스트를 볼 수 있도록 할 수 있습니다.

4 스택을 선택하면 맨 위의 알리미로 노트를 확인할 수 있습니다.

💡 **TIP_** 해당 노트에는 진행 상황 체크, 챕터별 노트 리스트, 진행하면서 변경된 내용들을 적어 놓으면 추가, 수정 작업이 필요한 곳을 수월하게 찾을 수 있습니다.

태그는 많은 노트 중에서 보다 정확하게 원하는 자료를 찾도록 도와주는 기능입니다. 태그 대신 키워드를 사용한다면 중복되는 노트가 발생할 수 있지만 태그를 사용하면 찾고자 하는 노트를 중복 없이 손쉽게 찾을 수 있습니다. 하지만 태그는 노트북과 달리 리스트를 정리해서 쉽게 볼 수 없고, 많을 경우 관리가 어렵기 때문에 자주 사용하는 데이터 위주로 관리하는 게 좋습니다.

태그 생성과 운영의 조건은 크게 3가지로 구분됩니다.

① 여러 노트북에 있는 자료를 쉽게 구분할 때
② 원하는 자료를 쉽게 찾고자 할 때
③ 태그 기반으로 할 일 관리와 프로젝트를 관리할 때

태그로 노트를 관리할 때 불편한 점은 다음과 같습니다.

① 어떤 태그로 작업했는지 기억하기 어려움
② 구분이 모호한 태그를 넣을 경우 찾기 어려움
③ 노트를 작업할 때마다 태그를 넣는 것 자체가 불편함

노트북과 태그의 개념 이해

에버노트에 노트가 많을수록 찾고 싶은 노트를 검색하는 작업이 어려워집니다. 노트들이 각각의 관련 주제의 노트북에 보관되어 있어도 노트북의 수가 많고 노트북 안에 노트가 많다면 원하는 자료를 찾기가 쉽지 않습니다. 이럴 때 효율적으로 사용하면 좋은 것이 '태그'입니다. 태그를 사용하면 검색 위치와 상관없이 관련 노트를 쉽고 빠르게 찾을 수 있습니다.

예를 들어 마트에서 저녁거리를 사와 장바구니에 넣어 왔다고 가정해 봅니다. 구매해 온 품목을 냉동실, 야채 통, 음료수 칸에 분류하여 보관하게 될 겁니다. 이때 구분해서 넣는 공간을 노트북이라고 보면 됩니다. 만약 냉장고에 있는 재료들을 사용해서 김치찌개를 끓여야 한다면 각각 분류하여 넣은 칸(=노트북)에서 필요한 재료들을 찾아야 할 것입니다.

장바구니에서 냉장고에 층별 보관

노트북

김치찌개
태그

김치찌개 재료를 하나의 층에 보관했다면 빠르게 찾아 요리할 수 있겠지만, 신선도를 위해 층을 분리해서 보관해야 하기 때문에 각각의 재료들은 층별로 분류되어, 비슷한 품목들끼리 모여 있습니다. 이러한 분류 작업으로 인해 재료를 찾는 시간이 오래 걸리는 것을 줄이려면 어떻게 해야 할까요? 관련된 레이블을 붙여 놓든지 항상 정해진 공간에 재료들을 넣어 두는 규칙을 정해야 할 겁니다. 여기서 재료를 쉽게 찾아주고 정리해 주는 레이블이 바로 태그라고 생각하면 됩니다. 재료 레이블, 즉 태그를 사용하면 각각의 층에서 김치찌개 재료를 쉽게 찾을 수 있습니다.

가정에서 냉장고는 요리 재료를 채우는 곳입니다. 이것을 에버노트에 빗대어 보면 냉장고는 에버노트, 냉장고에 넣는 요리 재료들은 바로 여러분들이 수집하는 자료들입니다. 재료의 보관 방법에 따라 냉장고 재료 효율이 높아질 수 있듯이, 에버노트 또한 자료를 어떻게 보관하느냐에 따라 업무의 효율이 달라집니다.

노트북과 태그의 장단점

노트북으로 자료를 구분해 놓는 방법은 각각의 주제와 알맞은 노트를 한눈에 확인할 수 있고 노트북 내에서 원하는 노트를 쉽게 검색할 수 있는 장점을 가지고 있지만, 자료와 자료간에 커다란 칸막이를 쳐 놓은 것과 같이 정보의 연결성을 끊는 단점을 가지고 있기도 합니다. 따라서 노트북은 수집의 관점으로써 쌓여진 노트를 분류하는 형태로, 태그는 노트북 분류와는 큰 관련 없이 원하는 노트를 찾기 위해 사용하는 것이 좋습니다.

노트북 위주로 자료를 검색할 경우에는, 우선 스택에서 큰 주제를 확인하고 관련 노트북을 찾은 후 노트북에서 검색 키워드를 입력합니다. 그러나 태그는 아주 단순하게, 검색 창에서 태그

명과 키워드를 사용해 바로 검색하면 됩니다. 노트북 작업은 검색에 초점을 두지 않기 때문에 검색 폴더와 바로가기 사용이 거의 없고 단순 분류 방식으로 자료를 관리하기 편하지만, 자료 관리와 더불어 효율적으로 데이터를 활용하려면 태그로 관리하는 것이 더 좋습니다.

즉, 노트=서류, 노트북=파일철, 태그=포스트잇, 플래그와 같은 개념으로, 노트는 노트북으로 정리될 수 있지만 태그는 노트가 어느 노트북에 있는지 상관없이, 마음대로 붙일 수 있는 포스트잇 같은 것입니다. 참고로 태그는 노트에만 붙일 수 있고 노트북에는 붙일 수 없습니다.

	노트북	태그
장점	• 구분 용이/폴더 위주 작업 • 공유 노트북 작업을 할 때 편리함	• 자료 검색 용이 • 프로젝트 작업 • 할일 관리 가능
단점	• 많으면 찾기 어려움 • 분류 작업이 불편함	• 내용 입력이 불편함 • 자료 분류 방식이 어려움
활용	• 프로젝트 시 공유 노트북 작업 용이	• 검색 폴더/바로가기/노트 타이틀

노트북이 특정 목적으로 자료를 모아서 작업하는 것에 최적화되어 있다면, 태그는 활용이나 관련 자료를 빠르게 찾을 수 있도록 최적화되어 있습니다.

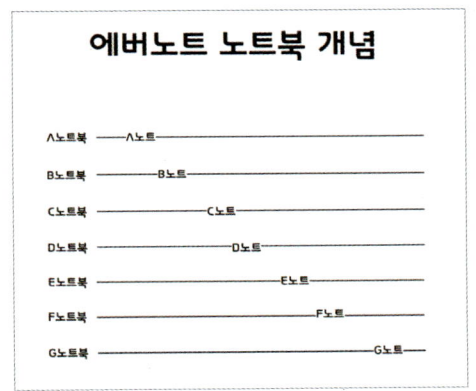

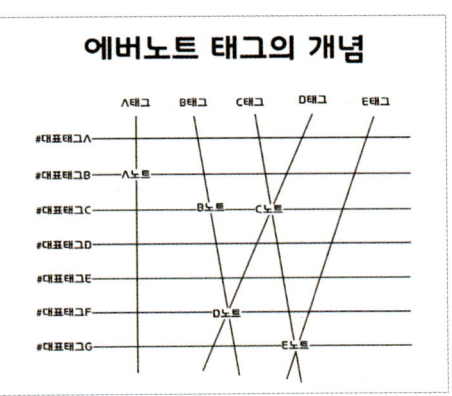

위의 이미지는 노트북은 행으로만, 태그는 종행으로 활용할 수 있다는 것을 나타낸 것입니다. 즉, 노트북은 1차원적 정리 방식이고 태그는 2차원적 정리 방식이기 때문에 일하는 방식이 복

잡하거나 비즈니스 중심으로 에버노트를 사용한다면 태그를 사용해 정리하는 것이 좋습니다.

- **태그는 하나의 노트에 최대 100개까지 작성할 수 있다** : 노트북과 다르게 태그가 가진 장점 중 하나입니다. 태그를 사용하면 다양한 주제와 연결해서 자료를 분류할 수 있습니다.
- **여러 노트북에 중복 보관되어 있는 노트는 태그로 구분할 수 있다** : 여러 노트북에서 사용돼야 하는 노트는 각각의 노트북에 중복 저장되어 있습니다. 이럴 때 태그를 사용한다면 중복 노트를 방지할 수 있습니다.
- **GTD 방식을 통해 프로세스별로 관리할 수 있다** : 일을 시작하였는지, 종료하였는지 구분할 수 있고 두 개의 태그 중 하나의 태그가 해당되지 않는 노트를 찾을 수 있습니다(태그 중에 '둘'이 들어가지 않은 노트 찾기 [tag:하나 −tag:둘]).
- **노트북이 늘어나 자료를 찾기가 어려울 때 태그를 사용하면 쉽게 찾을 수 있다** : 노트북으로 자료를 분류해 놓았다고 하더라도 노트북 내에 쌓인 자료가 많다면 여전히 자료를 찾는 것이 어려울 수 있습니다. 이럴 때 입력해 놓은 태그를 사용하면 보다 쉽게 자료를 찾을 수 있습니다.
- **같은 주제 노트를 세분화할 수 있다** : 비슷한 주제의 자료를 수집하는 경우 노트북을 사용한 분류 작업이 어려울 수 있습니다. 이럴 때 노트마다 한 개 이상의 태그를 넣어 주제를 세분화시키도록 합니다.
- **태그는 2차원적 정리 방식이기 때문에 활용성이 높다** : 태그를 사용하게 되면 수집하는 정보의 양을 증가시킬 수 있으며 노트에 여러 개의 태그를 넣어서 노트 활용을 확장시킬 수도 있습니다. 일반적으로 하나의 노트북에는 노트북 주제와 관련된 하나의 노트를 사용하여 분류하지만 태그는 하나의 노트에 100개의 관련 태그를 작성할 수 있습니다. 즉, 태그는 1*1의 방식이 아닌 2*2 형태로 좀 더 넓게 자료를 관리할 수 있도록 해 줍니다.

▼ 노트북과 태그의 차이점

구분	노트북	태그
개수	250개	10만 개
노트 하나당	1개	100개
계층 구조	스택-노트북	다수 가능

이처럼 노트북과 태그의 장점을 활용한다면 복잡하지 않게 노트를 분류하고도 활용도가 높아질 수 있습니다. 특히 검색도 하나의 분류 방식 중에 하나라고 생각하고 활용의 기반으로 관리 방식을 고려하도록 합니다.

고유태그 방식 사용하기

각각의 주제와 관련된 고유태그를 작성해서 노트를 작성할 때 함께 저장하면 관련 자료들은 한 번에 찾을 수 있습니다. 필자는 아래와 같은 콘텐츠를 고유태그로 작업하고 있습니다.

- 아이디어
- 맛집
- 에버추가(에버노트 추가)
- 1인추가(1인기업 추가)
- 워크추가(워크플로위 추가)
- 개정판 추가

고유태그를 작성해 넣고 검색 폴더와 함께 적용해 놓으면 이전에 작성한 메모를 잊지 않고 다시 확인할 수 있으며 자료가 한 노트북이나 스택에 저장되어 있지 않더라도 태그를 검색하면 원하는 데이터를 바로 찾을 수 있습니다.

사례 1 **고유태그 활용하기 1**

스마트폰으로 이동 중에 작성한 메모에 '워크추가'라는 태그를 입력합니다. 검색 시 '워크추가' 태그를 사용하면 작성한 메모를 손쉽게 찾을 수 있습니다.

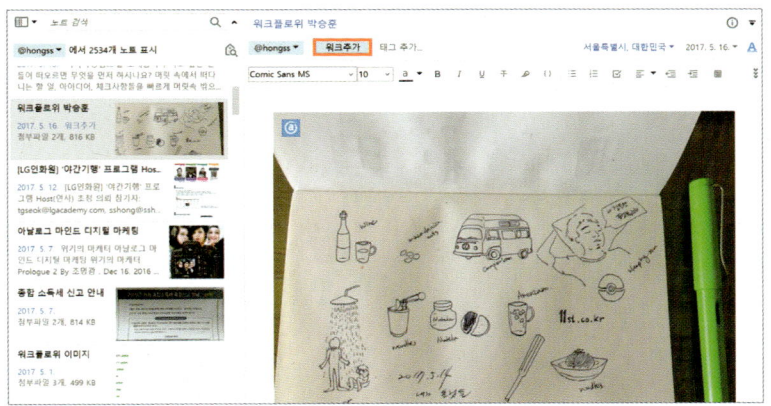

사례 2 **고유태그 활용하기 2**

   책을 집필할 때 생성되는 노트들의 경우 처음부터 주제에 맞는 노트북을 생성해서 분류하기 어려운 경우가 있습니다. 또한 집필한 원고가 어떤 챕터에 포함이 될지 확정되지 않거나 정리되지 않은 내용의 자료가 발생할 수 있습니다. 이럴 경우 책과 관련된 태그를 입력하여 관리합니다. 필자는 에버노트 개정판 도서 진행을 하면서 '개정판추가'라는 태그를 사용해 노트를 관리하였습니다. 책을 마무리할 때 '개정판추가' 태그를 검색하여 추가할 내용을 확인할 수 있습니다.

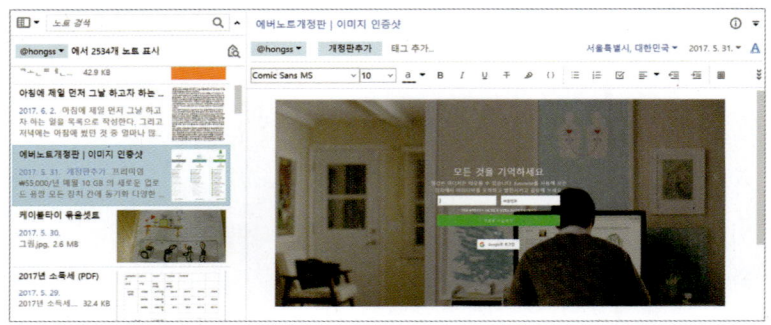

04 내보내기(백업) 및 가져오기(복원)

에버노트는 사용하고 있던 노트를 중지하고 싶거나, 다른 곳으로 이전하기 위한 작업을 위해서 내보내기와 가져오기 방식을 지원합니다. A계정으로 사용하던 노트와 노트북을 B계정으로 이전하고 싶거나, 아니면 특정 노트북을 백업할 수 있습니다. 노트와 노트북을 백업할 수도 있지만, 모든 데이터를 이전하는 작업까지도 함께할 수 있습니다.

노트 백업 방법

에버노트의 노트를 안전하게 보관하기 위해 노트를 백업하는 방법으로 다음과 같이 3가지가 있습니다.

① 노트북 내보내기
② 데이터베이스 폴더 백업하기
③ 윈도우 자동 백업

에버노트에 저장된 모든 데이터(동기화되지 않은 로컬 노트북에 저장된 데이터는 제외)는 에버노트의 웹 서버와 동기화됩니다. 따라서 사용자 정보의 사본은 항상 최소 두 개가 존재하게 됩니다.

■ 노트북 내보내기

특정 노트북을 내보내기 작업하고 싶다면 원하는 노트북을 선택한 후 아래와 같이 진행합니다. 참고로 특정 노트북을 백업할 때에는 태그 속성을 함께 가져갑니다. 전체 노트를 백업할 경우 노트북 이름은 가져가지 않습니다.

1 에버노트 클라이언트를 실행합니다. 백업하려는 노트북 위에 마우스 오른쪽 버튼을 클릭한 후 [노트 내보내기]를 선택합니다.

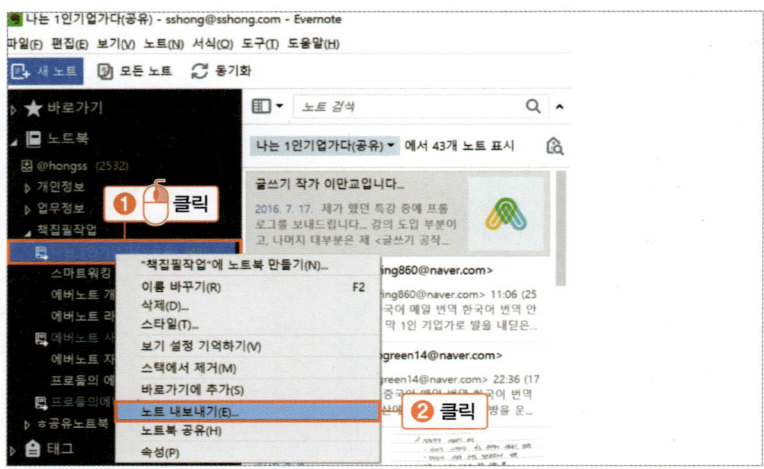

2 총 4가지 방식으로 내보내기 작업을 할 수 있습니다. 여기서는 [ENEX 형식의 파일 (.enex)로 내보내기]를 선택한 후 [내보내기]를 클릭합니다.

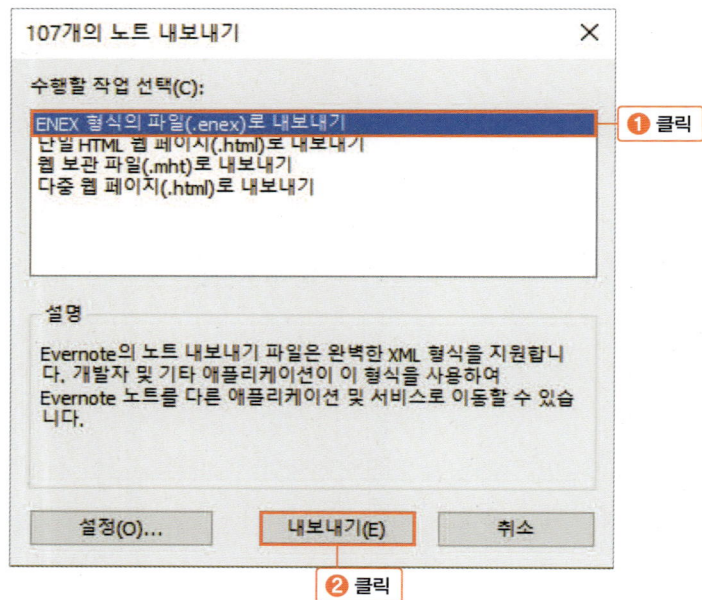

TIP_ ENEX 형식의 파일(.enex)로 내보내기

노트북 전체의 파일을 나중에 에버노트로 다시 가져오려면 내보내기 형식으로 .enex를 선택합니다. 이 형식을 선택하면 노트의 내용과 형식이 그대로 보존되어 나중에 가져오기 작업을 했을 때 전에 작업하던 상태와 동일하게 사용할 수 있습니다. 참고로 보관 파일(.enex)은 모든 노트(이미지, 첨부 파일 등)를 하나의 대용량 파일로 컴파일하는 것이므로 백업 작업을 완료하려면 몇 분 정도 걸릴 수 있으며, 많은 양의 노트가 있을 경우 파일(.enex)의 크기가 매우 커질 수 있습니다. 나머지 내보내기 방식은 에버노트 형식이 아닌 노트를 일반적으로 읽을 수 있는 버전으로 만들거나, 웹상에 게시할 때 사용합니다. 이때, 웹상에 노트의 자료를 게시하려면 내보내기 형식을 .html 또는 .mht로 선택합니다(이 경우에는 HTML 내보내기 형식을 권장합니다). 참고로 많은 양의 노트 수가 있다면 내보내기 작업은 어렵습니다. 시간도 오래 걸리지만 사이즈에 따라 종종 오류가 발생하므로 필자의 경우는 '데이터 폴더 복사하기' 방식을 사용합니다.

유형	노트	노트북	스택
내보내기	• 노트 기본 속성 포함 저장 • 생성 날짜 태그 위치값	노트북 선택 후 내보내기 작업	스택 선택 후 내보내기 작업
가져오기	동일한 값으로 가져오기 가능함	• 노트북 이름은 가져오지 않음 • 노트 속성은 모두 가져옴	• 스택과 노트북 이름은 가져오지 않음 • 노트 속성은 모두 가져옴

3 노트를 저장할 저장 위치를 선택한 후에 [저장] 버튼을 클릭하면 내보내기 작업이 진행됩니다.

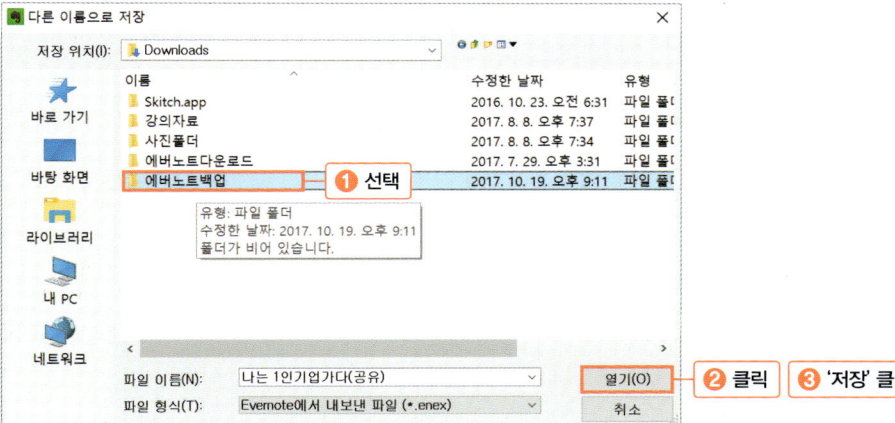

TIP_ 노트를 보관할 폴더를 만든 후에 저장하면 나중에 쉽게 찾을 수 있습니다.

4 노트 내보내기 작업을 완료하면 아래와 같이 파일이 생성됩니다.

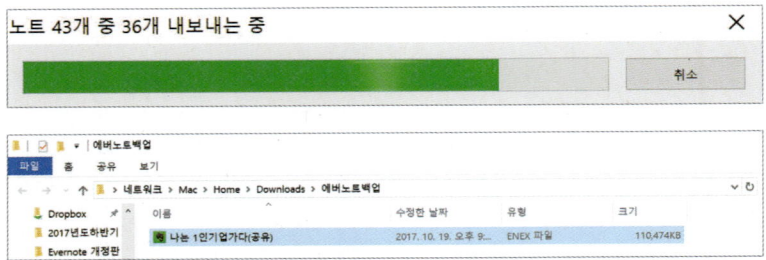

■ **데이터베이스 폴더 백업하기**

에버노트는 데이터 백업과 복원을 할 때 데이터를 수동으로 복사해서 사용할 수 있는 방식을 지원하고 있습니다. 백업을 할 때에는 데이터베이스 폴더 전체를 복사하는 방법을 사용하는 것이 안전합니다.

1 에버노트 클라이언트에서 [도구] 〉 [설정]을 클릭한 후 [일반] 〉 [데이터베이스 폴더 열기]를 클릭합니다.

데이터베이스 폴더 위치 : C:₩Users₩[사용자 이름]₩AppData₩Local₩Evernote₩Evernote₩Databases

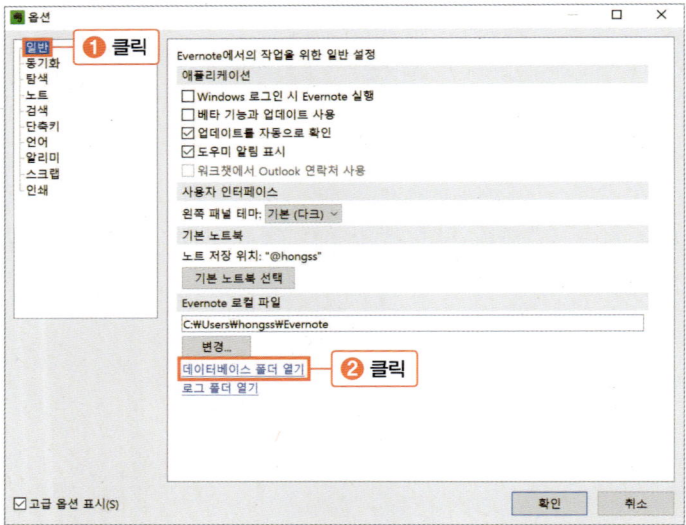

2 아래와 같은 디렉터리로 연결됩니다. 사용하고 있는 에버노트 계정의 모든 노트 정보가 저장되어 있는 곳입니다. 'Databases' 디렉터리 전부를 다른 곳에 백업해 두는 것으로 백업을 대체할 수 있습니다. 각자 적당한 백업 위치를 선택해서 사용하기 바랍니다(백업 위치 : C:₩Evernote_backup₩Databases).

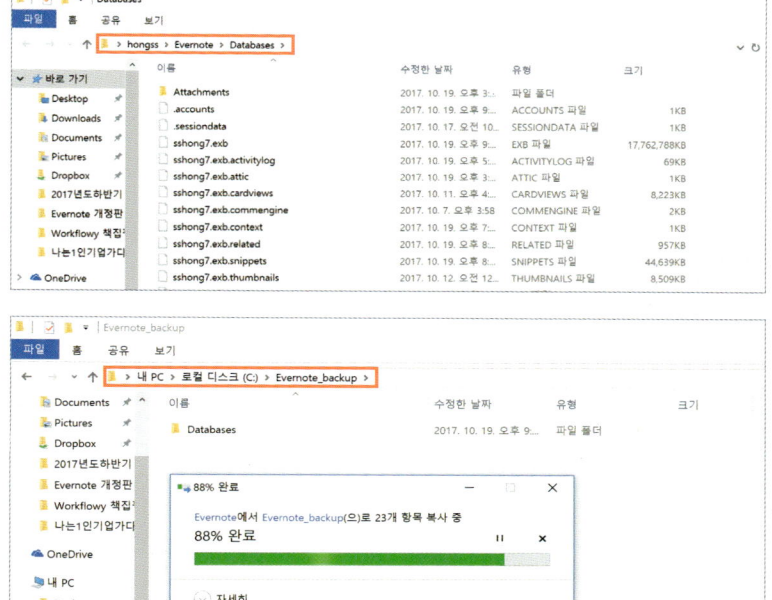

에버노트 복원 방법

컴퓨터에서 백업 또는 기타 백업 응용 프로그램을 사용하여 만든 로컬 백업에서 에버노트 데이터를 복원하려면 가져오기 메뉴를 사용하거나, 복사본 데이터를 사용하면 됩니다. 참고로 백업한 파일을 복원하는 작업을 진행할 때에는 온라인 동기화 작업을 막기 위해 네트워크를 '네트워크 사용 안함'으로 설정해 놓고 작업하기 바랍니다.

■ 내보내기 데이터 가져오기

에버노트의 내보내기 방식을 사용해서 백업한 자료를 파일의 가져오기 메뉴를 통해 불러올 수 있습니다. 에버노트에서 특정 노트북을 백업한 후 가져오는 방법은 아래와 같이 진행하면 됩니다.

1 에버노트 클라이언트를 실행한 후 [파일] > [가져오기] > [Evernote에서 내보낸 파일]을 클릭합니다.

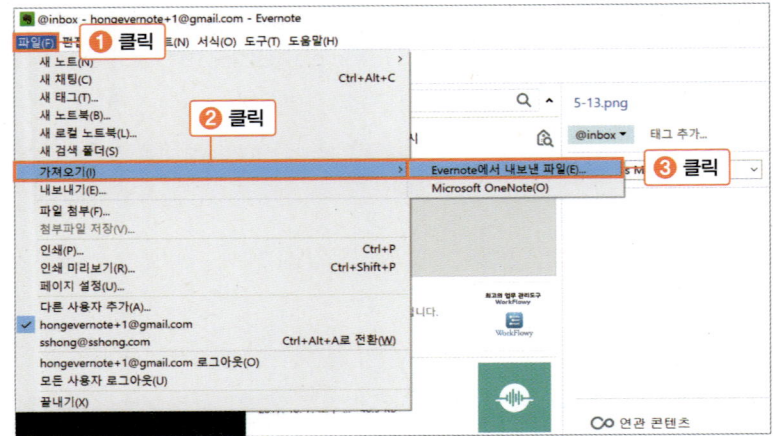

2 내보내기 작업을 했던 'enex' 파일을 선택한 후 [열기]를 클릭합니다. 파일 사이즈에 따라 가져오기 작업의 시간이 소요될 수 있습니다.

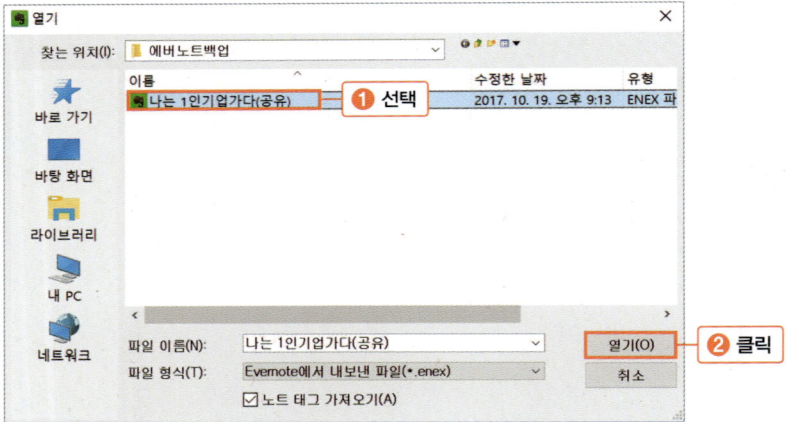

3 데이터가 완벽하게 가져오기 되었다면, 가져오기한 노트들을 동기화가 가능한 노트북에 저장하기 위해 [예]를 클릭합니다. 데이터를 성공적으로 가져왔다는 메시지 창이 나타나면 [확인]을 클릭합니다.

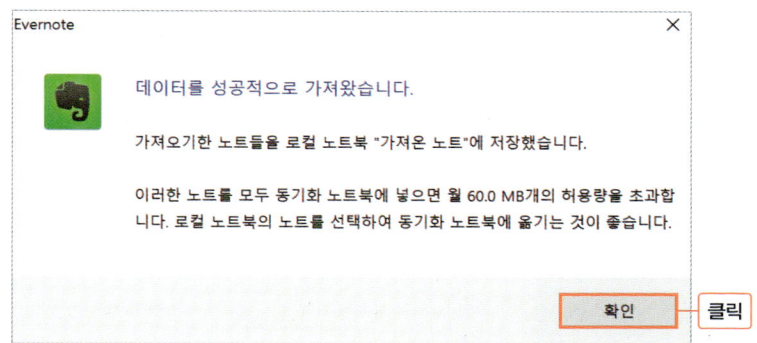

4 동기화 노트북으로 설정되면 '가져온 노트'라는 이름의 노트북이 생성됩니다. 이후 노트북 이름을 변경해서 사용합니다.

■ **복사본 데이터 복원하기**

1 시스템 트레이에 있는 코끼리 아이콘 화면(맨 아래 Windows 시계 근처)을 마우스 오른쪽 버튼으로 클릭한 후 [Evernote 종료]를 클릭하여 에버노트를 종료합니다.

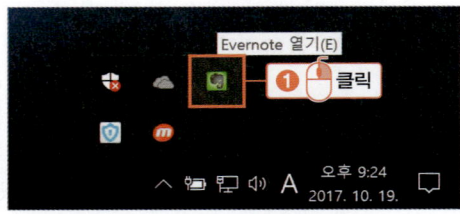 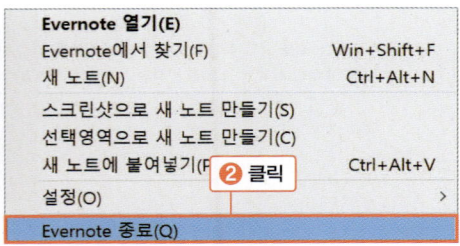

2 윈도우 작업 관리자를 실행하기 위해서 윈도우 좌측 시작 창 하단에 있는 검색 란에 'taskmgr'를 입력합니다.

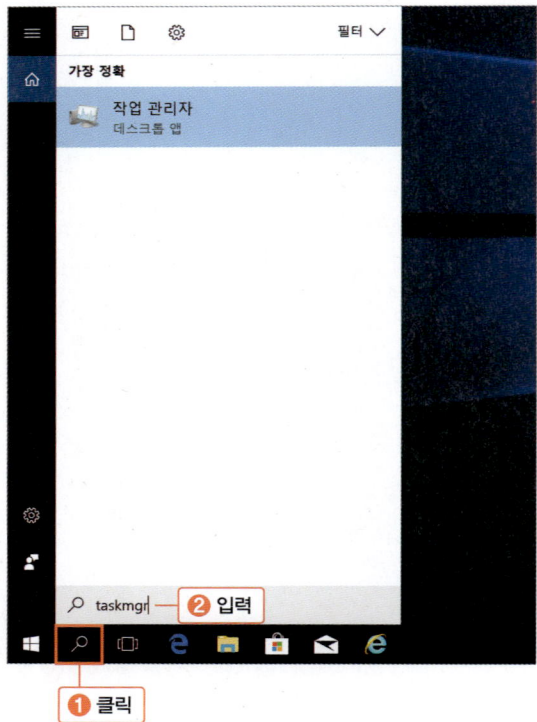

3 '작업 관리자' 창에서 '에버노트'와 관련된 모든 프로세스를 선택하여 [작업 끝내기]를 클릭합니다.

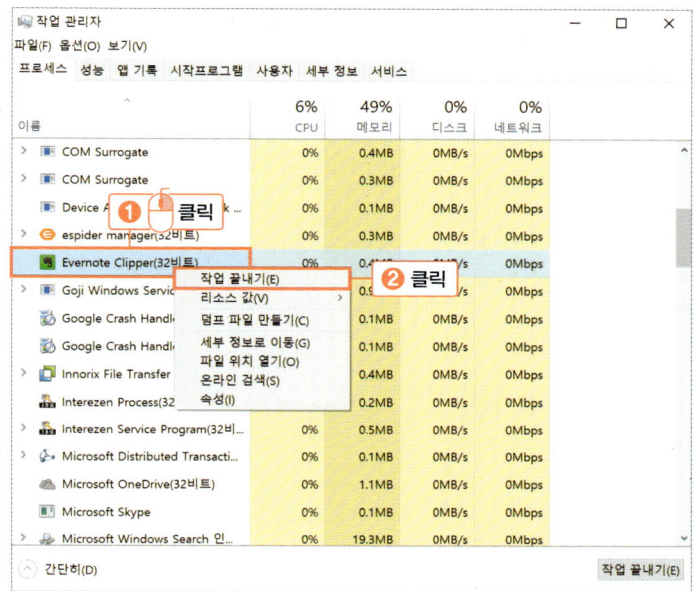

4 백업해 둔 Databases 디렉터리를 복사하여 'C:₩Users₩[Your Username]₩AppData₩Local₩ Evernote₩ Evernote₩Databases/' 디렉터리에 붙여 넣어 기존 디렉터리를 덮어씁니다. 이후 에버노트 클라이언트를 실행하여 데이터를 확인합니다.

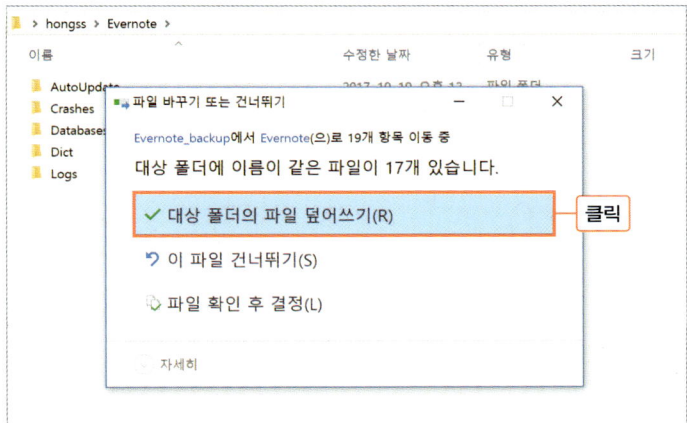

윈도우 자동 백업

　윈도우에서 지원하는 사용자 파일 백업 및 복원 기능을 이용하는 방법입니다. 이 백업은 컴퓨터를 사용하는 모든 사용자의 데이터 파일에 대한 복사본을 만들 수 있습니다. 윈도우에서 백업할 항목이 자동으로 선택되도록 하거나 사용자가 직접 백업할 개별 폴더, 라이브러리 및 드라이브를 선택할 수 있습니다. 윈도우 백업을 설정한 후에는 새로 추가되거나 수정된 파일과 폴더를 확인하여 백업에 추가하도록 합니다. 기본적으로 백업은 정기적으로 되지만 언제든지 일정을 변경하고 수동으로 백업을 설정할 수 있습니다.

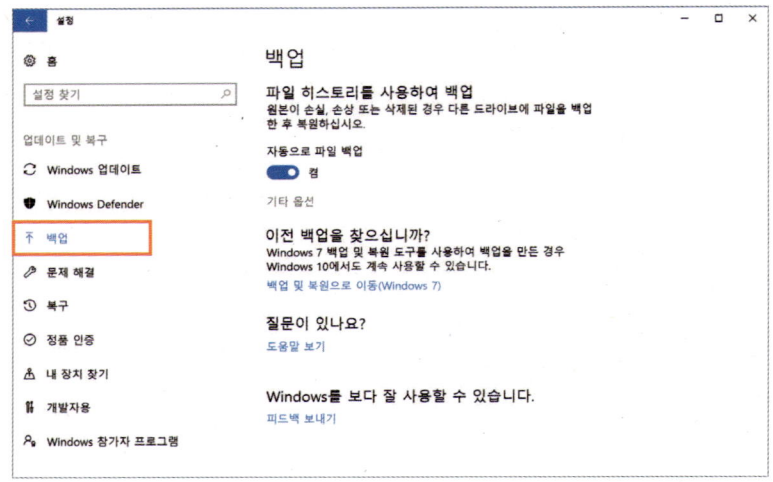

에버노트 사용설명서 2nd Edition

1판 1쇄 발행 2018년 2월 5일
1판 2쇄 발행 2018년 4월 5일

저　　자 | 홍순성
발 행 인 | 김길수
발 행 처 | (주)영진닷컴
주　　소 | 서울 금천구 가산디지털2로 123 월드메르디앙벤처센터 2차
　　　　　　10층 1016호 (우)08505

등　　록 | 2007. 4. 27. 제16-4189호

©2018. (주)영진닷컴

ISBN 978-89-314-5693-6

YoungJin.com **Y.**
영진닷컴